互动视野下的
海外新移民研究：

以浙江侨乡发展为例

夏凤珍 著

中央编译出版社
Central Compilation & Translation Press

序

全球华侨华人是中华民族复兴、实现"中国梦"的重要力量。时值5000万华侨华人正努力共筑"中国梦"时，我们欣喜地看到夏凤珍副教授主持的教育部人文社会科学研究2010年度规划基金项目《互动视野下的海外新移民研究——以浙江侨乡发展为例》书稿。

改革开放30多年，中国经济社会持续快速发展，取得了举世瞩目的伟大成就，中国人实现梦想的速度之快，令世人无不感到惊讶。改革开放后，中国人走向海外越来越多，形成了新移民群体，他们与侨乡的互动发展是一个新的课题。

《互动视野下的海外新移民研究——以浙江侨乡发展为例》一书，主要阐述了海外新移民与浙江侨乡经济、社会文化的互动发展以及如何建构两者互动发展的良性机制。研究成果由7章构成。分别为：第一章，导论。阐述了选择本课题的缘起及研究的意义，分析了国内外相关研究现状，并介绍了本研究的方法和研究材料的来源。第二章，浙江海外新移民状况。界定了世界移民、中国海外移民、海外新移民等相关概念，介绍了它们各自的基本状况，重点分析了浙江海外新移民的现状及其特点。第三章，浙江海外新移民的发展成因及其发展趋势。论证了浙江海外新移民产生、发展的内部、外部原因，展望了他们未来的发展趋势。第四章，浙江侨乡。在论证了侨乡基本要素的基础上，根据浙江侨乡个性化表现，将它们分为传统侨乡、新侨乡、一般侨乡三类，分别总结了它们的区域性特征。第五章，海外新移民与浙江侨乡经济的互动发展。首先，以浙江海外新移民总体经济事业为前提，选择了在法国巴黎的浙江新移民经济事业为调查对象，并以在巴黎的新移民烟吧业为个案，较全面分析了他们在全球范围内的经济活动，以及对新经济领域的拓展。其次，着重分析了海外新移民与侨乡经济的互动发展，并选取了3个个案作实证分析。再次，探讨了海外新移民与侨乡经济互动发展中存在的主要问题。第六章，海外新移民与浙江侨乡社会文化的互动发展。首先，分析了海外新移民人口流动引发侨乡社会在就业结构、人口结构、民众角色转变及思想观念方面的极大变化。其次，总结了海外新移民对侨乡社会主义精神文明建设的重要作用，并选取2个个案做实证分析。再次，剖析了海外新移民人口流动在侨乡组织制度创新、法律制度创新、政府职能转变中的推动作用。最后，探讨了侨乡变迁引发的社会问题。第七章，建构海外新移民与浙江侨乡互动发展的良性机制。首先，论证了海外新移民与侨乡互动发展机制的涵义、目标。其次，从经济共利、政治权益互动、文化创新三方面论述如何构建海外新移民与侨乡良性互动发展机制。再次，对海外新移民与侨乡良性互动发展机制进行了展望，提出了一些可行性的对策建议。

该书的主要学术价值在于：研究内容的前沿性和创新性。浙江的新移民群体人数多，他们与历史上的老移民有了许多不同。他们在移民模式、源出地、移民目的、分布国家等方面呈现出多样化局面，并促进了浙江侨乡的多样性发展。

该书把新移民与侨乡的关系定位为互动发展，并放置于全球化和国内改革开放新背景下加以审视。同时，分析了浙江侨乡发展不同路径的原因、发展的内涵、独特的经验与存在的问题。因此，改变了传统研究中较多强调、关注移民对侨乡的作用贡献，而关于侨乡对新移民多元发展的反作用研究不够的局面，较好地弥补了传统研究中的一些不足。

该书研究方法的创新在于：借鉴社会学、人口学、经济学、政治学等多学科理论。该书采用了比较法，既将浙江海外新移民纳入国际移民、中国海外新移民两大主体内进行比较研究，也对浙江不同移出地的新移民、不同类型侨乡作比较研究。该书运用田野调查与个案相结合研究方法，注重田野调查，多次前往浙江省各地侨乡进行调查、访谈和问卷。作者在做田野调查时，得到了省地市相关涉侨部门关于统计资料的支持，也得到了一些海外新移民、侨领、留学生、驻外使领馆工作人员的帮助，因此，有许多统计数据较新，具有一定的权威性。作者在书中还将归纳法与定量定性分析法相结合进行研究。

该书的积极影响和社会效益在于：它丰富了移民研究理论。海外新移民现象已成为国际问题，它本身已发展为热门的研究领域。对浙江海外新移民与侨乡多方面的互动作综合研究，探索其内在规律性，对于建立新移民研究的理论体系，树立其应有的学术地位，使之逐步成为一门跨学科的新兴学科有重大意义。该书具有政治意义。加强对该领域的研究，追踪国际移民研究动向，对话国际移民学界，可以增进国际社会对中国新移民的正确认识与合理关注，回应国际上某些势力对中国新移民的攻击与挑衅。该书具有实践意义。首先，浙江省新移民已显示与老移民许多不同的特征，他们提升改变了海外侨社的构成，有利于大力推进华文教育，巩固和培养后裔新生代的民族文化意识，增强海外华人对中华民族文化的认同感，提高民族凝聚力和向心力，保持侨务资源可持续发展。其次，他们与侨乡的多重、多元互动发展，是侨乡进一步发展的基石，也为其他地区深化对外开放提供了借鉴。再次，侨乡对新移民发展有反作用，因此，在探索建构两者良性互动机制时，总结了经验，概括了问题，探索了许多给相关政府职能部门制定新移民工作决策与管理的基本理念、思路和理论依据、对策建议。该书具有现实意义。现有研究成果显示，学界对新移民与浙江侨乡互动发展研究还很少，缺乏独立性、系统性、专业性的研究成果，理论研究落后实践。因此，该书的面世，或许能起抛砖引玉之功。

由上可见，该书从内容、观点方面看，具有原创性；从研究方法看，具有创新性；从社会效益、理论实践方面考察，具有借鉴性。因而该书具有较重要的价值。

另外，据我了解，夏凤珍副教授近年来把主要研究精力都投入到华侨华人学领域。作者主持省部级以上研究项目5项，她的《从世界看浙南非法移民》（2008年出版）一书产生了良好的社会反响。她有研究成果被省部级单位采用，并获多项厅局级理论研究成果奖，可见夏凤珍副教授的研究成果在学术界和社会上反映良好。相信她主持的教育部人文社会科学研究2010年度规划基金项目《互动视野下的海外新移民研究——以浙江侨乡发展为例》一书推出后，也会产生良好的反响。

当然，该书也存在一些不足和欠缺，如：书中有些地方的段落文字还可以再精练一点；引用的个别统计数据比较旧。总之，瑕不掩瑜，它不失为一部上乘之作，希望不久的将来能看到它的再版。

仁者见仁，智者见智。以上寥寥数语，是我对这部著作的看法，是为序。

2013 年 7 月 8 日

自　序

人类历史发展证明，只要有人类活动就会有移民。自上世纪80年代起，经济全球化扑面而来，带动了劳动力、资金、技术、信息、市场、原材料等各类生产要素在全球范围的流动。因此，人们都认为：全球化时代的人类移民活动将更加波澜壮阔。

中国人自秦始就有人向海外移民，而直到改革开放后，向海外移民的人数才形成史无前例的规模，并成为国际移民的重要组成部分，引起了世界各国政府、海内外学界广泛关注。由于他们展现出与老移民不同的特质，形成为新群体，因此，他们又被称为新移民，其中包括人数众多的浙江海外新移民。中国大规模海外新移民潮到来的时间基本与经济全球化到来的时间一致，可以这样说，新移民潮是全球化的产物也是全球化过程的表现。

在中国，侨乡不是一般的行政管理区划，它是大量海外移民活动后逐渐形成的对于移民移出地的泛称。侨乡应具备四大基本要素：海外（含境外）移民及其后裔、归侨侨眷多；海内外紧密联系；与非侨乡有差别性；有专门的涉侨机构。当然，侨乡四大要素在不同地区的表现又不尽相同甚至迥异。海外移民对侨乡的经济发展、社会生活、对外关系都产生了重要影响，同时，侨乡对海外新移民的发展起反作用。海外新移民与侨乡在互动中共同发展，并随着当代中国社会发展转型，推动传统侨乡发生演变，新侨乡层出不穷，并突破传统侨乡的地理范畴，使越来越多区域具有侨乡的因素发展为一般侨乡。因此，将海外新移民与浙江侨乡置于国际移民背景下，置于互动视野中进行研究，就具有很强的理论意义和现实意义。

我踏入海外移民、浙江侨乡领域的学习和探索，貌似偶然。1994年，浙江省第一个华侨华人研究中心在浙江师范大学挂牌，中心的第一位主任是周望森老先生。周先生原籍是浙江重点侨乡青田县阜山乡。他以全部的精力、满腔的热情投身于海外移民研究，至今依然老骥伏枥，笔耕不辍。周先生是笔者读本科时的老师，师生情谊深厚。他曾多次提议笔者从事海外移民研究。那时，我对于浙江海外移民、侨乡的知识完全空白，也害怕自己学识有限，怎可茫茫然进入一个新的研究领域？因此，不敢冒失应允老师的建议，如今想来愧疚不已，辜负了老师一片好意。

2005年，我再次接周老师来电：希望我考虑做浙江的非法移民方面的研究。当时，我依然满腔畏难情绪，并批评自己的不争气。不过，当时又想：周老师已是退休之人，仍然不辞辛苦，热心于海外移民研究，我如此这般推脱，真是说不过去。因此，我如在校时完成老师的命题作文一般，以"从世界看浙南非法移民"为题向浙江省哲学社会科学规划办申请课题，有幸立项。自此始，硬着头皮，边学边请教边做海外移民方面的研究。光阴如梭，屈指迄今已近10年，相比在这一研究领域深耕几十年、造诣深厚、成果累累的同行和前辈，我实乃小学生。《江汉论坛》2006年9期发表了我第一篇关于海外移民的论文《论国际移民与经济全球化的异质性》。2008年，我完成浙江省哲学社会科学规划研究项目，这是我第一个以海外移民为内容的研究项目，并以《从世界看浙南非法移民》一书的出版结题，这也是我第一本关于海外移民方面的专著。该书出版后,得到学界一定的关注和肯定。由于在做第一个研究项目过程中的遭遇,如搜集资料、实地调研、研究经费不足等客观困难;也受制于自己原学科背景,开展跨学科交叉研究及与国际学界对话交流存在困苦;还由于海外移民、华侨华人未成为独立学科,在研究过程中,寻求学科依托方面也相当苦闷。自己原有学术研究水平不高的现状,也时常困扰自己。因此,我曾几度萌生退意。同时,经过几年的研究和学习,我也发现了浙江海外新移民有别于老移民所展现的多姿风采,他们与浙江侨乡之间互动共进,使海外移民、侨乡的传统研究不断推陈出新。在实践中,浙江侨乡由于海外移民跨国境大进大出而发生不断变迁,既有积极的、乐观的社会发展和文化递进,也有在新的社会历史基因上不断产生的问题。这就需要不断梳理总结经验,也需要正面直视存在的问题及产生问题的根源,更需要探究新移民流动与侨乡嬗变的内在规律。为此,我内心又感觉从事海外移民、侨乡研究是件非常有意义的事,从而产生小小的使命感、责任感和荣誉感。所以,我在教学之余,不断前往侨乡进行调研,经常咨询涉侨部门的同志,经常得到同行的指教,逐渐地,我头脑中印记了许多位海外新移民、涉侨工作人员生动鲜活的形象。在与他们的交谈来往中,对他们的认识从概念化、平面化到具体多维,对侨乡的认识也从表面文字描述到能做些理性的分析总结。在这一过程中,我还渐渐地感悟到海外移民活动对移民本人、对移民家庭、对侨乡的含义,也品味着侨乡作为当代中国社会的组成部分,因"侨"而显示的独特性,并对海外移民所产生的影响和作用。当然,我也发现无论是传统侨乡、新侨乡、一般侨乡变迁中面临的许多问题。在不断总结、反思自己这些年的学习研究经验时,我很幸运,有五个研究项目获得省部级立项。每个获立项的研究项目为我开展研究工作、走遍省内大部分侨乡做调研提供了一定经费支持,当然,也是对我从事研究工作的鞭策,我自然不敢有丝毫懈怠,因此,已完成的几项研究项目都获得较好的肯定。期间,陆续发表相关的研究论文、完成研究报告30多篇(项)。其中,《浙江"华侨村官"基本情况及建设对策》被省部级单位采用,并有多项阶段性研究成果获厅局级奖励。

本书稿是教育部人文社会科学研究2010年度规划基金项目的最终成果。最初设计这个项目的动议,第一,自己在走访浙江重点侨乡文成县玉壶镇时,看到玉壶因有海外移民发生翻天覆地的变化。有玉壶籍旅海外新移民向笔者说:看玉壶的变化,应该是这样:"回望玉壶过去30年,正视已来临的30年,展望下一个30年。"当时,我听了感触颇深。第二,我曾有幸认识旅捷克新移民陈乃科先生(现在他是全国人大代表、浙江省侨联副主席,浙江国和控股集团有限公司董事长),并有过几次交谈,发现以他为代表的许多新移民与侨乡之间是一种共存共发展的关系。那么,海外新移民与侨乡之间这种共存共发展的关系,具体情况如何?两者怎样产生联系?两者联系共发展中,有哪些经验与教训?……为梳理解答自己心中积累的一些问题,2010年,我斗胆进行了课题设计,并再次幸运地获教育部人文社会科学规划基金立项。至今,经过近三年的调研、思索、总结,项目最终成果即本书稿将付诸印刷。

回想自己近十年从事海外移民、浙江侨乡的学习研究经历,真可谓"跌摸滚爬"。我所做的研究工作如万里长征刚迈出第一步,时时怀揣不安与忐忑,而且还有太多的问题和社会现象有待深入研究,因此,我将继续努力。

在书稿出版之际,我怀着无比感恩的心情,深深感谢华中师范大学历史文化学院、国际移民与海外华人研究专家李其荣教授在繁忙的教学、科研、行政工作中,拔冗为本书作序,并给予热

自 序

情肯定。我真心感谢我的老师周望森先生,是他把我引入海外移民研究领域,虽然,我至今仍如鸭上树,与老师的期望距离巨大。我十分感谢浙江省华侨华人研究会和省内许多涉侨部门工作同志的帮助,如浙江省侨办副巡视员戴小迅先生,浙江省侨联宣传部部长朱小敏先生,温州侨办副主任许捷女士,青田县侨联前主席陈耀东先生、县侨联秘书长周峰先生等人。我衷心感谢所在部门王来法院长、吴忠良博士和学院老院长陈荣富教授的帮助和鼓励。我特别感谢浙江大学奚从清教授的关心、帮助,每当我在研究中遇到问题请教他时,他总是在第一时间给予指导。在研究过程中,我的师弟温州大学徐华炳副教授、师妹浙江师范大学陈肖英副教授给予许多的支持和帮助。我也感谢金夏灵子同学(Undergraduate at University of Illinois at Urbana-Champaign sociology major),在本书写作过程中,她利用假期,多次一同前往侨乡调研,并做问卷、统计等工作。我特别感谢中央编译出版社为本书的出版所给予的热情帮助和支持。当然,家人的理解和支持也是我能静心做研究的力量。关心、支持、帮助、鼓励我调查、学习、研究的人还有许多,我无法将你们的姓名在此一一列举,但是,我怀着感恩的心将你们都印记在脑海中。

在即将结束这篇姑称为自序(代后记)的文字写作时,想到书中立论依据的不当处,论述与分析的不成熟不完善处,调研考察的不全面处,统计数据的不准确处,此刻,我心中涌起强烈的诚恐感。

但是,我仍盼望本书能让您略窥海外新移民与浙江侨乡互动发展之一斑,并期待您的批评指正,更盼望本书能起抛砖引玉之效。

2013 年 7 月 12 日于杭州

目 录

第一章 导论 1
 一、研究缘起与意义 2
 二、国内外研究现状 3
 三、研究内容 14
 四、研究方法和资料收集 15

第二章 浙江海外新移民状况 17
 第一节 中国海外新移民概况 17
  一、国际移民 18
  二、中国海外移民、海外新移民的界定及概况 20
 第二节 浙江海外新移民的概况 28
  一、人口流动的三种研究范式 28
  二、海外新移民的成长 31
  三、海外新移民的人数、分布、特点及其源出地 36
  四、海外新移民人员结构、文化教育、原职业身份及其特点 41
 第三节 浙江海外新移民的移民模式 47
  一、移民史及移民法制 48
  二、移民模式 50

第三章 浙江海外新移民发展的成因及其发展趋势 68
 第一节 浙江海外新移民发展的外部原因与内部原因 68
  一、外部原因 69

二、内部原因 ································· 78
　第二节　浙江海外新移民的发展趋势 ················· 90
　　一、老侨乡的移民活动会持续不断 ················ 90
　　二、留学转居留趋向扩大 ······················· 93
　　三、投资商务型移民将趋多 ····················· 101
　　四、新富移民、"产子移民"将增多 ················ 103
　　五、新移民回流、循环移民将成常态 ··············· 105
　　六、新移民活动的资金外流一时难遏制 ············· 108

第四章　浙江侨乡 ································· 111
　第一节　侨乡的形成 ····························· 111
　　一、侨乡基本要素 ····························· 111
　　二、侨乡的形成及其划分 ······················· 114
　第二节　浙江侨乡的分布 ························· 118
　　一、传统侨乡：浙南地区、浙东地区 ··············· 118
　　二、新侨乡：杭州市、义乌市 ··················· 122
　　三、其他一般侨乡 ····························· 124

第五章　海外新移民与浙江侨乡经济互动发展 ··········· 126
　第一节　浙江海外新移民的经济事业 ················· 126
　　一、总体职业、经济事业变化大；向知识型、高科技型职业转化 ···· 127
　　二、浙江海外新移民经济的活动区域及其新特点 ······· 130
　第二节　侨乡经济发展的海外新移民因素 ············· 134
　　一、投资 ····································· 134
　　二、侨汇 ····································· 139
　　三、促进侨乡经济转型升级 ····················· 142
　　四、促使侨乡成为世界经济体的组成部分 ··········· 145
　　五、捐赠慈善公益事业 ························· 147
　第三节　海外新移民经济事业的侨乡因素 ············· 153
　　一、投资获利，企业成长 ······················· 153
　　二、中国市场，机会良多 ······················· 157
　第四节　海外新移民与浙江侨乡经济互动发展中的问题 ···· 166

一、侨资企业发展面临的问题……………………………………… 166
　　二、实施"走出去"战略中遇到的问题…………………………… 170
　　三、循环移民中，高层次人才面临的问题……………………… 171

第六章　海外新移民与浙江侨乡的社会文化互动发展……………… 174
　第一节　侨乡社会结构的变化……………………………………… 174
　　一、就业结构的变化……………………………………………… 175
　　二、人口结构的变化……………………………………………… 179
　　三、民众角色的转化……………………………………………… 183
　　四、观念意识的变化……………………………………………… 185
　第二节　侨乡精神文明建设………………………………………… 192
　　一、兴学育才，提升了侨乡民众的科学文化素质……………… 193
　　二、热心文化福利，弘扬了侨乡中华民族的传统美德………… 198
　　三、慷慨解囊，助建社会主义新农村…………………………… 207
　第三节　侨乡制度的创新与变化…………………………………… 224
　　一、组织制度的创新……………………………………………… 225
　　二、法律制度的创新……………………………………………… 228
　　三、政府职能的转变……………………………………………… 232
　第四节　海外新移民与侨乡社会文化互动发展的局限和挑战…… 241
　　一、教育事业显忧虑……………………………………………… 241
　　二、传统侨乡村庄空心化………………………………………… 248
　　三、立法维权存在不足…………………………………………… 250

第七章　建构海外新移民与侨乡互动发展的良性机制……………… 257
　第一节　建构海外新移民与侨乡良性互动发展机制的涵义、目标…… 257
　　一、互动发展机制的涵义………………………………………… 258
　　二、建构良性互动发展机制的目标……………………………… 258
　第二节　建构海外新移民与侨乡互动发展机制的主要内容……… 260
　　一、建构良性的经济共利互动机制……………………………… 260
　　二、建构良性的政治利益互动机制……………………………… 263
　　三、建构良性的文化创新互动机制……………………………… 266
　第三节　海外新移民与浙江侨乡互动发展的展望………………… 273

一、政府治理模式的新挑战 …………………………… 273
二、文化融合模式的新挑战 …………………………… 277
三、经济发展机遇的新挑战 …………………………… 279

参考文献 ……………………………………………………… 281

第一章 导 论

改革开放后,浙江百姓向海外移民,人数多,行动快,影响大,持续时间长。他们在世界范围内大流动,从而使浙江海外移民人数由改革开放初居全国第九位快速上升至第五位,并使浙江省具有了侨乡诸要素而被公认为继闽粤等省之后的大侨乡。

浙江海外新移民由"国内向国外"、"由国外向国内"、在国内由"此地向彼地",或者在海外多国循环移民活动。他们是世界移民的一部分,也是中国海外移民的重要成员。他们既具有世界移民和中国海外移民的共性,又显示富有浙江地域特色的个性,凸显了他们由小众而大众,这样的移民现象在全国不多见,具有典型性。

浙江海外移民在世界各国就业、创业、求学;生存、发展、融入;定居、暂居、再移民;……他们与居住国全方位接触、交往、沟通,成为其不可缺少的部分。同时,他们又保持中华民族的特质,亲情乡情似无形红丝线将他们与侨乡紧密联系。他们离去来归,归而又往,他们与浙江全省群众合力助推浙江侨乡经济社会飞速发展,助力侨乡经济转型升级。他们成为建设"两富浙江"的有生力量。侨乡又成为他们创业创新,收获事业和个人价值的重要场域。

浙江海外新移民在向海外移民、定居过程中,展现出活力四射的创造力,坚韧不拔的意志力。他们在前进的路程上,曾经或正面临种种局限和挑战,却又能在克服战胜中超越和转型。

浙江海外新移民与侨乡全方位、多元化、多领域的互动,带给研究者以理论思考和现实分析。所以，本书试图剖析他们，揭示他们与侨乡之间互动发展的一些规律和特点、发展模式和趋势、存在的局限和面临的挑战。为构建两者良性互动发展机制，拟议富有价值、可行的，给相关政府职能部门制定新移民工作决策与管理的基本理念、思路和理论依据及政策参考，助力"十二·五"期间实现新移民与侨乡良性互动发展，更好地把"新移民经济"转化为"浙江经济"，为推动浙江经济发展模式转型和创新赋以新的内涵。

一、研究缘起与意义

在过去，人们往往将海外新移民与华侨华人合并进行研究。事实上，海外新移民是一种新的社会现象，总体上属于华侨华人范围，却有自身的新特点。随着全球化进程的加快，国际人口跨国流动速度也加快，其人数比过往任何时候都要多。在将来，他们的数量也会只增不减。他们极大影响着移民源出国和接受国，影响着移民家庭和移民本人，从而进入国际移民研究者视野，并被各国政府重视，上升为国际问题，发展为热门的研究领域。

在世界移民总量中，中国海外新移民所占比例不大，但是，中国是世界第一人口大国，这样，就使中国具有巨大的潜在移民资源，加上中华文化在异域表现的韧性，有小部分中国移民又是通过非法渠道达到移民目的，从而引起住在国政府对其高度关注，推动了西方学者在从多学科角度研究日趋频繁的国际移民潮时，把目光也对准了中国新移民，使之成为国际移民研究领域的重要组成部分。可是，西方语境中对中国新移民的研究不乏失实或戴着有色眼镜的结论与观点，如对中国人抱着敌视的、陈旧的"黄祸论"、"中国威胁论"经常在一定时期沉渣泛起。如驻在国政府部门针对中国移民签证、出入关审核的严格性，针对中国移民的"皇帝行动"，等等。因此，中国学者必须追踪国际移民学界的理论动向，根据中国新移民的特点进行分析总结，对话国际移民学界，以增进国际社会对中国新移民的正确认识与合理关注，回应国际上某些势力对中国新移民的攻击与挑衅。

1978年以后，浙江省海外新移民已超过100多万人，他们中许多人年轻，受过良好系统的科学文化教育，视野开阔，经济基础扎实，他们不再是单纯的经济移民，他们移民的目的是为谋求更好的发展，为寻求实现更高的人生价值。他们中有一大批人已在高科技领域占有一席之地，是中华民族的重要人才资源宝库，正如江泽民曾说的，他们"具有知识优势和国际交流的经验，肩负重大而光荣的使命"①。与老移民相比，他们中许多人素质更高，活动能量更大。他们加入海外移民行列，进一步充实扩大了浙江海外新移民的队伍，提升改变了浙江海外侨社的构成，也为海外侨社注入新鲜血液，有利于大力推进华文教育，弘扬传统文化，巩固和培养后裔新生代的民族文化意识，增强海外华侨华人对中华民族文化的认同感，提高民族凝聚力和向心力，保持侨务资源可持续发展。

人类对社会的认识和理论都源于社会实践的需要。社会的发展，实践的需要，不断向人们提出新的课题，促使人们去努力探究解决这些课题的方式方法，形成、提炼新的认识和理论。近年来，空前活跃的海外新移民活动为相关研究奠定了客观基础。浙江海外移民已构成浙江丰富的海外移民资源。他们与中国特别是与当今浙江侨乡经济社会的多重联系，多元互动发展，成为侨乡进一步发展的基石，也为其他地区深化对外开放提供了借鉴。因此，通过本研究的努力，有助于探究新移民与侨乡互动发展的内在规律、发展逻辑；有利于建立两者可持续的良性互动发展机制。

因此，本研究尝试运用社会学、人口学、经济学、政治学、心理学、文化学、历史学等多学科理论对浙江海外新移民的基本状况、移民模式、移民原因，他们与侨乡在经济、文化、社会生活诸多方面的互动等作多学科、宽视野的综合研究，使之由现象到本质、由边缘到主体、由交叉到专立，这对于探究他们在新时代背景下的发展趋势，进一步掌握其内在规律性有重要价值，对于建立新移民研究的理论体系，树立其应有的学术地位，使之逐步成为一门跨学科的新兴学科有重大意义。

二、国内外研究现状

国内外学术界对移民问题的研究已有百多年的历史，对侨乡的研究也有

---

① 郑庆东：《江泽民祝贺欧美同学会成立八十周年》，《人民日报》1993年10月24日。

近百年历史,对两者互动发展的研究历史则较短。

(一) 国内研究现状

1. 研究历史进程。

(1) 关于新移民研究。从上世纪 30 年代开始,学术界对华侨华人的研究从描述性过渡并进入理论性探讨;闽、粤省籍的华侨华人、移民历史、移民的原因是被研究的重点对象。有关浙江华侨的信息仅从一些文人、留学生对海外的回忆录中可寻。

1980 年之前,由于国内政策较为封闭,学界对华侨华人的研究也处于较封闭状态,缺少与世界学界的沟通交流,研究视野也较狭窄。"文革"期间,众所周知的原因,研究工作被迫中断。

1980 年以后,全球化进程加速,人口的跨国流动一再产生高潮,其所产生的影响,涉及的问题和领域,远远超过了华侨华人研究所能覆盖的范围。涉侨部门根据实际工作中遇到的情况较早意识到了新移民问题的存在及其重要性,把对新移民问题的调研及做好新移民工作调整为其工作的重点,并开展了调查和研究。在《华侨华人历史研究》这样的专业刊物上出现了一些研究性文章,如《中国大陆在美国新移民的特点》(1993 年)等。外交部、国务院侨办等部门从 1995 年起都认识到做好新移民工作的重要性,并于 1996 年下发《关于加强和开展新移民工作的意见》。全国政协台港侨联络委员会于 1995 年 11 月至 1996 年 5 月,组织对新移民的专题调查,还于 1997 年主办召开"新移民专题研讨会",推动了相关研究工作。

关于浙江海外新移民的研究主要在全国性、全球性移民的研究中有涉及,或一笔带过,或在相邻学术领域中作为边缘交叉进行研究,这些成果主要是华侨史、华侨志,如《温州市志·华侨卷》(1998 年)、章志诚《温州华侨史》(1999 年)、马卫光《宁波帮研究》(2004 年)、张守广《宁波帮志》(2009 年)、周望森《浙江华侨史》(2010 年)等专著中的华侨出国部分。这些研究事实上跨入了海外新移民的研究领域。在有些著作中,以章、节的形式或以主题的形式对新移民作侧重点不同,程度深浅不一的论述,如王春光《巴黎的温州人》(2000 年)、李明欢《欧洲华侨华人史》(2002 年)等。这阶段,研究浙江海外新移民的文章数量很少,却意义很大。浙江省侨联在《关于浙江省新移民情况的调查报告》(1996 年)中,对浙江新移民的人数、海外分布、基本构成、特点、出境途径等情况作了简要分析。

可见，国内外学界对新移民的研究进入高潮是近二十年的事情。"之前，国际移民研究与华侨华人研究是相对分离的，它们在不同的领域分别进行。"① 由于担心"新移民"称呼在海外侨社引起歧义，有关部门又建议将他们称为"新华侨华人"，之后，对这一问题的研究一度趋淡。2000年以后，随着中国向海外移民新浪潮的出现，政府部门、学术界再次聚焦"新移民"问题。

（2）关于侨乡研究。对侨乡真正意义的研究始于1937年陈达的《南洋华侨与闽粤社会》一书的出版（商务印书馆于2011年再版此书）。该书从社会学角度关注了华侨通过侨汇、信件带动信息流动对故乡的影响。

改革开放后，对侨乡的研究成为热点，并多次开展国内外合作研究。始于1979年，为期5年，中山大学、美国加州大学洛杉矶分校（UCLA）和香港大学合作研究广东台山侨乡项目（这是1978年后第一批大型中外学术合作项目）。世纪之交及以后，侨乡研究越来越受到重视。两岸四地多部门、多单位都曾举行侨乡学术研讨会。1998年10月，由福建省海外交流协会、晋江市政府和厦门大学南洋研究院联合主办"中国侨乡社会经济发展国际学术研讨会"，有15个国家和地区的近80位学者参会，其中海外学者30名，英文论文16篇。② 2004年2月，香港中文大学人类学系主办"侨乡与海外华人"国际学术研讨会在福建泉州海外交通史博物馆举行。③ 2010年、2012年，五邑大学为主承办方，两次成功举行"国际移民与侨乡研究"国际学术讨论会。2013年5月16日上午，由厦门大学国际关系学院/南洋研究院、德国马克斯－韦伯基金会、德国佛来宝大学历史系以及华侨博物院共同举办了为期两天的"华侨华人与中国侨乡近代化"国际学术研讨会。研讨会上，学者们对19世纪中期以来华侨华人与中国侨乡近代化的诸多联系、

---

① 傅义强：《欧盟移民政策与中国大陆新移民》，暨南大学出版社2008年版，第5页。
② 庄国土：《"中国侨乡社会经济发展国际学术研讨会"评述》，载《华侨华人历史研究》1999年第2期。
③ 张应龙：《"侨乡与海外华人"国际学术研讨会综述》，载《华侨华人历史研究》2004年第3期。

华侨华人的融入与跨界活动、家庭与婚姻、政治参与和中国的华侨政策等方面的内容进行深入讨论。

各次研讨会分别对侨乡社会、经济、文化、社会变迁、人物、侨务工作等进行了研究。许多学者们已将中国移民作为国际移民一部分进行研究。

2. 研究内容。

近年来的研究成果主要围绕"新移民"的概念及其产生的背景、基本状况、特征和影响；新移民对侨乡的作用，侨乡的发展特点等。同时，有国内学者将新移民研究纳入国际移民研究范畴，出现多学科研究人员阵容，厦门大学南洋研究院庄国土教授等学者，既研究中国海外新移民整体，也对移民源出地、移民迁入地进行专题论述。暨南大学高伟浓教授的《国际移民环境下的中国新移民》（2003 年）一书，是大陆第一部真正意义上的新移民问题学术专著。该书结合国际背景以国别体的形式对中国海外新移民进行了分别论述，并以专题聚焦的方法分析了非法移民、移民经济和留学移民等热点问题。石炳祥《我国新移民概况与新移民工作》（1999 年）、张秀明《国际移民体系中的中国大陆移民——也谈新移民问题》（2001 年）等文章对新移民的人数、海外分布、基本构成、特点、出境途径等做了分析。在一些著作中，以章、节的形式或以主题的形式论及新移民，如吴潮《浙江籍海外人士研究》（2003 年）、国务院侨办政研司《侨务课题研究论文集 2002—2003 年度》（2005 年）、吴晶《侨行天下——青田华侨文化研究》（2007 年）、任贵祥《海外华侨华人与中国改革开放》（2009 年）、庄国土《东亚华人社会的形成和发展》（2009 年）等。

绝大部分研究成果都论及了新移民产生的背景，并援引美国社会学家莱文斯坦（E. G. Ravenstein）首创的"迁移法则"，即人口迁移的"推—拉"理论，因此，研究结论大同小异。学术界也充分肯定国内改革开放政策与新移民潮之间的关系。西方国家在上世纪最后 20 年经济繁荣时期，根据自己利益需要而调整移民政策，也为中国新移民大开方便之门，这方面的重要成果可参见李明欢《欧盟国家移民政策与中国新移民》（2001 年），蔡苏龙《侨乡社会转型与华侨华人的推动：以泉州为中心的历史考察》（2006 年），傅义强《欧盟移民政策与中国大陆新移民》（2008 年）等。

有些研究成果认为新移民的移民方式有别于近代移民，其中技术移民、留学移民占很大的比重。

有些研究运用了比较方法。如李爱慧、潮龙起《粤闽浙三省新移民迁移规模、流向和方式的比较研究》（2008年）、潮龙起《粤闽浙三省新移民职业结构的比较研究》及《粤闽浙三省新移民身份特征比较研究》（2009年）等文章，对三省新移民产生的背景、职业构成、出国前的身份特征作比较研究。李其荣教授的《国际移民与海外华人研究》（2005年湖北人民出版社）（下简称《研究》）、《国际移民与海外华人续篇》（2013年湖北人民出版社）（以下简称《续篇》）都是非常有价值的研究成果。在《续篇》中，李教授运用多学科方法，坚持理论联系实际，对国际移民、海外华侨华人作深入探讨。对海外人才与中国发展的关系进行了深入耕耘。他在书中还就"华人新移民研究的意义、研究现状、对策进行了研究"[①]。

从现有研究成果看，关于新移民的移民渠道，多认为主要有合法渠道和非法渠道。合法渠道的移民类别主要有家庭团聚移民、留学居留、技术移民、投资移民等。浙江工商大学夏凤珍老师的《从世界看浙南非法移民》（2008年），较好分析研究了浙江南部地区非法移民产生的原因、运作方式、社会地位及反哺家乡的情况。

香港、台湾学者的研究成果，如陈杨琳、杨年熙、郭乃雄的《欧洲华人访谈录》（1992年），从不同侧面展现了当代华侨华人的生活、奋斗、追求与业绩。香港大学钱江教授的《1980—2005年香港、澳门、台湾之海外移民》（2009年）一文，以1980年后香港、澳门及台湾三地的国际移民状况和变化为研究对象，认为三地在20世纪80至90年代先后出现海外移民的高潮，直接或间接地与中国大陆的因素有关。文章认为家庭团聚移民、商务移民、专业技术移民、留学移民以及退休移民是最主要的五种移民模式。该文章对大陆学者在同类研究中提供了方法论启示。

对浙江新移民产生的背景、类别、规模进行专题论述的文章，主要有：李明欢《"相对失落"与"连锁反应"：关于当代温州地区出国移民潮的分析与思考》。文章认为当地表现突出的"相对失落"而烘托升温了"崇欧慕侨"的社会氛围，环环相扣的移民网络也是当地移民潮的主要原因。王春

---

① 李其荣：《国际移民与海外华人研究续篇》，湖北人民出版社2013年版，第5页。

光《移民的行动抉择与网络依赖——对温州侨乡的社会学透视》（2002年）一文，借用西方的"路径依赖"概念和社会资本理论，分析了温州侨乡新移民潮的原因。吴潮、周望森《浙江籍海外新移民研究初论》（2001年），章志诚《近20年来欧洲华侨华人经济的变化》（2002年），高晓洁、吴玉鑫《跨国移民——来自侨乡青田的研究报告》（2002年）等文章，从不同侧面对浙江新移民进行分析论证。《华侨华人研究论丛》（周望森主编）中也收录了研究浙江新移民研究的一些文章。

改革开放后，浙商已成了一种文化象征，是一个继徽商、晋商、潮汕商之后最具活力和现代气息的商帮代表，由于其在现代商战中的出色表现而成为人们关注的焦点。因此，一些学者在研究"浙商"时，涉略了海外浙商，从而进入了浙江海外新移民的研究领域。如陈方柱的《风云浙商·海外浙商》（2006年）、王红蕾、汪祥荣著，龙子民改编的《新浙商　中国的财富力量》（2007年）、吕福新的《浙商论》（2009年）。希望的《温州模式的历史命运》和黄永军的《浙商商道》（2007年），以西班牙埃尔切焚鞋事件为切入点，认为中国企业要走出去更需融进去。谢文辉的《天下浙商　东方犹太人创富揭秘》（2006年）认为"蜂群效应"是浙江经济模式最核心内容，它是支持浙商从事经济活动的强大后盾，是浙商远离家园而没有失去精神家园的依靠。

媒体从新闻的视角对浙江海外新移民进行专题报道。媒体所做的报道不是学理性研究，却拓宽了研究的视野。如浙江卫视的《天下浙商》（2004年）、《五洲四海看浙江》（2010年）等栏目，站在全球的视角，通过对海外浙商个案访谈，展现了浙商身上坚韧不拔、开拓创新、勇于进取、敢为天下先的群体商业特质及新一代浙商的鲜明个性和时代气息。

关于海外移民在祖国投资建三资企业情况及其作用的研究成果，代表性的研究成果如任贵祥教授的《海外华侨华人与中国改革开放》（2009年）等。以闽粤省籍华侨与侨乡关系为研究重点的，有黄昆章教授和张应龙教授的《华侨华人与中国侨乡的现代化》（2003年）、郑一省教授《多重网络的渗透与扩张》（2006年）等。在理论上，李明欢教授提出"侨乡社会资本"命题，力图赋予侨乡文化以新的理论视角（2005年）。

3. 现有研究成果评价。

总的来说，国内关于新移民与侨乡关系的研究成果不菲，拓展了华侨华人学研究领域,却也存在五个问题:第一,研究成果重复较多,描述多,历史研究多。闽粤等省籍新移民及东南亚华侨华人、欧洲新移民研究多。第二,研究领域不平衡。新移民与侨乡经济关系的研究得到特别重视,政治领域的研究薄弱;新移民对侨乡的贡献研究多,侨乡对新移民发展的反作用研究少;新移民与侨乡互动发展研究也没有得到应有重视,尤其是新移民与浙江侨乡互动发展研究更缺乏独立性、系统性、专业性,理论研究落后实践。第三,对浙江新移民个性特征及他们今后的发展走向,当前新移民工作等领域,缺乏较为系统全面的专题性论述。第四,新移民侨务工作的对策研究薄弱,不利于侨务部门有的放矢地制定政策,更不利于浙江海外新移民的发展。第五,研究浙江新移民的学术队伍不够强大,与国际移民理论界的交流沟通也不够。因此,对浙江新移民的研究亟需通过田野调查、跨学科交叉借鉴,加强对其实证性研究。只有加强对浙江新移民研究的重视,给予合理定位,才能改变对它研究的滞后状态。

(二) 国外研究现状

1. 国际移民研究理论。

在国际移民理论研究中,西方学术界通过学科借鉴,进行了多领域、全方位讨论,形成了比较丰富全面的移民研究理论。

(1) 推拉理论。1880 年,美国社会学家莱文斯坦(G. Eravenstein)发表《移民的规律》。他在书中首创"迁移法则",即人口迁移的"推拉理论"。他以 19 世纪英国的移民状况作为初步分析对象,认为:人口迁移不是完全盲目无序流动的,而是遵循一定的规律,它是人口迁出国的推力(排斥力)与移入国的拉力(吸引力)双重因素共同作用的结果。该理论认为经济收入的高低与支出决定了移民行为。如移出地较低的生活水平、生存压力、就业压力等都是推动移民的因素,而移入地较高的经济发展水平导致收入水涨船高。提高生活水平,提升对未来的希望是移民行动的拉力。这一理论,后来被广泛用于国际移民研究。不过从现实看,同一地区的人们,面临同样的生产关系、生存环境,并不都会移民。在中国,内地和西部的经济发展水平低于东部和沿海,事实上,恰恰是东部、沿海先富起来的群众成为移民的主角。可见"推拉"理论忽视了人的主观能动性在移民行动中的作用。

（2）新古典经济均衡理论。主要代表人物为亚瑟·刘易斯（Arthur Lewis）、乔治·J. 波亚斯（George J. Borjas）和迈克尔·托达洛（Michael Todaro）、拉里·萨斯塔（Larry Sjaastad）等人。他们以定量分析为基础，认为个人遵循效用最大化原则决定是否移民决策，移民行为产生的最终原因在于国家之间工资上的差距，最终目的在于寻求通过移民行为前往福利最大化的国家定居。而跨国移民活动可以消解国家间的这种差距，因此，跨国移民现象在未来也将会消失。该理论的局限性在于它忽视非经济因素对移民的影响。

（3）劳动市场分割理论，亦称双重劳动市场理论。代表人物是迈克·皮奥雷（Michael Piore）。该理论认为发达国家内部存在双重劳动力市场，本地劳工不愿意进入下层劳动力市场，他们只愿意进入高工资、高福利、好环境的工作领域的劳动市场，相反，次级劳动力市场需要外来移民填补其缺。发达国家劳动力市场这种失业与就业岗位并存的现象，事实是一种假象。因为，外来移民抵达发达国家后，大多从事"四D"（最脏、最差、最危险、最低收入）工作，他们往往成为经济萧条、政党竞选或党派斗争的牺牲品。所以，有学者提出在发达国家存在三重劳动力市场的理论。

（4）世界体系理论。代表人物萨丝凯·萨森（Saskia Sassen）等，强调经济全球化对移民的影响。在全球化进程中，商品、资本、信息等各类生产要素都在跨国流动，人口也不断从原来封闭的社会迁移到其他地方，实现了最大范围的全球流动。可是，全球化进程中，国际人口流动在各国的表现却很不相同，该理论对其中的原因没有作出解释。

（5）网络理论。代表人物贺伯尔（R. Herberle），E. S. 李（E. S. Lee）和博格（D. J. Bogue）等。他们认为移民网络是种社会资本。人们移民的各种人际关系的组合，其经纬是血缘、地缘、乡缘、情缘、业缘、学缘等种种关系。移民网络形成后，移民信息可以更准确、更广泛传播，对移民行为起降低风险和降低移民成本的可能，增加预期纯收入，从而成为一种社会资本。所以，移民网络一旦建立便具有"乘数效应"，产生连锁反应，如同滚雪球般进一步扩张网络，从而使每一位进入该网络的移民都可能成为下一个潜在移民群的原点，形成新的移民网络，进而扩张移民资本，使越来越多的人进入移民队伍。

（6）新迁移经济学理论。代表人物斯塔克（Oded Stark）、泰勒（J. Edward Taylor）等。这个理论认为决定移民行动的最主要原因来自家庭而不是移民个人仅仅为了提高工资收入，也就是说，移民行为既要实现移民个人利益最大化，也要实现家庭收入风险最小化和收入来源多元化，因而，移民行为会得到家庭的支持。而家庭通过支持其成员的移民行动后，在缺乏失业保险、缺乏福利保障，在生存环境有风险的情况下，可以得到移民目的实现者的汇款支持，壮大家庭经济财富基础，提高生活水平，由此，提升了移民目的实现者在移民迁出地的社会地位，并获得尊重。

（7）循环积累因果关系理论。代表人物是诺贝尔经济学奖得主贡纳尔·缪尔达尔（Gunnar Myrdal）。他在《经济理论与欠发达地区》（1957年）书中提出：由于社会经济关系是以循环方式进行累积变化，因此，当有过一次流动经历的人，再度流动的可能性相对更大，并可能带动亲朋好友利用移民网络，移民至同一个国家。他认为"第一次迁移导致以后不断的迁移和对相关经历的积累。每一次迁移都不断调整动机和预期，引发下一次迁移行动。对其他人而言，认识的移民越多，移民倾向就越大"①。

上述这些理论虽然不能单独圆满地解释移民的原因，但将各种理论加以综合分析，取长补短，却能揭示出移民的若干重要原因。20世纪90年代以后，国际移民研究完全成为多学科相互交叉、相互借鉴、相互交融、相互促进的综合领域。研究者原专业背景既有人口学、人类学、政治学、经济学、历史学、法学、社会学、伦理学，近年来，甚至出现语言学、建筑艺术学、宗教学等研究人员，从而进一步推动了国际移民研究的繁荣发展。

2. 研究内容。

随着中国人移民西方，二战前，一些西方国家的人口统计数据、当地国警察及司法部门的档案材料、当地报章报道、当地国政府部门组织的专项调查报告中，有关于中国移民的内容。20世纪中叶，随着东南亚印支华侨华人和香港人移民欧美，西方学术界对他们有了较多的研究。

在上世纪六七十年代，西方国家的国际移民研究处于高潮期，理论建树

---

① 任柏强、方立明、奚从清：《移民与区域发展》，人民日报出版社2008年版，第15页—16页。

颇多，成果丰富。此阶段，中国人向海外移民处于基本停止的低潮期，人数少，规模小，特点不显著，因此，他们较少关注中国移民，自然也无专题系统的研究成果。此时，西方国家经济处于繁荣发展期，有招徕异族"客工"的市场需求。由于经济发展有周期波动性，每当经济发展萧条时，异族"客工"牵涉移民接纳国社会就业、社会安全、社会福利、社会经济发展等方面，因而，异族"客工"问题成为西方国家绕不开、解不了的结。

学界的研究成果可分为几大类：关于西方国家外来移民总体情况，如罗斯·阿朗德（Rose Arnold）《在欧洲的移民：接纳与调整的问题》（1969年）；关于不同国家外来移民的比较研究，如查利斯坦（Christian Nation）《移民与国家：美国、德国与英国》；更多的是关于移民问题的专题性研究成果，或针对某一外来移民群体的个性化研究。

随着移民问题与国家政治、经济、外交、社会等各方面联系日趋紧密，研究各国移民政策的成果也多了起来，如托马斯·汉默（Tomas Hammar）《欧洲移民政策：一个比较性研究》（1985年）。据李明欢教授介绍，这一阶段，海外学界关于欧洲华侨华人的研究成果，主要有1957年荷兰"天主教社会教会研究所"为了解华裔人口宗教信仰状况做的调查《荷兰华裔群体》；1966年荷兰阿姆斯特丹大学M. L. Vellinga和W. G. Wolters的硕士论文《阿姆斯特丹华人：融入荷兰社会一个少数族群》；1968年新加坡华人吴贵竹的《中国人在伦敦》[①] 等。此阶段，海外学界研究华侨华人的成果还不多，研究领域和视野都不宽，理论建树不强。

1980年以后，随着中国新移民在海外的发展，族群日益壮大，西方国家政府部门及基金会从实用性出发，纷纷为此研究提供资助，推动了包括对浙江新移民在内的相关研究。如荷兰政府前后两次（1988年、1999年）资助"荷兰华人地位"调查，分别形成《荷兰华人社会地位》调查报告。1984年，英国内政部委托属下"种族关系与移民小组"对国内华人的生活状况进行过一次大型调查，1985年完成《英国华人社会报告书》，成为英国政府制定相关政策的重要备忘录。[②] 另外，法国、德国、意大利学者都有过

[①] 李明欢：《欧洲华侨华人研究述评》，载《厦门大学学报》（哲学社会科学版）2002年第4期。

[②] 傅义强：《欧盟移民政策与中国大陆新移民》，暨南大学出版社2008年版，第17页。

相关专题调查研究,举行过专题研讨会。此阶段的研究成果越来越丰富,拓宽了研究领域,如英国学者班国瑞(Gregor Bentlon)、彭珂(Frank N. Npieke)主编《欧洲华侨华人》;新加坡华人学者王赓武《中国与海外华人》(1994年);美国学者彼得·旷《黑着:在美国的非法移民》(2001年)等成果,对中国移民从不同侧面进行研究。美国洛杉矶加州大学(UCLA)华人社会学周敏教授《美国华人社会的变迁》(郭南审译,上海三联书店,2006年),借鉴社会学理论及研究视角和路径,探索了美国华人社会和华人人口的历史与现状。

法国学者巴巴拉·理查得(Richard Beraha)的《在巴黎的"中国"》(Robert Laffont 2012年),重点研究了在法国巴黎的中国移民的人口结构、职业经济事业等。作者夏凤珍撰写的"L'histoire de l'émigration vue du Zhejiang"(《从浙江(本土)角度看(浙南)移民历史》)被收入书中。夏凤珍撰写的主要内容是:在巴黎的浙江籍移民的故乡——浙南侨乡与海外移民的关系。

彭珂(Frank N. Npieke)《跨国华人:福建移民在欧洲》(2004年)对福建移民进行了深入的调查研究。日本学者莫邦富探讨了俄罗斯和东欧的新华侨,著有《拼着:在俄罗斯和东欧的新华侨》。加拿大学者戴威·兹维格、中国学者陈昌贵合著《中国脑流失在美国》(1995年),以实证的方式分析了中国留学生在美国的发展情况。

总之,国外学术界对中国新移民的研究成果还不是很多,欧美各国对中国新移民的研究也不平衡,如欧盟内部,也主要是法、荷、意、西等国的学者对中国新移民有更多关注。受制于语言、思维方式及研究习惯等原因,国外学者极少有对浙江海外新移民的研究成果,对他们与中国侨乡的研究是空白点,因而,也就少有海外新移民与浙江侨乡互动发展的研究成果。同时,也必须看到一些国外学者对中国新移民的研究缺少客观性、公正性。

根据国内外现有研究情况可以预测本课题的研究趋势:全球化趋势促使人口跨国迁移更加频繁,中国人口大国的特殊地位和意识形态等因素,使得中国海外新移民进入国外学者视野并将进一步引起重视。国内学者也越来越多突破华侨华人研究范畴,而且,国内学术界的交流合作亦将趋多,进一步拓展新移民与侨乡互动关系研究的深度和广度,作为一门新兴学科必将备受重视。

三、研究内容

本研究在进行了较多田野调查基础上，以多学科理论为指导，以宏观考察和个案研究相结合，探讨了浙江海外新移民现象产生的社会经济文化背景与原因，总结其内在的必然性、偶然性、规律性、合理性。以人口流动理论、社会学互动理论、跨国主义理论等为依据，分析新移民与浙江侨乡互动发展的模式、内容、效果及其面临的问题，以期用唯物主义辨证观来认识他们对侨乡社会的贡献和影响。同时，分析侨乡对他们事业的发展，对他们家庭和个人生活的反作用。总结了若干展望性思考，以便为新移民、为侨乡各级政府提供客观、理性、可行的决策参考。

本研究共分 7 章。第一章 导论。首先阐述了本课题选择的缘起及研究的意义。其次，分析了国内外相关研究现状，并希望在学习借鉴他人研究成果基础上，有所发展，有所创新。再次，介绍了本研究的方法与研究材料的来源。

第二章，浙江海外新移民状况。对世界移民、中国海外移民、海外新移民等相关概念进行了界定，介绍了它们的基本状况，并着重分析了浙江海外新移民的状况、人数、分布及其特点，他们的移民渠道。并将他们按传统型移民方式与现代型移民方式进行分类比较研究。

第三章，浙江海外新移民的发展成因及其发展趋势。综合分析了浙江海外新移民产生、发展的内部原因、外部原因，进而分析了他们未来的发展趋势。

第四章，浙江侨乡。首先分析了侨乡应该具备的基本要素。其次，依据侨乡要素内容，认为浙江侨乡形成时间比闽粤侨乡晚，规模也小，但是，浙江侨乡有其个性化表现。近年来，杭州、义乌等市越来越多显示侨乡特质，发展成为新侨乡。再次，对浙江省内侨乡作区域性分析比较，总结了它们不同的个性特点。

第五章，海外新移民与浙江侨乡经济的互动发展。较全面总结了浙江海外新移民总体经济事业。对在法国巴黎的浙江新移民经济事业进行了较深入调查，并以他们的烟吧业为个案展开分析，认为海外新移民经济已向多元领域的拓展。本章还着重分析了他们对侨乡经济发展的贡献。以"义乌小商品经济与海外新移民经济"、"聚光科技——2010 浙商 500 强之一"为典型个案，分析侨乡对海外新移民经济发展的促进作用，这弥补了目前同类研究中的薄弱之处。当然，本章也分析了海外新移民与侨乡经济互动发展中存在的主要问题。

第六章，海外新移民与浙江侨乡社会文化的互动发展。较全面地分析了由于新移民人口流动引发侨乡社会在就业结构、人口结构、民众角色及思想观念方面的多重变化。其次，总结了新移民因素对侨乡精神文明建设的重要促进作用。以"一位'华侨村官'和他的美丽乡村"、"龙凤灯舞出侨乡新篇章"为个案，分析新移民力量在建设侨乡社会主义新农村中的突出贡献，并附"青田'华侨村官'基本情况介绍"。再次，剖析总结了新移民因素对侨乡在组织制度、法律制度、政府职能转变中的推动作用。最后，探讨了因人口流动、社会结构变化引发侨乡社会面临的一些问题。

第七章，建构海外新移民与浙江侨乡互动发展的良性机制。论述了海外新移民与侨乡互动发展机制的涵义、目标，并从经济共利、政治利益互动、文化创新三方面阐述了如何建设良性互动机制，同时对海外新移民与浙江侨乡良性互动发展机制进行了展望。

四、研究方法和资料收集

（一）研究方法

如前述，海外新移民研究已进入多学科交叉融合的研究范畴，已突破"华侨华人研究"的范畴，因此，本研究的理论依据、方法必然借鉴前人的智慧而呈现多学科的知识、多角度的视野。

田野调查与实证个案结合进行研究，比较好地将浙江海外新移民作为个体纳入中国海外新移民、国际移民这两大范畴内进行研究，自然呈现了宏观研究与微观研究的结合。

运用比较研究方法，对传统型模式与现代新移民模式、省内传统侨乡和新型侨乡分别作了研究，揭示了它们各自的内在规律和特点。

通过归纳法、定量定性分析方法，将大量通过田野调查获取的孤立零散材料，进行归类整理、数据统计，成为进一步论证海外新移民与侨乡互动发展的有力依据。

（二）资料收集

（1）田野调查。本书研究的性质决定了田野调查、实证材料的不可或缺，因此，作者在之前取得材料的基础上，又组织了对华侨华人、归侨侨眷、创业创新海归的访谈和调查，得到有效问卷近500份。先后几次前往温州、青田、宁波、杭州、义乌、台州、嘉兴等侨乡进行调查、访谈和问卷调查。通过一些海外新移民帮助作海外调查。争取许多涉侨部门在统计资料和侨情介绍方面的支持。在研究中，也借鉴了同行在浙江侨乡进行实证调查中收集的材料。

（2）文献资料。主要包括有关浙江海外新移民、浙江侨乡的各种志书、史类著作、专题研究报告、专项研究著作、各种统计年鉴、专业论文等等。

（3）专业刊物、报纸、网络资料。主要有《华侨华人历史研究》、《钱江侨音》、《八桂侨刊》、《南洋问题研究》、《社会学研究》、《浙商》，《人民日报海外版》、《青田侨报》，中国侨网、国侨办网、中国侨联网、浙江省内各涉侨网，以及海外如凤凰网、欧洲时报网和一些办得比较成功的浙江籍海外侨团网，等等。

（4）内部资料。包括涉侨部门的侨情汇编、侨商会的内刊、浙籍海外侨团的宣传资料、一些海外新移民的家谱和族谱、华侨陈列馆（博物馆）的展出资料，涉及对新移民招商引资、招才引智活动的宣传资料，等等。

第二章　浙江海外新移民状况

人类的移民活动与人类历史发展相始终，如今，跨国界跨国境的全球性移民活动，其频繁速度和活跃程度超越过往任何时期，移民遍布世界的每个角落。近几十年来，移民人数的增长速度更是达到空前规模，其中包括一定规模的中国新移民（浙江新移民是其重要成员）。

如何界定海外新移民？浙江海外新移民作为个体与世界移民、中国海外移民两大不同主体之间有怎样的关联？他们的基本情况如何？他们移民海外的途径和模式，存在哪些共性与个性特征？只有首先解答这些问题，才能解决人们对他们的认定问题。

第一节　中国海外新移民概况

马克思曾说：人的本质是一切社会关系的总和。移民的身份属性首先是社会中的人，因此，他们与社会中的他人会形成复杂多样、多层次性的社会关系。各种社会关系按主体分类，又可分为个人之间的关系、族群内部的相互关系、国内与国际的关系，等等。如今的世界，一方面全球化进程加速，国与国之间相互依存加深，同时，各国又极力保护自身的民族国家利益，这就使每位移民既有全球性，即是世界移民、国际移民的一分子，又由于他们源于不同国家而具有国别性，如中国移民、印度移民、墨西哥移民、拉美移民等。

一、国际移民

（一）定义及其人数估计

移民，是人口不断迁移和流动的产物，是一个内涵非常复杂的社会现象。何谓移民？我国的《辞海》认为，"移民"是指"迁往国外某一地区永久定居的人"。"较大数量的、有组织的人口迁移"。实际上，大量的移民并无组织，而是自发的、个人行为。这就使移民有广义和狭义之分。"狭义的移民是指取得迁入地户籍的人口；广义的移民是指相当大数量的人口通过各种方式，以实现其劳动力向区域或异国转移，并有置业安家定居的愿望与要求。"① 如今，放眼世界，绝大多数国家对本国公民在管理上绝少施行户籍制度。因此，本研究对移民的定义更倾向于广义移民，认为：移民是指那些离开原常居地，迁移至其他区域或跨越主权国边界，寻找工作、定居、置业的人。

何谓国际移民？联合国经济与社会事务委员会统计司、国际移民组织认为："国际移民"是指那些为了在其他国家定居的目的而跨越国境流动的人群，包括暂时性居住在内；游客和短期商务考察者通常不计入移民之列。庄国土教授、李瑞晴认为"国际移民"是指跨越国界的常久性人口空间移动。② 李明欢教授则认为，"国际移民"是指"跨越主权国家边界，以非官方身份在非本人出生国居住达一年以上"的人，"他们可能在迁移后加入新国家的国籍；也可能仍然保持原来国家的国籍，仅持有效居住证件在异国居住；还有些人则可能同时持有多个国家的国籍。这是一个跨越国家政治边界生存的特殊人群"。③ 综合诸家观点，国际移民需具有三大基本要点：移动人口的跨境性；跨境目的的定居性；居住时间的长久性。因此，所谓"国际移民"主要是指那些离开原常住国（出生国或国籍所在国）前往其他主

---

① 任柏强、方立明、奚从清：《移民与区域发展》，人民日报出版社2008年版，第23—24页。
② 庄国土、李瑞晴：《华侨华人分布状况和发展趋势》，国务院侨办（未版）2011年，第2页。
③ 李明欢：《国际移民政策研究》，厦门大学出版社2011年版，第7页。

权国家,以定居、工作为移民目的,居住时间三个月以上的人群。

目前,由于移民的跨境流动性,侨居国对移民出入境的控制政策及移民在侨居国领土上扮演的不同角色,因此,要确定移民在国外的时间有相当难度。关于国际移民人数的统计。联合国人口署《2002年国际移民报告》和国际移民组织(IOM)《2003年世界移民报告》认为,"2000年,全世界在出生国以外居住一年以上者,其人数已达到1.175亿人,约占世界总人口的3%。移民人数比1970年增加了一倍多,其中女性移民48%"[1]。国际移民组织提供的统计数据估算,至2010年,全球国际移民人数达到"2.14亿人,约占全球人口的3.1%,平均每33个人中就有一个移民,其中49%为女性移民"[2]。而在1970年,全球国际移民约0.815亿人,1980年时约0.998亿人,1990年是155518063人,2010年是213943812人。1990—2010年间,国际移民绝对人口总数增加了5842.6万人,增长详情见图2-1。

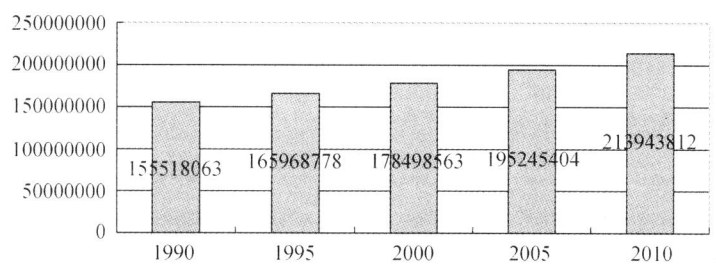

图2-1 全球移民增长情况

图中数据引自李明欢:《国际移民大趋势与海外侨情新变化》,丘进:《华侨华人研究报告(2011)》,社会科学文献出版社2011年版,第5页。

(二)国际移民的分布

目前,国际移民的流向呈这样的特点:低收入国家移向高收入国家;政治动荡国家移向较安全稳定国家;教育文化欠发达国家流向教育现代先进的国家。"全世界移民的60%居住在较发达区域,40%居住在较不发达区域,其

---

[1] National Intelligence Estimate: *Growing Global Migration and Its Implications for The United States*, NIE2001-O2D2001,转引自丘立本:《国际移民的历史 趋势与我国对策研究》,载《华侨华人历史研究》2005年第1期。

[2] 国际移民组织网,http://www.iom.int/jahia/Jahia/about-migration/facts-and-figures/lang/en,转引自李慎明、张宇燕:《国际形势黄皮书 全球政治与安全报告(2011)》,社会科学文献出版社2011年版,第199页。

中欧洲外来移民5600万人，约占欧洲总人口的7.7%，北美外来移民4100万人，约占北美总人口的13%，澳洲外来移民占其总人口的19.1%，亚洲外来移民5000万人，但因亚洲人口众多，移民只占其总人口的约1%，非洲外来移民占总人口的2%，拉丁美洲为1%。较发达地区每10人中有近1人为移民，发展中国家则每70人中近1人为移民。"① 至2010年，国际移民的这种分布状况没有多大改变。2010年，全球移民人口及其分布情况见下表。

表2-1 全球移民人口及其分布

地区	移民人数（万人）	人口比例（%）	地区	移民人数（万人）	人口比例（%）
欧洲	6980	9.8	拉美	750	1.3
亚洲	6130	1.5	澳洲	600	16.8
北美	5000	14.2	合计	21390	3.1
非洲	1930	1.9			

引自李慎明、张宇燕：《国际形势黄皮书 全球政治与安全报告（2011）》，社会科学文献出版社2011年版，第199页。书中资料来源：国际移民组织2010年发布的数据。

美国、德国等发达国家是接纳移民最多的国家。据美国人口普查局调查公布，至2011年7月1日，美国人口总数3.116亿，② 国际移民占其总人口的10%以上。德国被世界银行定位为"高收入国家"，其国民收入由1990年全球排行第六上升为第三，因此，德国成为继美国之后接收移民人数第二多的国家，2005年，德国就有国际移民0.101亿。

可以这样说，在全球化背景下，世界上绝大多数国家不是移民输出国就是输入国或过境国，一些国家三者兼而有之，完全与移民无关的国家几乎不存在了。

二、中国海外移民、海外新移民的界定及概况

（一）与中国海外移民相关的几个概念

中国人移民海外的历史非常久远。肇始于秦汉至隋唐，经宋至明初，又

---

① 丘立本：《国际移民的历史趋势与我国对策研究》，载《华侨华人历史研究》2005年第1期。

② 美国人口达3.11亿，人口增幅降至近70年来最低，http：//www.chinanews.com/gj/2011/12-22/3549791.shtml［2012-9-5］。

历明末至鸦片战争前，有过两次向海外移民的高潮。至近代，华工出国至第二次世界大战结束，为又一波移民国外的高潮。改革开放后，中国人再掀波澜壮阔的移民潮。由于不同历史时期的国内外政局、经济文化环境相异，移民出国的动因、方式、规模及其影响和作用也是异彩纷呈，因此，对他们的称呼也各不相同。

  在中国未取消双重国籍前，对所有海外的中国移民统称为华侨。新中国建立后，在一些华侨人数特别多的国家，如东南亚诸国一度对中国侨民心存戒心，怀疑他们是"共产主义的威胁"、"潜在的北京第五纵队"，说中国侨民在当地搞颠覆活动。当地国政府曾下令封闭爱国华侨的报馆、社团、学校，还发生严重的反华、排华运动，使在这些国家的华侨遭到歧视和迫害，中国与这些国家的外交关系也跌宕起伏。因此，从为在这些国家生活工作发展的华侨的长远利益着想，也为与这些国家建立良好的国与国关系，解决海外华侨的双重国籍问题成为当时非常突出的迫切问题。1954年9月23日，周恩来总理在第一届全国人大第一次会议上作《政府工作报告》时特别提到："华侨的国籍问题是中国过去反动政府始终不加解决的问题，这就使华侨处于困难的境地，并且常常引起中国同有关国家之间的不和，为了改善这种情况，我们准备解决这个问题。"[①] 1955年，万隆会议上，中国与印度尼西亚签订了《关于双重国籍问题的条约》，取消华侨的"双重国籍"身份，让他们在自愿原则上选择一个国籍，同时鼓励华侨加入住在国国籍。这既解决了两国间一个久悬未决的问题，也消除了东南亚国家在华侨问题上的担心，为中国同东南亚其他国家解决这一问题提供了范例。始之此后，中国与新加坡、马来西亚、蒙古国、缅甸、尼泊尔等亚洲国家达成解决双重国籍问题的协议。此后，华侨若选择侨居国国籍，则被称为华人。1980年，中国制定《国籍法》，其中第三条对中国公民在国籍选择上做出明确的法律规定：中华人民共和国不承认中国公民具有双重国籍。第九条规定：定居外国的中国公民，自愿加入或取得外国国籍的，即自动丧失中国国籍。因此，与本课题有关的海外中国人就有华侨、华人、华裔、中国海外移民、中国海外新移民等不同称呼。

---

① 孙俊华：《周恩来总理解决华侨双重国籍问题》，载《文史精华》2007年第2期。

华侨：定居在国外的中国公民。在华侨名称出现之前的很长时间里，人们多用汉人、唐人、北人、中国贾人、中国人、中华人、华民、华人、闽人、粤人等名来称呼海外中国人。1883年，郑观应在他给李鸿章的报告《禀北洋通商大臣李傅相为招商局与怡和、太古订合同》中用了"南洋各埠华侨"的说法。1904年，清外务部的奏折中提出设立海外领事建议，并说这样有利于联系"华侨"。此后，"华侨"一词的使用开始普遍化。自新中国不承认双重国籍后，华侨仅指那些保留中国国籍者。它的基本要点：定居（旅居）在海外，具有中国血统、保持中国国籍并自认为中华民族的人，他们受中国法律保护。"定居"是指中国公民已取得住在国长期或者永久居留权，并已在住在国连续居留两年，两年内累计居留不少于18个月。如果中国公民虽未取得住在国长期或者永久居留权，但已取得了住在国连续五年以上（含五年）合法居留资格，五年内在住在国累计居留不少于18个月，则视为华侨。①

华人：是指已加入外国国籍的原中国公民及其外国籍后裔；中国公民的外国籍后裔。华人概念的要点：具有中国血统，加入外国国籍者但自认为是中华民族的人，不受中国法律保护。

华裔：一般是指没有中国国籍，但却含有中国血统的人。

中国海外移民：离开中国前往其他主权国家，以定居、工作为移民目的，居住时间三个月以上的中国人。它必须具备国际移民的三个基本要点：跨境性；跨境目的的定居性；居住时间的长久性。

中国海外新移民：由于新移民是一种社会现象而不是一个法律概念，因此，国内外学者对其有许多不同定义。如美国学者针对美国的移民，认为它专指十九世纪九十年代以后进入美国的移民。② 美国洛杉矶加州大学（UCLA）社会学系周敏教授则认为，新移民主要是指1965年移民法通过之后到美国的移民，但不包括在校的留学生。国内学界对新移民的界定比较复杂。一方面由于移民跨国迁移本身的复杂性，另一方面，确实有不少新移民是通过非法渠道实现移民目的，一些移民接纳国政府或媒体往往将之过度渲

---

① 国务院侨务办公室：《关于界定华侨外籍华人归侨侨眷身份的规定》，《国侨发［2009］》第5号。

② 杨生茂、张友伦主编：《美国历史百科辞典》，上海辞书出版社2004年版，第443页。

染，产生极为恶劣的影响。因此，有关部门担心用"新移民"称谓或公布相关资料，可能会引起一些移民侨居国政府的多重担心，或引发老移民的歧议，不主张用"新移民"称谓，而用"新华侨华人"。国务院侨务办公室前主任李海峰在2012年初指出，改革开放以来，随着中国与世界各国交往的不断扩大和日益深入，"中国公民通过留学、投资、探亲等形式移居国外的人数不断增加，逐渐在海外形成了'新华侨华人'群体，其中也包括这一时期由香港、澳门、台湾等地移居国外的华侨华人"[①]。

在借鉴了各种对海外新移民概念的基础上，本研究认为，中国海外新移民主要是指1978年改革开放以后，从中国大陆迁移出国并取得永久居住权的华侨或已加入当地国国籍的华人，还包括未取得永居权或未入他国国籍但在他国工作、生活的短期性移民。在时间上，以1978年为新移民人数的统计界限。因为，改革开放在中国历史上是划时代的大事变，它令中国的侨务政策发生了飞跃，1986年2月1日《中华人民共和国出入境管理法》施行后，中国内地出现了持续多年的"出国热"，掀起第四次史无前例的大规模海外移民潮。迁出地上，不包括近年来从香港、澳门、台湾迁移至他国的人，也不包括从东南亚再移民至西方各国的华侨华人。这是因为"港台地区的移民与大陆移民虽然同属中国移民的范畴，具有文化和种族上的共性，但前者移民的背景、动机和类型都不同于后者，就是说前者具有不同于后者的特点"。至于东南亚等地的再移民更不宜包括在中国新移民的范畴之中，因为"他们是属于第三国的移民活动"。[②] 新移民中还应"包括未取得永居权或未入他国国籍但在他国工作、生活的短期性移民"，这是国际上很多发展中国家普遍存在的现象。实际上，许多留学人员通过留学渠道，已取得居留权或已加入所在国国籍，实现了由"留学转居"，按我国现有相关法律法规对华侨华人的认定条件，他们的身份已经是华侨或华人了。

当然，称他们为"新移民"，还由于在中国，"改革开放后被称作新时期"已约定俗成，此期间的新移民从移民动机、背景、特点等许多方面呈现与老一代移民不同的地方，形成一个新的群体。

---

① 张冬冬：《李海峰：海外新华侨华人近千万 超半数居欧美》，http：//www.zjqb.gov.cn/art/2012/1/12/art_ 376_ 50507.html［2012－1－15］。

② 张秀明：《国际体系中的中国大陆移民》，载《华侨华人历史研究》2001年第1期。

(二) 中国海外新移民的人数、分布

1. 海外移民的人口数量及其分布。许多中国学者都将海外移民归入华侨华人领域进行统计。关于全球华侨华人总人数及其在各大洲分布资料，都只能是估算，不可能精确。主要原因在于：一是目前人口流动性强；二是人们对华人概念的内涵没有统一的标准；三是受制于主客观条件，也确实无法对散居世界各国各地的海外移民作全面、精准的统计；四是各国相关部门和学者调查统计所依托的基础资料局限性太多，统计路径不同，因此，现有关于海外移民总人数的统计、估算结果，有的相差甚远。目前，关于中国海外移民人数统计为较多认可的，主要是这几组：（1）国务院侨务办公室侨务干部学校的卢海云、王垠认为："在20世纪末、21世纪初，海外华侨华人的人口总数约为3975.8万人，其中约有200万为近20余年间从大陆迁出的新一代华侨华人。"[①]（2）庄国土教授等人通过广泛调查，收集资料，统计估算认为：2006—2007年，"世界华侨华人总数约4543万人"[②]。（3）中国新闻社课题组依据最新最近各国华侨华人的人口数据的不同版本进行比较和综合整理后，在他们的《2008年世界华商发展报告》中认为，至2008年，"全球华侨华人约有4800万人，其中新华侨华人约600万人"[③]。（4）台湾"侨委会"2007年统计年报认为，2006年"华侨华人人口的统计为近3900万人"。（5）华中师范大学桂世勋教授认为"1980年后至2000年前后世界新华侨华人总数为632.14万人"[④]。（6）国务院侨务办公室前副主任许又声在公开场合正式指出"目前，海外侨胞已达5000万之多"[⑤]。

本研究选取了前述六组统计数据中的三组制表进行比较。因为，选入表中的三组数据是研究者在通过查阅大量资料，对许多国家的华侨华人分布进行国别分析汇总的基础上得出的结论，相对较为准确可信。具体详情见

---

① 国务院侨办干部学校：《华侨华人概述》，九州出版社2005年版，第2页。
② 庄国土、李瑞晴：《华侨华人分布状况和发展趋势》，国务院侨办政法司编（未版）2011年，第7页。
③ 中国新闻社《世界华商发展报告》课题组：《2008年世界华商发展报告》，http://www.chinaqw.com/news/200902/02/148829.shtml［2009-4-8］。
④ 桂世勋：《新华侨华人及华裔新生代研究》，《国务院侨办课题研究成果集萃》（2007—2008年度·上册）未刊，第172页、第177页。
⑤ 许又声：《每一位海外侨胞都是中国的"名片"》，http://www.chinanews.com/zgqj/2011/09-28/3360354.shtml［2011-9-30］。

下表。

表 2-2 华侨华人的分布情况

		亚洲	美洲	欧洲	澳洲	非洲	总人数
庄国土教授课题组公布的数据（2007年）	人数（万）	3548	630	215	95	55	4543
	所占比（%）	78	13.87	4.7	2	1.21	100
台湾侨委会公布的数据（2006年）	人数（万）	2980.3	693.1	103.9	86.6	155	3879.4
	所占比（%）	76.8	17.9	2.7	2.2	0.4	100
国侨办干部学校公布的情况（2005年）	人数（万）	3294.1727	433.270	145.3911	78.6065	24.3863	3976.8271
	所占比（%）	82.85	10.9	3.65	1.97	0.61	100

资料来源等说明：（1）庄国土教授课题组：《2006—2007年各洲华侨华人数量和分布》，国侨办政法司编（未版），第7页。其中，非洲华侨华人总数及占比（%）引自王望波、庄国土：《2008年海外华侨华人概述》，世界知识出版社2010年，第7页。（2）台湾"行政院新闻局"编：《"中华民国"年鉴2006》，台北"行政院新闻局"出版社2008年2月。转引自桂世勋教授课题组：《新华侨华人及华裔新生研究》，《国务院侨办课题研究成果集萃》（2007—2008年度上册，未刊），第177页。（3）国务院侨办侨务干部学校编：《华侨华人概述》"20世纪末、21世纪初世界华侨华人人口一览表"，九州出版社2005年，第229—235页。庄教授课题组的成果缺在非洲的华侨华人数。国侨办侨务干部学校的成果没有全球华侨华人总人数及各洲所占比例，由作者根据其公布数据另外计算而得。

从上表统计数据中反映出：第一，亚洲地区依然是中国华侨华人分布最多的区域，但是，比重有所下降，并有加速之势。第二，以北美的美国、加拿大两国为代表的西方发达国家的华侨华人有增长趋势，增长速度很快。

2. 中国海外新移民的人数、分布。与对海外华侨华人进行统计遇到的困难一样，海外新移民的人数及其分布情况也只能是估算。中新社课题组认为"改革开放30年，中国走向世界各地的新华侨华人总数超过600万人"[①]。庄国土教授认为有"新移民1030万人"，占海外华侨华人"总人口的22.6%"。[②] 华东师范大学桂世勋先生课题组研究认为"1980年前后至

---

① 中国新闻社《世界华商发展报告》课题组：《2008年世界华商发展报告》，http：//www.chinaqw.com/news/200902/02/148829.shtml［2009-4-8］。

② 庄国土、李瑞晴：《华侨华人分布状况和发展趋势》，国务院侨办政法司编（未版）2011年，第7页。

2000年前后世界新华侨华人总数为632.14万人"①。国侨办前副主任许又声在公开场合指出"改革开放后从中国大陆和港澳台等地区移居国外的新华侨华人接近1000万人"②。由于东南亚地区是中国华侨华人最集中的地方,估算那里的华侨华人总人数难度最大,因此,庄国土教授课题组在研究时,把重点放在对东南亚华侨华人,尤其是当地的中国新移民数量的估算上。这样,当他们把华侨华人最集中最多地区的人数调查估算较为准确后,就为估算全球的中国海外移民总人数奠定了坚实的基础。因此,本研究最后采用了庄教授课题组的成果,即2007年,有中国海外新移民1030万人。

海外新移民的分布情况。学界基本都认为:海外新移民人数众多;分布范围甚广,又呈现集中性。按海外移民在世界各大洲分布,从多到少排列,依次为亚洲、北美、欧洲、非洲等,详情见下表:

表2-3 中国海外移民的分布

庄国土教授课题组公布的情况（2006—2007年）	地区	亚洲	美洲	欧洲	澳洲	非洲	总人数
	人数（万）	400	350	170	60	50	1030
	所占比（%）	38.83	33.98	16.50	0.19	4.85	100

资料来源等说明:(1)庄国土教授课题组:《2006—2007年各洲华侨华人数量和分布》,国务院侨办政法司编(未版),2011年,第7页。其中,非洲华侨华人总数及占比(%)引自王望波、庄国土:《2008年海外华侨华人概述》,世界知识出版社2010年版,第7页。百分比为各洲新移民占全球新移民总人数的比例。

2002年,时任中国海外交流协会副司长的朱慧玲女士通过多种渠道调研,总结分析了发达国家华侨社会的发展变化。她认为:20世纪70年代以来,移居发达国家的新华侨、华人和华人再移民"共计400—500万人"。与战前华侨、华人主要流入东南亚地区的情况形成了巨大反差。其中"来自中国大陆者逾170万人,其中流入美国50万、加拿大20万、澳大利亚10—20万、欧洲逾70万、日本17万"③。2012年初,国侨办前主任李海峰

---

① 桂世勋:《新华侨华人及华裔新生代研究》,《国务院侨办课题研究成果集萃》(2007—2008年度,上册,未刊),第172页、第177页。
② 许又声:《每一位海外侨胞都是中国的"名片"》,http://www.chinanews.com/zgqj/2011/09-28/3360354.shtml [2011-9-30]。
③ 朱慧玲:《21世纪上半叶发达国家华侨华人社会的发展态势》,载《华侨华人历史研究》2002年第2期。

在公开场合指出："北美与西欧是新华侨华人主要分布地区，约囊括新华侨华人总数的50%以上。"①

在美、欧区域，新移民又主要集中于美国、加拿大、法国、英国、意大利、西班牙、德国、俄罗斯等国。在亚洲，新移民以日本、新加坡、香港和澳门等国和地区为移民重点目的地。澳大利亚和新西兰等国家也很受新移民喜欢。近十多年来，在非洲的中国新移民已增长到"近100万"人。② 王望波、庄国土教授的研究则认为在非洲的中国新移民人数为50万人。他们主要是台湾、香港的投资移民和中国内地从事投资和商贸活动的移民。

（三）海外新移民的祖籍地

关于中国海外新移民的祖籍地，国侨办侨务干校编写的《华侨华人概述》一书认为依次为"广东、福建和浙江等省"，以及"北京、上海等大城市"。③ 中国新闻社是以海外华侨、外籍华人和港澳台同胞为主要服务对象，向境内外媒体提供供稿服务的综合性国家通讯社，直属国侨办，因此，它所公布的相关研究成果具有官方性质，应该值得信任。中新社《2008年世界华商报告》认为华侨华人的祖籍分别是"广东籍占54%，福建籍占25%，海南籍占6%，其他省、市、自治区共占15%（其中以台湾、广西、山东、新疆、云南为主）。在东南亚，粤籍、闽籍和其他省市之比为5：3：2；而在亚洲以外，粤籍占绝大多数。若以方言划分，使用闽南（泉州）、广府（广州）、潮州、客家四种方言的人，占海外华侨华人总数的80%左右"。其中，新华侨华人的主要移出地及人数分别是"福建省110余万，浙江省145余万，广东省100余万，上海市50余万，北京市约30万，天津30万人，东三省40万人"④。该报告中说浙江省有新移民"145余万人"，这一数据高出了实际人数。因为，至2007年底，浙江全省的海外移民（包括台港澳同胞）是145万人，因此，减去台港澳同胞人数及1978年前的海外移民人

---

① 张冬冬：《李海峰：海外新华侨华人近千万 超半数居欧美》，http：//www.zjqb.gov.cn/art/2012/1/12/art_ 376_ 50507.html［2012－1－15］。
② 李安山：《非洲华侨华人发展趋势及对策研究》，《未来5—10年侨情发展趋势与侨务对策》（2009—2010年国侨办课题重点项目，未刊），2011年，第104页。
③ 国侨办侨务干部学校：《华侨华人概述》，九州出版社2005年版，第11页。
④ 中国新闻社《世界华商发展报告》课题组：《2008年世界华商发展报告》，http：//www.chinaqw.com/news/200902/02/148829.shtml［2009－4－8］。

数,当年浙江的海外新移民为100万左右。

福建省侨办主任曾晓民在2007年7月1日公布了他们历经一年调查研究而成的课题成果,认为"闽籍海外侨胞总数为一千二百六十四万人,比一九九六年增长了百分之二十二点四,其中新华侨华人逾百万人,增长逾一倍。闽籍华侨华人海外生存和发展区域亦不断拓展,遍布一百七十六个国家和地区,除传统聚居东南亚仍占主体外,移居欧美等发达国家明显增多,新侨区不断涌现"①。2008年,福建省社会科学院张进华研究员等在发布《新华侨华人与华裔新生代研究》报告中认为:福建省的"新华侨华人有110.49万人"②。

各研究成果关于海外新移民的源出地、人数不尽一致,但是,总的来看,比较一致的观点是:闽、粤、浙三省是全国海外新移民的主要迁出地,占全国海外新移民的50%以上。

第二节 浙江海外新移民的概况

一、人口流动的三种研究范式

美国著名哲学家库恩(T. S. Kuhn)在《科学革命的结构》(1962年)一书中提出"范式"理论,用以说明科学发展模式。他说"范式"一般是指特定的科学共同体从事某一类科学活动所必须遵循的公认的"模型",它包括共有世界观、基本理论、范例、方法、仪器、标准等活动的共同立场,共同使用的认识工具和手段。③ 这就为人们提供了观察问题、理解问题,以及分析解决问题的方式。浙江海外新移民从其人口规模、产生的影响看,具

---

① 《福建海外华侨华人十年增加230万对当地贡献突出》,http://www.chinanews.com/hr/zgqj/news/2007/02-02/866404.shtml [2007-2-3]。
② 张进华:《改革开放30年福建新移民的发展与贡献》,载《八桂侨刊》2008年第4期。
③ 陈明:《作为范式的辩证法的历史建构》,中国社会科学出版社2008年版,第29页。

有人口流动的特点，这就决定了对他们须采取一定的观察视角和研究范式：由内向外流动、由外向内流动、由内向内流动。

1. 由内向外的移民流动。由内向外的移民主要是指由中国国内向国外的人口流动。自唐朝始，就有浙江人走向世界，但是，改革开放后，由农民为主力军、同时有大量的士、工、商、学、兵等各阶层人士踊跃参与向海外移民潮，人数已达到150多万人。他们遍布世界120多个国家和地区，或经商、或求学、或开发、或投资、或移居，等等。在海外，他们中有的人辗转几国流动，有的定居或侨居一国。无论在哪国和地区，他们勤劳勇敢智慧，在海外异文化环境中闯荡拼搏，秉着"求真务实、诚信和谐、开放图强"的浙江精神，不唯本、不唯上，勇于创新，自主自力，敢想敢为，乐学乐干，成为响亮的海外浙商，从而成为著名商帮——浙商的重要组成部分。他们无论在海外侨居地，还是在祖籍地，对社会全面发展不断传递着正能量，担当着奉献社会的责任。

2. 由外向内的移民流动。这主要是指有海外移民从海外带资金、带项目、带技术、带人才回国（来华）创业创新；有人回国置业休闲；有人回国安居养老等。改革开放后，浙江人抓住市场经济发展的先发优势机会，认准市场需要什么就做什么，哪里有市场就到哪里去，没有市场就塑造市场。在本省资源有限的情况下，敢于走出去，在全国、在全世界配置资源。浙江人在市场经济大潮中，还摸索学会了开门做市场，提升了以开放促发展的意识，形成了大力激发全民创业、大力发展非公有制经济，着力扩大开放，大力招商引资的良好环境和氛围，从而吸引越来越多的海外移民回流浙江创业创新。起始于美国的全球金融危机、欧债危机依然猖獗的背景下，加速了移民由外向内的流动。当然，这种人口流动，有人作长久计划，有人仅为权宜之计，有人在回流中又作观望。

3. 由内向内移民流动。这类移民流动主要是指已回流到中国或侨乡的海外新移民及其家人，为满足他们诸如职业选择、投资、教育、医疗、社会保障、环境等多种需要，在国内或在侨乡作横向的空间流动。这是移民由内向内人口流动的一种分化。

4. 研究范式的联想启示。一般来讲，受教育程度与人的素质成正比。受教育程度越高，越能提升人的全面发展。从调查发现，浙江海外新移民的文化教育程度越来越高。以 1949 年温州瑞安市第一代海外移民与 2008 年该市籍海外移民的文化程度为例进行对比，详情见下表：

表 2-4　1949 年以前与 2008 年温州瑞安市的海外移民文化程度

单位		人口（人）			文化程度						
		总数	男	女	幼儿	小学以下及文盲	小学	初中	高中	大专	硕士以上
2008 年	在册人口	74274	39217	35057	12255		18569	33497	8319	1337	297
	占比（％）				16.5		25	45.1	11.2	1.8	0.4
1949 年前	被调查人	1256				96	702	354	89	11	
	占比（％）						55.89	28.18	7.09	0.88	

根据王国伟《瑞安华侨志》（中华书局 2011 年版）第 45 页的数据制表。

从上表可以看出，至 2008 年时，瑞安市海外移民中初高中文化程度的占 50% 以上，而 1949 年只有 10% 不到的比例。随着高素质海外新移民在国内外流动迁移，为海外侨社注入了新鲜血液和活力。

在海外异文化的环境中，他们既遵守着本民族的文化基因，又融入侨居国的文化，从而"使社会结构逐渐从血缘宗族关系中疏离出来，使传统观念及习俗淡化起来，从而有助于推动创新精神的不断弘扬"[①]。同时，浙江新移民在学习掌握异国语言，接受吸纳西方文化，也经历思想观念的碰撞。他们遵守还是放弃原有生活习俗，以及认识熟悉居住国的法制环境和市民社会规范，都将是个漫长的过程。这既源于心底，也源于认知，更源于文化。从陌生到熟悉、从抗拒到接纳、由不适应到逐步适应以至基本适应，有人需要几年，有人需要十几二十几年，有人需要一辈子，有人甚至终身没法适应。因为从心理学的角度讲，"适应是个人通过不断做出身心调整，在现实生活环境中维持一种良好、有效的生存状态的过程"。适应往往指"个体与环境在相互作用中发生改变的过程。既然是相互作用，发生改变的应该是双方，但人们在说到适应时，心目中想的主要是个体的改变，是个体改变自身去顺应环境条件"。从生活史角度来观察人的一生，适应是一个动态平衡过

---

① 任柏强、方立明、奚从清：《移民与区域发展》，人民日报出版社 2008 年版，第 45 页。

程。① 因此，在海外，要引导鼓励他们融入主流社会，又保持中华文化的根。

当然，他们在迁移、流动、侨居过程中，又都面临着许多创业创新发展、安居乐业求稳定的现实问题。有的来自外在客观世界，有的是他们主观条件所引发。

在国内，侨乡各级政府部门思想上要重视新移民工作，行动上要多渠道、多手段对他们以支持和引导。要为他们创造条件，使他们既成为和谐浙江、"两富"浙江的贡献者，又使他们在投资创业、回归创新中实现经济利益与人生价值双丰收。

二、海外新移民的成长

浙江人移民海外的脚步从未停息，绵长而连续，不过，不同时代的海外移民各有其特征。

（一）主体与个体

浙江海外新移民作为当下国际移民、中国移民的重要组成部分，是"我"与"我们"统一的个体。国际移民活动中任何个体又都是独立的主体，他有"自我"意识，知道"我"的特点、优点、缺点、需要、移民目的。同时，浙江海外新移民也是反映当今中国移民特性的典型群体，"不是与你和他对立的'我'，而是包含你和他的'我们'"②。这个"我们"的概念，意味着浙江海外移民与国际移民、中国移民形成这样一种关系：国际移民是主体"我们"，中国移民是它的个体。中国移民是主体"我们"，浙江海外移民又是它的个体。这也符合马克思所讲的：人是一个特殊的个体，这个个体总是体现为一个单个的社会存在物；人既是个体又是总体。人的存在既是类本质的实现，又是个体性的实现。既是作为类的存在，又是作为个体的存在。③

这就说明，作为"我"的浙江海外新移民具有国际移民、中国移民

---

① 江光荣：《社会变革与人的适应》，载《华中师范大学学报》（哲学社会科学版）1995 年第 6 期。
② 吕福新：《浙商论》，中国发展出版社 2009 年版，第 18 页。
③ 李志：《马克思异化理论中的"人"》，载《哲学研究》2007 年第 1 期。

"我们"的特征、需要。在发展中,感受"我们"的约束、限制和缺陷。同时,浙江海外移民在"群体"上又展现出鲜明的"个体"特性。他们作为当代中国海外新移民中人数居前三的群体,具有个人独立和众人自主的特征。既有别于其他省域的移民表现,如人数多,以农民等草根民众为主体,精英移民极少。分布上不像闽粤移民集中于东南亚,而是重点集中于西欧。他们与国际移民、中国移民相比,"个体"自主性得到充分体现,突出既"合"又"独"的特性。

在浙江省内,海外新移民群体这个"我们"又具有丰富的内容,形成很多分支个体的"我",遍及全省。如浙南移民,主要由温州移民、青田移民构成;浙东移民主要是宁波、舟山、绍兴一带的移民;浙北地区,主要是湖州、嘉兴的移民;浙江中部主要是金华、义乌的移民。省会杭州市移民、台州移民,等等。每个地域的移民都既具有共同"主体"特性,又各有自己的特点。如向外移民方式,浙南地区家庭团聚移民突出,浙东宁波、浙北湖州地区的贸易移民突出,浙北地区嘉兴的留学转居移民突出,杭州市的新移民回流,义乌市的跨国贸易型的"侨商"移民,都颇显个性。

(二)海外移民的发展阶段

梳理浙江海外移民史,按形成时间可划分为古代、近代和现代三个阶段。

古代:在古代时,浙江的佛教文化就甚为发达。东吴赤乌年间,在天台山就有佛家寺院六座,占浙江省寺院总数的三分之二,直到西晋时全国才有寺院180座,可见当时天台山佛教文化之深厚。在三国东吴时期,浙江的航海技术堪称全国第一。这为僧人渡海出境弘扬佛法创造了软硬两方面的条件。

自唐朝始,有浙江上层佛僧文化人东流日本、朝鲜前去传佛宣经。"唐玄宗天宝十三年(754年),台州开元寺僧思托随鉴真东渡日本,定居不归。"浙江高僧对日本佛教乃至整个文化发展都有巨大的影响。其中,天台佛法被誉为"日本文化之母"。有文字记载的最早浙籍日本华侨之一是越州(绍兴)清阳折冲都尉沈惟岳,他"受命护送日本遣唐使高元度返日,完成任务后因故'留而不返',改了国籍,改姓'清海'"[①]。

宋、元之际,由于王朝更替,兵荒马乱,或为避难,一些统治阶层人士

[①] 《浙江华侨志》编纂委员会编:《浙江华侨志》,浙江古籍出版社2010年版,第1页。

流亡海外。除日本、朝鲜之外，偶有人移民东南亚。据史书记载，明代郑和船队的军官杨去川（绍兴人）被加里曼丹一酋长招赘为婿。朱舜水（余姚人），明清之际著名的学者和教育家，感愤于清王朝取代明王朝而出走日本，在长崎、江户（今东京）授徒讲学，传播儒家思想，很受日本朝野人士推重。

以富商大贾为主体的浙江移民主要是为开展民间贸易。浙江濒海，有航海之利，经济相对发达，工艺技术先进于日本等国，具有了开展对海外贸易的优势。在明清之际，最高统治阶级屡屡实行海禁，民间商贾人士乘机大肆走私，浙江海外移民史上，曾出现空前活跃的走私外贸活动。以此为主要渠道，商人频频出洋，许多人在海外留居日久而成为早期华侨。

在清康熙年间，已有以青田人为主的浙江人经西伯利亚前往西欧贩销青田石制品，开始了浙江人侨居欧洲的历史。

近代：宁波、绍兴、湖州等地向海外的移民以海商为主体，经济有了较大发展。此间，有赴海外的留学生和知识分子定居海外。温州、青田等地的破产农民、手工艺人迫于生计纷纷加入海外移民的队伍。第一次世界大战期间，有2000多名青田人揭帖而赴英、法、俄三国在中国招募的"赴欧华工"队伍。战后，他们中的大多数人在服役期满后留居欧洲，成为在欧浙籍华侨的一大来源。这时期的浙江华侨走出亚洲，远涉欧、美等地40多个国家。1923年9月1日日本关东大地震之前，日本一直是浙江海外移民最大的侨居国，地震发生后，中国各界人士十分关注，舆论上及时宣传报道，并给予财力物力最大支持，但是，日本政府"却开始对旅日中国人举起屠刀大肆杀戮，温、处（温州、丽水，作者注）两地旅日华工和小商贩700余人未曾死于地震，却惨死于日本军警和暴徒的屠刀之下"[①]。经过这次日本排华浪潮及后来1931年发生的"九一八事变"，日本帝国主义对华侵略日益加深，浙江人移民日本的规模、人数急剧缩小，由日本转向移民欧洲。这种分布特征至今未变。但是，第二次世界大战烽火在欧洲大地燃烧时，欧洲不少国家经历战争，满目疮痍，因此，在欧洲的浙江移民职业不稳定，生活处境艰难。国内，抗日战争之后又是第三次国内革命战争。因此，国内外

---

① 章志诚：《温州华侨史》，今日中国出版社1999年版，第35页。

环境都极为恶劣，哀鸿遍野，想跑也跑不了，因此，这一阶段的后期，浙江人移民海外呈萎缩状态，回国多于出国。

这一阶段，移居东南亚的浙江人很少，"契约华工"也极少，不若闽粤等省有大批量出国华侨。不过，他们的职业开始多样化，同时，不同源出地的移民在职业上形成不同特色。以温州籍、青田籍为主体的浙南①移民，大部分从事零售提篮叫卖，其他人分别从事进出口贸易、泥木工、缝纫裁剪等业，有少量人从事餐饮、皮革等业。因此，浙南移民中能成为富商大贾的大商家极少。以宁、绍、湖（主要是南浔）籍为主体的移民，原本就从事外贸，以上海为大本营，立足国内，同时把商贸活动扩张到海外。他们的贸易对象先以日本为主，后扩张转向东南亚，取得极为丰厚的商业利润。

1949年新中国成立前后，随着南京国民政府在大陆的覆灭，跟随蒋氏政权退往台湾的国民党军政人员、上层文化界和工商界人士中，有浙籍人士19万人。以"宁波帮"为主、前去香港和澳门定居的浙江工商人士近20万人。这些在台、港、澳的浙籍人士及他们的后裔转徙欧、美的人数比较庞大，成为浙籍海外移民的主要源流之一，并发展成为最活跃、最有实力的群体。

现当代：改革开放前的30年间，众所周知的国内外原因，国内严卡，国外严拒，浙江出国人数很少，如涓涓细流不间断而已。青田县，在改革开放前30年间，全县（包括在外地的青田人）有幸获准出国的不到2000人。据青田县公安局档案记载："1949—1956年，批准出国的共25人；1957—1960年，批准出国的共106人"；"1961—1971年，批准出国的共154人"；"1972—1977年，批准出国的共276人"；"1978年，批准出国的共191人"。② 在这一阶段，温州人从大陆出国的仅有数千人，其中"1950—1978年，文成县出国的462人，瑞安市丽岙镇出国的209人，永嘉县七都乡出国的928人。他们中相当一部分人是从香港转赴欧、美国家的"③。

---

① 所谓浙南地区，是指地处浙江东南沿海包括温州市所辖全部9个县市区，即瑞安、乐清两市（县级市）和洞头、永嘉、平阳、苍南、文成、泰顺六县及鹿城、瓯海、龙湾三区，以及毗邻温州市行政区的青田县。温州是浙南地区的经济、文化、交通中心。青田县原属处州（丽水），新中国建立后改属温州专区。1963年5月后，改为丽水地区所辖。青田与温州有着悠久的经济相近性、相似性和亲缘性。
② 《青田华侨史》编纂委员会：《青田华侨史》，浙江人民出版社2011年版，第85页。
③ 章志诚：《温州华侨史》，今日中国出版社1999年版，第102页。

1978年以后,随着中国改革开放,国门重启,浙江移民出国迅速增多,形成了空前的高潮。这一阶段迁移出国的人都是海外新移民的成员。

(三) 海外新移民的发展阶段

改革开放后,我国进入拨乱反正新时期,侨务领域纠"左",调整了出入境政策,健了出入境管理,取消申请者政治审查,公民申请领取因私护照更方便,这为浙江人向海外移民提供了极好的政策条件。他们向海外移民人数多、影响广、持续时间长,超越以往任何阶段。他们在世界范围大流动,是世界移民潮的组成部分,是中国海外新移民的重要成员。

浙南(青田、温州两地区为代表)老侨乡的移民离开家园率先走向世界,是浙江向海外移民高峰期的主角。以青田为例,据县公安局出入境科对1949—2000年间,该县公民因私出国批准人数统计,可以从另一角度反映该县移民活动与改革开放政策的直接关系。详情见下表:

表2-5 青田县1949—2000年间因私出国人数

时间(年)	1949—1978	1986—1990	1991—1995	1996—1998	1999—2000	2001—2008	合计
人数	751	14826	20881	43289	53316	176905	309999

根据《青田华侨史》编纂委员会《青田华侨史》(浙江人民出版社2011年版)第93—94页数据制表。该书中原有说明:1979—1985年,县出入境科出国统计数字缺。

从上表可以看出,1986—2008年共批准出国290649人,年均13211人。

浙南移民大军中,温州瑞安市移民是颇引人注目的一支。1980年后,该市移民出国人数逐年增多,呈直线上升态势,直至2008年,仍未显现减弱趋势。详情见下图:

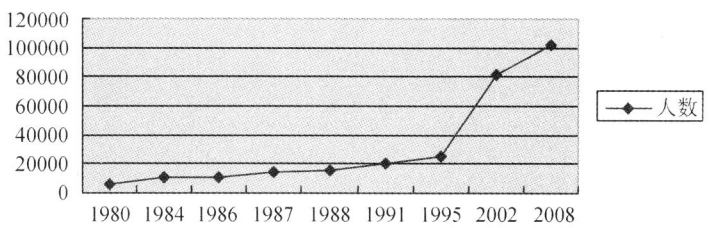

图2-2 瑞安籍海外移民人数增长示意图(1980—2008年) 单位:人

引自王国伟:《瑞安华侨志》,中华书局2011年版,第20页。

从图中可以看出,瑞安籍海外移民在1980—1995年,年均增加1259人。1995年是转折年,此后至2008年的14年,年均增加5487人。

自 1990 年开始，随着国家解禁自费留学，浙江海外留学队伍逐年扩大。留学转居又被称为"洋插队"，带有一定的理性。约 1995 年以后，有浙商开始向海外投资经商。2000 年起，中央实施"走出去"战略，浙江民营企业出海征战，有部分浙商开始立足异域。2008 年后，全球性金融危机背景下，一些资本雄厚的浙商以迅猛姿态出海搏击，合资、并购风生水起。近两年，浙江新富们出于财产安全、子女教育、寻觅商机等多重考虑，大步迈入海外移民队伍。浙商扬帆出海、新富远走高飞，这种迁移方式有别上世纪 70 年代末的偷渡潮和 90 年代初的"洋插队"，被冠之以"第三次移民潮"。提出"第三次移民高潮"的概念是否确切有待商讨，但是作为一种移民新现象，应该引起重视。

三、海外新移民的人数、分布、特点及其源出地

（一）人数、分布

关于浙江海外新移民总人数统计，目前较有代表性的数据有三组。（1）中国新闻社课题组发布的《2008 年世界华商发展报告》中指出，2007 年，浙江省有新华侨华人"145 余万"人。（2）2011 年，首届世界浙商大会上，省内主要领导在正式场合公开讲话时，以及大会前后媒体的众多报道中，都说有"海外浙商 150 多万"人。（3）浙江省侨办进行全省侨情调查后统计认为：至 2009 年 12 月 31 日，浙江有海外移民共 1504600 人，其中新移民近 120 万人。他们分布在世界 170 个国家和地区。

中新社课题组提出的关于浙江新移民的人数，是将新、老移民人数全部合计在一起进行统计，没有做出区分，因此，他们统计的数据不够准确。首届世界浙商大会召开于浙江省侨办公布的统计数据之后，因此，到会领导人的讲话是引用了浙江省侨办提供的数据（通过咨询省侨办相关人员得到了证实）。浙江省侨办公布的数据来源，第一，依托各地、市、县、乡镇侨务部门和移民工作站，开展为期一年多的全省侨情调查。第二，依托浙江省海外移民重点集聚地欧洲、美洲等地，我驻外使领馆。第三，依托浙江籍侨团、侨团负责人、重点人士的帮助。第四，根据省侨办多年来积累的相关资料进行印证。第五，部门工作人员出访时，对当地侨社进行的调查。可见，

浙江省侨办统计估算的数据，依赖路径较广，调查的数据更为准确。因此，本研究采用了浙江省侨办公布的数据，即浙江有海外移民共1504600人，其中新移民近120万人。以此为依据，将浙江省内各地市移民人数及他们在世界各大洲及地区的分布制表如下：

表2-6 浙江省移民人数及其分布

地区 \ 洲别/人数	亚洲（人）	欧洲（人）	美洲（人）	非洲（人）	大洋洲（人）	港澳（人）	合计 总人数（人）	合计 分布国家和地区
杭州	15189	20433	31444	568	9918	23486	101038	85
宁波	41010	15857	74543	1206	7960	174829	315405	69
温州	26625	337469	47240	2825	2766	13596	430419	131
湖州	5064	8701	12026	124	1245	1006	28166	49
嘉兴	2344	1940	9456	96	1072	8052	22960	55
绍兴	23762	11180	20536	606	1494	59579	117156	60
金华	2016	2390	2940	679	389	21753	30167	57
衢州	3301	1106	5277	6	10	3100	12800	29
舟山	5068	5018	15800	457	573	36208	63124	38
台州	8320	4390	64084	176	8768	31680	117418	52
丽水	6738	227634	27854	2005	707	1009	265947	124
各州总数（人）	139437	636016	311200	8748	34902	374297		
所占总数比例	9.26%	42.27%	20.68%	0.58%	2.32%	24.88%		
全省总数（人）							1504600	
海外移民分布								170

表中数据来自浙江省侨办对浙江侨情的普查。

（二）特点

1. 新移民是浙江海外移民的主力军，增长速度位居全国前列。目前，海外新移民最多的三个省是广东、福建、浙江。三省新移民占本省海外移民总人数的比重，浙江为80%，福建为5.50%，广东为7.91%。

浙江省150多万海外移民，新移民120万人。对比庄国土教授课题估算的数据，认为至2007年，"世界华侨华人总数约4543万人。其中新移民1030万人，占总人口的22.6%"[①]。那么，浙江海外新移民占中国海外

---

① 庄国土、李瑞晴：《华侨华人分布状况和发展趋势》，国务院侨办政法司编（未版），2011年，第7页。

新移民总人数的11.65%,超过福建的10.67%及广东的9.70%,居全国第一位。

这再次证明浙江海外新移民的增速、规模是史无前例,达到空前状况。

2. 新移民在海外的分布呈广布又集中的特点。(1)集中性。第一,欧洲为重点集中地。浙江海外新移民在各洲和地区的分布由多到少,依次为欧洲42.27%,港澳24.88%,美洲20.68%,亚洲9.26%,大洋洲2.32%及非洲0.58%。其中,在欧洲又主要集中于西欧。为更清晰反映这种分布特点,制图如下:

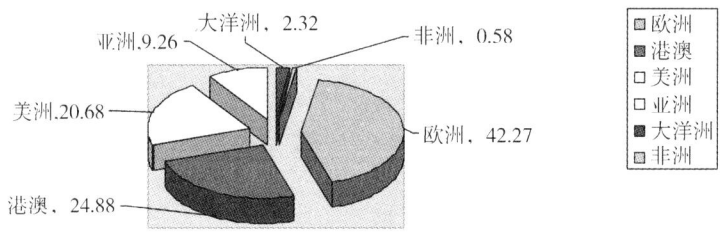

图2-3 浙江海外移民在各大洲的分布

浙江新移民呈集中分布的特征,还可以从丽水市青田县、温州市文成县的海外移民分布的情况中得以进一步证明。至2003年,青田县有海外移民225105人。至2010年,文成县有海外移民107398人。两县海外移民在各大洲的分布情况见下表:

表2-7 青田文成两县移民的分布

洲别	2003年青田县海外移民分布			2010年文成县海外移民分布		
	国家(地区)	人数(人)	占比(%)	国家(地区)	人数(人)	占比(%)
亚　洲	35	3900	1.70	15	2273	2.11
欧　洲	35	197020	87.50	30	103041	95.94
非　洲	27	1665	0.74	11	181	0.16
大洋洲	4	225	0.10	3	225	0.20
北美洲	11	9730	4.30	2	505	0.47
南美洲	12	12566	5.60	9	1015	0.94
港澳				1	158	0.14
总计	124	225105	100	72	107398	100

(1)青田县海外移民分布数据来自周望森、陈孟林:《青田华侨史》,浙江人民出版社2011年版,第97页。(2)文成县海外移民分布数据来自作者2012年5月赴文成调研,由该县侨办提供。

统计数据看出青田县海外移民分布重点集中在欧洲，有197020人，占总移民人数的87.50%。文成县移民向欧洲的集中度超过青田县，高达近96%。

浙江海外移民集中分布在欧洲的特征，还可以从温州、宁波、丽水三个重点侨乡及杭州、其他七地市的新、老移民在欧洲的分布情况中得到佐证，详情见下图：

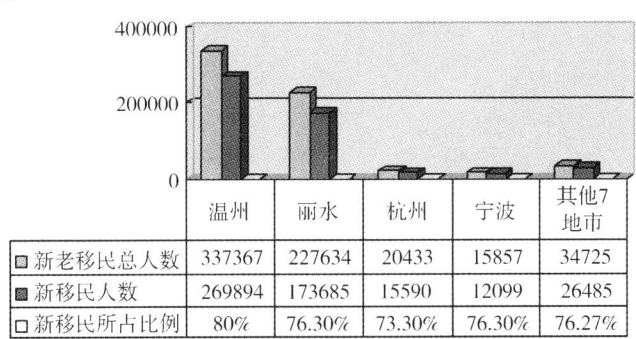

图2-4　浙江省各地市海外新移民在欧洲的分布情况（截止时间2009年12月31日）

数据得到浙江省侨办支持，统计至2009年12月31日。

再以青田县温溪镇为例。至2006年，该镇有移民15534人，分布在39个国家和地区，详情见下表：

表2-8　青田县温溪镇移民的分布

2006年青田县温溪镇海外移民总人数15534人						
洲别	欧洲	亚洲	非洲	北美洲	南美洲	大洋洲
人数（人）	15296	41	19	79	99	
占总人数比（%）	98.46	0.26	0.12	0.5	0.63	
分布国家数	27	5	3	2	2	

资料来源：2010年，作者赴青田县温溪镇移民工作站调研，根据该工作站提供的数据制表。

第二，集中在几国和地区。下面表中所列欧洲五国和地区的浙江移民占全部海外移民的62.2%，详情见下表：

表2-9　浙江省移民在欧美及香港地区的人数

分布国（地区）	美国	意大利	法国	西班牙	香港	总计
人数（人）	227171	149611	117248	101176	340786	935992

数据得到浙江省侨办支持，统计至2009年12月31日。

以意大利为例，上世纪80年代，有华侨华人2000—3000人，现在已超过30万人，浙江移民占50%左右。其中温州人、青田人占浙江移民的90%。又如在西班牙，2006年，有浙江移民10万多人，其中，青田籍移民"5万多人"，占50%。①

第三，集中特征中的区域差异性。温州籍、丽水（以青田籍为主要）的新移民，以欧洲国家为主要侨居地。宁波、舟山、绍兴、金华、台州等市的新移民较多选择美国、东南亚、日本等国和地区，尤其是港澳地区。表2-7和图2-3非常明显地反映了这一特征。如宁波籍移民居港澳达到174829人，占该市移民总人数的55.43%。绍兴、金华、杭州三市侨居定居美洲、欧洲、港澳三地的移民分别为31444人、20433人、23486人，各占该市总移民人数的31.12%、20.22%、23.4%，总占比达到74.58%。因此，浙江海外移民总的分布特征，在各地市籍移民中又显出个性差异。

（2）广布性。浙江海外新移民广布五大洲170个国家和地区。近年来，在阿联酋的迪拜、马来西亚等东盟诸国、朝鲜、中亚、南亚市场及非洲都活跃着信心满满的浙江商人，甚至在南美、欧洲等地一些知名度极小的国家也成为浙江新移民的"所爱"。

至2011年，在非洲的浙江新移民接近10000人，分布在非洲47个国家。其中，在南非、尼日利亚、乌干达、加蓬等国，有共约5000多人，占浙江在非洲移民总数的50%。②在非洲的浙江移民约90%都是新移民。

至2010年底，在乌干达约有中国移民5000人，其中，浙江移民约800人，占中国移民总人数的16%。在乌的浙江籍新移民中，青田人、温岭人有400多人，占浙江移民总人数的50%。温州籍移民约30人—40人，还有来自杭州、绍兴、金华等地的移民。在喀麦隆，有中国移民约4000人，浙江籍约700人左右，占中国移民总数的17.5%。在坦桑尼亚有浙江移民约300多人，其中温州籍100多人，青田人约30人。③即使在留尼汪（法属）这样的小区域，目前有青田籍商家200多家。④

---

① 数据由西班牙浙江同乡会会长戴华东提供。
② 浙江省侨办：《发挥侨务资源优势　开拓浙江与非洲合作发展新局面》，载《侨务工作研究》2011年第1期。
③ 课题负责人于2011年3月16日在青田进行侨情调研时，由县侨办组织乌干达、喀麦隆、坦桑尼亚三国侨领进行现场访谈。
④ 作者访谈在留尼汪经商的青田籍郑姓新移民，2011年4月26日于杭州。

浙江海外移民的这种分布特点，有别于闽粤等省籍海外移民以亚洲特别是东南亚为主要侨居地。但是，无论是哪个省的新移民，目前移民的目的国和地区主要都是北美、欧洲、大洋洲。

（三）源出地的集中性

浙江省海外移民的源出地，从表6统计数据反映，各地市移民人数占浙江海外移民总人数比重，由多到少依次为温州28.6%、宁波20.96%、丽水17.67%、台州7.8%、绍兴7.78%、杭州6.71%、舟山4.2%、金华2.00%、湖州1.87%、嘉兴1.52%、衢州0.85%。为更清晰表示这种情况，制图如下：

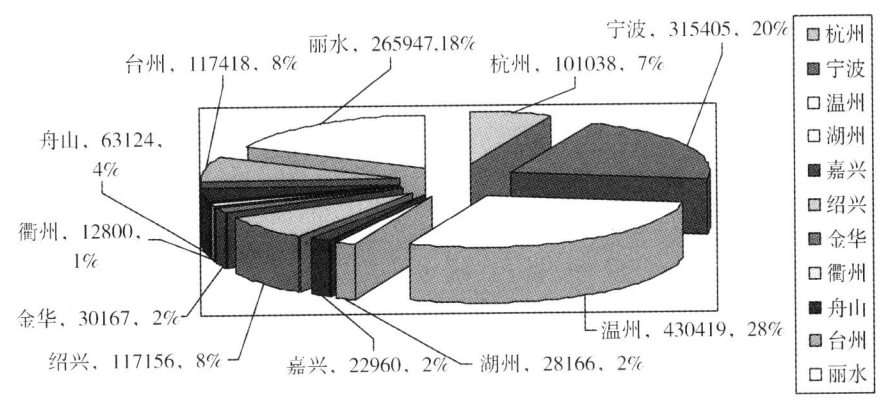

图2-5　浙江省各地市移民人数及其比重

可见，老侨乡依然是向海外移民的重点区域，杭州、湖州等市籍新移民人数在快速增长。

四、海外新移民人员结构、文化教育、原职业身份及其特点

随着时代进步，中国经济社会全面发展，经济生活水平提高，受教育程度的提高，浙江海外新移民的人口结构、文化教育水平、社会经验阅历等都发生很大变化，综合资质超越了老移民。

（一）人员结构

1. 男女性别比合理化、平衡化。在古代、近代，浙江海外移民出国极少带妻室一同前往，几乎清一色男性公民出国闯荡经商。无论是浙北的湖州、浙东的宁波和绍兴一带，还是浙南移民只有极个别的妇女跟着出去。已

婚的把妻儿留在国内，未婚的在海外积攒资金后再回乡成亲，成亲后妻子留在国内，本人再只身赴海外。据现有记载，新中国建立前，青田县仅有3位女性跟着丈夫出国。这种状况，也是那时代中国赴外移民的共性。因此，由单身男性移民为主体构成的侨社，在海外极少有中国人血统的家庭。而家在中国历史文化、传统社会、现实生活中具有核心的地位，人们常说"修身齐家治国平天下"，重土安迁是中国人的理念。纯粹男性单身构成的社会也违背人道，令人苦闷，无论是对移民本人还是对远在家乡的移民妻儿都是严重的心理摧残，但是，他们只能无奈接受，孤独中忍受。

至建国前夕，浙东、浙北两地的一些工商人士移居港澳，后经港澳又转迁移海外，随同他们迁移，除他们的产业，另一突出表现就是家庭男女同行，此后，性别差下降。

新中国建国后，上世纪50年代起，浙江女性出国逐渐增多。

1990年以后，伴随新一轮出国高潮到来，女性纷纷加入出国队伍，男女性别比趋向合理化，两性人数基本达到平衡。如浙南地区，男性移民在海外打拼后，往往带走家眷到海外筑室安家，他们在海外共同创业。更何况，浙南移民在海外的主要经济领域又多是餐馆、皮革厂、服装厂、百货店等行业，需要大量的女性员工。女性在国内时的经济社会地位本来就已大幅提高，她们的经济生活趋于独立，加快了她们跨入海外移民的积极性、主动性。如今，在浙江重点（侨乡）进行调查时，当地侨务部门普遍反映：本地移民基本都男女或全家同行。如温州瑞安市海外移民性别结构，很好地反映这一特征，详情见下表：

表2-10 温州瑞安市海外移民性别结构

年份（年）	1995	1997	1998	2008
在外总移民数（人）	24934	33673	71162	101754
男性移民数（人）	14000	18313	38628	53721
占总移民百分比	56.14%	54.38%	54.28%	52.79%
女性移民数（人）	10934	15360	32534	48024
占总移民百分比	43.85%	45.61%	45.71%	47.19%

1998年的数据来自作者2010年赴瑞安市侨办调研。1995、1997、2008年的数据引自王国伟：《瑞安华侨志》，中华书局2011年版，第22页。1995年总移民人数不含新移民及未办理定居手续和不便调查者人数。2008年，调查在册数为74274人（男40316人，女33958人），按惯例加30%遗漏，再加流动人数为101754。

又如文成县周壤乡20个行政村海外移民男女结构情况，如下表：

表2-11 文成县周壤乡海外移民男女结构

年份（年）	1990	1991—1998
在外总移民数（人）	1192	3527
男性移民数（人）	707	2003
占总移民百分比	59.31%	56.79%
女性移民数（人）	485	1524
占总移民百分比	40.68%	43.20%

根据朱礼《文成华侨志》（中国华侨出版社2002年版）第12页数据制表。

上表2-10、2-11中，相关部门和志作者获取移民人口数量的统计方式方法差异，但移民男、女性别比差越来越小是不争的事实。

浙江其他地区，如杭州、嘉兴等地，女性留学生人数更是快速增长。许多投资移民往往都是自己海内外两头飞，家属子女留在海外。

2. 几代同移民。历史上，受传统观念的影响，浙江人一家扶老携幼，几代全部移民海外的现象极为罕见。改革开放后，当越来越多的青壮年移民在海外有了产业，能够立足，许多人的事业还有了很大发展，他们为尽赡养父母之责，也慰父母享受天伦之乐，纷纷将在家乡的父母接出国门。父母为减轻子女在海外既要创业，又要抚养下一代的辛苦，以助子女事业更上一层楼，主动愿意留下帮助子女照料事业，照看孙辈幼童。这些孙辈幼童，有的是新移民在侨居地所生，有的是在国内所生，后来被接出国去抚养。这样，自然引起了移民人员结构的变化：上自爷辈，下至孙辈，既有耄耋老人，也有襁褓婴儿都成了海外移民。一家中二代移民显得很平常，三代四世同堂也多见。如1979—1988年，瑞安市丽岙镇下章等6个村庄出国移民家庭中，携带子女移民海外的人数多于单身移民人数。详情见下表：

表2-12 瑞安丽岙镇6村庄移民家庭的情况

项目 人数 村名	出国总人数	出国移民家庭				单身出国人数
		不带（没有）子女的夫妻户数	携带子女的夫妻户数	合计		
				户数	人数	
下章	119	3	19	22	89	30
曹建	39	1	6	7	24	15

项目 人数 村名	出国总人数	出国移民家庭				单身出国人数
		不带（没有）子女的夫妻户数	携带子女的夫妻户数	合计		
				户数	人数	
姜宅	73	7	13	20	56	17
泊岙	27	5	3	8	20	7
丽塘	20	1	5	6	18	2
王宅	60	2	8	10	45	15
合计	338	19	54	73	252	86

引自王国伟：《瑞安华侨志》，中华书局2011年版，第21页。

丽岙镇原属瑞安市，2001年，经区域调整划归温州市瓯海区。

表2-12的数据比较好的反映了丽岙镇下章等6个村中移民家庭携老带幼同移民的现象，携带子女的夫妻户数、人数都多于不带（没有）子女户和人数。

女性、老少幼跨入移民行列，使得海外浙籍侨社人员结构发生巨大变化。男女性别比例趋向平衡，家庭几代团聚共居。这种人员结构的巨变产生了积极的影响，第一，海外移民家庭的纷纷建立，有助于和谐共融，应验俗语"家和万事兴"。第二，女性的"半边天"作用发挥得淋漓尽致。在事业上，她们承担着和男性同样的压力，要付出更多的努力。而在其他很多方面，她们也展现出女性独特的特征。在管理层面，她们倡导人性化管理。她们在做好事业的同时，扮演着出色的家庭角色。她们家内家外的事业热火朝天，有些地方还超过男性。第三，为新生代在侨居地的求学、深造、发展创造了良好的条件，有利于他们融入主流社会。为海外侨社培养了新生力量。第四，以浙江人或中国人为核心家庭的建立，这反映了新时期移民出境不再局限于淘金后衣锦还乡，而有了更长远长久、落地生根的打算和计划。

（二）文化教育程度

早期赴海外的浙江移民一般文化程度都比较低，文盲、半文盲、小学及以下文化程度多，初、高中以上文化程度的人少。这种特征在浙南移民中表现得尤其突出。1991年，青田县侨办曾对1949年前出国的本县籍1000位华侨的文化教育程度做过抽样调查，被调查者的文化结构统计如下表：

第二章 浙江海外新移民状况

表 2-13 青田县 1949 年前 1000 位华侨的文化程度

文化程度	文盲	半文盲	初小	高小	初中
所占百分比	40%	38.5%	15%	5%	1.5%

表中数据来自青田县侨办。

那时，海外移民受制于文化教育程度低，缺乏基本的文化知识和科学技能。建国后，随着社会主义教育事业的发展，各种识字班、扫盲班层出不穷，普及九年义务教育；改革开放后，为适应社会就业需要，各种有针对性的培训班、职业高中、成人高校遍地开花，浙江人受教育的机会越来越多，受教育的程度越来越高，选择接受何种性质、何种特长的专业学习的自由度越来越大，因此，浙江新移民中，受过初、高中以上教育的比例越来越大，甚至有了硕士、博士。如前表（4），2008 年，瑞安市在册移民中，初、高中以上的人占总人数的 56.3%，大专（包括硕士）移民 2.2%。在 1949 年，瑞安移民中初、高中生只有 7.97%，没有大专以上文化程度移民。瑞安市枫岭乡所属九个村的海外新移民受教育情况统计数据见下表，也可反映这种特点（统计时间 2005 年）。

表 2-14 瑞安市枫岭乡九个村海外新移民受教育情况

村名	大藏	西龙	岙口	东龙	龙头	垟岙	大垟坑	垟头	大竹坑	合计
初中以下	1497	936	900	377	470	275	219	222	192	5070
高中	40	57	25	73	2	55	44	9	2	309
中专	34				1	2			1	38
大专	14	25	2	9		1				51

上表中的统计数据来自 2013 年 6 月作者赴温州瑞安市枫岭乡（2011 年已被并入高楼镇）侨联调研，由乡侨联提供。在此表示感谢。

尤其引人注目的是留学转居新移民，他们或在读本、硕、博，或已取得相应学位在就读国各自的领域中崭露头角，有的在侨居国从事科研，有的在高等院校从事教育，有的成为高级资深专业人员，有的自主创业或受聘于国际组织任高级雇员。到 1998 年，浙江有"2 万余留学人员，滞留海外约 1.8 万人"[①]。从统计看，滞留率达到 90%。另据浙江省归国华侨联合会的统计，

---

① 《浙江华侨志》编纂委员会：《浙江华侨志》，浙江古籍出版社 2011 年版，第 124 页。

至2011年，浙江全省留学人员已超过10万人。在新时期，返回祖国创业创新的"海归"多于过往，但滞留海外的人员比重还是达到75%以上。如杭州、宁波、绍兴、嘉兴、湖州等市，受经济文化发展水平支持，这些地方的新移民文化程度高于浙南地区的移民。省内金华、衢州、台州等地，虽然整体教育发展水平不若前几个地区，新移民人数不多，如衢州市，2009年，海外移民只有12800人，占全省总移民人数的0.85%，但是，该地区的新移民教育程度却相对高，早在1999年，就有博士116人。温州市辖乐清市是浙南地区出国留学人员比例较高的地区，2005年，据该市涉侨部门进行不完全统计，高中以上出国留学人员共计602人，他们留学的国家情况见下表：

表2-15 乐清市高中以上留学国家

国别	美国	加拿大	日本	澳大利亚	英国	法国	德国	新加坡	新西兰	俄罗斯
人数（人）	142	49	51	56	124	26	34	22	31	12
国别	荷兰	乌克兰	马来西亚	瑞士	奥地利、韩国各3人	南非、丹麦、西班牙、爱尔兰各2人		比利时、芬兰、葡萄牙、挪威、泰国、阿联酋、香港地区各1人。		
人数（人）	10	9	7	8						

表中数据援引倪德西、叶品波：《乐清华侨志》，中国文史出版社2007年版，第17页。原文说明：以国（地区）别统计（一个人到多国深造的，只计起始国）。

总体看，目前，浙江新移民中，"文盲半文盲约占5%，小学占30%，初中占40%，高中占13%，大专以上占7—8%"①。浙江新移民受教育的现状呈现这样的特点：第一，新移民文化教育结构呈"中间大，两头小"，即接受过中等文化教育的占50%以上，取代了近代以文盲、半文盲为主体地位。第二，低学历（文盲半文盲）者大多为高龄移民。受过中等、高等以上教育程度的移民基本为青壮年。他们既有年龄优势，又有知识优势，两者结合，成为海外新移民中的有生力量，成为我国的优质侨务资源。

（三）原职业身份

以往的浙江移民出国前的身份相对单一，宁波、绍兴、舟山、湖州等地

---

① 周望森：《浙江华侨史》，中国华侨出版社2010年版，第151页。

以商人为主体，另有一些船员、留学生。浙南地区绝大多数是农民、手工业者。改革开放前，农民依然是浙南移民的主要成员。浙江省内其他地区的农民出国很少。至1978年后，新移民原职业呈多样化、复杂化，几乎囊括全部社会职业人士。从绝对人口比较，农民仍占多数，但是，商人、工人、教师、学生、文艺界人士、企事业管理者、机关公务员、医护人员、转业军人、党政官员等多种职业出身的人员纷纷加入移民行列。以青田县为例，1979年—1995年"合法出境的4万余人中，农民占50%，工人占25%，商人占12.5%，学生占7.5%，干部占5%"[①]。相比之下，杭州、绍兴等市，非农人员比例高于浙南地区，几占50%以上。而且，随着海外新移民受教育程度大幅提高，助力他们形成较为良性的职业结构。第一，许多新移民的移民目的不再是谋生型，而有更高的人生追求、价值追求和事业追求。因此，他们到海外后，不再囿于唐人街和"自己人"圈子，从而进入较高层次的职业领域和事业天地。第二，有利于在海外侨社中形成团队力量。新移民群体中，多元化、多层次的身份职业结构，必然蕴藏多种知识、阅历深、能力强的人才，其能量的释放势必会产生巨大的效应，必将助推他们组建、参与侨团，形成凝聚力，以组织的力量发出声音。第三，有利于他们帮助海外侨胞维护多种利益。第四，有利于与侨居国政府、主流社会进行沟通、协调，有利侨胞融入主流社会。有利于与国内各方面的协商沟通，成为"引资"、"引智"的重要力量。

第三节　浙江海外新移民的移民模式

　　移民跨国迁移会带给移民者的居住地从空间上发生永久性或长期性变化。由于移民动机、移民条件、移民目的地和原职业身份等等千差万别，又导致移民模式、移民渠道的多样性。移民不是法律概念，移民途径却有合

[①] 浙江省侨联：《关于浙江省新移民情况的调查报告》，见周望森主编：《华侨华人研究论丛》，中国华侨出版社1997年版，第3页。

法、非法之分。

一、移民史及移民法制

（一）移民史

社会发展史表明人类一般不会总呆在一个地方，往往会进行大规模迁徙。从史前时代的游牧部落开始，迁徙的脚步就没停止过，这改变了自己也改变了世界。在相当长的历史时期内，人类在国家之间的流动与迁移是自由的，不受任何形式的检查和限制。随着社会的发展和人类文明的进步，各国政府逐渐制定了一系列的法律法规政策，限制或保护日益广泛的国际人口移动，从而产生了移民的合法与非法之分。

历史上，欧洲的殖民地遍及北美洲、大部分南美洲地区、非洲南部、澳大利亚及新西兰，它是主要的移民输出国。在1650年—1780年间，约70万欧洲人迁移至北美洲及加勒比海地区。1850年—1913年，被史学家称为"大移民潮"时期，每年有约100万欧洲人迁往外地，是欧洲移民的高峰期。20世纪初，西欧、北欧的移民领导地位被南欧所取代。大量西班牙人、意大利人及葡萄牙人涌到拉丁美洲，特别是巴西及阿根廷。当时越洋移居"新世界"的欧洲人达5500万。大量欧洲非技术工人移民美洲，对两地的经济均带来冲击。廉价劳工的涌入令美国人的工资下挫，欧洲人的工资则往上调，此消彼长的情况拉近了两地工资的距离。

欧洲移民同时也造就了一群非自愿移民——约1500万非洲黑奴。随着奴隶制的废除，西方殖民者要找寻廉价劳工的新来源，开始以契约形式从亚洲，特别是从印度、中国吸纳劳工。英国在80年间将超过100万印度人输进非洲及加勒比海地区，将约100万日本人送到南美洲、北美洲。据估计，从1800年到1940年，被贩运进入海峡殖民地和马来联邦的华工累计约1000万人次。大量外来移民流入加剧了流入地劳动力市场的竞争。为保障本国劳工利益，美国及加拿大等国纷纷实施遏止政策。1882年，美国以联邦政府名义颁行《排华法案》，使排斥华工成为联邦国策，加拿大对在加华工实施"人头税"政策，直接导致亚洲移民人数骤减。

全球化时代的来临，使人类的迁徙活动变得更加频繁，范围更加广阔。

亚洲已取代了欧洲成为主要人口输出国，中国海外移民有4800多万人（见前述），海外印度人有说已达"2500万"人，世界银行则说"全球海外印度人的人口总数是2000多万"①。

(二) 移民法

国际移民惯常是从一个国家跨越国界进入另一个国家，因此，无论是移民源出国、过境国、目的国政府，还是国际社会都在关注它，重视它，权衡本国的利益得失，制定、修订本国关于本国人出入境、外国人入境的法律法规，这就是俗称的移民法，有的国家也叫外国人居留法。

在19世纪以前，"一个国家没有正当理由不会拒绝一位流浪者的永久居住权利"是国际上通行的做法，那时，也就没有真正意义的移民法规。至19世纪末以后，外国人的出入境自由权应该被依法限制的观点开始占上风。二次世界大战后，发展中国家人口向发达国家流动形成为国际移民的总趋势，因此，美国、加拿大等发达资本主义国家"试图通过移民立法来贯彻'有条件、有计划、有选择'的移民政策，迫使以往不加选择的鼓励外国移民入境热潮降温"②。而输出移民的发展中国家，也先后制定了移民法规（或出入境管理法规）。以移民大国美国为例，1917年公布第一部移民法，开始限制移民人数，但对来自西半球的移民依然国门大开。第二次世界大战后，世界很快处于两极对峙的冷战时期，各国家为本国政治利益、国家安全考虑，普遍制定、修订、完善移民立法，加强建立健全本国护照和签证制度，以便为管理跨国境人员往来提供法律依据。1964年，美国经济繁荣期，市场急需劳动力，还专门从墨西哥引进50多万劳工。上世纪70年代起，美国的移民法律政策逐渐收紧，实行每个国家年均2万移民配额制。③《1996年移民法》修订后，美国加大惩治非法移民的力度，标志着美国对待非法移民进入一个新阶段。美国移民法规从无到有逐渐完善的过程，基本反映了世界各国移民法律的发展过程。同时，许多国家又通过双边或多边协议，以简化或互免签证以至取消签证的措施，方便促进人员往来和国际

---

① 贾海涛、石沧金：《海外印度人与海外华人国际影响力比较研究》，山东人民出版社2007年版，第40页。
② 翁里：《国际移民法学》，浙江大学出版社2010年版，第7页。
③ 夏凤珍：《从世界看浙南非法移民》，南开大学出版社2008年版，第2页。

旅行。

二、移民模式

（一）非法途径出国

从移民渠道是否合法的角度分析，有合法移民，有非法移民。每位移民只要依据目的国的法律办理了签证和居留手续，在许可的期限内侨居和定居，即按常规渠道移民，他们被称为合法移民。反之，如果移民进入目的国没有合法手续，或手续不齐全，或持假身份证明，或合法入境却逾期不归者，①他们不被目的国承认、许可，即以非常规渠道实现移民目的，是非法移民。当然，在20世纪之前，很多国家包括中国边境根本没有任何防线，也没有真正意义的移民法，从而就没有合法移民、非法移民之分。非常规路径出国也被称为非法途径出国或非正常渠道出国。

1. 非法移民类别。非法移民常指两种情况下居留于所在国境内的外国人、无国籍者和无居留许可者。一种为非法入境者，即常说的偷渡，未经外国政府同意而越过边防、海关进入其他国家或未经我国政府同意而出境的人及其行为。表现形式为个人自发偷越国境，或者通过中间人（通常所说的"蛇头"）组织运作，越过边防、海关进入其他国家。在偷渡活动中，最严重的是跨国、狡黠的偷渡集团参与组织、贩运和迫害非法移民。为此，联合国将贩卖人口列为17类国际犯罪之一。另一种是指那些虽然获得合法入境手续，但在所在国的居留超过合法的期限，即签证延长被拒绝、或签证过期三个月以上，丧失合法身份而沦为非法逾期居留者；或丧失合法身份（没有有效的护照或类似的身份证明），或使用涂改的证件和他人的证件而居留的人。其中也包括一些由"蛇头"策划，以考察、旅游和探亲为幌子，带有明显目的性的出国出境。因此，非法移民不是难民。

2. 非法移民的人数估计、特点及其原因。应该承认，浙江的新移民活动中，一度非法活动成潮。时间主要在20世纪80—90年代末。非法移民源出地主要集中在温州、青田为代表的浙南地区。对国际移民中的非法移民人

---

① 夏凤珍：《从世界看浙南非法移民》，南开大学出版社2008年版，第9页。

数统计更加困难,浙江非法移民人数只能估计。据章志诚先生的调查,温州地区移民高潮时,"年平均出国人数都在5000人左右"①。由于西方国家实施大赦有时间差,当非法移民在居住国申请合法居留时,必须有在原籍国的无罪证明材料,因此,大批浙南籍非法移民就会让在故乡的家人主动去当地公安部门接受处罚,同时要求开据在国内时的无罪证明,作为在居住国申请合法居留的材料,仅"2002年就有800名非法移民到青田县公安局要求办理无罪证明"。② 另据《南非华人报》报道:"中国非法移民大量进入西班牙的高潮,始于1992年巴塞罗那奥运会之前的大赦。此时,西班牙政府几次赦免了将近300万的非法移民,其中中国移民大约数十万。之后的10年里,西班牙又实施过三次大赦,又有将近10万中国人被列入赦免范围。当时在西班牙的中国非法移民大多来自浙江的青田和温州地区。"这些统计与报道反映西方国家的大赦与非法移民活动的关联性。据夏凤珍调查,浙南地区移民活动达到高潮时,约60%的移民都是通过非法途径实现移民目的,个别地方甚至达到90%。以瑞安市为例,1980—2008年间,该市新移民急速增长。比照该市这期间主要年份实际在海外的移民人数,向公安机关申请出国人数,实际批准人数,该市移民中约有60%—90%是通过非法移民途径出国的。详情见下图:

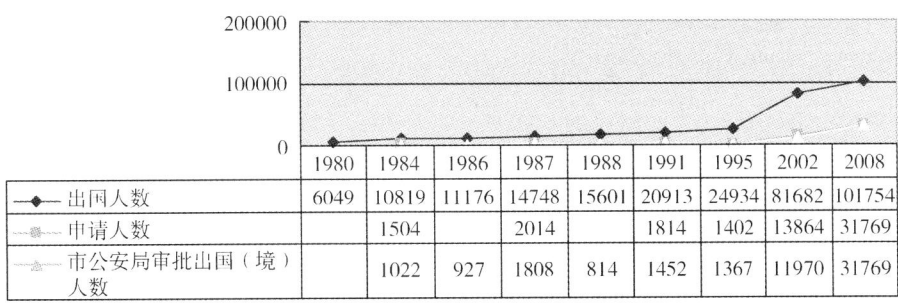

图2-6 瑞安市1980—2008年新移民情况

引自王国伟:《瑞安华侨志》,中华书局2011年版,第20页。原书中说明:批准数中含公务出国(境)人数及批准而未动身出国(境)人数。

---

① 章志诚:《温州华侨史》,今日出版社1999年版,第104页。
② 朱文飞、夏辉:《浅析当前青田县的偷渡活动》,载《公安学刊》2004年第3期。

如果将浙江非法移民放置国际非法移民流中,则是沧海一粟。他们通过非法途径出国呈现这样的特点:活动运作方式以偷渡为主转变为"合法"出境、"非法"越境或合法入境、非法滞留为主;手段和方式向"立体化模式"发展;移出地依然以浙南侨乡为主;目标地以西欧国家为主,发散性向全球化,且非法移民的进程与流向具有一定的稳定性和民族性趋向;活动的组织、经营、资本运作与影响日益国际化。

浙江非法移民活动的主要原因:第一,中国改革开放,促使国内人口大流动,内地、山区的人口往沿海如温州等地流动。沿海经济发达地区的人口向海外寻求自己的发展空间。由于欲求移民的人突增,每年公签名额又有限制,从而促使了"买方市场"的逐渐隆盛,"蛇头"应运而生。第二,国内外实际存在巨大经济差距,即如美国社会学家莱文斯坦(G. Eravenstein)提出的:人口迁出国有推力(排斥力),即当地的低收入现实,移入国有拉力(吸引力),即高收入事实,这是吸引移民的根本动力。第三,西方国家如西班牙、意大利、法国等国确实存在的对海外劳动力的需求。这正如迈克·皮奥雷(Michael Piore)认为发达国家内部存在双重劳动力市场,本地劳工不愿意进入下层劳动力市场,他们只愿意进入高工资、高福利、好环境的工作领域的首属劳动市场,相反的次级劳动力市场需要外来移民填补其缺。所以,这些发达国家对境内的非法移民多次施行合法化措施,这为未能取得合法居留证的华人提供了绝好的合法化机会,对浙江人出国起了推波助澜的作用。第四,一些移民成功者回国后的"炫耀性消费",导致浙江百姓"相对失落",助推"慕洋崇侨",催热非法移民活动。

(二)合法途径出国

合法途径出国也可称为常规渠道,或被移民称为正常渠道出国。按移民的目的动机分类,在全球移民中,以谋求经济目的、改善家庭生存条件的生存型移民和发展型移民占多数,他们往往被归类为工作性迁移。依据1948年《世界人权宣言》等国际性公约中设定的家庭亲情团聚条件,"家庭团聚"类移民也占很大比例。另外,还有留学、海外学习等转居留的学习性移民;为寻求更合适更安全的投资、居住环境的投资移民;为最大限度提高自己生活水平的休闲性移民。可见,国际移民主要有家庭团聚型、留学转居型、工作技术型、投资商务型、休闲型及托庇型六大类。在此称这六类为传统型移民方式。近年来，随着中国经济发展，那些先富裕起来的中国新移民，除传统移民方式外，还出现纯粹的买房"移民"、海外存款、投资雇工等方式获取移民资格的"新富移民"；利用他国国籍法规定的出生地原则，赴海外"产子"实现移民目的的"产子移民"。新移民潮中还出现"裸官""裸商"型移民。在世界性金融危机后，中国经济一枝独秀，市场经济发展过程中商机无限，因此，近年又出现如"海归"、回国投资经商、购房置业居住等情况下的新移民回流。后四类移民方式在此称之为现代型移民方式。

将移民方式分传统型、现代型，都是相对的。传统型主要是指国际移民活动中，采用得比较早、比较广泛、比较多的方式。现代型主要是指国际移民中，近年来出现的、采用还不是特别多，但已引起广泛关注的方式。

1. 传统型移民方式。

（1）家庭团聚移民（包括继承财产移民）。这类移民方式是国际移民活动中最主要的方式。《世界人权宣言》第13条规定："人人在各国境内有权自由迁徙和居住。""人人有权离开任何国家，包括其本国在内，并有权返回他的国家。"第16条第三款规定："家庭是天然的和基本的社会单元，并应受社会和国家的保护。"其他一些国际公约都提出"家庭成员拥有一起居住的权利"应当得到尊重、保护、帮助和支持。[①] 因此，当家庭成员之一被其他国家接纳为移民后，其直系亲属就有权通过申请"家庭团聚"前往定居。此外，"跨国收养的外籍儿童、不婚同居的外籍性伴侣（同性或异性），以及需要由移民赡养的年老父母等，也在近年'家庭团聚'类移民申请中日渐增加"[②]。循此方式，浙江海外新移民中，特别是许多浙南移民通过家庭团聚实现了移民至西欧等经济发达国家的目的。继承财产移民，主要是第一、二代移民中有人亡故、或年事已高或健康状况日差，为了让国内子女亲属移民到国外继承财产或接替经营企业，或从事商务活动，报居住国移民部门批准，并经中国国内有关部门审查，获得出国护照和前往国的入境签证，到居住国获得合法的居留权。

家庭团聚型移民方式被浙南移民评价为合情、合理、合法，没有风险且

[①] 《世界人权宣言》1948年，http://news.xinhuanet.com/ziliao/2003-01/20/content_698168.htm［2012-8-18］。

[②] 丘进：《华侨华人研究报告（2011）》，社会科学文献出版社2011年版，第5页。

指日可待。缘此类"老客带新客，亲戚带亲戚，朋友带朋友，带走表亲一大片"方式出国的比例极高。他们先以"家庭化"继之"家族化"团组移民模式，滚雪球似的向海外移民。"家庭化"是指一位移民出国后，经过艰苦拼搏，创业有成，以团聚名义把家庭成员一次或数次接到侨居地，完成全家迁居任务，建立起海外家庭，结束了一人出国、家眷留在家乡分居两地（国）的局面，形成第一层级的海外家庭。这些先行的海外家庭成了未来移民家族的核心。家庭成员经过几年拼搏，有了一定经济基础后，充分利用侨居国的团聚政策，设法帮助家乡的近亲（如男方的兄弟姐妹、女方的兄弟姐妹等等）出国。被引带出国的人经过若干年的积累，创业有了基础，又将家人接出国团聚，建立自己的海外家庭，形成第二层级的家庭。此类家庭在海外增长极快。第二层级的家庭如同"孵化器"，再把他们的近亲引带出国，支持他们创业，形成第三层级的海外家庭。由此发展，第四层级、第五层级的海外家庭相继建立，庞大、独特的东方民族的血缘家族就这样一个接一个神奇地出现在文化迥异的西方大地。如法国北方进出口公司董事长郑珍存的郑氏家族有100多位亲属分布在法国、意大利。瑞典有青田籍柳、叶、王、夏四姓核心家庭各聚集着多代人的四大家族，在当地侨社中颇有实力和影响。温州瑞安的重点侨乡桂峰乡，在海外的移民已形成12个典型的家族。如在德国的杨家，开创者——杨德法1933年赴日本，抗战胜利后回国。1957年杨德法赴欧，转辗数国，1958年定居德国科隆。之后，他开始携家人、带族人和亲友出国，如今已成为总人口超过400人的特大家族。这个家族之下有20多个家庭。① 又如在巴西的青田籍移民，目前已形成以项氏、孙氏、季氏、伍氏和吴氏等5姓为核心的大家族。吴氏家族的人主要居住圣保罗市，其余4个家族以里约热内卢为主。在里约热内卢，还有以周尚夷为族首的周姓家族，以尹宵敏为主的尹姓家族，以叶小侯为主的叶姓家族。在圣保罗有孙胜为族首的孙姓家族，周汉民为主的周姓家族，郑君飞为主的郑姓家族，② 在中美洲的厄瓜多尔，有以杨小爱为代表的青田籍杨姓家族，等等。这些家族或已经形成，或正在壮大。

---

① 浙江瑞安桂峰乡海外移民家族资料来源于对《桂峰乡华侨志》（未刊稿）撰稿人郑育友的访谈，2010年3月20日于瑞安湖岭镇侨联。
② ［巴］郭秉强：《巴西青田籍华人华侨纪实》（未刊稿）。

此类家族化团聚移民既是浙江新移民的主要移民模式，也是他们向海外移民的特点之一。

（2）留学转居型（亦常被称为学习性迁移）。留学生（公费、自费）是此类迁移方式的主体，还有进修生、研修生等。他们在学习期间或在学成、进修期满后应聘到国外企业、公司等工作，办理手续留居国外。

浙江省的留学生人数是伴着国家放开自费出国留学政策而逐年增长。比较遗憾的是，至今没有较为准确的统一的关于浙江省留学生人数的统计。据浙江师范大学华侨华人研究中心前主任周望森先生调查，1979年—1994年，浙江有公派留学生1554人，1979年—1995年有自费留学生13790人。至1999年，有海外留学生约2万人；到2005年，有4万人。① 据浙江省侨办的调查，至2009年底，有海外留学生6万人。② 另据浙江省侨联的调查，至2011年底，浙江海外留学生已超过10万人。③ 按照浙江省经济发展水平，及省内百姓重教理念，本研究认为浙江省侨联调查的数据比较符合现实，即目前浙江海外留学生已超过10万人。另据宁波市公安局出入境管理处反映，近几年该市市民出国留学每年约千人。④ 浙江教育考试服务中心（浙江省托福考点）2012年3月10日公布的消息：2011年，该中心举办40场托福考试，共有7600余名考生参加考试。2012年，托福考试场次和人数都创下历史新高。托福考生人数与日俱增，考位日趋紧张，很多考生必须提前半年甚至更早时间才能预约到考位。还有大量不需考托福，直接申请去海外读高中的小留学生。这都反映了浙江全省出国留学之热。

留学生中特别是自费生，学成后出于多种考虑，留居海外发展成为新移民的重要部分。1998年，浙江省籍留学转居率为50%。据教育部统计，2011年度"我国出国留学人员总数为33.97万人，其中：国家公派1.28万人，单位公派1.21万人，自费留学31.48万人。2011年度各类留学回国人员总数为18.62万人，其中：国家公派0.93万人，单位公派0.77万人，自

---

① 周望森：《浙江华侨史》，中国华侨出版社2010年版，第98页。
② 数据来自浙江省侨办经科处。
③ 数据来自浙江省侨联。
④ 宁波市侨办：《利、义并举，努力做好新华侨华人、新生代工作》，http：//www.zjqb.com/art/2009/9/2/art_149_16157.html，[2010-5-23]。

费留学 16.92 万人"[1]。回国率占当年该类出国人员分别为：国家公派 72.65%，单位公派 63.63%，自费 53.74%。由于自费留学生基数庞大，2011 年，达到占总留学人员的 92.64%，但回国人数占总出国人数的 49.80%。从中可以看出，自费留学回国率低于平均回国率，并且是几类留学人员中回国率最低的，也就意味着转居留成为新移民的增长态势没有改变。

近年来，"90 后"孩子越来越多跨入留学队伍，留学低龄化、去向多国化。由留学转居留人数不断增加，成为新移民队伍中素质较高的群体。

（3）劳务型和技术型。主要包括劳务输出和高技术人员转居留两类。劳务输出是劳动力空间流动的一种形式，包括国际劳务输出和国内劳务输出。此处研究的对象是浙江省国际劳务输出。一是随着海外浙江移民餐饮、皮革等行业的发展，需要由国内补充一批有中餐烹饪技术的厨师和相关技术工人。由海外移民企业主向居住国移民部门和中国大使馆提出从中国引进劳工的申请，以便他们从国内的亲朋、同乡熟人中选择合适对象出国，部分出国人员于劳务期间或期满后利用机会补办居留手续留在国外。这类移民亦可称为民间劳务输出转居留，2000 年之前，这类移民的人数占很大比例。二是通过企业对外承包工程，派遣人员进行项目管理、设计、施工等。三是境内企业法人与国外雇主签订劳务合同派出劳务人员。四是在境外投资、兴办企业派出管理人员、技术人员以及培训人员。五是通过成套设备和技术出口需本国劳务人员进行安装调试、技术指导、人员培训等产生的劳务输出。[2] 2005 年之后，国家实施"走出去战略"，后四类外派人员逐年增加。

高技术移民，是指那些拥有特殊技能和工作经验的人，他们不需要向移民目的国提供详细的商业计划，也不必事先在目的国找到工作或者做任何投资，他们向目的国申请，符合相关规定，就能合法进入目的国工作或自己创办公司。因此，近年来，浙江省内一些高学历者、学有所长者、有特殊技能者……即符合西方国家技术移民申请条件的人，也不断加入海外新移民的队

---

[1] 2011 年度我国出国留学人员情况统计，http：//www.moe.gov.cn/publicfiles/business/html-files/moe/moe_ 863/201202/130328.html ［2012 - 10 - 8］。

[2] 此处关于劳务输出的类别参考了《我国劳务输出的方式主要有 5 种》，http：//baike.baidu.com/view/167357.htm ［2012 - 5 - 8］。

伍。他们是浙江海外新移民中的精英群体，担当"三师"（工程师、医师和会计师）、"三家"（科学家、企业家、发明家）的人越来越多。

（4）投资商务型。主要包括对外投资外派的人员、从事边境或跨国商贸活动出国人员。近年来，浙江省内有许多人向海外投资创业、并购，因各种机缘转居留，成为海外新移民。

浙江人自古就有进行海外贸易闯出国门侨居海外的历史。1978年开始，中国实行改革，对内搞活，对外开放，浙江较早成了对外贸易口岸省份。20世纪90年代中期以来，浙江一些企业对外投资数量激增。它们在香港和一些发达国家设立贸易公司、建立营销网点；在欧盟、美国等发达地区和国家开办企业，建立研发中心，掌握行业国际最先进技术，拓展当地市场，如万向集团、钱江摩托、正泰、飞跃、丰球等企业都是如此，浙江吉利集团成功收购沃尔沃，成就了中国汽车业最大的一笔海外并购；在发展中国家如越南、缅甸等国投资办厂、办农场等，以利用当地丰富的资源和廉价的劳动力。也在一些资源富裕国家投资，如地广人稀的澳大利亚，对浙江商人意味着商机无限。据不完全调查，至2009年底，当地有华侨华人约72万，浙江籍约10万多人。而在2005年时，"浙江人的数量仍在4—5万左右。浙商企业大约6000家，特点是以中小型企业和服务性公司为主，数量大，规模小"[1]。

至2009年底，"浙江企业境外投资的境内主体数和境外企业数连续多年居全国第一"。2010年4月9日，浙江省商务厅厅长金永辉在《五湖四海看浙江》新闻报道活动启动仪式上介绍说："全省经核准的境外企业和机构共计4075家，累计中方投资额达到42亿美元，完成对外承包工程营业额170亿美元，投资的工程和项目遍布130多个国家和地区。"[2] 2012年，浙江省对外承包工程完成营业额37.1亿美元，比上年增长27.5%；新签合同额35.2亿美元，增长22.1%。经审批和核准的境外投资企业和机构共计634家，比上年增加66家；投资总额47.5亿美元，增长27.2%，其中中方投资

---

[1] 杨影、叶恒珊：《探访"畅想之洲"的浙商身影》，载《今日早报》2010年11月28日。
[2] 张乐：《浙江 150多万人海外经商》，http：//news.xinhuanet.com/fortune/2010 – 04/09/c_1225268.htm［2012 – 8 – 8］。

38.9亿美元,增长13.0%。全年实际对外直接投资24亿美元,比上年增长13.8%。①

省内各大城市中,杭州市的对外合作情况能较好地说明因投资商务实现移民目的的队伍非常庞大。杭州市近五年对外经济合作情况见下表:

表2-16 杭州市近五年对外经济合作情况

时间（年）	全市累计设立各类境外投资企业（个）、比上年增长（%）			全年境外协议出资（亿美元）、比上年增长（%）				完成对外承包工程和劳务合作营业额（亿美元）
	个	比上年增长	其中非贸易企业	总额	比上年增长	其中非贸易性投资	比上年增长	
2008末	48	23.1	21	1.33	109.4	0.93	138.5	3.56
2009末	69	43.8	27	1.53	15.4	1.06	14	3.70
2010末	599		200	16.94	10.1倍	15.13	13.3倍	3.57
2011末	700		235	5.82		4.71		4.47
2012末	838		254	7.21		5.48		5.49

数据来自杭州市统计局、国家统计局杭州调查队、杭州市社会经济调查局历年《杭州市国民经济和社会发展统计公报》,http://www.hzstats.gov.cn/web/tjgb.aspx?id=oO90%2B6chMnA=&name=Mg3b/PM9gIXg6aGNA1tUyA。

表2-16统计反映,杭州市各类境外投资企业在金融危机之后依然呈现快速增长之势,投资金额也呈大幅上涨之势,而且对外承包工程和劳务合作发展良好。伴随快速发展的对外合作,进一步加快了人员的境内外流动。

近年来,投资商务移民还非常青睐非洲大陆。目前在非洲进行商务活动的浙江人基本都是新移民。他们的来源:第一,原来在欧洲、中东等地区发展,后因事业需要以及受金融危机、欧债危机影响逐渐转向非洲进行投资贸易创业。第二,从浙江直接到非洲投资。他们为寻找"成本最低、竞争最小"的地方淘金。第三,留学定居、家庭团聚。第四,从事中非贸易,或去非洲收取货款过程中发现商机而留在非洲。如南非浙江商会前会长李家鼎先生于2011年10月向本研究人员介绍说:

我以前是做运动衣出口生意的,1998年,我前往南非催讨货款,去了

---

① 《2012年浙江省国民经济和社会发展统计公报》,http://www.zj.stats.gov.cn/art/2013/2/8/art_164_221.html [2013-4-18]。

几次，发现除做运动衣贸易外，那里从事其他领域工程的机会也很多，就试着留在南非。如今，我除在南非做，还把业务延伸到了安哥拉。行业呢，从原来的商贸业扩大到建筑工程业，既直接为当地人造民房，也把工程转包给他人。不过，在南非，华商通常还是做鞋帽等小商品贸易，高层次一点的贸易很少。

另外在中东、在朝鲜、在南亚等许多国家和地区，都有浙江企业和投资人的身影。如阿联酋迪拜中国商城董事长陈志远在2010年1月出席浙江省侨联"海外浙江人经济"研讨会时说：

我是1998年去阿联酋从事批发生意的。当时我发现一个问题，为什么中国人很少在阿联酋长时间生存下来？经过两年时间的调研，我发现，是因为没有中国人自己的集散地。我们中国人过去做生意都是在外国人的市场里，店面的成本太高，做不了几年就回来了。因此，我就创办了第一个中国人自己的市场——中国商贸城，为中国人在迪拜经商提供了一个较好的平台。之后，我们又在阿联酋创办了四个市场，每年出口10多亿美元。

浙江是民营经济大省，小商品制造大省，对外经济依存度越来越高。新时期，浙江人的出口贸易已扩展到五大洲200多个国家和地区，重点又集中于欧盟、美国、东盟三个地区和国家。近三年来，浙江省出口欧盟、美国、东盟市场详情见下表：

表2-17 浙江省出口欧盟、美国、东盟情况

出口额/年份	出口额（亿美元）			比上年增长（%）		
国家或地区	2010	2011	2012	2010	2011	2012
欧盟	483.2	557.7	505.8	34.0	15.4	-7.8
东盟	110.1	147.5	169.7	37.0	34.0	6.5
美国	304.6	349.2	381.8	32.1	14.7	-7.3

数据来自浙江省统计局、国家统计局浙江调查总队历年《浙江省国民经济和社会发展统计公报》，http://www.zj.stats.gov.cn/col/col164/index.html [2013-04-18]。

欧盟、美国、东盟这三个地区和国家恰恰是浙江海外移民分布最为集中的地区，占总移民人数的93.5%。可见，对外出口贸易与移民有较大的关联。

（5）休闲型移民。李明欢教授认为，这类移民主要是指一些"大富豪

一掷千金迁移到自认为更合适的地方置业生活",一些"高消费国家中产阶级老龄人口将生活地点迁移到消费水平较低的国家,以求在有限的收入内最大限度提高自己的生活质量"。① 这类国际移民近年来有增长之势。李教授概括的第二类移民,实际上是指退休移民。因此,休闲移民群体应该是两大人群:富裕人士、退休人士。富裕人士移民情况见下面"新富移民"。退休移民,在浙江还不多见。

(6)托庇型移民。托庇一词本意是指倚仗他人权势的荫庇,自己的幸福生活需要依靠别人的庇护。托庇性迁移指通过迁移以获得另一国的庇护,指主权国家对于因遭受他国迫害而来避难的外国人,准其入境和居留,给予保护,并拒绝将他引渡给另一国的行为。一般情况下,它是主权国家在其领土内根据其属地优越权而给予外国人的。还有域外庇护,是指给避难者在驻在国的使馆、领事馆、军舰和商船内以庇护,即庇护国在外国领土上庇护外国人。这些都属正当权利。

托庇型移民情况较为复杂,学界又将之分为主动与被动两大类型。被动托庇性迁移主要是指难民。联合国于1967年12月通过《领土庇护宣言》规定了三个原则:对某些人行使庇护权是各国主权的表现;庇护只限于政治犯,对犯有危害和平罪、战争罪和危害人类罪的人不在此列;是否给予庇护由庇护国决定。在20世纪80年代以前,像美国这样的西方国家,它们的庇护政策只适用于到美国寻求自由的社会主义国家的人。1980年,美国联邦政府通过避难法之后,美国变得有"责任"向所有"应该来的人"提供避难,并且还根据其政治需要滥用庇护,这就模糊了难民和非法移民的界限。

难民是由于灾害、种族冲突等原因,向他国寻求保护的托庇性迁移。这类移民多是被迫无奈离开本国迁往他国。难民与非法移民不同,他们具有群体性、无助性、流动性和被动性特征。浙江的海外新移民无论从哪个角度看,都不属于难民。但是,他们却巧借托庇名义,实际上是一部分非法移民为尽早合法化寻找的一种方式罢了。他们到移民目的国后张嘴就说受政治迫害,要求获得庇护。早一点的说"文革"中受尽关押、严打、刑囚,或称受家乡政府警方无端陷害,长期在居住地就业、升学、住房等方面遭受歧

---

① 丘进:《华侨华人研究报告(2011)》,社会科学文献出版社2011年版,第4页。

视、刁难。凡是什么内容能为当地国警方相信就说什么内容，甚至让家人在家乡收集各类逮捕证、法院判决书、拘留证、监狱关押证等作为获得庇护的材料，导致各类司法裁决判决书和文件"洛阳纸贵"。但是，这些真实的文件毕竟不多，就有人专门伪造司法裁决书谋利，尤其在浙南地区，假拘留证、假逮捕证一度被热炒。刚开始，通过这种伎俩使不少人计谋得逞。时间一长，这种申请理由被多人反复使用后就不灵了。1989年北京"6·4"风波又给了他们一个重大的机会。"参加民主运动"、"追求自由，反抗政治迫害"成了堂皇的理由。欧美政府当局认为，凡在中国参加"民主运动"的人都是庇护政策中最应该施行的对象。一些浙江非法移民抓住机会，登陆后立即向移民局以此为由申请庇护，有的人在国内时，根本不知道什么是"民主运动"，那只是偷渡前"蛇头"给他们临时灌输了一点相关的概念而已。"逃避大陆强制性计划生育"、"一胎化政策"也是他们寻求庇护的依据。像全国其他地区出国的非法移民一样，浙南非法移民到了国外后不论是否已婚，是否有孩子，只要能打动移民局官员，就会有人说自己在家乡因怀孕被迫堕胎，因违反中国计划生育政策被关押、被开除公职、被罚款、被拆了房子等等。在西方的标准中，拒绝服从"一胎化政策"属于"政治异议者"的范畴，也是应该庇护的对象。当国内打击邪教法轮功被西方定为宗教迫害时，浙南非法移民又多了一根救命的绳索。

西方国家总是戴着有色眼镜，用双重标准看待中国的人权问题，有时就对来自中国大陆的非法移民网开一面，滥用"庇护条件"。美国在执行庇护政策时，还随中美两国外交关系的冷暖将它政治化，非法移民在政治上的反叛曾受一些国家的鼓励。1989年"6·4"风波后，美国专门修改庇护条件，称凡来自中国的申请人"不必提出以前遭受迫害的事例，仅需证明未来有遭受迫害的恐惧"即可获庇护，结果，中国人申请"庇护"的人数激增。

非法移民一旦申请庇护获准，一般都可以得到一张"行街纸"，就是等待审核庇护申请的临时居留证明。有了这张纸，非法入境者就变成了要求得到政治庇护的难民，可以合法居留和找工作。

1. 现代型移民方式

前述六类传统型移民方式，在新时期依然存在。近年来浙江新移民潮中，还出现"新富型"、"裸官""裸商"型、"产子型"、回流型移民方式。

（1）新富移民。第一，人数。此类移民又被称富豪移民、"企业家移民"、投资移民。李明欢教授将他们归为"休闲型"移民。从移民原因看，他们不完全如李教授分析的"大富豪一掷千金迁移到自认为更合适的地方置业生活"那么单一。他们具体移民原因见第三章分析。

按照《2011年胡润财富报告》（发布时间2011年4月13日）认定"富裕人士"的条件是：拥有1000万元人民币以上的个人资产。资产包括可投资资产、未上市公司股权、自住房产和艺术品收藏。它不同于美林银行和招商银行分别公布的"财富报告"只统计可投资资产。改革开放造就了浙江一批先富起来的人，他们资产上千万元或数亿元。新富移民人数，据中国招商银行和贝恩顾问联合发布的《中国私人财富报告（2011）》透露，中国内地资产1000万元的富人投资移民意愿强烈，接受调查的富人中近60%都已经完成投资移民或有投资移民考虑。资产1亿元以上的富人群体中这种表现更加明显，大约27%的人已经完成了投资移民，47%的人正在考虑投资移民。[①]另据浙江省嘉兴市侨办的调查，该市具有1000万元以上资产的企业家，有70%的人已完成投资移民。嘉兴市的富人移民人数高于全国平均值。最近几年，一批年届60岁左右的新富，自己没有移民的打算，却积极将子女通过投资渠道或在海外直接购置高价房等方式移民到海外。可见，浙江的新富人群队伍十分庞大。

据"2011年胡润财富报告"发布中国"31个省、直辖市、自治区富裕人士分布"数据，浙江省富豪的调查情况如下表：

表2-18　浙江省富豪情况

地区	千万富豪人数	比上年增加	排名	亿万富豪人数	比上年增加	排名
浙江	126000	9500	4	7450	690	4
杭州	51500	4200		2850	260	
温州	22000	1600		2330	200	
宁波	14700	1200		950	90	

事实上，浙江省内的千万元以上富翁绝不止表中统计的人数。如在浙江

---

① 金姬、卓书杭：《招行与贝恩发布〈2011中国私人财富报告〉》，载《金融电子化》2011年第5期。

的义乌市，2010年，城乡居民存款达836亿元之多，人均约13万多元，位居全省第一。在街上迎面而过的老太太，就可能是千万元户。作者赴义乌调研时，随机跟一位在街角摆小摊卖鞋垫的龚氏老太太（下称龚氏）对话：

作者：老人家是本地人吗？卖鞋垫为贴补家用？

龚氏：是本地人。子女都在外地工作，孙子辈都长大了，闲着无事就出来摆个摊。

作者：子孙都不在家里了，房子多出来可以出租，收入不错吧？

龚氏：没有多少。就是十年前买了一间75平米的房子，现在政府要拆迁，一赔五，再加房子前面的院子，会赔到400多方。

作者：恭喜啊。你那里的房价已25000—30000元一平方了，这样，你就是千万元人家了。

龚氏：哪里啊，在我住的地方，每年仅收房租年入70万—100万的人家有10多家呢。

从上面的对话中，可以看出义乌市百姓的经济水平，千万元富翁比比皆是。

2009年起，浙江许多富豪掀起以移民为目的的对外投资潮，并已形成向海外移民的小圈子。

第二，动机。新富移民动机，有部分人纯粹为寻觅更好的生活环境、或为子女找优质教育资源，有人还同时兼顾投资创业、跨国贸易，因此，新富移民的移民目的、动机具有复杂性、多样性。

第三，目的国和地区，依次为美国、加拿大、澳大利亚、新加坡等国及香港地区。2012年，在美国的各国投资移民中，中国人占总人数的75%。与2007年相比，申请美国投资移民EB-5签证①的中国公民人数增长约10倍。在加拿大，富人们首选地是多伦多和魁北克。在澳大利亚，他们首选地是悉尼与墨尔本。2008年，新加坡取消了遗产税，对移民不再设居住时间限制，许多获得新加坡绿卡的中国富豪仍可以继续在国内经营企业，从而强力吸引了在国内有业务的企业家。许多中国富豪在新加坡乌节路（商务中

---

① EB-5签证（Employment based fifth Preference）：是美国移民法中针对海外投资移民者所设立的移民类别。1990年创设，投资条件一般设定为100万美元，如果投资标的案是位于符合国家统计资料中的低就业地区，则此投资条件可降为50万美元。

心）购买公寓房，在圣淘沙购买别墅，形成新的生活圈。

欧洲因移民手续复杂，投资额特别高，移民成功率低而不被人看好。

留学转居留移民、高技术移民、商务移民和新富移民被冠以"精英移民"、"三高移民"。

（2）"裸官"、"裸商"及其家属子女移民。"裸官"，无论是官方，还是辞典都没有对其做出明确的界定。按其表现特征，是指其配偶、子女、家属非因工作需要均在国（境）外定居或加入外国国籍，或已取得国（境）外永久居留权的公职人员。"裸官"往往会通过各种渠道将财产转至国外。据国家行政学院教授竹立家说：中国目前已有118万左右的"裸官"，包括行政机构领导、地方机构官员，还有国企领导。"裸官"与"贪官"是两个概念。但是，现实中，有太多的"裸官"自己孤身一人在国内担任领导职务，待时机成熟，立即逃往海外或移民海外。他们的移民行为带有违法犯罪的特征。"裸官"在出逃前就会准备几本护照，其中至少有一本护照无需签证即可随时飞走。他们的孩子常以留学等名义被送出国，留学所需费用及在境外的生活等都会有人安排。然后，再把配偶、家属以陪读、工作等名义移民海外，自己再伺机离开中国。2005年，原浙江省建设厅副厅长、曾任温州市副市长的杨秀珠外逃美国。杨在位期间大肆贪腐，经过周密策划，把家人先行送出国门。2011年，浙江省温州市鹿城区原区委书记杨湘洪率团"考察"法国，至今滞留未归。因此，"裸官"令当下的人们浮想联翩，被社会称为"白心红旗"。

"裸商"，据国金词典的解释是指民营企业家用实业做抵押，获得贷款后去海外投资实现移民，或企业主事先把资产转移到海外，等时机"成熟"即宣告国内企业破产的人。"裸商"转移海外的资产来源：非法吸收公众存款、银行信贷资金、国有资产等。因此，其造成的危害不仅仅是财产的损失，且极易引发社会问题和金融秩序等问题。尤其是"裸商"把资产转移出境具有很强的掠夺性，对国家、对社会造成极其严重的后果和恶劣影响。

（3）"产子移民"。"产子移民"是指有一定经济基础家庭的育龄母亲，利用一些西方国家、香港地区在国籍认定上的便利（如美国以出生地为标准确定国籍），在国内怀孕后前往待产生子，或因各种缘由在侨居他国期间怀孕产子而实现移民目的的人。这其中包括不少贪腐官员、企业高管、民营企业家、大腕、大款为实现生男孩、多生孩的目的，将怀孕的配偶送往国外生下的孩子。有的把包养的情人送往海外生子，在加州就有这样一个被称为"二奶村"的居住点。

中国"产子移民"催生了为此提供服务的市场。据金华市辖某县 J 姓女士（她自己就是通过这种方式在美国成功诞下两个双胞胎男孩子后回国）介绍：在美国一些医疗机构甚至提供试管婴儿服务，一般收费 3 万美元一次。试管婴儿成功后，如果有多个受精卵，父母可以选择生单胎、双胎还是三胎，其余的受精卵可以被冷冻保存。若干年后，受精卵的父母决定再生育的话即可启用。这项服务还提供生男孩还是生女孩的选择。如此明显有违正常伦理常规的服务，却得到一些中国父母的捧场。特别是当一些人通过此渠道怀抱外国籍孩子回国时，深受周边人的羡慕，引发有经济条件的人跃跃欲试。

在美国的洛杉矶、纽约等城市，涌现专门为中国孕妇服务的"月子中心"。此类"中心"基本没有营业执照。一般情况下，孕妇在产前产后这段时间来"中心"住 1—2 月，"中心"收取 3000 美元—5000 美元，提供一条龙服务，包括孕妇饮食；住宿（有单人房、双人房、多人房供选择）；专人、专车陪同孕妇产前检查；帮办新生儿美国身份证，包括为新生儿办加急身份证服务。许多孕妇生完孩子、办好孩子美国身份证后即启程回国。因此，"月子中心"生意非常火爆。在一些华人医院，经常会看见十几位孕妇同乘一辆车来做产前检查，这基本都是在"月子中心"待产的人。

由于国籍法不同，通过这种渠道出生的孩子，就成为拥有香港户籍的港人，或拥有出生地国家国籍的小华人。他们中国籍的父母、家人在将来就可以申请家庭团聚，为实现移民争取了合法的渠道。

（4）循环回流移民。随着中国经济的发展和全球化深入，又有大量新移民回流浙江。他们的构成：第一，有年事已高的海外新移民为安度晚年返回浙江。第二，许多商务移民和新富移民手持绿卡，仍在国内经营企业或者工作。这些人被称为"移民"不离家。第三，留学转居的精英人士也手持绿卡或外籍护照，回国（来华）创新创业。进入 21 世纪后，中国借鉴世界发达国家惯用的模式——吸引更高层次人才推动本国社会全面发展，进一步强化了海外人才内外流动。随着中国人由内向外移民、定居、留学的规模扩大，跨境移动、迁徙的空间全球化，趋向常态化，从而成为人类精神价值、生活方式和发展模式相互借鉴、融和的重要载体。由于社会经济关系不是趋向均衡，而是以循环方式进行累积变化。因此，当有过一次流动经历的人，再度流动的可能性相对更大，并可能带动亲朋好友流动。1974年诺贝尔经济学奖获得者缪尔达尔（Gunnar Myrdal）在《经济理论与欠发达地区》（1957年）一书将这种人口流动现象定名为"循环累积因果关系"。他认为："第一次迁移导致以后不断的迁移和对相关经历的积累。每一次迁移都不断调整动机和预期，引发下一次迁移行动。对其他人而言，认识的移民越多，移民倾向就越大。"[①] 另一方面，许多海外移民，特别是海外高层次人才是"经济和技术全球化的产物"，"共享文明，漫游世界"。"迁徙"对他们来说是一种可以接受的生活方式，也"意味着家的概念和国籍是不定和随时都会变化的"[②]。这就是说，海外高层次人才在全球化背景下，他们跨国流动发展事业是呈增强趋势，而不是趋弱。因此，回流浙江的高层次人才也越来越多。

至2011年底，浙江省"千人计划"引进人才383人。其中，入选第六批国家"千人计划"27人，累计达93人，新增人、总和均居全国第四。至2010年底，在杭州市创业的海外留学人员超5000人。[③] 至2011年底，在嘉兴投资创业的海外华侨华人和高层次人才已超2000人。湖州市通过"南太湖精英计划"，在2008年至2011年成功引进海外领军人物74位，注册企业50家。[④] 至2011年7月底，宁波市鄞州区已引入140名海外人才。[⑤] 第四，大批海外新移民来浙江投资办企业，包括原浙籍和非浙籍的新移民，他们投资登记在册的企业统称为侨资企业，它必须经中国政府批准，在中国境内独立经营，或者与国内企业合作生产、合作经营。这些企业机构经中国工商行政管理部门登记后即取得了法人地位，受中国法律的管辖和保护。1978年以来，侨资企业在浙江的投资份额与日俱增，投资从业者的队伍也不断壮

[①] 任柏强、方立明、奚从清：《移民与区域发展》，人民日报出版社2008年版，第15—16页。
[②] 王赓武著：《留学与移民：从学习到迁徙》，程希译，载《华侨华人历史研究》2004年第4期。
[③] 资料来自杭州市侨务办公室。
[④] 资料来自浙江省侨务办公室。
[⑤] 资料来自2011年9月作者赴宁波市鄞州区侨务办公室访谈。

大。第五，受金融危机、欧债危机影响而返回侨乡寻觅新机遇的新移民增加。2012年，浙江对欧洲市场出口增速持续下滑，对北美市场出口保持稳定增长，对新兴市场出口快速增长，详情见前表16。而在欧洲，新移民占了浙江海外新移民总人数的80%，他们在这次金融危机中，遭到前所未有的损失。因此，许多海外新移民在侨（定）居国暂停或缩减业务，有的干脆结束手中业务，转卖店面，纷纷撤回国内。2013年4月20日，青田县侨联秘书长周峰先生接受作者采访时如此说：自2013年春节以来，返回侨乡的青田籍海外新移民超过历年。许多在上世纪80年代初闯出国门的青田人，都返回了侨乡。今年是同学聚会大年，春节后至清明节，参加了许多场从幼儿园、小学至初中和高中的同学会。许多在上世纪80、90年代出国的同学，有的30多年未见了，在金融危机背景下，他们都回来了。他们回乡除探亲叙旧，旅游观光，许多人还兼商务考察。本人的妻女都已入籍西班牙，2008年，我也曾准备移民西班牙与家人团聚。去西班牙呆了一段时间，发现在金融危机笼罩下，当地经济很萧条。马德里的主要大街上，以前都是熙熙攘攘，2008年时显得很冷清。一些商店商场勉强维持经营，有的门可罗雀。因此，自己最终放弃移民，返回青田继续在侨联工作。

家庭团聚移民（含继承财产移民）、留学转居留、劳务技术移民、投资商务型移民、休闲型移民、托庇型移民属于传统型移民方式。休闲型中的富豪移民往往被人统称为投资移民，事实上，他们与纯粹的投资移民存在目的和移民程序的不同，应加以区别。

"裸官"、"裸商"及其家属子女移民，有部分是合法的，不过，要将他们作明确的区别存在很大困难。"产子移民"与国内法律没有冲突。绝大部分新移民回流有益于现代化建设，但要警惕那些"内商"漂白为"外商"的移民所带来的负面冲击。因此，后四类移民模式，姑且先统归为移民新模式。这样的划分，其科学性还有待进一步论证，却应该引起重视。

浙江新移民不管采用哪类方式移民，从流向看，欧、美等经济发达国家依然是重点区域。近年来，他们移民的目的国又呈脚踏全球、遍地开花之势。

第三章 浙江海外新移民发展的成因及其发展趋势

移民行为是家庭、个人决策，也是一个社会过程，它受多种因素影响。在客观上，它受国际政治经济形势变化的影响；受全球化深入发展的影响；受侨居国移民政策变动的影响；受国内改革开放政策的影响。在主观上，它是移民目的、移民动机多样性选择的结果。在地域上，它是移民源出地经济、社会环境和人文历史诸因素综合的结果。可以这样说，它是国内外、主客观多种因素合力共同作用的产物。因此，欲研究海外新移民，必须将其置于国际移民的范围及国内外政治经济多元化发展形势中进行考察，进而研究他们的新动态，新问题和发展趋势。研究浙江海外新移民亦是如此。

第一节 浙江海外新移民发展的外部原因与内部原因

唯物辩证法认为，事物内部的矛盾即为内因，事物和事物的互相联系和互相影响即为外因。内因是事物变化和发展的根本原因，外因是事物变化的条件。任何事物的发展过程中，内因和外因同时存在，缺一不可。但它们所起的作用各不相同。所以，综观海外移民史，不同省籍的海外新移民在不同历史阶段，受多种内外因素的作用和影响，致使他们的移民方式、移民规模及移民发展趋势展现出共性，也显示出个性。

第三章 浙江海外新移民发展的成因及其发展趋势

一、外部原因

（一）国际环境变化

国际环境往往是指国家与国家之间的所有相互关系的现状及其动态发展，它强烈影响国家对外战略与政策，它对国际社会的影响是直接、明显、根本性的。而一个国家的对外战略与政策，"从实质说，就是指导国家在对外关系领域实现和维护本国国家利益的基本方针与准绳"①。国家利益往往是指一个国家在经济、军事或文化上的目标和抱负。在一个国家内，不同阶级、阶层尽管存在财富和权力的差异，却享有共同的基本利益。为本国利益考虑，各移民接纳国、移出国的政策首先必须考虑本国利益。冷战结束后，各国间相互交往日益频繁，相互依赖进一步加深，全球化步伐明显加快。苏联解体，俄罗斯和其他独联体国家、东欧和巴尔干国家，计划经济体制休克败落，走向自由市场，强烈改变了原有的"国际分工"格局。如东欧剧变导致这些国家社会经济生产即时陷入萧条，生活必需品匮乏，民众生活所需无以为继。剧变还导致当事国和地区人口大逃亡大移民，方向是中西欧及美国等经济发达的国家和地区。剧变也导致外来商品乘机而入，外商纷纷跟进移入。中国的、浙江的商人借机前来从事进口贸易，复活了亚欧古老的"丝绸之路"，达到空前盛况。这些商人中有不少人最后选择了定居此地，成为浙江海外新移民的一部分。

如今，国际政治经济形势由冷战结束初期时的两极格局走向一超多极，但，超级大国和超级集团却又危机频现。2008 年，始于美国的金融动荡引发 20 世纪 30 年代以来最严重的全球金融危机，刺穿了许多国家的经济泡沫。欧洲至今还深陷于主权债务危机中。2011 年，福岛大地震和核事故，给日本经济雪上加霜。越来越多的人热衷于谈论"后美国时代"的多极世界。多极化成为时代进步的要求，它符合各国人民的利益，有利于世界和平与发展。如"金砖五国"力量的上升和在全球事务中的合作协调作用。未来 10 年，金砖国家的整体实力有望进一步增强；中国经济实力和军事力量

---

① 冯江源、刘月华：《冷战后国际环境及其历史性变革》，载《学术探索》2003 年第 12 期。

持续壮大,将成为世界格局重要一极;印尼、越南、土耳其等许多新兴市场国家也处于经济实力的上升期;拉美一体化进入新阶段。这些发展中国家作为一个群体,其实力的增强与现行国际政治经济秩序之间将产生更大矛盾,有力地挑战发达国家的主导地位。[1] 同时,国际格局的演进,促成你中有我、我中有你的新国际政治经济形势,国与国之间的矛盾不像冷战时期那样尖锐和明显,这制约了大规模全球性战争的爆发,当然局部冲突、民族问题、宗教问题、小范围内的国家纷争会不断,这必然促使各国本着国家利益调整外交战略和政策,意味着国际关系的重构。世界范围内,"和"合的力量在增长。这都对移民规模、移民方式、移民分布带来重大影响。这也正如结构主义理论指出的:移民与迁出国和迁入国之间的政治经济关系,与各国国家政策、出入境法律法规有关,与侨居国安居和就业权利相关。总的来说,世界政治经济状况的不平衡性,推动了国际移民。

(二) 全球化

全球化时代的来临,加剧了人类的迁徙,使人类的迁徙活动变得更加频繁,范围更加广阔。早年的全球化始于19世纪英国废除《谷物法》,19世纪末建立起大英帝国统治下的全球经济政治秩序。在那次全球化进程中,中国正遭受一系列外来侵略,并以战败的形式缴纳了高昂的学费。近年来的全球化浪潮,发端于1975年的《朗布伊埃宣言》,七个发达国家领袖在法国宣布将逐步取消和降低一切贸易壁垒,推进全球自由贸易。此后全球化成为一种趋势,它不以人的主观意愿在全球蔓延,经济领域的全球化程度无疑最高,因此,国际货币基金组织对全球化作出了解释,认为它是指跨国商品与服务交易及国际资本流动规模和形式的增加,以及技术的广泛迅速传播。正是这种流动和传播的增加,它使世界经济一体化的进程加速发展,贸易、金融、投资等经济要素在全球范围内不断流动,日益融合;制造业、商业等跨国跨区域发展扩张之势锐不可挡;市场经济成为全世界通用的经济模式;市场、资本、技术甚至消费行为的一体化已经出现。因而,全球化迅速风靡世界,成为一种超意识形态,它打破了传统的地缘政治与经济的分割。

---

[1] 王缉思:《中国的国际环境为何趋于严峻》,http://opinion.huanqiu.com/1152/2012-06/2813095.html [2012-8-8]。

即便当今世界各民族国家还是国家经济为主体，国际社会、各国政府意向不同，社会制度相左，但在全球化面前却骤然有了共同语言，它甚至成了一种语言新标签。与此同时，以互联网为特征的信息技术冲破传统的国界障碍，正以前所未有的速度和频率不受任何限制地向全世界提供"数字化"信息，销蚀了市场的边界，使国与国之间的经济关系高度依存，创造出一种通用的"全球化"语言，也创造了一种受这种语言支配的"全球化"思维方式。因此有人预言"全球共同体"或"全球公民社会"将诞生。

这也正是伊曼纽尔·沃勒斯坦（Immanuel Wallerstein）等人创始的世界体系理论所认定的局面：当今世界体系是一个由经济、政治、文化三个基本维度构成的复合体。经济体是整个世界体系的基本层面，是政治体和文化体存在、发展的决定性因素。如今，全球市场已形成，它使商品交换、劳动分工呈世界性。它将每个国家和地区都纳入成为世界经济网的一员。一体化的经济体使人类历史具有了真正的全球性，它带来世界大变动，它将世界上越来越多的国家和民族，无论贫穷富裕，无论愿意与否，无论主动被动，都以不同方式和速度被裹挟入这一进程中。资本、信息、科技、高技术人才、劳动力资源等生产要素重新配置在所难免，流通日益加速。全球化的起点肇始于经济全球化，终点在于民族国家的消失和人口在世界范围内最大跨度地自由流动。

（三）侨居国社会环境、经济形势、政策变动之影响

浙江海外新移民重点分布在欧、美等经济发达国家，他们在海外的生活、经济活动、文化发展等都必然受居住国的影响。不同侨居国的现实情况，如市民社会大环境、政治倾向、移民政策、经济发展水平、人口出生率、接收国际学生的政策差异极大影响着浙江新移民的移民目的、移民规模、移民方式。

1. 社会大环境。（1）西方各国的市民社会管理体系已相对成熟，社会宽容度、自由度相对较高。这样的社会环境一方面缘于18世纪法国资产阶级革命时期，资产阶级革命者为摆脱封建王权和神权束缚，争取自由、民主、平等，响亮地提出"天赋人权"。他们认为自由、平等、博爱是人与生俱来不可剥夺的权利。因而，无论你是穷人还是富人，无论你是本民族还是外来民族，无论你有居留证还是无合法身份，都应该被视为平等的社会成员。他们强调机会平等、过程平等。这真有点中国的"老吾老及人之老，

幼吾幼以及人之幼"的古训之道，或大丈夫行身处世，岂可独善其身，理应兼济天下的悲天悯人之胸怀。另一方面，缘于欧美特有的"基督教式"的社会文化、道德观念、思维方式和政治原则。欧美各主要国家的宗教信仰为基督教，自它产生以来，即成为欧美文明的组成部分，它在西方文明中是超越世俗功利的绝对价值信仰，并逐渐演变为普遍有效的公德标准。基督教的教义认为：人生而有罪，生活的唯一目的是获得拯救。要获得拯救，只有按照教义去做，终生向上帝祈祷和忏悔，并在行为上不断行善积德，最重要的是要尽心、尽性、尽意地爱上帝、爱自己、爱他人。这种普世正义的教义，通过基督教圣徒的榜样激励、教会的超然权威、教士的布道安慰、仪式的庄严魅力、信徒的坚定虔诚，培育了欧美人互助、慈善、克制、苦行的社会公德，并渗入西方文化的血肉之中。善待人性、确立人的尊严、鼓励自由竞争、确保和平秩序和激发人的首创精神，日益显现的普世品质，被越来越多的人们所接受。另外，欧洲各国以拥有人人平等、关心人、尊重人、以人为本的人权价值观而自豪。正因为如此，在欧美公民社会普遍弥漫着人文主义的关怀、善意、礼貌和乐于助人，排斥移民的做法显然不符合这样的价值观。（2）欧洲国家是传统的移民输出国，又是移民输入国，社会对移民较为友好和宽容。这就为海外移民的侨居、创业、发展留有较大空间。

2. 人口出生率。当今世界人口出生有三个事实：（1）世界人口正以空前的速度增长。2011年10月26日，联合国人口基金发表《2011年世界人口状况报告》指出，当年10月31号，世界人口将达到70亿。而1999年的报告中公布的世界人口还只有60亿。仅仅11年时间，世界人口增长了10亿。（2）世界人口增长分布不均衡。发展中国家人口增长过快，一些发展中国家人口增长率始终处于高位。世界上，每年新增的7800万人口很大一部分分布在最贫穷的一些国家。2006年时，法国国家人口研究所负责人吉勒·皮松曾对媒体说："全球每天有约36.5万人诞生，其中57%诞生在亚洲，26%诞生在非洲，9%生于拉丁美洲、5%生于欧洲，而在北美洲诞生的只占3%，此外还有不到1%的人口出生在各大洋的岛屿上。"[①] 从中可以看

[①] 杨骏：《全球人口已突破65亿 每天平均增长21万》，http://news.xinhuanet.com/world/2005-12/20/content_3948398.htm [2007-10-12]。

出,欧美发达国家的人口出生率极低,有的国家甚至已停止增长,或出现负增长,这就意味着这些国家进入就业市场的人口越来越少,未来经济发展中劳动力来源令人忧虑。曾有人开玩笑说:欧洲什么都不缺,就缺孩子,金色欧洲为人口出生率愁白了头。"2005年—2010年,发达国家总的生育率已经下降到1.6,其中低于1.3的国家有14个。在平均生育年龄为30岁的稳定人口中,1.3的总生育率意味着人口规模每年下降1.5%,人口规模45年就会减半。"①(3)发达国家人口老龄化趋势加速。联合国相关组织统计,到2050年时,老龄人口总数,欧洲将从1.48亿增加到2.21亿;美洲从9600万增加到3亿。目前全球人口老龄化最严重的国家是意大利和日本,65岁及以上老年人口比例超过了19%。以平均值看,发达国家老年人口比例已达15%,预计到2050年这一人口比例将会翻一倍。② 据西方一些调查机构的数据显示:2010年到2030年的就业人口前景,欧盟25个成员国当中16—24岁年龄层将减少700万人,25—54岁年龄层将减少2500万人,而55—64岁年龄层的人口将增加近900万人。③ 这一统计数据不含2007年入盟的罗马尼亚、保加利亚及2013年入盟的克罗地亚三国。欧盟国人口老化已成普遍现象,它使这些国家养老金和卫生保健的支出日趋庞大,势必冲击这些国家的养老保险体制,成为拖累它们福利政策的沉重包袱,甚至使福利制度走向崩溃。

人口老化严重会造成西方国家劳动力短缺,从而降低国家的竞争力。它使企业主雇用本国人必须付出高代价,现有本国劳动力视脏、累、重、苦、险类工作为低贱工作,挑肥拣瘦,宁愿失业也绝不委屈自己,从而使经济运行成本居高不下,创业和创造能力下降。所以,西方国家内部确实存在对劳动力及专业技术人员的用工需求,在上世纪80年代、90年代及新世纪初表现得极为明显。日本索尼公司呼吁引入更多的移民;2004年,德国中部手工艺协会主席也呼吁政府采取措施,吸引熟练工人移民德国;美国的医院通

---

① 张乐:《世界人口到10月31日将达到70亿人》,http://news.xinhuanet.com/world/2011-10/30/c_122209881_10.htm [2012-10-8]。
② 张乐:《世界人口到10月31日将达到70亿人》。
③ 程刚:《欧洲每年涌入50万非法移民"移民威胁论"升温》,http://news.xinhuanet.com/overseas/2006-06/14/content_4694071_2.htm [2007-10-18]。

过到牙买加招聘以解决长期缺乏护士的难题。人口学家皮奥里在充分分析了西方国家这种劳动力市场失业与就业岗位并存的现象后，于1979年提出：发达国家劳动力市场已层次化，即使经济增长对劳动力的需求很旺盛，就业形势依然严峻。有学者认为：现代发达国家已形成了"双重劳动力需求"。上层市场提供的是高收益、高保障、环境舒适的工作，而下层市场则相反。由于发达国家本国劳动力不愿意进入下层市场，故而需要外国移民填补其空缺。正常的劳动力市场机制已难以解决其结构性需求矛盾。因为，如果提高了最低级劳动岗位的工资报酬，为了维护整个等级结构，上层岗位的报酬也要相应提高，这就会造成结构性通货膨胀，因此，"劳动力双重市场"不可避免。美国人口咨询局的高级人口统计学专家卡尔·赫伯也说：所有低生育率国家都在考虑生育激励措施，但其中一些国家仍不得不引入移民。"富国的低生育率和穷国的人口膨胀，促使富国敞开大门大量迎接移民。而放松移民限制的动力主要来源于私营企业——它们面临着最严重的劳动力短缺状况。"①

为改变这种现状，发达国家一再鼓励刺激国人生育，却收效甚微，不得已，只能放宽移民政策以缓解因老龄化导致的一系列问题。近年来，甚至如新加坡、西班牙、葡萄牙、希腊和芬兰等国都因生育率下降而放松了移民限制。所有放宽移民政策的国家又面临一个悖论选择：既要吸收外来移民解决本国劳动力短缺，同时又排斥限制外来移民以保障本国人就业。

3. 移民政策的矛盾性。环视发达国家的移民政策，多变性是它的特征之一，这为海外移民创造了迁移条件。（1）发达国家社会伦理价值观与政治、社会需求间的矛盾。以发达国家处理非法移民为例。它们一方面限制、禁止、驱逐非法移民，另一方面出于人道主义考虑，普遍认为家庭团聚是最基本的人权，应该受到尊重，当然也主要是为满足本国经济发展对劳动力的需求，因此，经常进行"大赦"②，或者合法化行动，允许一定数量的非法

---

① 王慧卿：《发达国家生育率趋降引发移民需求》，载《第一财经日报》2006年8月18日。
② "大赦"在中国古代是逢皇帝登基、琴瑟之合的大喜日，对作奸犯科、杀人越货等诸恶者施行无罪释放。西方的大赦，是指偷渡、打"黑工"的非法移民，经政府特许身份"合法化"，享有合法移民的同等权益。大赦是非法移民恢复做人的尊严，从不被社会所承认的"黑人"，变成合法侨民的一个转机。（"大赦"之于非法移民的重要性、具体案例，可见夏凤珍：《从世界看浙南非法移民》，南开大学出版社2008年版，第122页）。

移民合法化。1978年,法国颁布法律宣布:合法移民的配偶、子女可以申请合法居留身份。1981年、1992年,法国又实行过两次"大赦"。始于1992年的大赦中,有1.2万中国人获准居留。1997年,法国再次宣布"大赦",从当年6月24日至1999年初,又有8000多名中国人获得合法身份。[①]在法国几次大赦中获得合法身份的中国人,绝大部分是浙南人。西方国家的大赦在时间上有先后,尺度有宽松,大赦名额有多少,使以欧盟为主要移居国的浙南非法移民,东奔西突,在各国间来回奔波,打时间差,获取合法化成功的概率极高,甚至出现有人同时在几个国家申请合法身份都获准的现象,有人这样通过大赦,拥有多个国家的合法身份。

（2）政党竞选的筹码之一。国际移民给接纳国、移出国带来经济效益已被公认。由于西方国家多为选民社会,执政党、在野党在竞选时,都面临较大的民意压力,因此,国际移民伴生的负效应日益成为全球不安的焦点,常会引发接纳国的反移民情绪。政客为博取选票,经常将移民问题作为竞选筹码。一方面,他们拿移民说事,特别是当西方国家经济形势趋恶,他们把移民问题当作转移国内矛盾视线的替罪羊,往往收紧移民政策。同时,他们又不敢、也不可能把外来移民全部驱逐出境。当国内经济形势转好时,为补充国内低层级劳动力的短缺,就放宽移民迁入政策,甚至对非法移民都会睁眼闭眼。

（3）西方国家的移民政策各自为政。具体表现:第一,法规模糊性。以法国为例,1945年的法国移民法规定:那些未处于一夫多妻或一妻多夫状态,其个人和家庭在法国的关系达到这样的程度,以至于拒绝给予居留会对他的私生活和家庭生活构成不成比例的损害,应发放一年期普通临时居留证。"拒绝给予居留会对他的私生活和家庭生活构成不成比例的损害"之说,只强调申请人与法国的关系的紧密程度。至于损害的内容、损害的标准、损害的程度,都没有量化规定,这给执法当局（警察局或省政府）相当大的自由裁量权。第二,对非法移民审判及执法中的矛盾。法国对非法移民有明确的禁止性规定和较严厉的处罚规定:非法进入法国国境或非法在法国居留的外国人,可以处以一年以下的监禁,3750欧元的罚款和3年以下

[①] 周望森、陈孟林:《青田华侨史》,浙江人民出版社2011年版,第92页。

不得进入法国；无有效签证或无有效居留证者可拒绝其进入法国国境；已在法国境内的无合法居留证件的外国人可以采取驱逐或押送出境的措施；逃避驱逐或押送出境者，可处以3年以下监禁和10年以下不得进入法国，等等。实际审案时，法官对非法移民往往会网开一面或将案子加以搁置。有时法官对非法移民做出限期离境，附加几年不得入境的判决。实践中，非法移民拿到裁决书后，不会真的就这样离开这个他们千辛万苦来到的国度，他们会消失在人海中。这就意味着，判决书下达，整个司法程序结束。这种审而不判，判而不究，执法难，使法律应有的严肃性遭到质疑，非法移民对待法律也显得随意性。这种局面足显居住国官方的无可奈何，也成为号称法制社会的西方国家一个极大的玩笑。第三，许多西方国家企业为降低生产成本，极喜欢将雇佣目标转向价格低廉的非法劳工，有时得到法律的默许，这为非法移民活动创造了事实上的市场需求。第四，西方国家本着实用主义、冷战思维制定的本国移民法规政策，带有严重的双重标准色彩。1976年，美国通过一条人权法规，对于来自它认为的人权状况恶劣的国家的国民，若提出政治庇护，即使这些人身上毫无证件，移民官员也只能令其填具表格，交保候传，等待政治庇护的听证。这些人往往有备而来，只要填写简单的表格，交了保证金后就消失在茫茫人海中。以美国为代表的西方国家对那些来自被认为与本国对立国家的移民，打着"政治庇护"旗号的此起彼伏的大赦，同时以婚姻转换身份、政治避难，或以一胎化政策、宗教迫害、"6·4"风波等为借口使移民获取居留身份。如1993年，美国政府正式通过实施《中国学生保护法》，给不少与"民运"毫无关系的新移民以转换身份的机会。其行为的实质是各发达国家内部不同阶级利益交锋的折射，诱导乃至鼓励着移民活动，甚至成了非法移民积极活动的免费广告。第五，欧盟各国相互矛盾、漏洞百出的移民政策，开放状态的边境，使欧盟国家成了犯罪团伙偷渡人口的主要目的地。第六，西方国家国内边防、海关、移民部门及一些驻中国的使领馆工作人员中，也存在一些贪赃枉法的腐败分子，在金钱、美色、物质利诱下意志不坚定，与非法移民组织者沆瀣一气，使非法移民活动有了成功的条件。

4. 西方国家规范的法律体系，优质的教育资源，完善的社会保障体系，极低的征税点，健康的自然环境和安全的食品，免签多国护照的便利等都是吸引新移民的因素。招商银行、贝恩公司2011年发布的信息显示：内地高净值人群投资移民原因，居前三位的分别为：占58%的人为方便子女教育，占43%的人为保障财富安全，占32%的人为未来养老做准备。①

（四）机会因素

金融危机袭击了浙江民营企业，严重影响他们的生产和经营。同时，他们在危机中发现了良机，找到了商机。欧美一些企业面临困境甚至破产时，正是浙商抄底大并购的好时机。亚洲、非洲、澳洲等地有浙江缺少的原材料、能源，形成与浙江经济的互补。因此，浙江新移民把危机作机会走出国门创业，并从中学到许多先进的管理经验和营销经验。

后金融危机时期，许多发达国家为促进本国经济发展，保障公民就业，纷纷招徕海外投资移民，富裕起来的浙江人自然成为他们追逐的目标。仅2010年6月的浙洽会，就有来自德国等18个国家的招商机构以各种方式吸引浙商的注意力。据杭州市贸促会的负责人介绍：从2011年下半年至2012年初，欧美国家来杭州招商引资举办的活动达十多场。

吸引海外投资移民最典型的莫过于美国。1990年美国国会通过的"移民法案"规定：符合条件的外国投资人可以在美国任何地方投资100万美元，并且证明这笔投资有可能为美国创造10个工作职位，就可以为自己、配偶及未成年子女取得绿卡移民美国。2008年金融危机后，亟待经济复苏的美国更加积极推行投资移民政策。为吸引各国富豪，首次推出建立在投资基础上的移民绿卡EB—5项目，它降低了"1990年移民法案"的条件，规定在一些特定的农村地区或失业率高的地区投资50万美元，直接或间接创造10个就业机会，就可以移民。每个这样的特定地区吸收的投资总额从1500万美元到5亿美元不等，美国现在有77个可申请投资移民的区域中心，目标吸引投资总额超100亿美元，提供就业岗位20万个。而2007年时，这样的地区只有23个。为实现这些招商引资目标，2011年下半年，美国相关部门每个月在北京举行的美国移民推介会超过10场。现身游说的美方代表有：前市长、现议员、基金公司经理、金融专家等。美国移民局甚至

---

① 招商银行、贝恩公司：《2011中国私人财富报告》，http：//www.acctenet.com/main/article/detail/id/180 [2012－3－20]。

宣布将组成专业评估团队加快审批投资移民申请。符合条件的投资者可使用加急程序，美国移民局将在15个工作日内做出批准与否的决定。美国为中国投资者提供投资"一站式服务"。

如今，越来越多的西方国家步入"卖户口"吸引投资客的行列。韩国在三年前为开发济州岛而出台新移民政策，自那以后，中国人赴当地投资房产成为热潮。有相关报道，自2010年起，到2013年4月末，通过投资移民制度向济州岛投资的外国资本总计达到了2657亿韩元（约合人民币14.4亿元），其中大部分是中国人在济州岛购买的相关房产。中国人拥有的济州岛土地由2010年末的4.9万平方米增加到了2013年3月末的48.5万平方米，在两年三个月时间里增加了近10倍。韩国国土交通部公布，截至2012年3月末，中国人拥有的韩国土地面积达到了570.1万平方米。其中，2013年第一季度中国人新购买的韩国土地达40万平方米，大幅超过同期欧洲人（14万平方米）和美国人（9万平方米）购买的土地面积，成为韩国土地第一买主。[①] 为此，有韩国人甚至担心济州岛被中国人"占领"而成为第二个海南岛。西班牙副首相德桑塔玛利亚于2013年5月24日宣布：西政府很可能将给予在西购买价值50万欧元以上房产或认购200万欧元以上西国债的外国人以西班牙居留权。

除此外，为吸引海外投资移民，澳大利亚推出"188创业移民"，申请人需在澳有20万澳元以上生意，并创造2个以上就业；500万澳元重大投资移民，居住条件宽松，无需到澳经营，审批速度极快。澳大利亚还有"132投资移民"，申请人需要在澳大利亚投资至少150万澳元以上，一步到位获得绿卡。新西兰吸引海外投资者的政策是：1类移民申请人需在新投资5000万元以上人民币，2类移民需投资800万元以上人民币。英国也设投资移民政策，申请人需要大量购买英国国债。

二、内部原因

不管国际政治经济环境如何变化，全球化浪潮势头如何迅猛，各西方国

---

① 甄妮：《中国人已成为济州岛最大买主》，http：//gotrip.zjol.com.cn/05gotrip/system/2013/06/04/019381857.shtml［2013-6-4］。

家如何需要外来移民,移民政策如何多变,这是全球每一个人都直接面对的,却又为何是中国的新移民人数最多?为何是浙江的新移民最多?

(一) 改革开放

如前《浙江海外新移民的成长》中所述,他们发展的每个阶段都与改革开放息息相关。1978年前,浙江移民出国阻力超过常人想象。阻力既来自共和国内部,也来自西方对华敌对国家。不少归侨、侨眷因"海外关系"受到排斥、歧视、诬陷、批判和迫害,造成一大批冤假错案。1971年6月,国务院下发《关于华侨、侨眷出入境审批工作的规定》,标志政策松动,但是,能够符合条件获取审批出境者仍寡。

改革开放后,中国对外交往之门大开,国人重新审视外面的世界,发现外面的世界有无奈,但外面的世界更精彩,就以极高的热情快速奔向外面的世界。同时,中国人重新定位"海外关系"。1977年,邓小平指出:"说什么'海外关系'复杂不能信任,这种说法是反动的。我们现在不是海外关系太多,而是太少。海外关系是个好东西。"[①] 此后,他和中央其他领导人多次正面评价"海外关系",还说几千万爱国同胞在海外对祖国发挥了极大作用,他还于1993年提出:华侨华人是中国的"一个独特机遇"。江泽民提出华侨华人是"中华民族一个重要的人才资源宝库"。胡锦涛提出侨务工作"三个大有作为":"在凝聚侨心、发挥侨力,为实现全面建设小康社会的宏伟目标作贡献方面,侨务工作大有作为;在反对和遏制'台独'分裂势力,推动祖国和平统一进程方面,侨务工作大有作为;在开展民间外交、传播中华优秀文化、扩大中国人民与世界各国人民友好交往方面,侨务工作大有作为。"[②] 国家领导人的讲话,厘清了华侨华人的作用和贡献,这为冲破"文革"中形成的"海外关系复杂论"的极"左"思想禁锢,恢复和发展新时期的侨务政策奠定了重要的思想理论基础,实现了侨务政策的拨乱反正,确立了国内侨务工作"一视同仁,不得歧视,根据特点,适当照顾"

---

① 邓小平接见港澳同胞国庆代表团和香港知名人士利铭泽夫妇时的讲话(1977年10月2日),引自国务院侨务办公室、中央文献研究室编:《邓小平论侨务》,中央文献出版社2000年版,第6页。

② 《胡锦涛在接见全国侨务工作会议代表时的讲话》(2005年2月28日),载《新华月报》2005年第4期。

的基本原则。这也为我国侨务立法的进步和完善创造了有利条件。1990年9月第七届全国人大制定并通过我国第一部侨务法律——《中华人民共和国归侨侨眷权益保护法》（2000年重新修订）；1993年7月，国务院制定《中华人民共和国归侨侨眷权益保护法实施办法》（2004年重新修订）。目前，"除西藏外，全国30个省区市颁布实施了本省区市的归侨侨眷权益保护法实施办法。中央和地方还制定了100多件与之相配套的规范性文件，涉及政治、经济、教育、社会保障等多方面内容，形成了维护侨益的法律政策体系"①。从而催热了向海外移民的高潮，"出国热"在全国普遍升温。浙江省自20世纪90年代，出国的规模迅速扩大，年均人数以万计。

如果仅仅把改革开放视为浙江新移民现象的唯一内部原因，显然又不符合实情。因为，浙江经济发展水平位居全国前列。温州地区城镇人均可支配收入在2002年时就达到14591元，在全国200多个地级以上城市中位居第五位。因此，历史上"人多地少"、"天灾人祸"、"民不聊生"等传统移民理由，即仅用"推——拉"理论已无法解读浙江新移民的行为。为什么生活水平提高了，经济发展了，人们还要涌向海外？为什么浙江人潮起云涌去海外？可见，浙江新移民现象有它内在的动力源和社会历史背景。

（二）经济因素

谋求更好的经济生活水平和发展空间永远是移民不止的最好理由。

1. 为改变自身和家庭的生存环境，谋求更好的发展前途，希望通过移民实现"金山梦"的新移民依然大有人在。浙南地区山多地瘠，地少人多，青田素有"九山半水半分田"之称，自然环境历来是"三多三少"：人多、山多、石头多；路少、耕地少、人均资源少。该县总耕地面积仅18.4万亩，人均耕地约两分左右。温州的文成县如同青田县一样，地少人多难以谋生，迫使县人另寻出路。在国外，合法做工，即使仅仅刷盘子、做清洁工、车衣做皮革件，月挣800欧元—1500欧元是常事，这在几年前，折合人民币达1万—1.5万元。非法移民打"黑工"也可月赚3000人民币。高收入强力吸引了浙南百姓迈入移民海外的队伍。曾几何时，在浙南许多乡村、城镇，人

---

① 王晓萍、赵健：《新中国侨务政策回顾（1949—1978）》，国务院侨办政法司：《新中国侨务政策六十年回顾与探析》（未刊稿），第57页。

们情绪高昂地谈论着"在法国干一年等于家乡干十年"、"法国干一月等于家乡干一年"。追求高收入成了直截了当的"移民总动员令"。美国社会学家莱文斯坦的"推—拉"理论可以解读这部分新移民的移民动机,即追求较高的收入,提升家庭、个人经济收入,这是推动移民活动的"积极因素",凝聚成强大的"拉力",这股力量远远强于家乡低收入的"推力",因此,他们合法要出国,非法也要出国。

新移民的流向国,他们既看好传统侨居地——经济发达的西欧、美洲,也抓住有机会的"新金山"——中欧地区。中欧地区市场经济的进一步发展,劳动密集型经济仍有扩展余地,这是大批移民将此作为首选地长久扎根的先天条件,从而使该地区也成为浙南移民最大目的地和集中区。"独联体"国家、原苏联体制下的东欧国家和前南联盟体制下的成员国,是浙南移民的新兴目标地区。受赚钱致富效应的影响,特别是那些在中西欧没有亲戚援引的非"华侨世家"的人,就来到匈牙利、南斯拉夫、罗马尼亚、保加利亚等国。当地原计划经济体系崩溃,"国际分工"机制淘汰,新的自由市场经济没有完善,处于民用轻工业品、食品及其他物资极度匮乏的青黄不接的"真空期"。新移民利用中国市场经济制造的丰富商品机会,将中欧作为中国商品的销售市场捷足先登。他们通过摆摊、开店,开展进出口贸易。1995年前,浙南移民和其他中国人一起在布达佩斯建起了如农贸市场的"四虎市场",有1.5公里长、0.5公里宽、占地数十万平方米,共有5000多个摊位。这个简陋破旧的市场,曾经见证了浙南移民"无比的风光"。当时,这个市场堪称东欧最大的中国商品集散地,每天来自各国的商人挤满市场,进出装货的车辆更是排起长龙。据温州籍新移民戴某回忆说:生意最火的时候,从中国来的货还未运到,货主就开始收钱了。不少赤手空拳的浙南人就是在这个市场上掘到了第一桶金,一部分成功者还获得了合法身份定居下来。1995年以后,当时匈牙利政府有意打压"四虎市场",执法部门多次以"灰色清关"、"非法走私"等为借口,查抄浙南人(包括其他中国人)的货物。同时,周边国家如罗马尼亚、斯洛伐克、波兰等国也逐渐建立起各自的中国商品批发市场,这些国家的中间商不再需要到匈牙利进货,导致当地中国商品市场萎缩。而且,从1992年开始,匈牙利取消了对中国人的免签证优惠,还开始驱逐非法居留的中国人,这样,大批浙南人随着其他中国人相继离开当地，一部分人转徙其他国家到西欧。匈牙利这样的国家又成了浙南人的过境国、泛散区，这也是当地国浙南海外新移民人数少的原因。

2. 浙江良好的经济发展为移民奠定了经济基础。从全国排位看，浙江是经济大省得到公认。2009年起，省内农民的人均收入突破万元大关，因而，对浙江人来说，无论是出海搏击、海外移民，还是跨国留学有厚实的经济基础。

3. 资本逐利的自然现象。（1）浙江块状经济带发育充分，民营经济三分天下有其二，许多民营企业已成长为某一领域的先锋，孕育了一批胸怀野心和雄心并在商海沉浮中练就经验的企业家。（2）浙江制造的价格优势也为新移民从事国际贸易提供了有利机遇。（3）2000年，中央实施"走出去"战略，特别是"十一·五"期间，浙江提出经济要转型发展，要由"金色GDP"向"绿色GDP"发展。在政策导向的鼓励支持下，浙商加快了走出去步伐。（4）浙江经济进一步发展面临三大难题：人民币升值压力；各类资源紧张和生产成本上涨，浙江制造业利润越趋微薄；中国进入WTO以后，国际贸易壁垒障碍重重。为进一步发展省内经济，浙江企业必须放洋出海，开拓世界市场。（5）投资回报预期。浙江民间资本实力雄厚，又多处于游离状态，资本的逐利性决定了它要寻找盈利的空间。一些新富移民既想赚取回报又想实现移民两重目的，有许多商务移民则是为了方便海外投资和业务发展。据招商银行、贝恩公司2011年发布的信息显示，选择投资回报预期的新富移民、商务移民占16%。[①] 实际上，在上世纪末，就有浙江企业尝试将资本由实业流向商业，出现向全国和世界的产品输出热和投资热，从而形成海外浙商群体。（6）民营企业发展遭遇多重门。如融资难。一方面，浙江民间资金极为丰富却投资无门，同时，大量的民营企业从银行借贷无门，无奈之下关、停、并、转，或离开实业，或转向民间借贷。相反，国有企业不存在此类困难。又如经营环境趋恶。浙江民间融资历史悠久，金融危机使民营企业经营环境恶化，一些融资行为演变为集资诈骗。发生在东阳

[①] 招商银行、贝恩公司：《2011中国私人财富报告》，http：//www.acctenet.com/main/article/detail/id/180［2012－3－20］。

的"吴英"案就是在这种背景下发生,备受社会关注。该案使不少民营企业家人心惶惶,着急趁早"移民"了之。山西省煤矿产权改革造成浙江投资者150亿的巨亏,这场被称为"国进民退"的改革,使浙江投资者噤若寒蝉。改革开放30多年后的今天,国内各种资源垄断越来越强,投资渠道被压缩。如中央严控房产投机政策,民间资金在国内投资房产的热情至少下降60%。人们通过自己的努力发家致富越来越难,机会越来越少。通过个人努力奋斗上升的渠道日益堵塞,阶层分化板结化。当然,企业主在海外投资创业、侨居生活中同样会面临许多困难。可是,他们在海外创业时,解决困难的方法、手段却相对简单、直接、透明。为解决困难,他们不用陪工商、税务、关系客户吃饭喝酒,不需应酬拉关系、不需请客送礼。这一切,都是促使新富远走他乡的原因

(三)侨乡因素

从浙江海外新移民源出地、移民分布、移民个体素质、移民渠道等等方面看,呈现不平衡和差异性。这说明同样的政策,相同的经济环境,对省内人来讲,是否有移民海外的想法,如何移民,怎样进行移民都有区域性,何况浙江省内各地区经济发展原本存在的参差性,都对海外新移民活动带来直接和间接影响。

1. 移民网络。浙江面朝大海,自古以来,浙江人迁移"越洋谋生"频繁。至近现代,形成了个体与个体间、个体与群体间、群体与群体间、国内与国外间可资利用的社会网络。网络概念原是指用一个巨大的虚拟画面,把所有东西连接起来。贺伯尔、E.S 李和博洛等人借鉴网络一词用于解释移民原因,提出移民网络说,认为移民网络是关于移民的一系列人际关系的组合。郑一省教授提出"多重网络"说,认为在"侨乡和华侨华人之间存在一种关系网络,它是一种联系跨界、跨社会成员之间的一种多线、多群体、多层面的复杂关系网络,它主要由侨乡网络和华侨华人网络所构成"[①]。在浙江的老侨乡历经百年向海外移民活动,形成了以血缘、地缘、侨缘和业缘等主要社会关系为经纬的独特的社会关系网络,已演变为一种社会资本。

社会资本,世界银行社会资本协会(the world bank's social capital initi-

---

① 郑一省:《多重网络的渗透与扩张》,载《华侨华人历史研究》2004年1期。

ative)认为:它是指政府和市民社会为了一个组织的相互利益而采取的集体行动,该组织小至一个家庭,大至一个国家。美国学者罗伯特·科利尔又把社会资本分为政府社会资本和民间社会资本。认为政府社会资本是指影响人们为了相互利益而进行合作的能力的各种政府制度,这些制度包括契约实施效率、法律规则、国家允许的公民自由度。民间社会资本则包括共同的价值观、规范、非正式网络、社团成员等这些能够影响个人为实现共同目标进行合作的能力的制度因素。因此,社会资本往往是通过积累而形成,社会成员对它利用得越多,它就累积得越多。但也会因为一个人或者一次失误极大地浪费集体的信任资源和社会联系。侨乡百姓无师自通地积极、充分利用了这种经百年累积而成的民间社会资本。当他们的移民"运作与相关国家的政策相吻合时,社会资本有利于降低迁移成本;当民间运作与相关国家政策发生矛盾时,侨乡社会资本则有利于利用稀缺资源化解矛盾"[①]。可以这样说,侨乡社会网络资本是当地民众向海外移民的依赖路径。近代史上,青田人身居偏僻之地,信息传递不畅,除了第一次世界大战期间 2000 余人通过政府组织去欧洲援战外,其余都是凭借亲戚、朋友、乡邻所编织串联的人际关系网络实现走出国门的目的。

网络社会资本对海外移民来讲,还有助于他们减少在异国他乡面临的生存、生活和发展的风险。中国农村素有聚族而居的传统和维系紧密的宗族、家族观念,使不少新移民在居住国能得到亲戚、老乡和故友这些社会资本的支持,落地生根,使移民潮流不断壮大。先前的移民往往被称为"先锋移民"。在他们的影响和引带下,以家庭团聚、继承财产、餐馆劳工等为由申请陆续赴外的移民,被认为"连锁移民"。这张以亲缘关系做经纬的社会网络,成为浙南移民可资利用的资源。也只有是这一网络中的成员,才拥有了移民的资格。所以,中国社科院王春光研究员说:浙南人不断地将这一链条加以延伸,在国内外形成一个信息传递、人员动员、流动和迁移、就业融资援助及情感沟通等的网络。

20 世纪 80 年代后期,在欧美的浙江新移民经营的皮革业、中餐业、制

[①] 李明欢:《"侨乡社会资本"解读:以当代福建跨境移民潮为例》,载《华侨华人历史研究》2005 年第 2 期。

衣业兴起,刺激其他服务行业的发展,唐人街空前繁荣并衍生出卫星城,这很大程度上得益于劳工经济集体。这也证明了"先锋移民"将亲友纳入移民网络是增强自己经济实力的有效方式。他们利用这种方式既提升了个人的社会地位,也与中国人的人际理念相契合,于是从直系亲属到姻亲、从一个家庭到多个家庭乃至整个村落的连锁移民风潮呈几何级数攀升。

2. 榜样的力量。改革开放后,一批批早期出国的移民西装革履迫不及待地回国省亲。他们回乡后盖起一幢赛一幢的欧美式别墅;重金修缮祖坟,有的耗资达20万元;他们回侨乡住宾馆大肆宴请亲朋……若以今天的标准看,他们中许多人与富裕人士还有一定距离,但是,在当时却强烈冲击着尚在温饱线上挣扎的浙江百姓。以前那些因"海外关系"而夹着尾巴做人的侨属侨眷,扬眉吐气,趾高气扬。新移民在西方国家通过几年奋斗努力,开花,结果,发财,回侨乡后"炫富性消费",在家乡引起不小的轰动,强烈刺激还留在家乡未移民的百姓。

浙江新移民中不乏文化教育程度低,朴实诚恳的农民、工人、无业青年,他们在国内是社会的弱势群体。当他们移民后获得事业成功,有人回国投资开店设厂,投身于国内蒸蒸日上的经济建设事业;对国内各项社会事业慷慨解囊捐赠;有的人受国外先进文明的熏陶,掌握了外国先进的企业管理经验,回国传输给国内企业,创办合资、外资企业;有的成为著名的侨团负责人。当他们衣锦还乡时,各级行政领导与他们握手接见,宴会相请,拍照留念;地方政府为吸引他们回乡投资发展,特意制定出台许多优惠条件,如在他们气派的祖坟上留下两个红漆大字"侨坟",意味着此坟将不被列入强制拆迁,没有"侨坟"两字的坟墓,则会被视为违反殡葬改革条例,或死人占领活人用地等各种理由,遭到被强行铲平的命运;在各级地方的政协、人大等机构里,也给他们留有位置;有的人还经常受到出访的从中央到地方的各级政府领导人的接见;有的还被国内媒体频频推向镜头前面。如意大利侨领潘顶贵,上世纪90年代末某除夕夜,被邀请回国到北京共度佳节,北京市有关部门为了让登上天安门城楼的海外华侨华人一睹祖国首都夜间的美景,天安门广场以及周边所有的灯光被特许全部开亮,开一次灯的代价是花掉人民币15万。两年后的春节,他又受中央电视台邀请,带着家人以贵宾身份参加春节联欢晚会。他说:"国内比我钱多的人比比皆是,但这种政治待遇，就是用钱买，也别想享受到。"①

通过移民获取的经济利益、政治待遇符合浙江人的文化价值观。浙江介于华夏正统文化的边缘，他们利用边缘之利，却又希望回归正统获取来自中央或上级的肯定。而且，在当地人的眼中，这些侨团负责人未出国门前，大家都住在同一个村子，都是捏着锄头种田，扛着扁担挑粪的农民，或者是同饮一池水的乡里乡亲。他们出国能够成功，我为什么不能？这种非常中国式的推理，在潜意识里形成了无数移民的理论依据和精神寄托，有些人为此倾家荡产在所不惜。

（四）历史文化传统因素

人常说一方水土养一方人，现实果真如此。

1. 灿烂的文化，悠久的重商精神。自古以来，浙江传统经济文化便有辉煌的记录。南宋时期叶适为代表的永嘉学派、陈亮为代表的永康学派。他们的学理均源于中原理学"正学宗师"却有别于理学。叶适强调唯物、事功。陈亮提出"道在物中"、"理在事中"、"千途万辙，因事作则"的朴素唯物主义观点。明朝的王阳明主张"知行合一"和"知行并进"。明末清初，黄宗羲无论是研究经学，还是史学，都主张"经世致用"，他还提出"工商皆本"思想。浙江传统文化又极具民族性、地域性、开放性，既吸收外来文化丰富自己发展自己，又渗透影响到外部文化中，形成中外文化交融共荣。移民在其中充当了直接的载体，起了桥梁和纽带作用。如今，浙江文化中又形成了一种文化象征——浙商。说到浙商，它不是叱咤风云的名人大家，而是深厚的民间基础和庞大的群体阵容。海外新移民是浙商群体的组成部分，他们素有重商精神，其精髓是：强调个性、能力、功利和实际领导。因此，搏击海外，对他们来说，只是舞台更大，离故乡的距离更远些罢了。

2. 浙江人的性格。浙江临海，浩瀚的大海，曾使国人视为畏途。但当泛舟海洋的条件出现后，他们却拥有了中国内地所没有的航海之利。在他们面前，脚下是坚实的土地，是生养的根基，往前一步，就是一望无际的大

---

① 《话说温州新移民》：《欧洲时报》2003年4月19日。转引自《华侨华人资料》2003年第4期。

海。明、清时期，统治者屡屡实行海禁，浙江民间商业界人士依然乘船走私，以走私为主渠道的外贸空前活跃，而官方贸易却趋向萧条。随着浙籍商人纷纷出洋，许多人难以回归，成为商业华侨。在海道上往来的浙商获得丰厚利润回家，不少定居海外的浙商也都富裕起来。可见，海洋进一步拓展了人们的生存发展空间，这使人们相信，只要跨出一步，就有难以抵挡的诱惑和魅力，从而使他们不畏重洋，比内地人少些憨厚，多些灵活；少些守旧，多些开放；也更容易包容和接受外来文化和新鲜事物。海上大风大浪的生活，需要团结合作，这使他们形成勇敢直闯的团队精神。面向大海的地理位置培养了浙江人海洋性博大的心理素质，渗透于他们的深层品格中，铸就了他们一种特有的向外拓展和移民的性格。

浙江人种系南方百越族种，男性高大魁梧的不多，极少出现英武威猛之士，大多外表瘦小文弱，起到了迷惑人的作用。其实浙江人，如浙南的男性，自古尚武好胜，少束缚，敢冒险，不顾忌理法和规范，家乡穷极的生活境况，促使他们闯荡天涯，并具顽强的生命力，在他乡遇水发芽，遇土长根。他们天生认为养家馈口是男人的天职和份内事，只要有家有孩子，无论多苦多累，天涯海角，男人都应该想方设法挣钱，大有我不入地狱谁入地狱的勇气和豪迈。现在浙江女性担起生活事业半边天，有的独闯天下，有的成为男人事业发展的得力助手。在传统上，浙江男人还是认为女人愿意跟到天涯海角与男人一起受苦受累，那是女人的事，男人决不主动强求她做，为求生存发展，跨出国门也就成了自然之事。

中国实行对外开放政策扩张了浙江人移民海外的渠道，许多新移民伴随着改革开放成长，思想比较开放，极易接受通过留学、技术移民实现移居他国的生活方式和工作方式。2000年以后，浙江低龄留学生队伍快速增长，特别是"90后"孩子出国势头极猛，这与他们"60后"的父母较为开放的观念与经济基础相呼应。

3. 重教传统。浙江自古就有重教重学的历史，当海外留学的渠道被进一步拓宽后，越来越多的浙江人为选择海外优质教育资源，为把自己的孩子培养成具有国际化视野的人才，只要条件许可，纷纷把子女送出国门求学，促进了留学队伍快速增长，从而为转居留储备了丰富的人口资源。

（五）社会潜组织、中介的宣传及有效运作

1. 社会潜组织。计划经济时代，社会成员的流动全部纳入计划管理，单位之间、地域之间人员的正常流动十分壅滞，中国公民出国更大不易，出国创业与"偷渡"并提，移民海外与"叛国"同论，个人因私护照被从严控制，只有极少数侨眷能成功赴国外继承家业、侍奉父母、家庭团聚。中国实行改革开放促成了新移民浪潮兴起，恰在此阶段，西方国家的经济趋向衰退。1985年起，法国等西方国家停止了面向中国的劳工签证，不再颁发给浙江籍的个人旅行签证，收紧了对浙江人的签证请求。但是所有的限制措施挡不住浙江移民潮，特别是浙南人，他们试过投亲靠友、婚嫁、打工……等多种可能的方法。可是，移民成功率远远满足不了他们想出国的要求，于是，他们选择了由公开转入地下，由合法转向非法的方式去移民，同时一个新兴组织——已形成为潜组织的偷渡集团顺势而出。它们从无到有，从小到大，渐趋活跃，并织就张张网络，成为浙江非法移民源源不断地进入目的国的中介。

这种潜组织早在西伯利亚大铁道建成通车后就有。当时俄、英两国办理铁路联运，它们在媒体上刊登广告，言明"由东方乘西伯利亚铁路火车赴英国，一路甚为趣味"，以此招徕偷渡客。新时期，组织非法移民活动的潜组织成员嗅觉十分敏锐，组织成员结构形似宝塔，最底层是马仔（小"蛇头"），最顶层是大"蛇头"。小"蛇头"在浙南地区散布消息、游说鼓动、牵线拉人、组织队伍。小"蛇头"基本都是当地人，这样更能博取人们的信任，因为，中国人总相信熟人好办事，因而更具迷惑性。

这个组织内的成员形成了一根利益相连、生死相随、组织严密、信息传递速达、职责分明的链条，有效地操纵着非法移民活动。这种集团还非常善于借用欧美国家的大赦政策为宣传资本。事实上存在的签证难也为"蛇头"施展拳脚创造了活动空间。签证一般是指一个国家的外交部或授权其驻外使领馆，在本国和外国公民所持的护照或其他旅行证件上签注盖印，证明其护照有效，并核准该护照持有人可以进入其领土以及允许停留的时间，或通过其领土前往其他国家的"通行证"。它体现了一国主权，通常是以外交对等的原则来协调办理，双方互不干涉。签证机关有权根据规定拒发签证，还有权把已发的签证宣布作废或吊销，不需向对方作任何解释。签证是浙南人能否顺利踏上他国征途前的最后一道关口。

为获取签证,事先需要作详细的准备:提供护照、照片、签证表格、邀请函电等基本材料;职业资料(单位任职证明、单位营业执照副本的复印件、单位的宣传画册等)、财产资料(私人银行存款证明、房屋产权证、持有信用卡、股票等证明);签证还需付费。每个国家驻华使领馆签证的具体规定简繁不同,有的还需到该处谈话"面试"。

签证所需材料复杂,很难一步到位,对许多浙江人尤其是浙南人来说成了复杂的系统工程,签证"面试",对文化程度不高的浙南人更是一道坎。当西方各国对浙南人申请签证提高警惕后,他们办证更是难上加难。签证愈难得到,越能显示"蛇头"的能耐。因为,一些浙南人自己无法获得的签证,"蛇头"通过各种奇妙招数,如买关(用重金买通个别中国武警部队的边防检查人员)打通各个关节和渠道,使偷渡客浩浩荡荡排队过关。"蛇头"还通过多种手段方法,让那些自己办不成出国手续的浙南人,最终都能如愿抵达目的地。所以,浙南的淘金者们心甘情愿地为此向"蛇头"奉上大笔银子,把自己卖出去。即使有非法移民客死途中,他们认为那是世事难料,后继者依然会踏着前人的脚印跟踪而去。

2. 中介组织。如今全国有多少专办、兼办移民的中介,没有统计数据,但应该非常多。中国人逐年增加的移民申请人数,国内外一系列移民法规、政策的变化,为整个移民中介行业带来了前所未有的机遇,这可从电视、报纸、媒体、网络等渠道中刊布的各种各样的移民广告得以证明。每家移民中介组织都称自己最专业,最有经验;都说自己与众多海外机构、政府机关长年保持良好关系,有很高移民办理成功率。中介涉及办理移民的业务有:中国公民出国定居、海外投资、留学、公务考察等。中介公司发布的广告极具诱惑力。如杭州某中介公司发布美国投资移民广告:国内移民申请者投资50万美元和当地美国人创办合资公司,并聘请10位以上的美国当地居民,申请者无需参与合资公司的运营管理,从投资的第三年起,可以从合资公司分红,担保还款无忧,全家获绿卡无需居住。有的广告还强调,代理的投资项目无需商业背景,没有年龄、教育程度、英文能力等要求,只需缴纳50万美元的投资资金,任何人都可以申请移民,同时保证自己的公司最快只需4个月就可以为客户办理绿卡,说自己的公司办理"移民审批速度领跑全球"。说什么一旦申请成功，申请者及其家属即可享受美国所有的福利待遇和安全保障体系。近年来，以前名不见经传的塞浦路斯也成为新移民的向往之地，中介的广告词是这样的：购 30 万欧元永久产权别墅，2 个月获全家欧盟绿卡，塞浦路斯购房免过户费政策。

针对近年来高起的留学潮，中介为招揽赴海外留学的生源，他们的广告词为：10 万元给你孩子一个崭新的人生，不但见世面还挣美元，不需考试轻松就读国外名校，轻松找工作，一人留学全家移民……铺天盖地的广告充斥于各大媒体、网络、报纸、刊物，甚至在小区电梯里、停车场通道内、各中小学附近所有能张贴的地方，令人眼花缭乱。

正是外部、内部多种因素叠加综合造就了浙江特有的政治、经济、地理、人文情势，推动浙江移民高潮风起云涌。

第二节　浙江海外新移民的发展趋势

海外新移民活动既循着人类迁移历史的步伐，又超越历史。总的来说，他们会继续迈步海外，也会回流祖籍国和侨乡，移民的方式、结构、规模、诉求会越来越多元化。

一、老侨乡的移民活动会持续不断

（一）移民网络已织就，家庭团聚移民会继续

此处说的老侨乡主要是指温州、青田为代表的浙南地区，上百年的移民历史形成的移民网络，已累积为社会资本，它"是社会个体成员拥有的社会关系网络以及通过这种网络发挥社会动员能力，从而获取社会资源的能力"[①]。因而，在这种机制下，人们一旦选择走上移民路径，就可能会在以后的发展中不断得到自我强化，并沿着这条路径走下去。而且，在迁移过

---

① 赵璐璐：《社会网络视角下的农民工迁移行为》，载《乐山师范学院学报》2010 年 6 期。

程中，移出地与移入地之间的关系一旦形成，就会引发更大规模的人口迁移。①如温州瑞安市，1980年以后，该市出国人数逐年增多，呈直线上升态势，至2008年仍未见减弱趋势，具体人数为：1980年约为6046人左右。1984年10819人，比1980年增加4773人，增幅79%。1991年20913人，比1984年增加10094人，增幅93.3%，年均增加1442人。1995年24934人，比1991年增加4021人，增幅19.23%，年均增加1005人。2002年61682人（根据侨乡抽样调查，丽岙、仙岩、梅头三镇侨胞数不计在内），比1995年增56748人，增2.28倍，年均增加8107人。2008年101754人，比2002年增加20072人，增幅24.57%，年均增加3345人。②

瑞安市逐年增加的新移民，其主因是当地海外移民多为家庭团聚移民、劳务移民，足显移民网络这一社会资本发挥了极其强大的作用。新移民大多一次或二、三次内将其家庭成员带往国外，实现全家移民。美国经济学家诺思也认为移民行为一旦进入某一路径，无论是好是坏，都可能对这种路径产生依赖性。这深刻影响人们对移民行为的认识与判断，并做出选择。这种与家乡切不断的联结，将使老侨乡的移民活动长久存续。

（二）选择移民行动趋理性

1. 非法移民活动趋少。从上世纪80年代初至新世纪来临之际，浙江一些老侨乡掀起的向海外移民高潮中，保守估计有60%的移民是通过非法渠道在异国他乡"黑"下来，然后寻找机会转"白"，即获得居留身份，进而争取绿卡或入籍。近年来，浙江侨乡的非法移民活动越来越小。如温州市文成县玉壶镇能够移民、想移民的人都走了，近五年来，再没有出现非法移民活动。同样的情况在青田县表现也很突出。青田县几乎家家是侨眷侨亲，作者多次在青田做随机调查访谈，访谈对象身份有在校学生、侨胞、政府工作人员、小商人、出租车司机等，其中问题之一：你怎么留在国内，不出国？答：国外太苦了，还是在国内舒服。有不少人拿了护照，并有签证都不想出国，偷渡更不会出去了。

2010年，作者赴青田县调研时，关于该县非法移民问题曾对话时任县

---

① 夏凤珍：《试论浙南侨乡移民意识的生成、作用及其提升》，载《浙江工商大学学报》2011年2期。

② 王国伟：《瑞安市华侨志》，中华书局2011年版，第19页。

统战部副部长的杨俊亮先生，他认为：县人非法移民越来越少的原因，第一，中国社会经济全面发展，国内创业发展机会良多，与西方发达国家的收入差距缩小。第二，侨乡民众对在西方社会谋发展的艰辛有了更为全面的认识。第三，中国实行计划生育政策的结果显现。许多家庭生育的孩子数比过往少，因此，家长不会让孩子通过非法移民渠道前去西方过艰苦的打"黑工"生活，孩子自己也不愿意走这一渠道出国。

杨有一个女儿，目前在国内读大学，他肯定地说：如果出国仅仅是打工，即使是合法移民也不会让女儿走，更何况非法移民，除非她去国外留学。

2. 合法移民行动趋向理性。侨乡人向海外移民的最强烈动机就是改变命运，提高生活水平。目前，人们在做移民决定或回归祖国的选择中，少了冲动、攀比，多了理性和务实。作者曾对在杭州高校中就读的青田籍学生进行不完全调查，被调查者的共同反映是：2005年前，青田籍学生少。原因在于，青田籍学生在高中、初中、小学阶段，或更年幼时，就被家人带出国门，成了海外小新移民。留在国内能顺利完成九年义务教育，完成高中阶段学习通过高考进入高校的学生就很少了。据青田县侨办调研估计，这批被家人带出国门，再加上新移民在海外生育的侨二代、三代，占移民总人数的30%以上。这种局面，至2005年以后发生了一些变化：在杭州的高校中就读的青田籍学生开始增多。刘××，青田县鹤城镇人，2008年进入某工商大学，父母、姐姐、弟弟都在罗马尼亚经商。问她怎么不跟着父母走，答：他们做得太苦，我不想那样。2012年夏，她本科毕业后考取英国大学的研究生。她决心走一条出国、但与父母不同的发展之路。她的决定得到家人的支持。梅同学，青田县船寮镇人，家中独子，族人中已有20多人移民意大利、西班牙，他于2012年毕业于浙江某大学法学院，他坚持留在国内不肯出国的原因是：在国外的亲戚干得太苦，自己吃不了那样的苦。他的父亲（镇初中语文老师）说：自己就这么一个孩子，现在家里条件不差，是否想出国由他自己决定。李同学，青田县温溪镇人，2011年毕业于浙江某大学法学院，她的哥哥2009年毕业于杭州某大学电机专业。李同学毕业后参加国家司法考试成功，进入丽水市莲都区检察院，如今正向优秀公诉人努力。她哥哥在一家有300多员工的公司工作，已取得中级技术资格。他们的母亲说：族人中已有50多人在国外，自己就俩孩子，从小读书不错，就没有打算让他们步族人后尘。将来他们是否出国，就让他们自己决定。他们的母亲近十年来，经常帮带已出国邻居或亲戚在海外出生的孩子，因此，她又说：你看出国的人，生了孩子，自己带不了，送回国抚养，当他们从国外来接孩子时，孩子总是抱着自己的腿大哭着不肯走，看看都心酸。不让自己孩子出国，在国内上大学再就业的决定没有错。将来，自己孩子结婚有下一代，起码都可以跟父母在一起生活。

从在侨乡采访的一些个案，可以反映一个趋向：人们对待移民活动更加冷静和理性了。

3. 高素质移民逐年增加。年轻一代新移民比老移民有了更多受教育机会，大多能熟练使用居住国语言，增强了他们与主流社会交流沟通的能力，这为他们融入当地社会和成功创业奠定了良好的基础。不过，在欧洲的浙江新移民进入高等学校接受深造的比例低于北美和大洋洲，能成功获取硕士、博士学位的人少于北美、大洋洲的移民。

二、留学转居留趋向扩大

学子赴海外留学是全球现象，不只中国独有。世界各国都曾经向海外派留学生，如日本的"遣唐使"、美国学生成批地留学欧洲等等。留学最主要的目的是为吸取他人的先进科学技术以繁荣本国的社会经济。中国历史上兴起留学海外始于近代，其重要原因之一是古老的帝国被外国列强坚船利炮打得投降签约，割地赔款，留学之重要目的就是为富国强兵。中国近代第一位毕业于耶鲁大学的留学生容闳，当年向洋务首脑曾国藩建议："选派青年往外国留学，接受完善之教育，以为国家服务。""使旧中国变为新中国。"[①]容闳外派留学生的建议，最后被李鸿章付诸实施，成为"师夷之长技以制夷"方略的重要实践。自那以后，从晚清，历民国，经新中国前30年至现当代的各代留学生出洋，无不与每个时代的经济社会发展紧密相连。晚清和民国时期，"庚款生"留美，成就了大哲学家胡适、科学家竺可桢等等。他们成为近现代中国科学事业、人文社会科学领域的翘楚。一战之后的赴法

---

① 容闳著：《西学东渐记》，王蓁译，中国人民大学出版社2011年版，第98页、100页。

"勤工俭学"留学生群体中,成长了一批新中国的开国元勋,如周恩来、邓小平、李富春等等。当今世界,"和平与发展"是时代主题,经济全球化不可逆转,教育全球化也成必然之势。

(一)中国出国留学进入繁荣发展期

改革开放政策为留学潮的兴起创造了最有利条件。为加速培养人才,1977年8月8日,邓小平在《关于科学和教育工作的几点意见》中把"派人出国留学"作为发展科技的"一项具体措施"。① 1978年6月23日,邓小平在听取清华大学的工作汇报时明确指出:"我赞成留学生的数量要增大","这是五年内快见成效,提高我国水平的重要方法之一。要成千成万地派,不是只派十个八个"。"要千方百计加快步伐,路子要越走越宽。"② 邓小平的这次讲话,开启了中国留学史的新时代。自那以后,我国对外留学政策越来越完善。1993年7月10日,国家教委发出《关于自费出国留学有关问题的通知》,明确规定"中等学校毕业生、在校自费大学毕业生申请自费出国留学,可持有关证明材料直接从户籍所在地公安机关办理自费出国留学手续"。"大专以上的公费在校学生和公费培养的具有大专以上学历人员(包括归国华侨、国外华侨、香港、澳门、台湾同胞和外籍华人的直系、非直系眷属)在国内服务一定年限或偿还高等教育费后均可申请自费出国留学。"③

从此,中国的留学活动,"空间和规模变得越发宽广,其流动性也越发常态,并正在成为人类精神价值、生活方式和发展模式相互借鉴、融和的重要载体"④。

1978年—2011年,中国累计出国人数与累计回国人数比较,详情见下表:

---

① 《邓小平文选》第2卷,人民出版社1994年版,第446页。
② 《邓小平对留学生的讲话》,《天津日报》:http://chinese.people.com.cn/GB/42476/9934223.html[2012-9-18]。
③ 国家教委:《关于自费出国留学有关问题的通知》(教留[1993]81号),见教育部高校学生司编:《中国高等教育学生管理规章大全1950~2006年》,首都师范大学出版社2007年版,第381—382页。
④ 程希、苗丹国:《出国留学六十年若干问题的回顾与思考(1949—2009年)》,载《东南亚研究》2010年第1期。

第三章 浙江海外新移民发展的成因及其发展趋势

表 3-1 中国出国人数与回国人数比较

时间（年）	1978	1993	1995	2000	2001	2002	2006	2009	2010	2011
出国人员（人）	860	10742	20381	38989	83973	125179	134000	229300	284700	339700
回国人数（人）	248	5128	5750	9021	12243	17945	42000	108300	134800	186200

表中 1978—2010 年数据来自《中国统计年鉴》（2011），http://www.stats.gov.cn/tjsj/ndsj/2011/indexch.htm。

2011 年数据来自吴晶：《2011 出国留学趋势调查报告》，http://www.gov.cn/jrzg/2011-12/14/content_2019554.htm。

为更清楚了解出国留学趋势，将上表中数据制图如下：

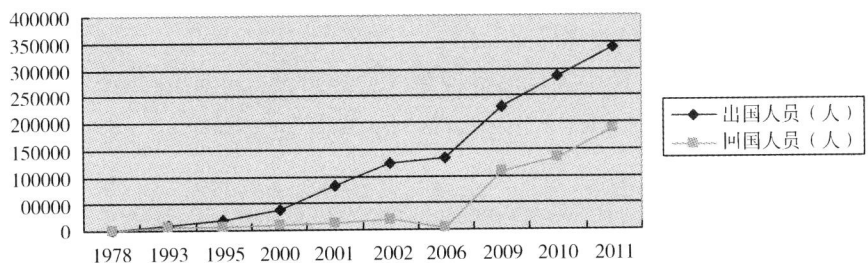

由表 3-1 和上图可以看出，2011 年出国留学人员比 1978 年增加 331100 人，增长了 385 倍。2011 年比 2000 年增加 300711 人。可见，2000 年以后的 12 年间，中国出国留学人员数增长相当惊人。

（二）中国出国留学人员的特点

1. 自费出国留学人员成主体。中国出国留学人员从 1978 年仅 860 人，发展到 2011 年的 339700 人，增长的人员中自费留学生占绝大比重。进入 21 世纪后，国家公派留学人数只是小幅攀升，而自费出国留学的人数则大幅增长。1989 年，经国家教委派往各国的留学生是 96100 人，其中公费派出的 29990 人。① 自费生 66110 人，占总人数的 68.78%。自 2001 年开始，自费留学比例不曾低于 89%，2009 年自费留学生比例达到 91.63%，2010 年达到 91.32%。② 2011 年，339700 总出国留学人员中，自费人员达到 31.48 万人，占总人数的 92.67%。③

---

① 王辉耀：《海归时代》，中央编译出版社 2005 年版，第 15 页。
② 北京外国语大学 PASS 留学，http://liuxue.beiwaibest.com/lxzx/America/dayi/webinfo/1345188218965149.htm［2012-12-18］
③ 张一辰：《2011 年中国出国留学人员近 34 万 留学热持续升温》，http://www.chinanews.com/lxsh/2012/03-20/3759040.shtml［2012-8-8］。

2. 留学人员的主要去向国。(1) 广布与集中。从我国出国留学人员的分布看,他们广布在世界五大洲100多个国家和地区,其中重点在北美的美国、加拿大,欧洲的英国、德国、法国,大洋洲的澳大利亚、新西兰,亚洲的日本、新加坡、香港等国和地区。这种留学去向与加拿大蒙特利尔的教科文组织发布的《2006全球教育摘要》公布的信息一致。据该《摘要》指出:全球6大留学目的国,接纳了留学生总数的67%。这6个国家及其接纳留学生的份额分别是:美国(23%)、英国(12%)、德国(11%)、法国(10%)、澳大利亚(7%)和日本(5%)。[①] (2) 美国是主要去向国。据美国国际教育研究所发布的年度报告显示,2010至2011学年,中国留美学生总数达到157558人,约占美国海外留学生总数的22%。2010年中国留美学生数量首次超过印度。2011年中国已是连续第二年成为美国海外留学生最大来源国。[②] 杭州第二中学(杭州市第一重点高中)校长叶翠微介绍,他们学校出国读书的学生中,去美国是主要方向,加拿大、英国等国也有。

3. 出国留学特点新变化。(1) 海外留学从精英教育向大众化教育演变。杭州某知名语言培训和出国中介林姓工作人员介绍:2010—2012年三年间,经她代理成功出国留学的学生总共是87位。学生父母的职业看,企业主约占15%,公务员和事业单位工作人员约60%,还有其他职业。家庭年收入25万—50万元居多,有5%左右的家庭年收入低于20万。另据北京大学附中(Peking University High School)国际部前主管蒋学琴介绍:5到10年前,出国留学的只是那些富裕家庭孩子,而现在,出国更多的是精明的中产阶层的选择。这在中国已经形成了巨大的趋势。

(2) 海外留学低龄化。近年来,全国高考、中考人数明显减少。减少的学生去哪里就读?答案:90%的人都出国留学。中国教育在线发布的《2012年高招调查报告》显示,近4年全国高考人数下降140万,高考生中"三放弃"的人增加。"三放弃"是指学生放弃高考、高考后放弃志愿填报、

[①] 教科文组织:《中国留学生人数居全球之冠》,2006年6月1日,http://world.people.com.cn/GB/1029/42408/4425429.html [2012-10-12]。
[②] 吴庆才:《中国留美学生人数突破十五万 连续两年居榜首》,http://edu.ifeng.com/abroad/detail_2011_11/15/10664717_0.shtml [2012-12-9]。

被录取后放弃报到。相反，近年来出国留学人员保持了年均20%的增长。①杭州市考试院钱国良主任介绍：杭州考生从2010年开始有所下降。由于杭州的高复班考生比较多，因此，考生下降没有全国或是省内其他地方那么明显。2011年在杭州参加高考的高复生有约3000多人，扣除高复班人数，杭州参加高考的人数下降就会比较明显了。杭州第二中学校长叶翠微介绍，他们学校2011年有213位学生要求盖章出国，占该校学生人数的15%。其中90%以上的学生是自费留学。2011年6月，有记者对学军中学、杭州高级中学、杭州第四中学、杭州第九中学、杭州第十四中学、夏衍中学等校的百多名学生进行现场问卷。他们发放问卷140份，回收有效问卷125份，有效率86.28%。问卷中有一题是"如果条件允许，你会选择出国念大学（本科）吗"？选择的结果如下："想出国（50.4%）"，"不想出国（49.6%）"。②这反映出国留学队伍的潜力非常巨大。如今，在浙江省内的许多中学，高三年级出现"空椅子"现象已司空见惯。高中生、初中生出国留学人数将会占中国总留学人数的23%以上，"90后"已成为一支不可忽视的"留学主力军"。

2013年初，对杭州市12所初中进行不完全调查，其中决定出国留学、有意向出国留学学生最多的四所学校情况统计如下表：

表3-2 杭州市4所学校出国留学情况调查

学校	2010年	2011年	2012年	2013年
绿城育华	73人	95人	110人	已有26人决定出国（含初二生）。
育才中学	1人	4人	12人	2人已出国，1位上国际班，不少学生准备出国。
建兰中学			17人	至3月初，已有20多人办理了出国手续。
十三中本部				准备出国的初二生10人，初三生10多人，两手准备的10多人。

表中数据来自章韵的调查：《高中留学不再是最低龄了，杭州初中留学这两年明显多起来》，载《都市快报》2013年3月3日。

从上表的统计可以看出，越来越多的"90后"低龄学生跨入了海外留

---

① 全杨超：《中国高考人数4年减140万 部分高校10年后或关门》，http://www.cnr.cn/native/home/201206/t20120605_509813795.shtml［2012-12-12］。
② 杨影、祝莺莺、李佳：《杭州的高考生会选择谁》，载《今日早报》2011年6月9日。

学队伍,迅速扩大了留学队伍。杭州新通美国留学部副总监罗丹青介绍的情况再次证明这种现状:近几年,初三毕业去留学的小留学生非常多,已经占到去美国读高中人数的20%—30%。他们很多去美国读9年级,也就是高一。如果说五六年前出国读研转变为到海外读本科,近年来到海外读私立中学成为引人兴趣的话题。

从浙江全省看,2012年,多地市的中考报名人数均有下降,金华市共51468人参加中考,比上年减少5649人;衢州市报名考生为23965人,比上年减少2000多人;温州市2012年报名考生为72865名,比上年减少了10571人。①

另外,从"SAT"考试的情况也可见这一趋势。SAT 是 Scholastic Assessment Test 的简称,中文名称是学术能力评估测试,是美国教育针对海外学生的考试,该成绩是世界各国高中生申请美国本科名校学习及申请奖学金的重要参考。SAT 在2006年进入中国,一年有六次考试,目前在中国内地没有考点,最近的大陆以外的考点在香港、台湾、新加坡、日本等地。从就近原则考虑,浙江考生基本都会选择香港考点。每次考试时,在香港的考场内座无虚席。每位赴香港的考生参加一次 SAT 考试的最低费用超过4000元,一般每位考生参加2—3次考试。

(3)优秀生越来越多步入留学队伍。早几年出国留学的学生是因为在国内考不上理想的高中、大学,如今,越来越多成绩优异的学生成为留学一员。

(4)留学消费趋向理性。这表现在以下几方面:第一,选校不再紧盯名校。中国家长和学生都有名校情结,近几年,他们在选择国外高校时,既看学校排名,也看专业排名。有的甚至还看专业资质、实习机会等。第二,留学目的更加务实。家长更多着眼于培养孩子国际化视野、提升个体综合竞争力。

(5)留学渠道多元化。既有在国内拼托福,拼雅思,拼 SAT 成绩直接申请海外高校;也有去海外读初中、高中,之后直接参加当地国高考;还有在国内中学读"国际高中"、"桥梁课程"再申请海外学校;不少学生直接

---

① 董颖:《中考人数减少的背后》,载《浙江日报》2012年6月14日。

赴海外读预科，然后再通过相关考试转为正式学生。那些在国内的初、高中阶段参加"海外游学"，很多是为将来出国留学作考察，基本都是留学预备人员。

（6）留学中介遍地烽火，走向规范。新世纪以来，中国出国留学服务机构呈星星之火遍地燎原之势快速发展，同时中介机构之间的竞争愈来愈激烈。这意味着中介必须走向规范，争创品牌，完善服务项目，提高服务质量。在杭州，如新东方、新通、施强等影响力较大的中介都逐渐步入从语言培训到办理留学业务一条龙，甚至还拓展到职业规划、留学理财、境外服务等项内容。

（7）中学争办国际班对接国外高校趋多。据浙江省教育厅消息，至2012年底，浙江全省开办高中国际班、中外课程合作项目班（经教育部门审批）的中学已超过20所，主要方向为美国、英国、澳大利亚、新西兰、加拿大这5个英语国家。由外方直接授权的校外国际课程班更多。其中，杭州外国语剑桥国际高中、宁波李惠利中学"中澳班"、富阳中学"中美国际高中实验班"等在国内都有一定名气。省内"国际班"每年可招收约2000名学生，每年都有过万人次报名。2012年，杭州市新增杭州十四中开设的"中外（中美）合作办学项目"，按计划招生60人，报名人数达到536人，竞争比例为9∶1。同样，杭州师大附中的"中美高中国际课程班"计划招收60人，报名场面同样相当火爆。[①] 2013年春，杭州第四中学国际班正式招生：第一批国际班——英国安培德高中合作项目。招生数从计划的60名扩大到100名。该校计划：将来的国际班是三个年级，总生数300人。

这些国际班的课程设置围绕国外大学要求而定，包括交际英语、托福、雅思、英美概况、人文讲座等。同时针对西方国家高校注重学生平时成绩和综合素质，专门组织学生参加社会实践、支教、做义工及各类其他活动，为升学积攒资本。AP（美国大学预修课程，在高中授课的大学课程）考试于2012年9月也已走进杭州的一些中学。

各高校中外合作办学风起云涌。2004年，宁波诺丁汉大学成立，聘英国诺丁汉大学校监杨福家兼任该校校长。目前，浙江各高校中，有中外合作

---

① 董颖：《中考人数减少的背后》，载《浙江日报》2012年6月14日。

项目近100个。这不包括短期的交换、游学项目。

4. 海外留学市场供需趋势。如果将留学喻为一个市场，对中国学生来讲，目前海外高校处于卖方市场的有利位置，短期内，浙江省内的买方市场将依然比较火热。其主要原因在于：（1）浙江优质高等教育资源稀缺。一般情况下，浙江每年只有约10%的考生能上一本，最终能够被录取进入一本院校就读普通文理科的学生约3万余人。其中，60%的学生就读于省内院校。但是，浙江省内各高校中，被列为"985高校"、"211高校"的只有浙江大学一家。因此，浙江学生在家门口读"985"、"211"学校成为非常困难的事情。随着社会经济的发展，人们对优质高等教育的需求又在提高。据杭州教育考试院介绍，2011年杭州市考生报考高校类别是这样的：杭州全市兼报一、二、三大类的考生最多，占37.81%；兼报二、三类的考生占35.79%；兼报一、二类的考生占18.4%。只报考一类和二类院校的考生不足千人，比2010年有所减少。仅报考三类院校的考生继续下降，2011年占比为5.91%（2010年为7.67%、2009年为12.34%）。（2）海外高校招揽教学资金的需求。2008年金融危机以后，海外各国政府削减对高校的财政补贴，许多公立大学办学经费紧张。如美国内华达大学，终身教授的年薪被削减20%。海外许多公立大学通过扩招国际生以补充财源。海外高校在招收国际生时，通常都收取全额学费。如美国印第安纳大学，州内学生学费每年10034美元，而非本州内居民学费31484美元。又如伊利诺伊州大学香槟分校，向国际生收取年学费人均5.3万美元，折合人民币33万多元。而州籍学生的学费1.2万美元，约合人民币7.5万元。目前，全美国际生最多的学校有25所，其中，有12所在近年间招的国际生超过40%。"印第安纳大学的国际学生人数超过6000人，约占全部学生的15%。而伊利诺伊的Ur-bana-Champaign校区国际学生近9000人，仅次于南加州大学，位居全国第二。"①

5. 海外国家招国际生的政策趋向宽松。2010年4月17日，日本启动"30万留学生政策"，决定增加招收留学生，还宣布欢迎通晓"日语"的外

---

① 《2011年赴美留学达76.5万 中国学生15.8万增长23%》，http://liuxue.xdf.cn/wzy/zb/zx/376858.shtml［2012－11－13］。

来人口长居日本。新西兰鼓励高学历留学生居留在新西兰发展。澳大利亚昆士兰教育集团与杭州东方中学合作的"中澳国际高中双文凭课程班",从2012年开始招生。这个班的高一学生可直接注册成为昆士兰州的在籍高中生,两年半内完成五门课的学习,成绩合格的毕业生可获得澳大利亚教育部门颁发的高中毕业证书及QCE成绩单。得到这个证书和成绩单的学生在澳大利亚和所有英联邦国家、美国、欧洲主要国家,享受和澳大利亚高中毕业生一样的待遇,可以直接申请上述国家的大学,直接读大学本科,不需要先读国外一年的大学预科。

三、投资商务型移民将趋多

(一) 原因

此类移民增多除前述的原因外,还与当前中国经济形势、浙江经济形势紧密关联。(1) 浙江经济以外向型为主。金融危机后,2011年是浙江对外贸易比较困难的一年,但是,总成绩依然漂亮。当年,全省进出口首次超过3000亿美元,达到3039多亿美元。同全国及沿海主要省市相比,浙江省"出口规模列广东、江苏之后 居全国第三位,增速在沿海主要省市中位列第三(列福建、山东之后),低于全国平均增速0.4个百分点;进口增速高于全国平均增速2.4个百分点"[①]。对外承包工程、对外劳务合作、对外设计咨询完成营业额29.1亿美元,比上年增长21.6%;经审批和核准的境外企业和机构共计630家,投资总额40.2亿美元,中方投资33.6亿美元,同比分别增长2.6和2.2倍。全年实际对外直接投资为26.2亿美元,继续居全国各省市第一[②]。浙江省活跃的进出口经贸活动必然带动大量人口的跨境流动和迁移。

(2) 浙江经济发展的导向性政策使然。近年来,随着国内资源紧缺状况加剧,劳动力和原材料成本增加,浙江省政府继续坚持科学发展观,全面

---

① 张汉东、胡南麟:《我省对外贸易的形势与对策建议》,载《政策瞭望》2012年4期。
② 浙江省统计局、国家统计局浙江调查总队:《2011年浙江省国民经济和社会发展统计公报》(发布时间:2012-2-23),浙江统计信息网 http://www.zj.stats.gov.cn/art/2012/2/23/art_164_201.html [2012-3-2]。

实施"创业富民、创新强省"战略,推动经济发展"爬坡过坎",提出"留住本部,走出加工环节;留住研发,走出营销环节;留住高新产业,走出过剩产业"的原则。这种政策导向契合省内民营企业去境外投资的强烈愿望,因此,浙江省赴境外投资已进入持续快速增长阶段。

(3) 国际经济全球化创造的条件。浙江境外投资者建设境外营销网络,发展境外工业园,开展海外并购和直接投资,实施境外资源开发、技术研发,在全球范围内配置生产要素,使得浙江经济国际化程度日益提高,国际竞争力日益增强,也加速了人力资源、人才资源全球配置,这为"走出去"转居留创造了可能。

(二) 特点

(1) 商务投资领域日趋多元化。时至今日,以商务投资为渠道的移民,他们去海外投资涉及农业、矿业冶炼、装备制造、房地产、批发和零售业等传统领域行业,也向研发制造、资源开发、新能源、生态开发等新兴领域不断拓展。

(2) 投资活动全球化,走出亚洲、扩张至欧美、延伸至非洲等地。至2012年底,浙江资本投资已覆盖141个国家和地区,其中,对外投资前五位的地区和国家分别是香港、美国、瑞典、德国和阿拉伯联合酋长国。

(3) 投资类型多样化。第一,直接投资。据国家商务部网站公布的信息,2010年,我国全国非金融类对外直接投资流量总计1632026万美元,其中,浙江省以262139万美元居首位,浙江宁波一市达到52351万美元。[①]浙江省占全国对外总直接投资的16.06%。据浙江省商务厅公布的信息,2011年,宁波市境外投资额突破10亿美元,境外投资项目单体规模不断扩大,前三季度总投资额在500万美元以上项目有19个,其中境外并购项目5个。[②] 第二,海外并购。2010年,中国企业国际并购高峰论坛上,评了"浙商2010年度海外并购十大案例",它们是:吉利以18亿美元的价格收购沃尔沃轿车公司、民营企业复星集团收购地中海俱乐部7.1%股权、龙盛

---

① 中华人民共和国商务部合作司:《2010年我国非金融类对外直接投资按省市区排名》,http://www.mofcom.gov.cn/aarticle/tongjiziliao/dgzz/201101/20110107370196.html [2011-1-19]。

② 俞永均、方平原、章东:《今年宁波企业境外投资额突破10亿美元》,http://www.zcom.gov.cn/zcom/gjhz/jwtz/T311036.shtml [2013-4-26]。

出资2200万欧元定向收购德司达的部分资产、宁波裕人收购事坦格、奥康收购意大利万利威德品牌、万通铝业吞并意大利豪华游艇品牌、新杰克缝纫机收购奔马和拓卡两家德国公司、美邦纺织收购美国两家无缝内衣企业、富兴集团收购美国羊毛地毯纱生产线、永发集团收购欧洲保险箱品牌。这几年，浙江企业海外并购持续升温。2012年，浙江正泰太阳能科技有限公司对公司旗下韩国有限公司增资4221.77万美元，主要从事高效硅基薄膜电池的技术输出、安装和销售，投资和开发太阳能电站。2013年，象山吉南进出口有限公司出资450万美元收购胶囊之地哥伦比亚有限公司，获取了该公司的专利技术和营销渠道。据浙江省商务厅公布的信息，截止2013年2月底，浙江全省经审批和核准境外企业和机构共计5907家，累计中方协议投资额153.507亿美元。与大量海外投资、国际合作、对外承包工程相伴的是外派企业管理人员、技术人员、劳务人员的上升。仅2013年1—2月，全省工程项下外派劳务4418人次，占累计派出各类劳务人员总量的67.5%。外派海员1380人次，占总量的21.0%均由舟山派出。①

四、新富移民、"产子移民"将增多

（一）新富移民

（1）中国新富对财富安全的担忧是进一步推动他们移民脚步的理由。在中国先富起来的人们中，许多人的第一桶金往往沾着见不得阳光的基因，中国社会对财富"原罪"的追问以及不时引发的"仇富"事件也让他们缺乏安全感；社会贫富差距越来越大，也让新富们极想远走他乡。

（2）做大事业的愿望。民营企业从制造业中溢出，往产业链上游行走，却极难进入如金融、能源等国家垄断领域，令民营企业家很失望。东阳市王姓民营企业家说：你想做的，进不去。他让你做的，不挣钱。

（3）避税的愿望。新加坡规定：只有在新加坡本土投资所获收益才需要缴税，本国公民在其他国家和地区投资所获收益不需要缴税。而且，新加

---

① 浙江省商务厅：《2013年1—2月全省外经情况运行分析》，http：//www.zcom.gov.cn/zcom/gjhz/jwtz/T754581.shtml［2013-4-26］。

坡对资产来源合法性的审查较为宽松。与澳大利亚、加拿大等国要求提供资产来源说明以及纳税证明相比，新加坡避税的优惠对国内许多富人甚为"体贴"。因为许多富人拿钱投资容易，但要证明资产来源合法性，则"难如登天"。

（4）为了下一代教育，追逐发达国家优质教育资源，也是很正当的理由。

当然，有的新富为一种新的生活方式，洁净的蓝天白云、食品安全等因素而投到西方的怀抱。因此，只要有机会、有可能，新富们的口袋中总会揣着一本或几本外国护照。有富人去海外购房，既转移资产，也为自己、家人奠定移民的基础。据全美房地产经纪商协会调查，2011年海外投资者在美购房金额总计820亿美元，其中中国买家以超过70亿美元的投资，成为美国房地产第二大投资群体。中国投资者在美购买房产时，偏爱价值数百万美元的高端豪宅，加利福尼亚州和纽约市是他们最喜爱的购房地点，购买方式则多倾向于支付现金。① 中国新富们阔绰地购房，使美国多地的房产市场挺过了寒冬。

（二）"产子移民"

从严格意义讲，能够通过赴海外产子实现移民目的多是富人，它是新富移民的另一途径，这类移民也被称为"生育移民"。新富们特别钟情去香港和美国生子。随着新富人群的增加，财富累积，为下一代争取更好的教育资源、生活环境、更好的发展空间，选择赴海外产子的人群会越来越多。近年来，人民币对美元升值，中国大陆开放赴美旅游，这一切都为赴美生子准备了有利条件。电影《北京遇上西雅图》对"产子移民"有很好的反映。

据香港医管局的统计显示，2001年至2008年短短7年内，内地赴港产子的人数由每年620名增加至2.5万名左右，翻了40倍。② 导致赴香港生子价格上涨，由最初的7万元涨至13万元，最后又涨到20万元。从2013年起，香港公立医院停收"双非"（夫妇皆非港人）孕妇，全力应付本地孕妇

---

① 马柯斯：《2011年中国人在美购房花费超70亿 偏爱豪宅》，http://liuxue.xdf.cn/wzy/zb/zx/379152.shtml［2012-11-29］。

② 陈郁：《南京富裕阶层兴起赴美产子 中介数量猛增》，http://finance.sina.com.cn/g/20110607/10309952190.shtml［2011-6-7］。

的需要，私立医院亦已决定2013年不收"双非"孕妇，这导致赴美生子趋热。由于赴美国生子的价格与到香港的价格相差不远，美国还有"落地国籍"优势，因此，美国成了孕妈妈们追逐的目标。据中央民族大学民族学与社会学学院副教授朴光星介绍，富裕家庭赴美生子现象继赴港生子之后，今后将会越来越多出现在公众的视野之中。这不只中国有，很多国家如印度、韩国以及东南亚国家都有。中国发展起来后，一时难以解决现有的如食品安全、社会环境、教育考试等问题，赴美生子这种现象就会持续。

五、新移民回流、循环移民将成常态

目前，西方国家正在经历深刻的制度性危机，"财政赤字与主权债务危机攀升至二战结束以来最高，债务占国内生产总值的比重飙升了近21个百分点"[①]。经济复苏困难，失业率高企，所谓的民主政治深陷僵局，社会动荡不安，移民问题也因金融危机和经济困难而凸显。但是，发达国家拥有相对稳定的社会环境、优质教育、完善的社会保障体制，依然是吸引国际移民的重要拉力。

中国政府长期致力于将改革开放、经济增长成果惠及所有民众，以提高他们的生活水平，却无法有效解决一些长期困扰中国经济社会的难题，如僵化的教育体制、恶化的社会环境、高昂的生活成本以及食品安全隐患等，为了逃离这些社会弊端，在他们有条件离开的时候选择了离开。同时，中国经济又显出稳定和谐一面，经济建设新浪潮接踵而至，为海外移民提供了新机遇，吸引着他们回乡创业创新、置业定居。

看似矛盾的国内外社会经济环境，却有机不可分割的共处于一个统一体中，这是人们逐肥美水草而流动的强大动力，由此而彼，由内而外，由外而此。

（一）海外高层次人才、留学生回国（来华）人数上升

中国正处于社会要转型、经济结构要转型、产业结构要转型、体制要转型的重要阶段，急需提升第三产业、高科技、金融保险、服务业等业在我国

---

① 郭纪：《西方正在经历深刻的制度危机》，载《浙江日报》2011年9月31日。

GDP 中的比重。浙江是经济大省,却是自然资源和土地资源的小省,转型升级的任务更为迫切。实现这一切的前提必须有人才,尤其是高层次领军人才。但是,我国人才既严重不足,又流失严重,制约了可持续发展,制约了综合国力提高,制约了国际竞争力提高。在海外,我国有 5000 万华侨华人和 130 多万留学生,他们是我国宝贵的人才源泉。他们中许多人是自然科学领域、社会科学领域的高端领军人物。因此,眼光向外,从海外引才既是时代命题,也存在可能。

近年来,海外新移民中的高层次人才、海外留学生在中央引才政策的召唤下,回国(来华)创业创新,他们被喻为"海归"(龟)、"海鸥"。从海外吸引高层次人才推动本国社会全面发展,是世界发达国家惯用的模式。这种模式进一步强化人才内外流动范式。进入 21 世纪,中国人由内向外移民定居、留学的规模扩大,跨境移动、迁徙的空间全球化、常态化。有过一次流动经历的人,再度流动的可能性相对更大,并可能带动亲朋好友流动。

中国经济运行中有矛盾和问题,却没有改变中国经济的基本面。中国仍然是全世界最有吸引力,最有创业机会,最有创业成功机遇的国度。海外新移民可以凭借他们东西方文化背景条件,以经验、项目、技术回国(来华)与日渐开放、走向成熟的中国市场优势结合,产出更大的效益,提升人生价值。从中央到地方通过政策引人,资助引人,环境留人,服务留人,必定会吸引越来越多的海外高层次人才和留学人员回国(来华)。因此,自中央提出"千人计划",以此为龙头,海外高层次人才引进工作分层次、有计划整体推进,留学回国人数达到 18.62 万人,同比增长 38.08%;"'千人计划'一年引进近千名海外高层次人才,引进人才总数达到 2200 多人"。"全国已建成各级各类留学人员创业园 160 余家,入园企业超过 8000 家,2 万余留学人员在园内创业"。[1]

浙江省 2003 年在中央海外引才工作带动下召开第一次全省人才工作会议,提出要大力实施人才强省战略。2011 年 3 月,出台《浙江省海外高层次人才居住证管理暂行办法》和《实施细则》,持证人可在创业、投融资、

---

[1] 盛若蔚:《中国留学人员总数达 224.51 万人 回国人员 81.84 万》,http://www.zjqb.gov.cn/art/2012/3/15/art_ 376_ 52157. html [2012-3-16]

购房、子女就学等方面享受本地居民待遇。至当年5月，已有198名海外高层次人才申领居住证，即"浙江红卡"。据浙江省人才工作领导小组于2012年3月5日举行"浙江海外高层次人才引进工作新闻通报会"上消息，到发布会前，持卡人增加到了233人。浙江省以"未来科技城建设人才特区"，打造人才高地；及时兑现"千人计划"各项特殊政策待遇，以便让海外人才在浙江享受类似美国硅谷的创业创新环境。

至2011年底，浙江省内11市、90县（市、区）全部制定实施了人才规划。杭州市提出构建"3+1"现代产业体系；宁波市提出要实现"人才竞争比较优势位居同类城市前列，率先建成人才强市"的目标；嘉兴市规划建设全省人才集聚高地和与沪杭同城、辐射长三角的人才创业创新基地；舟山市提出努力打造海洋经济人才高地的目标。

从中央到地方还不断加大对海外人才回国（来华）创业创新的资助力度。浙江省对国际一流创业创新领军人才及团队的支持不低于1000万元，并提供在生活居住、创业设施、科研条件等方面的特殊照顾。对于特需的顶尖人才还可一事一议，优惠条件上不封顶。要"让他们感到比在国外、比在其他地方更受尊重，更有发展前途"。这些年，浙江为引入海外人才投入了两三亿元。①

（二）回浙（来浙）投资人员呈增长之势

中国广大的内需市场充满潜力和希望，是许多投资者、资本人都会重视的场所。投资者在决定上项目前，往往会综合考虑投资目的地的区位、资源、经济和生态等硬环境，也会考虑当地社会政治、政策和法律等软环境因素。浙江是中国经济较发达的沿海对外开放省份，多年来，经济运行良好，工业生产保持增长，服务业较快发展，市场经济发育较早较充分。浙江省区位优势十分明显，濒海居中，港口众多，紧邻上海。金融危机以来，浙江经济一度面临困难，但各决策层审时度势，实施"腾笼换鸟、退低进高"。十二·五期间，将加快推进大平台、大产业、大项目、大企业建设，吹响"创业创新闯天下，合心合力强浙江"号角。特别是自2011年始，浙江开

---

① 胡一敏：《浙江实施"千人计划"3年引进海外英才419人赚160亿》，http://www.zj.xinhuanet.com/newscenter/2012-08/22/c_112801437.htm［2012-8-30］。

始推出"浙商回归"工程，2012年，浙江又出台《关于支持浙商创业创新、促进浙江发展的若干意见》，其后，各部门相继出台细化政策，希望借用另一个浙江——750多万省外、海外浙商的力量来激发浙江经济的再次飞跃。这一切都为新移民来浙（回浙）创业创新搭建了新平台。更何况，浙江是故乡，有海外移民说：当投资项目合适，政策等方面条件又差不多时，回浙江是当然之选，叶落归根啊。

（三）回浙（回乡）定居、养老的新移民人员倍增

"羁鸟恋旧林，池鱼思故渊"，岁月和风霜会模糊记忆，但乡音难改，乡情难舍。当一批批新移民挥别故土离乡时，也有不少上世纪80、90年代出国的新移民随着年龄增长，渐渐淡出拼搏的跑道，一些人选择回乡定居，颐养天年。既为心中那份落叶归根的情结，也为提升晚年生活的质量。他们可谓"亲情回流"。

浙江省的好山好水好环境吸引新移民回浙购房置业；浙江城市化速度加快，一些新移民因故乡土地流转、农村城镇化建设，关涉个人房屋产权、土地征用安置补偿，选择回乡补办身份证，或干脆回流定居，重新成为乡里人。

近年来，一些新移民在居住国的经济事业遭遇寒流，致使他们回流故乡重觅发展机遇。而且，中国人素有衣锦还乡的说法，回乡创业谋发展既为实现事业再勃发，也为实现精神荣誉感和慰藉感。

六、新移民活动的资金外流一时难遏制

新移民人口流动必须有一定资金为基础，目前，他们的移民活动以迁出国门为主，因此，资金也以外流为主。

（一）新富移民的资金外流

作为中国产业发展的管理人才，他们的出走是人才的流失，伴随他们的移民行动一起转移的是财富。以每位新富移民实现投资移民的起步价50万美元计，按坊间传说，至2011年，浙江已有1500名新富实现了投资移民目的，以此计算就是7.5亿美元，折合人民币约47.25亿元。这一趋势在增长。

（二）留学生队伍的扩大，加剧资金外流

一名中国学生在美国优质私立中学读书的最低费用：住校生的学费2.6万美元，再加生活、交通、社交、通讯等其他消费，年均费用4万—4.5万美元，以汇率6.3计算为25万—30万人民币。完成高中四年的学习生活经费超过100万元。如果是寄宿生，每位留学生需额外每个月交寄宿费650美元（超过4000元人民币）。在美国读本科年均费用在35万—45万人民币，完成四年学业的费用在140万—180万元。上述费用不包括申请美国学校的前期费用，不包括学生每年回国探亲度假对航空公司的贡献。因此，中国留学市场的繁荣带动了一个产业链的发展，例如美国的租车服务、机票、酒店、留学中介、移民中介等，其中隐藏的价值难以估量。难怪人们发出这样的感叹："留学生为美国经济的贡献每年超过200亿美元，其中中国留学生直接提供了超过44亿美元的收入。"[①] 一名中国留学生养活一个美国人，看来此言不虚。

（三）"裸官"、"裸商"非法转移资产出境数目庞大

"裸官""裸商"移民、转移资金的行为与一般的新富投资移民有质的区别。贪腐"裸官"外逃往往与资产转移相结合，并且是其违法违纪行为的最后一个环节。"捞了就跑，跑了就了"被中国外逃贪官当成敛财哲学。清华大学廉政与治理研究中心主任任建民研究说，贪官出逃的路径通常会经过聚敛财产→海外安家→资产转移→择机出逃→滞留不归等几个步骤。他们转移资产出境的主要手段：借商人之手直接转移出境、通过地下钱庄洗钱出境、通过涉外公司在海外隐秘"截流"、在海外虚假投资、海外购地置产等。特别是随着国际经济往来增多，一些贪官通过贸易项目转移资产，更隐蔽更难监控。[②] 浙江外逃贪官杨秀珠逃往美国时，转移资金2亿多元。杨秀珠早在1996年通过中国商人缪某买下寸土寸金的曼哈顿中城一幢5层大楼。该楼房靠近著名的帝国大厦和时报广场，价格不菲。方勇国（曾任浙江省宁波市交通银行办事员）逃往加拿大时，转移资金141万元；金力成（国

---

① 王晓达：《一个中国留学生开销可养活一个美国人》，http://edu.ifeng.com/abroad/detail_2011_12/19/11416754_0.shtml［2011-12-1920］。

② 邓华宁、张舵、李丽静、毛一竹：《斩断官商海外腐产"黑链"》，载《瞭望》2011年第1期。

企浙江瑞安市建设银行莘腾分理处副主任）逃往柬埔寨，转移资金123万元……"裸官"在国内攫取惊人的财富，将其转移出境后，注入了其他国家的经济循环体。

"裸商"骗取国家资金，有的还把资金转移出境，再以外资的名义回国投资。温州中小企业促进会会长周德文针对这种现象曾说：通过海外移民，由内商变为外商的"裸商"现象比"裸官"更加普遍。主要原因是改革开放之初，"有不少商人通过'空手套白狼'骗取银行巨额贷款；前几年，有的商人在地方国有企业改制、事业单位改制中，打通关节，以极低的成本，甚至'零成本'得到企业几十年积累的资产"。"近年来，投资土地比投资房产更容易获取暴利，有的商人买通官员联手圈地，打着建设各类产业园的招牌卖地租地，投入不算多，可是一年赚几亿元并不罕见。""出国资本再回流，形成了一个奇特的循环：官商勾结获取暴利→投资移民及转移资产到海外→摇身一变成外商再回来投资。"这类外商回来投资对于经济更具"杀伤力"，原因在于其有复杂的社会关系网，地方对这种外商还会给予优惠。①

总之，浙江向海外移民的人数依然会持续增加。非法移民数量明显减少；新富投资移民将更引人注目；移民中介生意更加兴隆；"产子移民"必是新移民队伍的一员；新移民回流投资、创业创新及跨国经营、居住将常态化。省内新移民源出地突破传统侨乡走向广泛纵深，新侨乡正展现多样风采；移民新生代社会活动家由小众化而趋大众化，领军人物的作用更加明显；对国内省内各领域的作用将日益扩大；与侨居国主流社会呈和平共处与摩擦不断的发展共生状态。

---

① 邓华宁、张舵、李丽静、毛一竹：《斩断官商海外腐产"黑链"》，载《瞭望》2011年第1期。

第四章 浙江侨乡

侨乡是海外移民到一定程度的产物,一般是指国内一些华侨较多侨眷较集中的地方。它是华侨华人在中国进行各类经济、文化、参政议政最多的地区,是"集中体现华侨华人相对于其他国际移民特殊性的地区,更是中国国内与海外华侨华人羁绊最深的地区"[①]。改革开放后,新移民大规模跨境迁移,呈现与老移民不同的个性化特征,成为区域内侨乡发展显示个性特色的重要原因,并丰富了"侨乡"的内涵,并有了传统老侨乡与现代新侨乡之分。在浙江,根据侨乡形成的时间、移民人数和归侨侨眷人数、展现的特质,传统侨乡主要集中分布于浙南的温州市及与其邻的青田县,以及浙东地区的宁波市和舟山市。新侨乡主要是指杭州市和义乌市。省内其余地区还有一般侨乡。当然,侨乡之间绝对不是泾渭分明,它们有交叉,有共性。

第一节 侨乡的形成

一、侨乡基本要素

"侨乡"一词从被提出、通行到最后被广泛接受使用,并成为专有名

---

① 丘进:《华侨华人研究报告》(2011),社会科学出版社2011年版,第204页。

词，有个历史过程。

上世纪30年代，社会学家陈达在《南洋华侨与闽粤社会》一书中，将侨乡称为"华侨社区"。[①] 他认为华侨社区就是迁民人数较多、迁民活动历史较长、迁民对家乡有比较显著影响的区域性社会。当时，陈达先生把移民称为"迁民"，对"侨乡"的定义也较注重移民的人数规模、移民历史及其产生的影响。陈达先生奠定了"侨乡"研究的基础。此后，人们把侨乡又曾称为"侨眷社区"（福建社科院1947年）、"侨乡"、"侨村"（报刊、辞书1948年）、"侨区"（福建省农协1950年）。

1948年，"侨乡"首次以书面形式出现。上海《求是》月刊第一期以"侨乡简讯"为名设栏目，发表了《南竿塘著匪落网》等8篇报道。1951年1月北京《光明日报》社出版美洲侨界元老司徒美堂先生（1868—1955年）所撰《粤中侨乡土改前后》一书，这是第一本以"侨乡"命名的著作。1956年，厦门大学章振乾先生等人调查访问福建晋江、厦门侨乡后，发表《福建主要侨区农村经济探论——侨区农村调查之一》的调查报告，文中"侨区"、"侨乡"并见，此后"侨乡"一词才逐渐取代了其他用词，逐通行于各类媒体。[②]

对"侨乡"概念的诠释界定也有多种观点，研究者在界定侨乡概念时，往往同时总结了侨乡的特点。

周南京先生认为侨乡就是"华侨的家乡"[③]。黄重言先生等人认为侨乡具有这样的特点："侨居国外的人数多，侨眷、归侨多；同国内外政治、经济、文化联系密切，联系面广，经济讯息多，侨汇、侨资多，商品经济比较活跃，但本地人多地少，资源比较贫乏；文化、教育事业比较发达。"[④] 潘翎主编的《海外华侨百科全书》（香港1998年）认为"侨乡原是指与华侨有广泛联系的中国村落"。"如果有可靠的统计数字，或甚至有数字可查，那么人们将以出国的人数为依据，作为划定'侨乡'的标准。""'侨乡'

[①] 陈达：《南洋华侨与闽粤社会·引言》，商务印书馆1938年版，第3页。
[②] 赵灿鹏：《"目光向外"：中国现代华侨研究的一个倾向暨"侨乡"称谓的考察》，载《华侨华人历史研究》2008年1期。
[③] 周南京等：《华侨华人百科全书·侨乡卷》，中国华侨出版社2001年版，第803页。
[④] 黄重言：《试论我国侨乡社会的形成》，见郑民等编：《华侨华人史研究集》（一），北京海洋出版社1989年版，第263页。

一词，是学者基于生态与历史的理由，用来指那些特殊的城市或乡村。那些城乡有很多人出国，而他们的经常收入，至少有一半来自侨汇。"[1]方普雄先生概括了"侨乡"的四大特点：第一，华侨、华人、归侨、侨眷人数众多；第二，与海外的亲友，在经济、文化、思想诸方面有着千丝万缕的联系；第三，尽管本地人多地少，资源缺乏，但由于侨汇、侨资多，因而商品经济比较发达；第四，华侨素有捐资办学的传统，那里的文化、教育水平较高。[2]郑德华先生认为侨乡具有三大特色：一、侨汇或侨资成为维持和发展当地经济的重要支柱。二、侨户成为一种特殊的社会阶层，他们在经济上较为优越，但却没有政治权力。三、消费性较强。李国梁先生认为侨乡是"与海外乡亲联系密切、受海外影响明显的中国移民的重要移出地"。"它与非侨乡在人口结构、形成海内外联系网络、受海外经济力影响、中西文化交融有明显的差别。"[3]中国华侨华人历史研究所张秀明研究员认为："'侨乡'并不完全是'华侨的故乡'"，侨乡是"国际移民及其后裔的故乡，或者说是与'侨'（包括海外、境外移民与归侨侨眷）有关的地区"。[4]暨南大学周聿峨教授认为侨乡必须具备这些条件：有一定量的华侨华人和侨户；他们的经济、文化和社会综合力量有明显和引人注目的影响力；侨资在当地经济中占一定比例；当地设有专门机构和专人管理侨务；继续产生华侨并同世界各地华侨华人继续保持现实联系。[5]

综合学界对侨乡概念、侨乡特征的多种界定与概括，本研究认为，侨乡主要是指海外移民、境外移民、归侨侨眷众多，海内外有紧密联系交融，侨汇多，地方经济、教育文化、社会习俗、人口结构、消费习惯等多方面与非侨乡有较明显差别，并设有专门管理涉侨事务的机构和组织的区域。侨乡应具备四大基本要素有：海外（含境外）移民及其后裔、归侨侨眷多；海内

---

[1] 转引自郑德华：《关于"侨乡"概念及其研究的再探讨》，载《学术研究》2009年2期。

[2] 方普雄：《中国侨乡的形成与发展》，见庄国土主编：《中国侨乡研究》（晋江《中国侨乡研究国际研讨会》论文集中文卷），厦门大学出版社2000年版，第279页。

[3] 李国梁：《侨乡研究与华侨华人学建构》，见胡百龙、梅伟强、张国雄主编：《侨乡文化综论》，中国华侨出版社2005年版，第13—23页。

[4] 张秀明：《改革开放以来中国的海外移民与侨乡的多元化发展》，"国际移民与侨乡研究"国际学术会议上的发言，2012年11月19日，广东江门。

[5] 周聿峨、曾品元：《华侨华人与广东侨乡关系的思考》，载《华侨华人历史研究》2001年1期。

外紧密联系；与非侨乡的有差别性；有专门的涉侨机构。

可以这样说，有海外移民不一定就有侨乡，侨乡必须有海外移民。在中国，侨乡不是一般的行政管理区划，它是大量海外移民活动后逐渐形成的对于移民移出地的泛称，"有人文精神上的地域文化特色，更有长期海外影响带来的中西文化结合的明显烙印"。[①]

二、侨乡的形成及其划分

侨乡的形成与一个地方的社会历史背景、自然资源、自然生态环境、人文经济特点、移民历史以及政府的侨务政策和侨务工作等相联系。它主要是近代华侨大量出国的产物。

（一）侨乡的形成

晚清时期，主要是1840年鸦片战争之后，中国沦为半殖民地半封建社会，主权遭破坏，经济不能独立，外交不能自主，百姓负担加重，民不聊生，原有的传统经济、民族经济加速走向破产、崩溃，中国人民的生存受到威胁，当时广东潮州留传民谣"断柴米，等饿死，无奈何，卖咕哩（苦力）"。浙江省素有"八山一水一分田"之称，到晚清"人稠地狭"的矛盾更为严重。如省内青田等山区，"火笼当棉袄，竹篾当灯草，番薯丝吃到老"是百姓的生活常态。真可谓"贫者愈贫，富者愈富"，"富者百人而一，贫者十人而九"。穷则思变，寻找生活出路成为中国人移民海外的重要推力。

环顾当时的世界，殖民地已被瓜分完毕，资本主义经济以空前的速度、规模发展，东南亚的锡矿开采，橡胶园的开辟，北美、澳洲、南非的金矿开采和铁路建设，南美洲种植园的拓展，加上航运、铁路、开矿、垦殖、能源等诸业都需要大量劳动力。世界资本主义的国际化加速了全球范围内的人口流动，形成了空前的国际移民潮（18世纪—19世纪前期达到1亿以上），这波移民大潮被一系列双边、多边国际协议、国际法律所肯定而合法化。然而，19世纪初，黑奴贩卖、黑人奴隶制已基本废除或正趋没落，这样，吃苦耐劳、和平向善、工资低廉的中国劳动者成了他们掠夺的最理想对象，成

---

① 丘进：《华侨华人研究报告》（2011），社会科学出版社2011年版，第206—207页。

为世界劳动力市场的最大来源。

第一次鸦片战争后的晚清时期,是中国侨乡开始形成时期。当时,清政府迫于外国列强的压力,于1860年被迫与英国签订《中英北京条约》,其中第五款规定:

戊午年定约互换以后,大清大皇帝允于即日降谕各省督抚大吏,以凡有华民情甘出口,或在英国所属各处,或在外洋别地承工,俱准与英民立约为凭,无论单身或愿携带家属一并赴通商各口,下英国船只,毫无禁阻。该省大吏亦宜时与大英钦差大臣查照各口地方情形,会定章程,为保全前项华工之意。

从此,清政府被迫解除国人出国的禁令,改变了过往视海外华侨为"自外王化"、"甘心异域"、"背弃祖宗庐墓"的"莠民"、"流氓"、"贱民"的态度,认为"华工应募出洋充当工人,原为贫民辟一生路",[①] 这样,就使华工出国"合法化"。1866年清政府与英、法签订招工章程条约,允许英、法到中国任意招募华工。1868年,中美《蒲安臣条约》有规定:两国侨民在对方国度均不得因宗教信仰不同而受到"欺辱凌虐"、"屈抑苛待"。两国均不得禁阻人民互相往来、贸易游历、久居入籍。中美相互给予在对方国度的人民以"相待最优之国"人民的待遇。两国人民均可在对方进入大小官学,并设立学堂。[②] 这些规定使华工出国和招募华工都合法化。洋务运动兴起后,李鸿章、张之洞等洋务派还把华侨视为可依靠的力量之一,订立章程吸引华侨资金回国办工商事业,并规定投资相应量资金授予勋章、奖励官衔,以提高华侨的社会地位,加强他们投资国内的积极性。基于这样的认识,1904年5月13日,中英签订《保工章程》,为契约华工这种变相的奴隶贸易披上了合法的外衣。自此,一方面自由资本主义制度在世界范围内大规模扫荡并全面取代封建制度。另一方面,中国被迫卷入资本主义市场体系,中国劳动力大量出国,他们的跨国流动带给故乡深远的影响,中国侨乡逐渐形成。

早在明清之际,闽、粤两省沿海群众在同族、同乡的指引下,就常自愿

[①]《东方杂志》甲辰,七期,转引自张忠祥:《南非华侨探析》,见周望森主编:《华侨华人研究论丛》,中国华侨出版社1995年版,第46—47页。
[②] 刘华:《华侨国籍问题与中国国籍立法》,广东人民出版社2005年版,第29页。

结伙随泉、漳商船到南洋各地谋生。他们自发订立公凭（即约据），规定在一定时期内，以部分劳动所得，扣还"客头"垫付的船资，人们通过这种方式出洋谋生，后来演变为契约华工。故而，福建、广东两省是契约华工（主要是猪仔贩运、苦力贸易、赊单苦力、合法化招工等几种情况）最多最早的省份，规模大，持续时间长，因此，闽、粤两省发展成为侨乡的时间也最早。

相比闽、粤等省，殖民者在浙江掠卖华工的行径和疯狂性则小得多。1880年清政府驻古巴总领事署统计注册的浙江籍苦力华工有105名，成为登记在册人数较多的个例。第一次世界大战期间，英、法、俄等国因后方人力严重不够，向国外招收苦力，从事后勤保障工作（从事掘土、伐木、采煤、筑路、开矿、挖战壕等）。当时，北洋政府加入协约国联盟，1916年起同意三国公布《华工出洋条例》等招募文件，在华招收华工。其中，英国5万，法国15万，俄国3万，共23万（也有统计说总人数为17.5万—20万）。[①] 浙江省督署把招募2000人的指标全部下达到具有出国传统的青田县。是年冬，青田县如数招募了2000名华工，并从上海出发输送至法国和其他各国。这是浙江历史上华工出国最多的一次记录。因此，第二次世界大战前，中国广布于亚洲（主要是东南亚），扩大到美洲、大洋洲、欧洲、非洲等洲的华侨总数约一千万人，浙江省华侨总人数所占比例不大。

（二）侨乡的类别

认定一个地方是侨乡的重要依据，除了当地人向海外移民的时间外，还应有其他依据，如移民人数规模、移民对故乡有影响、故乡相关的侨务政策等。一个地方没有海外移民当然不可能成为侨乡，有移民也不一定就是侨乡。但是，侨乡必须有一定规模的海外移民。五邑大学张国雄教授在阐述侨乡文化形态时，以华侨华人的绝对人数，其占当地总人口的比例为依据，将侨乡分为三种类别：一般侨乡、重点侨乡、著名侨乡。当前，在确认侨乡还没有更为一致的量化标准下，对侨乡作如此分类，有其一定的科学性。

一般侨乡：华侨华人在10万以下、1万以上；或占当地总人口的20%以下、5%以上。重点侨乡：华侨华人在10万以上，或占当地人口的20%

[①] 巫乐华：《华侨史概要》，中国华侨出版社1994年版，第30页。

以上。著名侨乡：华侨华人在百万以上，或占当地人口的50%以上。

目前，福建的泉州、福州、漳州、厦门，广东的潮州、汕头、五邑（包括台山、开平、新会、恩平、鹤山）、梅州客家等地的海外移民、境外移民及其后裔都超过百万。这些地区华侨华人的总人数分别为：泉、漳、厦侨乡737万人，绝大部分分布在东南亚；潮、汕侨乡560万人，绝大部分分布在东南亚；五邑侨乡300万人，绝大部分分布在美、加；梅州侨乡217万人，绝大部分分布在东南亚。这些地方华侨华人占当地总人口的比重：泉、漳、厦70%多；五邑70%多；梅州60%多；潮、汕50%多。[①] 至2009年，广东有2000多万海外侨胞，占中国的70%，遍及世界100多个国家和地区。省内有归侨侨眷2000多万，也占中国的70%。福建省，在2007年时，有本省籍海外侨胞1264万人，遍布世界170多个国家和地区。2007年末，海南省有海外侨胞300多万，归侨侨眷100多万。广西有海外侨胞300多万，归侨侨眷138万多人。[②] 因此，福建、广东、广西、海南四省是公认的传统大侨乡省。浙江省有海外侨胞150多万人，归侨侨眷120多万人，跃居全国第五侨乡省。

至今，浙江省还没有超过百万移民的市县，故而没有著名侨乡。《浙江省华侨志》编纂室依据浙江实际情况，将海外移民有20万人以上的地级（含副省级）市、有5万人以上的县市（区）、有1万人以上的乡镇，都定为重点侨乡。有海外移民数百人、上千人的村社也视为侨乡。所以，在浙江省，县市（区）级侨乡不多，乡镇、村社级侨乡多，这是浙江侨乡分布的一大特色。

从严格意义讲，有海外移民就应该有以移民为工作对象的侨务工作。这是一项以政府为主导、民间参与的系统工程，包括战略方针、法律法规、政策措施、机构设置、工作部署和工作方法等，具有时代性、政治性、政策性。浙江省的侨务工作起步较晚，至1956年11月才建立浙江省人民委员会华侨事务处，此后至"文化大革命"的十年间，该机构有过多次调整、变

---

① 张国雄：《侨乡文化形态与侨乡文化价值》，在中国华侨历史学会理事会六届三次会议上的报告，2013年1月18日。

② 侨卫、包涛：《中国侨乡侨情调查》，中国国际广播出版社2010年版，第2页、第76页、第130页、第186页。

动。"文革"期间，该机构工作几近停顿，机构呈现瘫痪状态。至"文革"结束后，省、地、县三级政府都开始建立侨务办公室或合署办公的外事侨务办公室、侨台办公室，侨务工作走上正轨。

新时期，浙江海外移民最大特征之一就是新移民多。他们（含他们的后裔）在境内外大量流动、定居、创业，他们与侨乡又有紧密联系，侨乡的政治、经济、文化、人口结构、价值观念、消费习惯等诸多方面深受"侨因"影响。

第二节 浙江侨乡的分布

浙江省的重点侨乡有：温州市、青田县、宁波市、舟山市、杭州市、义乌市、绍兴市、台州市。符合一般侨乡要素标识的则有：湖州市、嘉兴市、金华市、衢州市等。参考侨乡研究的相关成果，按浙江省内侨乡形成的时间、移民人数、移民模式、移民构成、移民与侨乡的互动影响等方面内容，又可将它们分为传统侨乡、新兴侨乡、一般侨乡。

一、传统侨乡：浙南地区、浙东地区

传统侨乡主要集中分布在浙南地区的青田县、温州市，浙东地区的宁波市和舟山市。

（一）浙南地区：青田县、温州市

浙南侨乡的分布呈现不平衡性。早期侨乡的核心地带为青田石产地和石制品贩销业发达地区，包括青田东南以及与青田相邻的温州文成、瑞安、永嘉、瓯海等地带，后又波及乐清、平阳等县和温州市区。许多侨乡缘于"侨因"而发生翻天覆地变化。青田县摘掉了贫困帽，据丽水市统计局的调查统计显示，2010年丽水市城镇住户人均可支配收入突破2万元大关，达21093元，比上年增长10.9%，扣除价格因素实际增长6.6%。其中，侨乡

青田的收入水平首次超过丽水市区收入水平达22500元，位居全市第一。①青田县人移民海外历史已越三百年。2010年第六次全国人口普查显示，青田有常住人口336542人，与2000年第五次人口普查时总人口361062人相比，十年共减少24520人，下降6.79%。至2009年底，有海外移民约23万人，与2005年底22.2万人相比，四年间增长了0.8万人。县内现有海外移民占常住人口比重约68.34%。青田早期的海外移民与石雕有关，因此，镇级重点侨乡主要分布在东南部的青田石产地及周围地区，主要是县城鹤城镇、山口镇、温溪镇、阜山镇、方山乡。县级侨办、侨联机构完善，并建有镇（乡）移民工作站和侨联（甚至村级）组织。

温州市至2012年有常住人口1000万人，其中外来人口400万人，本市籍人口600万人。至2009年12月有海外移民43万多人，占当地总人口的比重为7.2%多，分布在131个国家和地区，归侨侨眷近43万人。其中，瑞安市、文成县、乐清市为重点侨乡。温州市、县都设有涉侨机构组织，镇、村设有移民工作站和侨联组织。2002年—2004年，丽岙全镇21个村都成立了侨联分会，建立了村级侨联活动中心，做到了场地、资金、人员三落实。海外移民通过大量侨汇、捐赠、投资、参政议政等多种形式支持家乡建设。

温州瑞安市至2008年，全市总人口117.52万人，海外华侨华人101754人，归侨侨眷12万，两者占全市总人口的19%。1992年4月，瑞安被列为全国重点侨乡，载入《中国侨乡大辞典》。瑞安市移民出国经历二次高潮，其中始于20世纪80年代初的第二波高潮，规模大，人数多，他们在海外的居住国分布更为广泛，移民文化程度和职业的层次、档次都有极大提高。瑞安市的主要侨乡镇有：桂峰乡、枫岭乡、塘下镇、莘塍镇以及丽岙镇、仙岩镇。其中桂峰乡、枫岭乡两乡镇与侨乡青田县、文成县相邻，移民出国有地缘、亲缘、乡缘之利。塘下镇、莘塍镇以及丽岙镇（2001年划属温州市瓯海区）、仙岩镇与温州市区、瑞安县城接近，百姓在了解侨情、传递侨讯等方面更为便捷。至2008年，瑞安市各镇华侨华人与在乡人数统计见下表：

---

① 叶浩博、龚君翠：《城镇居民人均可支配收入青田首超丽水市区居榜首》，http://news.lsnews.com.cn/system/2011/01/25/010127113.shtml［2013-1-6］。

表4-1 瑞安市各镇华侨华人与在乡人数

项目＼镇别	桂峰	枫岭	塘下	莘塍	丽岙（2005年）	仙岩（2004年）
华侨华人数	5672	6030	18098	3331	24191	12140
在乡常住人口数	4824	4391	34600	27200	18000	36800
华侨华人与在乡人数比例%	117.58	1377.33	52.30	12.24	74.4	32.98

根据王国伟《瑞安市华侨志》（中华书局2011年）（第八章 侨乡建设）数据制表，其中，丽岙镇2005年常住人口数据来自丽岙镇侨联。

瑞安市枫岭乡。2011年，撤乡并镇，枫岭成为高楼镇一部分。枫岭原地处瑞安最偏远的西部山区，共辖9个行政村。该乡出国人数众多，侨乡历史始于1921年，有乡人31人侨居日本。2010年第六次人口普查，有总户籍人口9141人，侨眷1790人，华侨华人7171人，分布在世界14个国家和地区。

温州文成县素有"温州的西藏"之称，近年来，通过集体、个人、海外移民和归侨侨眷合力，多渠道开发，社会经济得到长足发展。文成县于1979年后形成新出国高潮。2010年全国人口普查结束时，县内常住人口21.21万人，有海外移民10.7万人，海外移民占全县常住人口的50.44%。县内重点侨乡玉壶镇，目前有常住人口1.68万人，有海外移民27415人。海外移民占镇常住人口163.18%，分布在38个国家和地区。周壤乡，2004年总人口16700人，海外移民6000多人，占全镇总人口35.92%，分布在10多个国家和地区。①

永嘉全县现有常住人口78.92万人，有海外移民49308人，占全县总人口的6.25%，分布在世界57个国家和地区。七都镇原来是永嘉县最大、最重要的侨乡镇，镇内海外移民始于1934年，1979年移民海外人数猛增。至2012年，七都镇有户籍人口9850人，海外移民15180人，海外移民占全镇总人口的164.64%，分布在世界28个国家和地区，归侨侨眷8714人。2001年，七都镇划归温州市鹿城区管辖。2011年撤镇改设街道。②

温州乐清市2010年有常住人口138.93万人。2005年，有海外移民约2

---

① 文成县侨情数据来自作者2008、2012年两次赴文成侨办、玉壶镇侨联的调查。
② 永嘉县侨情数据得到县侨办的支持，在此表示感谢。

万人。市内磐石镇、北白象镇为重点侨乡。至 2005 年，磐石镇常住人口 1.65 万人，海外移民 2079 人，占总人口的 12.6%，分布在世界 18 个国家和地区。北白象镇常住人口 11.57 万人，海外移民 3130 人，占全镇常住人口 2.7%，分布在世界 25 个国家和地区。①

温州市辖鹿城区、龙湾区和瓯海区，2007 年，海外移民与区常住人口统计见下表：

表 4-2　温州市三区移民与常住人口统计

区 项目	鹿城	龙湾	瓯海
海外移民人数（人）	65700	2600	62000
区常住人口（人）	1293300（2010 年）	749300	996900
海外移民占区常住人口百分分（%）	5.08	0.34	6.21

表中数据得到温州市侨办支持。在此深表谢意。

（二）浙东地区：宁波市、舟山市

宁波市是国内第一批对外开放的计划单列城市和有制定地方性法规权力的"较大的市"。宁波人向以善于经商著称，有"无宁不成市"之说。舟山市在近代以来曾一直隶属宁波府，世界宁波同乡总会成立时发的宣传品有"凡我甬人、鄞慈奉定象镇宁"的说法，即把目前不属于宁波，行政区划已隶属于舟山市的定海籍人也包括在内。舟山、宁波两地百姓在生活、习俗、语言等许多方面有相通性和共性。从地理位置看，舟山向被视为宁波的外港，两地共扼中国东南沿海航路要冲的重要所在，其地理位置"东控日本，北接登莱，南亘瓯闽，西通吴会"。因此，在《南京条约》签订后，宁波被迫开港对外通商，宁波和舟山就都成了与西方文化接触的最前沿。有史记载：

故海通以前，敦尚朴素，渔盐耕读，各安其业。道、咸之间，城陷于英军者，再，陷于英法联军者一，民与之习。迫商埠既开，遂相率而趋沪若

---

① 乐清市海外移民人数引自倪德西、叶品波：《乐清华侨志》，中国文史出版社 2007 年版，第 83、86 页。

鹜，且地狭人稠，生少维艰，而冒险之性又岛民所特具，饥驱寒袭，迫而之外，航海梯山，视若户庭，光、宣以来，商于外者尤众。迄年侨外人数几达十万家，资累巨万者亦既有人……故风习于焉丕变。①

从史载可见，近代中国历史大变动大变故，不少宁波人、舟山人辗转去港、澳或国外谋生、经商、定居形成为历史传统，出现三次大规模的移民高潮。至清末，另有为数不少的船民、水手投身于航海事业，向国外发展、定居成为移民，侨居海外的宁籍、舟山籍人士达"十万家"。若按每家最少二人计，总侨居海外人数达20多万。解放战争后期至建国初，两市中特别是"宁波帮"迁移海外，经台、港、澳再移民海外成为华侨华人。改革开放后，两地海外移民再次增长。因此，至2009年底，有宁波籍海外移民315405人，分布在69个国家和地区。市内北仑区、大碶镇、新碶镇、镇海区、鄞州区是重点侨乡。舟山市有海外移民63124人，分布于38个国家和地区，市县级重点侨乡有定海区、金塘岛等。

宁波市鄞州区。鄞州是宁波市辖的十一个县（市）区之一。据不完全统计，至2010年，全区有海外移民7万人，占宁波市海外移民总人数的22.19%。改革开放以来，他们投资创办侨资企业700多家。鄞州籍海外"宁波帮"中，近代有商而好儒的乐振葆先生、模范商人项松茂先生；现代有新加坡侨界著名人士胡嘉烈先生、商界领袖王宽诚先生；当代有棉纱大王陈廷骅先生、非洲鞋王李文龙先生等人。②

二、新侨乡：杭州市、义乌市

新侨乡是相对于传统侨乡、老侨乡而言的。主要是指那些在改革开放前，本籍海外移民不多，或极少"海外关系"，没有传统侨乡历史形成的先天移民网络优势，没有移民社会资本，主要是凭借改革开放的"政策优势"、地理环境优势、市场资源优势等条件，既成为新移民的源发地，也成为国际移民回流寻觅发展机遇的重要场地，由此，海外移民逐渐集聚流动众

---

① 陈训正、马瀛纂：《定海县志》第五册《方俗志第十六·风俗》，1924年铅印本，第31页。转引自包伟民：《舟山群岛：中外文化交流的聚焦点》，载《浙江学刊》2010年6期。
② 鄞州区侨情得到区侨办主任严玉英女士帮助。在此表示感谢。

多，并对当地经济、政治、文化、社会各方面产生"侨"的影响，当地设有专门涉侨机构。如今，浙江省内，杭州市、义乌市作为新侨乡的特征明显。

杭州市是浙江的省会所在，早在上世纪50—60年代就成为安置回国华侨（他们的祖籍地多为闽、粤等省）的主要城市之一。据杭州市侨办统计，至2003年，该市有海外移民6739人。至2009年12月31日止，海外移民达到101038人，增长了94299人，增长率93.33％。杭州市90％以上的移民为2000年以后出国的新移民。如在欧洲的杭州移民，至2009年底有20433人，其中新移民15590人，占76.30％。相对来说，杭州海外移民的受教育程度较高，他们在中国、在浙江、在杭州经济、社会、文化等领域发挥引领作用，进而推动杭州市涉侨组织机构建设的完善。以侨联组织为例。杭州市本级侨联成立于1961年，是全省最早成立的侨联组织之一，至2010年，全市已建立了254家基层侨联组织。其他各种类别的归侨侨眷联谊会、留学人员和家属联谊会、海归创业促进会、老归侨活动小组、归侨艺术团、社区归侨俱乐部、侨心艺术沙龙等社会团体、群众组织，无论从数量还是活跃度，可用"繁荣"两字来形容。

义乌市本籍海外移民只有几千人，但有年均约10万侨商与义乌有各种经贸往来，经营区域遍布世界各地，使义乌具有了侨乡特征。义乌侨商主要有两部分构成：第一类为常年在义乌工作、生活、经商的侨商，许多人全家定居在义乌，被称为"常驻商"。他们在义乌设立办事处从事国际贸易，或开办代理公司，投资设厂等。据主要涉侨商会不完全统计，目前有华侨华人"企业会员约200多家，个人会员约1000多人。未入会的常驻侨商企业及采购机构约300多家，这其中大部分是外省籍侨商"[①]。据义乌侨联2009年调查，"常驻商"总人数在1万—2万之间。不过，义乌市政协港澳台侨委员会调查认为，在义乌长期"从事经贸活动的侨商约有2000多人，其中，在义乌置有厂房、房产或设立公司（办事处）的有500多人"。第二类为在义乌有长期采购活动、每年来义乌看样订货、集中采购、参观考察、投资设

---

① 王晓峰、杨金坤、陈楠烈：《义乌侨商与中国小商品城》，载《浙江社会科学》2011年1期。

厂、经销世界各地产品的侨商，人数超过10万人次。他们又被称为"流动商"。

三、其他一般侨乡

浙江省内海外移民总人数超过10万的侨乡还有绍兴市、台州市。

绍兴全市面积8256平方公里，2000年第五次人口普查时，全市有人口435万人。2011年末，全市户籍人口440.01万人。1990年，全市有海外移民5万多人，分布在世界50多个国家和地区，其中76.5%居住香港。至2009年，全市海外移民已达到117156人，分布在世界60多个国家和地区。新增移民中，直接出境者多。市内县级侨乡有绍兴县、诸暨市。至2006年，绍兴县有海外移民25290人，归侨侨眷23642人。①诸暨市，1998年有海外移民1万多人。至2006年，诸暨市有海外移民、归侨侨眷、出国留学人员及其家属15165人，分布在世界41个国家和地区。②

台州市2003年有海外移民73703人，分布在47个国家和地区，其中侨居美国最多。2009年，有海外移民117498人，分布在52个国家和地区。市内重点侨乡是椒江区。至2006年，椒江区有海外移民3.5万人，侨眷侨属约3000多人，留学人员300多人，其中80%以上侨居在世界经济比较发达的国家和地区，主要集中在欧美、日本和东南亚。

浙江侨乡、侨乡民众的生活质量和个人命运，因为向海外的移民活动发生了积极改变，一改传统陋习，具有社会主义的时代特征，也具有了非侨乡所不具有的印记。在旧中国，华侨积累了蝇头小利，就"衣锦还乡"，买几亩田、盖几间房，娶妻生子，以求温饱，个别人则买较多的田，或出租或雇工，过上寄生生活，因此旧侨乡的贫富差别被扩大。新时期里，侨乡人前赴后继出国，在海外永久定居，持续发展，实力不断增强，后劲不断加大，觉悟较高，胸怀宽广，为家乡现代化建设所鼓舞、所激励，以极大热情和爱

---

① 数据来自绍兴市归国华侨联合会：《新时期绍兴市侨务工作对策建议》，http://www.zjqb.gov.cn/jcms/jcms_files/jcms1/web1/site/art/2009/9/2/art_149_16140.html［2012-12-5］。
② 斯海燕：《诸暨侨联召开六届二次全委会暨侨情调查表彰大会》，http://www.chinaqw.com/zgqj/qjdt/200702/14/61915.shtml［2012-12-8］。

心，花大钱、出大力，投入侨乡的现代化建设。如今，侨乡的基础建设、公益事业，凡道路、桥梁、用车、电话等交通通讯事业，教育体育、医疗卫生、娱乐休闲等文化事业，扶贫助残、抗灾救急等社会事业，开发特种产业、兴建农田水利、引进先进技术等生产事业，公用建筑、民居建设等公私设施，等等，都因为有了海外移民的捐助和投入，从而加快了侨乡的建设进程，其发展速度普遍超过非侨乡，贫富差别也小于非侨乡。侨乡在社会主义道路上获得健康和谐的发展。宁波市鄞州区定桥的"马克村"，青田山口的"华侨石雕城"和方山龙现的"田鱼村"，温州市瓯海区丽岙镇的别墅群、华侨街，鹿城区七都街道的现代生态水都，文成县玉壶镇的文化大景观，等等，都是这种发展的缩影和例证。它们的总体发展都达到了较高成就，现代化、国际化特征日益显现。

第五章　海外新移民与浙江侨乡经济互动发展

社会互动理论认为，凡社会互动中，人与社会、人与群体、群体与群体以及人与人之间的相互作用、相互影响、相互依赖总是处于统一过程中。海外新移民与侨乡之间的互动联系确实如此，而且，这种互动联系不是单向的，而是以双向多维度互动的形式而存在。新移民留居异国他乡，创业谋发展，他们又时刻关注祖国发生的变化，牵挂故乡的亲朋好友。真可谓"乡书何处达？归雁浙江边"。海外移民，无论走多远，都与家乡保持着紧密联系。他们就像风筝，故乡永远牵着放飞风筝的那根线。因此，他们拼搏于海外，总设法以侨汇接济家人。他们为谋求更大的发展，又以多种身份从事各类经贸活动。他们心念故土的未来，心系家乡，报效桑梓，以个人、或社团、或族人力量捐赠侨乡各类公益事业，推动侨乡社会发展。他们将自己在海外取得的先进管理经验、工艺等引回侨乡，成为侨乡社会全面发展的重要推手。而侨乡也为新移民经济事业的全面发展，实现个人价值提供并创造了诸多条件。

第一节　浙江海外新移民的经济事业

为进一步解剖海外新移民与浙江侨乡经济上的互动关系，首先需要了解他们总体职业状况和经济状况。

一、总体职业、经济事业变化大；向知识型、高科技型职业转化

海外移民秉着千百年来沉淀的敢为人先、自强不息、坚忍不拔、创业发展、创新图强的浙江精神，创造了举世瞩目的"海外浙商现象"。同时，侨乡又从多方面影响他们在侨居国的生存、创业、发展。有许多新移民在异国的职业谋划，所从事的行业及其经济发展规模、经济效益，与侨乡千丝万缕相联。

浙江海外移民经济总量相当可观。据统计，2007年，全球华商总资产约3.7万亿美元。2008年，受金融危机和经济衰退影响，世界华商总资产减少了1.2万亿美元，约为2.5万亿美元。2009年，全球新兴市场地区资产泡沫再起，美元贬值，但受中国经济率先复苏等因素拉动，全球华商企业总资产恢复增长到3.9万亿美元。① 至2009年上半年，境外"浙籍侨胞拥有的资产在7000亿美元以上，占全球华侨华人总资产的20%左右"②。

浙江海外新移民经济事业有地域差别。不同源出地的新移民受他们的文化素质、中国国际地位和经济综合实力、侨乡因素的影响，他们在筹划职业，选择经营行业，对未来事业的规划创业，经济发展水平和拥有的经济实力方面，参差性明显。

浙东移民、浙北移民，原先经济发展基础较强，他们在新的历史条件下，发展速度更快，发展的空间、广度、深度得以进一步提升，形成强势经济，出现大腕、超大腕级工商巨子，一些工商集团成为世界经济先进行列的重要成员之一。如浙东地区的宁籍移民，他们的职业以经商为主，大商人、大实业家辈出。他们涉足的产业早已走出单一性呈多元化、现代化。他们中有人在自己所经营的行业中逐鹿中原，一言九鼎，成为实力不可小觑、名声

---

① 中国新闻社课题组：《2009年世界华商发展报告》，http://www.chinanews.com.cn/zgqj/news/2010/05-20/2293574.shtml［2011-9-11］。
② 王君英：《发展海外浙江人经济》，载《浙江统计》2009年6期。

响亮的工商巨子,他们中的代表人物有:香港中华总商会会长王宽诚,世界船王包玉刚、董浩云,香港贸发局主席安子介,影视大王邵逸夫,棉纱大王陈廷骅,毛纺大王曹光彪,纺织大王厉树雄、王统元,非洲鞋王李文龙等。1990年,"在香港的十大富豪中,'宁波帮'占有三席(他们是包玉刚、邵逸夫、陈廷骅。作者注);在为数不多的'世界船王'中,'宁波帮'占有三席。'宁波帮'商人务工经商,善于经营,勇于开拓,已成了世界经贸发展舞台中的一支重要力量,拥有着雄厚的资本实力"①。1997香港回归时,香港上市公司中资产排名前十位的家族财团中,宁波帮占三位(他们分别是包玉刚、邵逸夫,王宽诚——作者注)。宁波市鄞州籍美籍华人李达三,自上世纪80年代后期向酒店业进军,开创卡尔顿酒店集团,在世界各地新建、收购了5家一流酒店,发展成为集住宿为主兼营餐饮的酒店集团。新时期,宁波籍海外新移民和留学人员已超过一万,他们大多学有所成,多数人都在高科技领域、知识经济领域就业。如陆弘亮,是美国UT斯达康公司的总裁;澳大利亚新移民张莉是宁波创新128控股有限公司董事长;美籍新移民朱敏是赛伯乐投资管理咨询有限公司董事长。

浙北地区的嘉兴市,目前有海外移民超过3万人,改革开放后出国的新移民占80%,大部分是留学转居移民。如今,该市出国留学人数仍以年均300—500人在增长。许多人学有所成后,从事科研、学术、教育工作。他们通过留学转居、入籍的人增加,有人还把配偶、孩子、家属引带出国。2000年以后,由于嘉兴本土经济迅速发展,出国投资经商的人有增加的趋势。

杭州籍新移民中,留学生身份较多,已取得硕士、博士学位的人也多,文化素质高。他们主要分布在北美、欧洲两大资本主义经济文化发达地区,因此,他们中从事高科技研发、金融业、电子商务、信息软件、生物医药、互联网经济的人多。

浙南地区的温州、青田新移民,从上世纪80年代起,主要从事传统"三刀"(菜刀、剪刀、剃刀)。如在意大利普拉托地区,由于浙南新移民移居进入从业,使当地皮革业步入一个黄金发展期。在法国及其相邻国家市场

---

① 方建新:《试论宁波的儒商文化底蕴》,载《宁波经济丛刊》2003年6期。

上销售的皮包、皮夹、皮带等皮件商品，有70%的产品来自浙南新移民在法国开设的皮件公司、皮件批发店和皮件工场。他们出国时间晚，经济事业发展不及"宁波帮"，却也已有不小成就，估计青田籍海外移民"至少拥有50亿—80亿美元的资金"①。上世纪90年代起，浙南新移民中从事商贸业的人越来越多。2000年后，"每年约有5万青田华侨从事国际贸易，中西欧的'餐馆华人'也转向或兼营了进出口贸易，仅2005年出口额达60亿美元左右"②。

温州市文成县，至2006年，县内海外移民经济总量达到1000亿左右，流动可用资金约250亿元左右。该县移民90%是新移民，从事的职业主要集中在服装加工、餐饮服务和商贸三大传统行业。其中从事加工制造业的人员占总人数的44.7%；从事餐饮服务的占总从业人员的20.3%；从事商贸的占6.6%。在这三大行业从业的人员占了总从业人员的71.6%。③

温州市瑞安市，至2008年，全市有海外移民人数101754人。其中，新移民占海外移民总人数的90%，以从事制造、餐饮等传统行业为主。以2005年、2008年瑞安市在册海外新移民职业结构为例，统计情况见下表：

表5-1 2005年、2008年瑞安市在册海外新移民职业结构

职业类别	加工制造		商务贸易		餐饮服务		科教文卫		从政及律师		其他（含老人、儿童、学生）		合计（人）
人数、占比%	人数	占比	人数	占比	人数	占比	人数	占比	人数	占比	人数	占比	
2005年	11304	16.89	45328	67.73	6265	9.36	2456	3.67	38	0.05	1537	2.3	66928
2008年	24139	32.5	18688	25.16	7799	10.5	2005	2.7	30	0.04	21613	29.1	74274

表中数据引自王国伟：《瑞安华侨志》，中华书局2011年版，第27页、第20页、第52—53页。

2000年以后，有越来越多的浙江新移民就职跨国公司、政府部门，出任媒体掌门；并购投资设厂，承包项目；涉足房地产业、金融业、航运业、旅馆酒店、娱乐餐饮和高新技术产业等领域。总体看，他们的经济事业向现

---

① 刘莹：《浙南侨乡经济发展的侨务资源优势》，载《华侨大学学报（哲学社会科学版）》2009年2期。
② 周望森：《浙江华侨史》，中国华侨出版社2010年版，第186页。
③ 文成县海外移民经济数据来自该县侨务办公室。

代化、多元化、国际化方向发展。

二、浙江海外新移民经济的活动区域及其新特点

浙江海外新移民经济活动的主要区域在欧洲,再扩张到北美、南美、澳洲、亚洲,现在,他们又把经济事业活动延伸至非洲。2006年,中非合作论坛北京峰会后,浙江掀起"到非洲去投资"的浪潮。据不完全统计,至2008年底,浙江的企业家在非洲创办的贸易和生产型企业,总数超过200家,遍及非洲30多个国家。他们在非洲的投资占对外总投资的6.5%。仅2008年,他们在非洲的投资额近6000万美元。[1] 他们在非洲的经济事业呈现六大特点:

(1)从事的行业非常广泛。由早期的餐饮业逐渐扩大到工程承包、投资生产(制革制鞋、纺织服装、食品制造等)、贸易、通讯、房地产、木材加工、矿业、旅游等领域。(2)大部分从事进出口贸易。"几乎所有居住点都办有中国商品市场",其中,"南非中国商贸城是南部非洲最大的中国商城,面积近60000平方米,共有约200家仓储式店铺,4000平方米仓储区",主营产品大部分来自浙江,有服装、鞋帽、家用电器、床上用品、日用百货、儿童玩具等。(3)近年来,资源、能源行业成为投资新宠。如坦桑尼亚浙江商会副会长冯瑛丹,在该国还成立了中华矿业商会,并担任会长。(4)投资工业园区形成态势。投资建工业园区,可以吸引更多的企业到非洲投资,为当地创造就业机会,促进技术转移。如温州哈杉集团董事长王建平"在尼日利亚投资近8000万美元建'浙江—哈杉非洲自贸区'。博茨瓦纳达之路集团董事长何烈辉投资5000万美元设立'达享—博茨瓦纳纺织工业园',占地达5平方公里,为当地创造约8000个就业机会"。(5)已开始积极向资金密集型行业进军。如南部非洲商会前会长胡李明"投资1280万美元,在约翰内斯堡买下一块总面积为50000平方米的土地,开发地产项目"。何烈辉在博茨瓦纳投资1000万美元创办航空公司,开通该国及

---

[1] 方臻子、冯菲菲、罗凰凤:《海外浙江人安全调查:145万游子你在异乡还好吗?》,载《钱江晚报》2009年3月20日。

其他非洲国家的国内和国际航线，并准备在莱索托收购银行，进军银行业和保险业。① 这显示了浙江新移民在非洲的经济事业已开始转型升级。（6）从中国引进生产线及生产技术，直接在非洲投资设厂，转变业务模式，从"中国制造"向"非洲制造"转变，既从中获取更大的利润空间，也致力于帮助非洲发展和为非洲人民的福祉着想。随着中国经济、科技水平的不断提高和对外开放，一些高科技产品已陆续在非洲落户，并逐步打开市场。

甚至在非洲如马里国这样的西非内陆国家，也活跃着浙江新移民。② 至2011年8月，在马里有中国人约3000—4000人，绝大部分来自中国东北地区。东北人在马里主要从事酒吧业，他们在马里首都巴马科经营的酒吧超过300家。这些酒吧一楼卖酒，二楼有女招待。在马里的一些河南人、贵州人主要从事基础建设，如修建公路。管理人员都是中方人员，修路工人雇用当地人。当地工人日工资约20元人民币。在马里的中国人，有的资产已达到10多亿元人民币。浙江新移民仅20多人，来自温州、台州、金华等地，他们主要从事贸易业。

个案调查：在法国巴黎的浙江新移民经济③

至2011年，在法国巴黎有浙江移民近30万人，大部分来自温州市和青田县，约85%的人为新移民。他们在巴黎从事的主要职业：餐饮（中餐、日餐）、服装首饰批发、烟吧、超市商店及其他华人社区内部经济。在小巴黎，根据2005年中法友好年的一份巴黎华人经济报告显示，当时巴黎有华人老板3133个，华人公司3265家。其中餐馆旅店（餐馆为主）919家，服装首饰892家，超市66家。④

餐馆业。根据法国内政部的信息，1998年—2000年，约有3.7万温州

---

① 浙江省侨办：《发挥侨务资源优势 开拓浙江与非洲合作发展新局面》，载《侨务工作研究》2011年4期。

② 2011年9月，课题负责人访谈杭州红十字会林上奇主任，他以医生身份援非（马里）10年。在此，对他表示感谢。在马里的浙江新移民经济不突出，但可以从另一个角度反映在非洲的中国新移民的经济情况。

③ 由"法国华人街论坛"负责人陈林亮（浙江瑞安人，毕业于巴黎路桥工程学院，研究方向：中国和海外华人中小企业的改革）提供。主要采集人为他的合作者。

④ "Les ressortissants étrangers au service de l'économie parisienne : Les entreprises dirigées par des ressortissants chinois", mais 2005。

人移民到法国。他们到法国后，首先接手13区的Rue d'Ivry街区的中餐馆。目前，在巴黎的中餐馆业已呈饱和状态。

服装首饰批发。浙江新移民从事的服装首饰批发业已取代餐饮业发展成为主业，其分布如下：第一，巴黎北郊（不属于巴黎市区，而属于93区Seine Saint Denis）的Aubervilliers，成为全欧洲较大型的综合批发区，这也是他们在欧洲建立的第一个商业中心，有800多家以批发服装为主的店铺，兼及各种日用百货、首饰、电器批发。大巴黎10区rue Faubourg saint martin的童装一条街，有100多家商店。这些批发商基本是温州籍新移民。第二，在大巴黎包括三区rue du temple有首饰一条街，有店铺100家左右；11区Voltaire附近有450家左右（最多的时候达500多家）；3区sentiers及周围其他一些区域有约200家。

电脑一条街。位于12区rue Montgallet，有近50家商店，90%的老板是浙江新移民。

经济综合区。这是浙江新移民创业致富的重要区域，如巴黎的美丽城。约在1985年以后，有浙江新移民到美丽城创业。1990年后，越来越多的浙江新移民在此买房置业。他们经营服装、皮革、餐馆外卖、理发、金银饰品，也开设中药店、豆腐店等新行业。他们经营的日用百货超市多见浙江风格。

社区经济。主要集中在13区、3区、Belleville、19区crimee等华人聚居区。行业较多，有旅行社、保险公司、房产中介、超市百货、免税店、婚庆和酒宴、美容理发、会计、印刷等等。

烟吧业①。近年来，浙江新移民在海外并购企业、投资房产风生水起。同时为规避汇率风险，很多人采取多元化投资策略。在法国大巴黎地区有越来越多的华人和华人公司购买烟吧（也被称为咖啡吧，法语Cafe – Tabc）。大巴黎附近有3000多家烟吧，目前初步估计有1/4约700家已被华人收购经营。

购买烟吧的投资者大部分是浙江新移民。因为，烟吧没有恶性竞争，金

---

① 该部分内容由"法国华人街论坛"负责人陈林亮提供，并参考了《法国人怎么解读华人在巴黎接手烟吧》，http：//www.huarenjie.com/thread – 169241 – 1 – 1. html［2012 – 2 – 18］。

融危机对其影响甚小。烟吧还有出售赛马彩票的特权,经营状况相对稳定,因而受到投资客的青睐。当然,经营烟吧也非常辛苦,以前的经营主大部分为法国奥弗涅人,业主退休后,他们的子女多不愿意承接父业而转手。

在法国经销香烟需有特殊的执照,政府对这种执照发放控制很严格。因此,烟吧经营权(Fonds de commerce)转让的价格不菲。根据烟吧的地理位置、顾客群及其能带来的营业额高低,烟吧经营权转让价在20万欧元—100万欧元,有个别的超过100万欧元。

按法国政府规定,烟吧的购买者必须拥有法籍,需有33%的自有资金并能证明自有资金来源的合法性,包括公证费用、库存费、运营资金等。法国政府允许购买者通过抵押申请贷款,但必须有良好的经营计划。浙江新移民购买者极少有人通过单独融资筹集购买资金,也很少有人向银行借款(2010年以后,向银行贷款的浙江新移民渐多),他们是通过"做会"① 这一古老的中国民间融资方式获取资金,也有家人、私人关系良好的亲戚朋友十几、二十几个人、甚至一些公司共同合伙购买烟吧。当然,最后与卖方签约、买下后在法国相关部门注册登记的只有一个人。

据调查发现,浙江新移民的烟吧转手率极高,很少有人能持有一年以上。主要原因是:浙江新移民接收烟吧后,营业额往往会比原来法国人经营时减少10%—20%。客观原因是,2008年1月1日起,法国政府宣布实行禁烟。禁烟令正式下达后,法国所有公共场所(无论在餐厅、酒吧或公厕)都明文规定一律拒绝烟民吞云吐雾。若在这些场所被发现抽烟,一律处以78欧元的罚款;公共场所不张贴"禁止抽烟"告示,处以175欧元的罚款;公共场所给客人提供烟缸,无论什么情况,老板都会被处以750欧元的罚款;若烟民在公共场所点着了香烟,立刻就会收到比违反交通规则高得多的罚款单。此后,法国烟民大减。其次,中法文化差异带来的影响。法国烟民在烟吧买烟除了为过把烟瘾外,还把烟吧作为简单的交际会客的场所。法国人经营的烟吧向烟民出售酒、法餐,并提供咖啡,烟吧也被布置得非常有休闲氛围,烟民们在烟吧既休闲,又畅聊共同的话题。而中国人经营的烟吧纯

---

① "做会"是温州地区传统的、有较强互助精神的、借助亲戚朋友关系建立的一种经济互助方式。主要有"干会"、"活会"两种方式,两者区分点是"干会"没有利息,"活会"有利息。

粹把它作为烟店,既没有向客人提供法餐(有的把这部分经营外包),烟吧里的氛围也差强人意,造成顾客流失。再次,烟民对浙江移民经营的烟吧所出售的香烟成分表示怀疑。实际上有些烟的包装确实很诡异,烟的味道也变了,给顾客带来疑惑而导致经营额下降。当然,浙江新移民一窝蜂拥入烟吧业导致自相竞争也是原因之一。

第二节 侨乡经济发展的海外新移民因素

浙江海外新移民多生长在新中国,爱国之情甚笃,文化程度相对高,思想活跃,应对能力强,与侨居国社会联系广泛,他们羽翼丰满后,乡情挥之不去。他们回乡投资创业多,汇来的侨汇多,慷慨捐赠热心公益事业多,促进了侨乡社会经济发展,带领更多的人进入新移民流。因此,他们是侨乡实施科学发展观、加快推进产业结构调整和发展方式转变、再创侨乡发展新优势的重要力量之一。侨乡经济社会的各方面都烙上了深深的新移民影响,有人称之为"侨印"。

一、投资

国际投资理论中有关于"文化共识"的观点,认为投资方与受资方或受资方地区在语言、习俗、伦理等文化背景方面存在的共通的东西越多,投资行为就越容易取得成功,也就是说文化的一致性有利于投资的进行。这一理论恰好解释了为什么海外新移民把侨乡作为重点投资地区。因为,"当双方的价值观念和意识形态偏好一致或者相近时,更倾向于将对方界定为朋友,而采取合作的态度。所以,拥有共同文化背景的国内企业与海外华商网络,更容易采取互利行为,也就更容易达成合作。"[①]侨乡谋求新发展新飞跃进程中,确实需要海外新移民的投资。经济学理论著名的"双缺口模型"

---

① 吕福新等:《浙商论》,中国发展出版社2009年版,第326页—327页。

对这种需要有很好的解释：由于有效供给与实现经济发展目标所必需的资源计划要求量之间存在着缺口，发展中国家存在外汇缺口和储蓄缺口，利用FDI（外商直接投资）既能缓解因动员国内资源以冲销进口和因加紧动员国内资源以满足投资需求而引发的双重压力，又能促进经济增长，解决国内资源不足的问题。经济理论中的"四缺口模型"进一步认为，发展中国家既存在外汇缺口和储蓄缺口，还存在技术缺口和税收缺口，即发展中国家存在"弥补宏观缺口"发展到弥补微观层次的结构性功能缺位[①]，对外招商引资成为发展中国家"弥补缺口"的重要举措，也是侨乡发展建设的必须之策。

（一）侨资企业入驻及初步发展

目前，政界、学界、社会人士普遍都把海外新移民在侨乡（含全国各地）的投资所办企业，都统称为侨资企业，已成为约定俗成的概念。

早在20世纪50年代，就有侨胞在浙江投资创办侨资企业。1958年4月，温州地区成立华侨投资公司，由统战、财政、银行、工业、侨务等部门负责人和归侨、侨眷代表组成，并在华侨众多的县设立了投资办事处。到1965年全市共吸收投资资金约160多万元，主要投放于温州各地侨乡兴办、扩建企业，对当地工农业生产建设发挥了一定作用。

改革开放后，浙江移民在侨乡的投资进入发展时期。刚开始时，他们主要通过侨眷、侨属，把自己在海外的积蓄投资于侨乡的餐饮、皮革、服装、五金制造、食品加工、塑料制品、家具、工艺美术等一些能就地取材、就地加工、就地销售的"资源型"项目，此类侨属企业大多"自筹资金，自愿组合，自找场地，自产自销，自负盈亏，自我管理"[②]，故称为侨属企业。1979年，镇海县侨务部门创办了华丽绣花厂。同年，"类似的侨属侨眷集体所有制企业，全省相继试办了7家，总集资96万元，安置了463名人员就业"[③]。

为吸引海外资金发展经济，1984年3月，中央在沿海部分城市座谈会上提出加快利用外资和引进先进技术的步伐，宁波和温州两市被确定为沿海开放城市并获得利用外资的审批权。杭州、嘉兴、湖州等市也于当年或次年

[①] 郭鹰：《FDI对浙江经济增长影响的区域差异分析》，载《管理学刊》2011年8期。
[②] 聂伟霞：《青田一华侨回乡为村子试种"洋果蔬"》，载《浙江日报》2007年7月19日。
[③] 浙江省《浙江华侨志》编委会：《浙江华侨志》，浙江古籍出版社2010年版，第262页。

获得了利用外资的部分审批权。1988年5月，省政府建立对外经济协调办公室，作为省政府联系国外和港澳台经济合作事务的窗口。以后几年又连续发文，规定了一系列对外商投资企业的优惠政策，下放外商投资审批权限，简化审批程序。这样，外商在浙江投资的区域和行业有所扩大，开发区成为利用外资的重要区域。

浙江省第一家侨资企业是西湖藤器有限公司，1980年7月8日在杭州落户。据统计，浙江省11个市中有9个市的第一家外资企业都是华侨华人或港澳同胞投资兴办的。整个20世纪80年代，当时的涉侨企业有侨属侨眷为主的集体合作制企业，有涉侨部门管理的合资企业，有侨属侨眷个人（许多挂靠集体企业）私营企业，因此形成"千军万马过独木桥"的投资格局，再加上侨胞自身的经济实力不够强大，侨乡的投资环境不理想，成功者为数不多。

20世纪90年代，国内投资环境得到改善，特别是邓小平南方讲话号召加速经济发展，深化经济改革。1992年，浙江省人民政府颁行《国务院关于鼓励华侨和香港澳门同胞投资的规定》。1993年，浙江省实施《中华人民共和国归侨侨眷权益保护法》办法。1994年，浙江省人民政府办公厅出台"关于解决华侨私房换约续租问题的通知"（浙政办发［1994］190号），从而加大了浙江海外移民在侨乡的投资热情，侨资企业发展出现良好态势。

1997年，受国家对经济实行全面调整及亚洲金融危机的影响，全国利用外资跌入1992年以来的最低点。面对严峻形势，浙江省委、省政府出台政策大力改善投资环境，充分调动各地区各部门的引资积极性，允许国内独资企业、合伙企业和自然人等与外商合作，共同创办中外合资企业。这一系列政策使浙江在异常困难的条件下，利用外资保持增长的态势。仅1995年至1998年，全省500家侨属企业共创产值（销售额）97.16亿元，利税7.87亿元，出口创汇1.74亿美元。各地的侨资企业发展中各有特点，如浙南地区的温州市，个体侨资企业发展速度快，并向股份合作制发展。浙东地区，特别是宁波市，以及绍兴县、诸暨市的侨资企业以集体性质为主，有一部分侨资企业并入乡镇企业。

（二）侨资企业快速发展

新世纪来临后，特别是中国加入世贸组织后，侨乡各级政府进一步鼓励新移民回祖籍地探亲访故和投资，侨资企业步入快速发展新时期。

（1）侨资企业数增长。据浙江省侨办经科处调查，至2004年底，浙江省有侨资企业21081家。至2008年，全省各级侨务部门共牵线搭桥引进项目5294个，协议利用外资282.8亿美元，实际利用外资84.11亿美元。至2011年底，在浙江投资创业的侨资企业已达32121家，总投资约2129.36亿美元，分别约占浙江省外资企业总数的65%和外资总额的60%。

至2010年，各地市登记在册的侨资企业总家数及占全省侨资企业总数的比重的统计情况见下表：

表5-2 各地市登记在册侨资企业及占全省侨资企业总数的比重

地、市名	宁波	杭州	绍兴	嘉兴	温州	湖州	台州	金华	丽水	衢州	舟山
侨企（家）	7000	6000	5000	2000	1135	1100	700	300	188	100	68
百分比（%）	23	20	8.3	6.66	3.7	3.42	1.16	0.9	0.62	0.31	0.22

表中数据来自各地市侨办公布，其中湖州、衢州市的统计来自浙江省侨办经科处。

2007年—2011年底五年内，浙江省侨资投资创业统计见下表：

表5-3 浙江省侨资统计　　　　　　　　　（单位：亿美元）

类别	至2011年底总数	2007年度	2008年度	2009年度	2010年度	2011年度	5年总计
投资项目（个）	32121	1890	1124	1077	1108	1005	6204
投资总额	2129.36	223.5	176.7	159.59	206.57	214.68	981.02
合同利用侨资	1683.04	122.4	116.92	100.91	116.8	121.56	578.59
实际利用侨资	603.96	62.19	62.44	62.62	65.37	67.66	320.28

表中数据来自2012年浙江省侨办举办的第十七届浙江旅外乡贤聚会的展板

丽水市青田县，截至2008年底，已累计引进侨资22亿元，拥有侨资企业总部18家，涉及服装、房地产、金融、机械制造等行业，年产值达57.3亿元。有上规模的侨资外贸企业14家，实现自营外贸出口1.96亿美元。①

据浙江省侨商会相关负责人介绍，2012年，浙江全省海外移民回归浙江投资创业创新的企业975家，总投资约220亿美元，分别约占同年新增外资企业数的61.1%和投资额的60.1%。

（2）分布呈相对集中与广泛相结合。宁波地区是浙江传统侨乡，是侨

---

① 统计数据来自青田县归国华侨联合会。

企落户的重点区域。截止2011年底,全市侨(港)资企业7000多家,占全市外资企业总数(13747家)的50%以上,投资总额445亿美元,实际使用外资145亿多美元。其中,市内鄞州区有侨资企业700多家,占全市总侨资企业的10%以上。杭州、嘉兴、绍兴、温州、湖州等经济发达地区都是侨资企业落户重点区域。

随着中国实施西部大开发战略,也有不少侨资项目投向中西部地区。仅温州市瓯海区丽岙镇籍的侨资企业就遍及全国20个省市自治区。

(3)投资领域广泛,高新行业比例越来越高。由于新移民中侨二代、侨三代及海外留学人员队伍的扩大,侨资企业涉及的领域新而全面。既涉及电子、IT、生物医药、新型材料、交通能源等新兴产业,也涉及纺织、服装、机械、化工、交通、钢铁等传统行业,以及食品、金融、服务等其他行业。1995—2005年,浙江省引进侨资项目5200多个,涉及电子、IT、生物医药等高新行业的有1600家,占总引进项目的30.8%。2005—2009年,浙江省引进侨资项目10100个,从事电子、IT、生物医药、新型材料、交通能源业近6500个,占总引进的64.4%。[1] 目前,浙江省侨资企业已形成了如杭州高新区的高新科技产业,杭州余杭区留创园、宁波象山县的纺织、服装、家纺,湖州德清的木业、医药化工,湖州安吉的竹木、家具为特点的块状产业特色。

(4)规模不断扩大,产出效益明显。侨资企业的投资规模"明显高于我省的民营企业,也高于浙江的外商投资企业平均规模(单项投资平均为200万美元左右),平均固定资产净值达到8335.51万元,资产总额平均规模接近6.07亿"[2]。产出效益最明显的是海外高层人才回流创业创新的企业。海外高层次人才回流,有的人才一经引入就孵化出一个新兴科技项目,带动一批新兴科技产业。至2010年底,在杭州创业的5000多位海外留学人员,创办了604家企业,注册资本总额达6亿多美元,总投资额达62亿多人民币,创造了150多亿元价值。[3] 在温州,到2008年,"有三资企业1800家,华侨华人和港澳同胞投资的企业1400家,占外资企业总数的82%。侨

---

[1] 姜敏达:《侨缘》,浙江人民出版社2011年版,第88页。
[2] 资料来自浙江省侨办经科处于2009年对侨资企业的抽样调查。
[3] 数据来自杭州市侨务办公室。

资也占投资总数的80%"①。巴西侨商章鸿杰投资成立百力橡胶轮胎有限公司，总投资15亿元，年产1000万条高性能子午线乘用汽车轮胎，引进世界500强法国米其林、北美尤尼劳尔的转让技术，85%的产品销往美国等十几个国家。又如台州侨商会副会长戴其丰投资28亿元人民币的中润·嘉兴中心，总体量38万方，是嘉兴首屈一指的城市综合体项目。项目建成后，将包括以主题公园、世界品牌荟萃的LEFO mall丽丰购物中心、24H休闲开放式商业街区APM银座、殿堂级V公寓、高端商务写字楼、星级酒店式公寓等六大城市业态。

二、侨汇

侨汇是指侨居在国外的本国公民或侨居在本国的外国公民汇回他们祖国，用来赡养亲属的款项，它也是海外移民在经济上与家乡联系的主要纽带，是侨属侨眷的主要经济来源。海外移民对家乡进行资助是历史传统，以负担在祖籍地的亲人生活费和支援家乡建设。2008年3月，作者在文成县玉壶镇曾访谈十位旅外新移民，其中，旅居意大利热那亚近30年的新移民W先生回忆说：

1940年，我的姑妈先抵香港，然后由爷爷的朋友将她带到意大利。居留5年后回中国谈朋友结婚，婚后把姑夫也带出国门。1978年，姑姑帮自己办妥劳工移民前往意大利。1981年，自己把在国内的妻子、二个女儿、一个儿子带往意大利。目前，家族中有36人在意大利。

当问及他未出国前的生活水平，他连说"还可以"。因为，姑妈到意大利后很快就自己开了餐馆，那时爷爷奶奶都在国内，因此，姑妈经常会寄钱回来。多亏有姑妈经济上的支持，家里人能吃饱饭，不然就会饿肚子。说到这里，W先生笑得很开心。

（一）侨汇规模

建国前，浙江侨汇较少。新中国建立后，浙江省成为全国侨汇工作的重点地区之一。在"人民公社化运动"、"文化大革命"运动期间，浙江侨汇

---

① 赵淇淇：《温州华侨华人在温州经济建设中的贡献》，载《温州侨商》2008年第6期（内刊稿）。

收入大幅度下降。1978年后，侨汇商店、侨汇物资供应恢复。1985年后，侨汇物资供应为市场供应所取代，浙江省内重点侨乡侨汇收入直线上升。如温州市，1982年侨汇1584多万元；1990年为5004万美元；1992年为11270万元；2005年，侨汇26.48亿美元，同比增长28.62%。按国家外汇管理局温州市中心支局的统计，2007年，温州接收外汇168.5亿美元，2008年198.6亿美元，2009年191.66亿美元。① 据温州市统计局、国家统计局温州调查队调查统计：至2010年末，温州市金融机构本外币存款余额7545.60亿元，比上年末增长16.1%，其中人民币存款余额7271.27亿元，增长16.8%。2011年底，金融机构本外币存款余额7744.94亿元，比上年末增长2.6%，其中人民币存款余额7425.62亿元，增长2.1%。② 扣除本币存款余额后，外币存款余额2010年有173.33亿元，2011年有219.32亿元。

据意大利《共和国报》报道，根据威尼斯一家基金会的统计数据显示，2011年，意大利境内外国移民向祖籍国汇款总额为74亿欧元，占国内生产总值的0.74%。接汇款最多的是中国。其中，普拉托地区外国移民向意大利以外汇款总额为2.5亿欧元，其中华人汇款总额为2.26亿欧元，平均每个华人汇款1.8万欧元。在普拉托的华人向外汇款占当地移民汇款总额的91%。③ 由于在普拉托的华人中，温州籍移民占90%，因此，可以肯定地说当地华人移民向海外的汇款，主要接收地是中国温州。

如青田县，至2003年末，"46亿多元的储蓄存款中，城乡居民储蓄余额新增近约20多亿元。其中新增的14亿多元是由于侨汇因素增加。14亿元的侨汇大约相当于当年GDP的33.5%，是当年县地方财政收入（2.26亿元）的6倍多"④。至2009年9月末，青田县外汇存款余额7.06亿美元，同比增加2.35亿美元。时任青田县委副书记徐光文说：青田"人均本外币

---

① 陈国华：《关于创办"温州华侨银行"的建议》，报温州市第十一届人民代表大会第五次会议提案。
② 温州市统计局、国家统计局温州调查队：《温州市国民经济和社会发展统计公报》（2011、2012），http：//www.wzstats.gov.cn/pageall.jsp？id0＝z0h8lnkbkw［2013－4－8］。
③ 洛伦佐编译：《意华人2011年境外汇款达25亿欧元居外国移民榜首》，http：//www.chinanews.com/hr/2012/05－08/3871392.shtml［2012－8－9］。
④ 吴晶：《侨行天下》，大众文艺出版社2006年版，第184页。

储蓄达 5 万元,是全国人均储蓄最高的县"①。

2000—2009 年青田县侨汇与外币存款余额统计详情见下表:

表5-4 青田县侨汇与外币存款余额统计

年份	侨汇		外币存款余额	
	美元(万元)	折合人民币(万元)	美元(万元)	折合人民币(万元)
2000	12000	99337	27543	228004
2001	22402	185412	34887	288745
2002	30197	249949	36814	304720
2003	56569	468265	38890	321881
2004	82090	557734	37708	312190
2005	103389	834371	49448	399055
2006	138038	1078249	39681	305857
2007	182374	1332169	29035	212089
2008	217224	1484639	62631	428057
2009	200479	1368883	68343	466659

表中数据引自《青田华侨史》编纂委员会:《青田华侨史》,浙江人民出版社2011年版,第303页。

从上表可以看出,在 2000—2009 年的 10 年间,总体上,青田县侨汇收入、外币存款余额都是逐年走高。

温州瑞安市,至 1978 年后,侨汇收入也是大幅上升。该市 1981 年—2004 年各主要年份的侨汇统计制图如下:

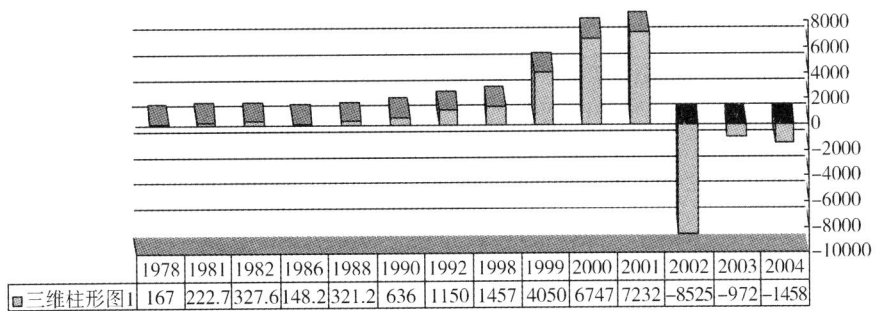

图5-1 瑞安市1981—2004年主要年份的侨汇统计(单位:万元人民币)

图中数据来自王国伟:《瑞安华侨志》,中华书局2010年版,第115—116页。

---

① 资料来自青田县"百千工程指挥部"。

（二）侨汇的用途

资助赡养侨属侨眷（基本生活、购买房、建房等）、购置生产资料、回乡探亲（含观光旅游）、投资建设项目（含房地产、水电、矿业等）、捐赠支持家乡公益事业，等等。也有许多侨汇进入民间资金潮，有的被存入各大银行成为储蓄。如瑞安市，大多数侨属侨眷、三资企业的侨汇转为储蓄。1991年，瑞安市侨汇首次超千万元，达到1149.6万元，其中工商银行102.6万美元；中国银行2243万美元，比1991年增1047万美元。2001年，瑞安市接收侨汇第一次达到最高值7231.6万美元，工商银行存余4123.2万美元，增467.6万美元；农业银行2106万美元，增1296万美元；建设银行2440万美元，增68万美元；中国银行1.64亿美元，增5400万美元。2002年，瑞安市首次出现侨汇负增长，达到负8524.84万元，其中工商银行存余2500万美元，下降1682万美元；农业银行存余1614万美元，减689万美元；中国银行存余1.13亿美元；建设银行存余1386.16万美元。[①]

因此，在青田县、瑞安市等各大传统侨乡，国家四大银行以及商业银行都设有网点。

侨乡群众特别是浙南较贫困地区的侨属侨眷，由于有侨汇的资助，普遍解决了温饱奔小康；一些侨汇投资生产办企业，改变了乡亲"等、靠、要"海外帮助的依赖思想。

三、促进侨乡经济转型升级

20世纪80年代中期，美国经济学家卢卡斯（R. Lucas）、罗默（P. Romer）等人提出新经济增长理论，认为人力资本积累、研发和外部性对经济增长产生作用，对外直接投资产生的许多"外部性"会使国内公司受益，加速知识、人力资本和先进科学技术在世界范围内流动。国际贸易和国际投资不是仅仅使一方受益而另一方受损的"零和博弈"，而是能够实现双赢、多赢的"正和博弈"。因此，海外新移民回流侨乡投资创业创新，是他们自己及侨乡都能实现发展的"正和博弈"，推动侨乡经济转型升级是其

---

① 王国伟：《瑞安华侨志》，中华书局2010年版，第115—116页。

重要表现之一。

（1）提供发展动力。如前述，侨资企业自身已开始跨出早期的规模小、产品单一、技术含量低的传统行业，向高新科技、第三产业和自主研发的新型产业转型。创建了大批高科技企业和生产绿色产品、进入循环经济发展的企业。它们积极探索、加快发展战略性新兴产业，一批潜在市场大、带动能力强、吸收就业多、综合效益好的新兴产业已悄然兴起。如宁波"创新128"园区，由宁波荣誉市民——旅澳新移民张莉女士投资开发，总投资8亿元人民币，占地面积208亩，由165栋企业服务中心、人才公寓等组成。该园区是宁波市和鄞州区政府着力打造的高端现代服务业产业集群基地。至2012年9月，园区已引进企业180多家，合计注册资金17.2亿元人民币，为当地产生税收6.3亿元。[①]

世界中华宁波总商会广场的建设，势将进一步发挥"宁波帮"力量帮宁波。

2011年10月18日，世界中华宁波总商会广场举行奠基仪式。该项目由周亦卿、李达三、包陪庆、陈慧慧、董建成、曹其镛及商学鸣等29位宁波帮知名企业家投资兴建，并得到宁波市政府的大力支持。这是海内外"宁波帮"在宁波东部新城投资兴建的代表性项目。大楼及广场占地面积1.38万平方米，办公楼高130米，建筑总面积9万平方米。总部大楼集办公、公寓式酒店为一体。大楼内部设立世界中华宁波总商会会所，"广场"将成为海内外"宁波帮"聚会的重要场所。

世界中华宁波总商会于2009年4月17日在香港成立，总商会以宁波籍企业为主体，旨在搭建全球联络平台，聚合甬商人才、资金和信息资源，建设家乡、振兴中华。

（2）提供智力支撑。浙江省引入海外人才建设侨乡的工作起步于1996年。当年，浙江省委就制定了"关于鼓励出国留学人员来浙江工作的意见"，并在全省开展新移民中科技人才调查工作，在此基础上建立了海外留学人员资料库。近年来，浙江省建立了100名海外重点专业人才及100个高新科技项目资料库；确定和建立了一批引智工作重点联系单位。浙江省侨办

---

① 何苏鸣：《我省侨商踊跃回乡创业》，载《浙江侨商》总第20期。

组织"海外专业人士回国创业论坛"、"相聚'长三角'——海外高新技术交流合作周"、"浙江省华侨华人专业人士回国（来华）创业研习班"，杭州市侨办组织"西湖博览会海外专业人士创业专场"，宁波市侨办组织"百名博士看宁波"，丽水市侨办组织"华侨要素回流"等活动，为海外人才搭建了回国创业平台。

海外新移民中的高层次人才来华（国）创业创新时，有人拥有自己行业的前沿知识，有人拥有科研成果或有一定知识产权的产品，因此，许多人才一经引入就在自己的研究领域取得闪亮的成就。如美国侨商、医学博士丁列明，2002年底回国创业，于2003年1月在杭州创办浙江贝达药业有限公司，主要从事创新药物的研究和开发，他还兼任浙江大学实践导师。在他带领下，公司自主研发凯美纳（盐酸埃克替尼片），一种强效、高选择性的口服表皮生长因子受体酪氨酸激酶抑制剂（EGFR－TKI）。这是中国第一个小分子靶向抗癌药，它能使肿瘤得到控制或缩小，患者症状得到缓解，生活质量得到改善，生存期得以延长，且口服用药，耐受性好，使用方便。因此，被业内人士称为"堪比两弹一星的重大突破"。它与同类进口靶向药物比较，每月治疗费用可以降低30%—40%，但疗效不劣于同类靶向药物，因此，凯美纳的临床应用是肺癌治疗领域的新突破，是中国晚期非小细胞肺癌患者最佳选择之一。自2011年7月，此药正式上市，第一年销售额2.5亿元。2012年整年销售3.1亿元，创税7000多万元。

海外高层次精英人才的回归还带来了先进的管理理念和发展理念，成为侨乡现代化建设的智库。

（3）推动侨乡由计划经济向市场经济转型。海外新移民凭借特有的华商网络和驾驭市场的经验，在国内开放政策吸引下，创办三来一补的加工工业，然后不断传导、渗透、蔓延、扩展、普及，帮助和影响侨乡企业家摆脱传统计划经济的束缚，把市场观念和意识传播给了侨乡，教会了同胞运用市场经济的游戏规则，还把诚实信用、讲究契约经营、计较产品质量等先进理念带回侨乡，在浙江起到榜样和先锋的作用，为侨乡从计划经济向市场经济平稳过渡转轨做出了贡献。可以说，没有最初海外华商的商业启蒙和市场启动，就没有侨乡现在的市场经济。

四、促使侨乡成为世界经济体的组成部分

中国实行对外开放,从经济方面看,主要目的是为了从全球寻求最佳资源以发展本国经济,抓住机遇参与全球分工、促进内外交换、提升国际竞争力,以加速本国现代化。侨乡在对外开放中,有特别可资利用的社会资本,李明欢教授认为它"构建于侨乡人与业已在外定居之亲友同乡之间的民间亲情网络,处于网络中的侨乡人具有'个人动员稀缺资源的能力',能够'有效激活嵌入关系网络的资源',使其产生最大效用"[1]。郑一省教授认为社会资本的运用使"侨乡得到了大量的资金、设备、技术、信息和管理经验,既提高了侨乡企业的整体素质,也使侨乡能够融入国际经贸网络,而华侨华人通过恢复与亲属的联系,协助其建立企业,并利用他们在当地人缘关系的优势","得以顺利进入当地的商业网络,并获得较高的利润"[2]。可见,社会资本的效用,无论对侨乡和侨乡民众、海外新移民自己都非常重要,可谓受益无穷。

(1) 使侨乡开始参与国际分工。浙江侨乡早期侨属、侨资企业规模都不大,从产品性质看,多属于技术含量较低的劳动密集型产品,处于较为低端的层次。但是,对浙江侨乡的本土企业、企业管理者来讲,通过侨属企业,他们第一次真正意义上感知、参与了现代国际劳动分工。如宁波市,上世纪80年代的侨属企业主要产品有针织成衣、电器机械、五金塑料、工艺美术品等。市内镇海区,从1979年起,归侨、侨眷、港属集资开办了12家中小企业,主要产品有丝绸、服装、童装、运动鞋、电器及五金零部件,其中有部分产品进入了国际市场。[3] 当时的侨属侨资企业主要是利用了侨乡的劳动力优势,结合海外新移民引入的工艺技术、款式优势,优势互补产生的能量,使产品在国际市场、国内市场均具有极强竞争力。

(2) 架起中外联结的桥梁。随着越来越多的新移民在居住国从苦力到

---

[1] 李明欢:《"侨乡社会资本"解读:以当代福建跨境移民潮为例》,载《华侨华人历史研究》2005年2期。

[2] 郑一省:《多重网络的渗透与扩张——海外华侨华人与闽粤侨乡的互动关系研究》,世界知识出版社2006年版,第100页。

[3] 《浙江华侨志》,浙江古籍出版社2010年版,第265页。

主人翁、从边缘到主流的成功转变,他们在海外的华人经贸网络日趋丰厚,他们熟悉当地国民情,了解所在国国情,知晓国际市场丰富的信息内容,与外商、跨国公司等多有业务往来。同时,他们了解熟悉国内产品性能、质量和住在国的市场需求和市场运作规则,再凭借华商网络资本,因此,他们让世界了解浙江,让浙江走向世界的角色日渐强化。

海外新移民助力浙江的企业家(以民营企业家为主)在迪拜、在南非、在俄罗斯等国家和地区,搭建市场平台,助力浙江资金在海外投资,并成功进入东欧、南欧市场,

新移民积极从事进出口贸易,充当着侨乡乃至全国各地与西方经贸合作的桥梁。他们依托国内丰富的商品市场,把眼光瞄准东欧、西欧、美洲、非洲等国际市场,批发或零售,使侨乡的产品打破空间阻隔,飞越外洋。如侨乡文成县的竹凉席销往马来西亚;番薯粉丝出口到了荷兰、德国、西班牙等国;丽水地区的田鱼、黑木耳、香菇等特色农产品远销欧洲。数以万计的"温州帮"人士穿梭于欧洲与浙江、非洲与浙江、巴西与浙江之间,使浙江义乌、温州地区的产品进入当地。温州海外新移民从事商贸业的占大多数,尤其是外贸进出口,2011 年,他们帮助温州实现全年进出口贸易总额 130 亿美元。2005 年温州市外贸进出口总额 78.60 亿美元,同比增长 31.72%。"温州货"已进入 191 个国家和地区,其中 80% 是海外新移民穿针引线或通过他们的购销网络促成的。温州市丽岙镇的新移民,每年从杭州、义乌、上海、广州等口岸向海外发货达到 50 亿元。

至 2011 年 10 月,由于新移民的作用"使浙江在海外有了 8 个产业经贸合作园区"①,从而又形成新业态下的经济水平较高的新移民群体。

以海外新移民为"桥",中国商品源源不断被输出,拉动了大批国内企业的生产和销售。2005 年,有近万家国内企业靠青田籍移民的外贸订单支撑企业的发展,有 80 万人在这些企业就业,从而拉动了侨乡经济发展。

2011 年,作者在偶然机会采访了一位青田籍郑姓新移民②。下面是她的叙述:

---

① 夏芬娟:《浙商积极投身家乡建设》,载《浙江日报》2011 年 10 月 10 日。
② 作者访谈在留尼汪经商的青田籍郑姓新移民,2011 年 4 月 26 日于杭州。

第五章 海外新移民与浙江侨乡经济互动发展

我是1982年通过劳工移民到了法国。1985年，把丈夫、儿子和两个女儿都办到法国。1988年，出资给中介把弟弟、妹妹办到法国。后来逐渐把其他家人带出去，目前，家族中共有50多人在国外。起先大家都在法国开店，有经营小杂货店、开餐馆、批发服装。金融危机后，有家人向法国属地留尼汪转移，在那里经营百货中转批发。自己一年中回国5—8次，主要是到义乌、广州组货。2010年，自己在中国组货总值约在1.5亿元。现在，在外面卖百货利润太薄。想回国投资，但法国政府严管资金外流，苦于没有渠道把在法国已挣到的钱弄回国内。

从郑姓移民介绍中，可以看出，青田籍新移民是浙江商品外销的重要力量。

五、捐赠慈善公益事业

海外移民常会对故乡产生离别前所没有的新情感，离别时间越长，事业做得越成功，对故乡的报效之心也越强烈，正如古人云："浮云游子意，落日故人情"，"谁言寸草心，报得三春晖"。因此，海外移民对祖籍国捐款赠物已成为他们爱国爱乡、热心公益的优良传统。早在上世纪初，就有海外移民积极募捐支持革命志士反帝反封建斗争的义举。上世纪50—60年代，浙籍海外移民捐款赠物，用于家乡修桥铺路、买农机具化肥、造凉亭施茶水、赈灾济贫、安老助残等。"文化大革命"期间，海外移民捐赠一度处于停滞状态。改革开放后，侨务政策逐步得到落实后，新移民对家乡的捐赠工作又重新走上稳步发展之路。

（一）捐赠基本情况

海外新移民通过侨办系统对侨乡进行捐赠是重要渠道之一。据不完全统计，2011年度全国侨办系统受理或协助办理的华侨华人、港澳同胞和归侨侨眷捐赠国内公益事业项目7115个，捐赠金额达35.35亿元人民币。其中，接收捐赠超亿元的省份有6个，依次为广东12.48亿元、福建6.89亿元、浙江3.88亿元、河南3.12亿元、海南2.4亿元、江苏1.5亿元。[①] 浙江省

---

① 张冬冬：《2011年中国侨办系统受理侨胞捐赠逾35亿元》，http：//www.zjqb.gov.cn/art/2012/5/18/art_ 376_ 53522.html［2012－6－8］。

位居第三。

另据不完全统计,改革开放后,浙江籍移民在省内和其他省市累计捐赠折合人民币近120亿元,约占国内接受华侨捐赠总额的六分之一。其中,在省内累计捐赠33亿元人民币,用于新农村建设达到12亿美元,有力地支持了浙江省教育、文化、卫生等社会公共福利事业的发展进步。

2007年—2011年,海外移民在浙江的捐赠款物总计12.47亿人民币。各年度接受捐赠情况制表如下:

表5-5 海外移民在浙江捐赠款物情况

年份	2007	2008	2009	2010	2011	五年合计
万元人民币	22285.222	22908.28	16906.9968	23754.2119	38774.9395	12.47亿

表中数据来源:浙江省侨务办公室2012年举办的第十七届旅外乡贤聚会展版。

根据上表数据制图如下,可以更好地反映海外移民在浙江捐赠的情况。

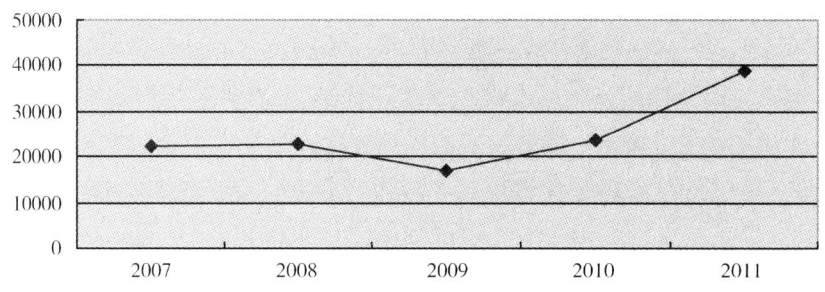

图5-2 海外移民在浙江捐赠的情况

上图反映,受2008年全球金融危机冲击,2009年,浙江海外移民捐赠有减少,但至2010年以后,捐赠额再度呈现增长之势。

省内各侨乡接受捐赠的情况分别为:

温州市,1978年—2008年共接受海外移民捐赠款物折合人民币3.4806亿元。其中,文成县接收捐赠累计近9000万人民币。县内著名侨乡玉壶镇有华侨华人26050多人,归侨侨眷4220多人,总计接受玉壶籍移民捐赠折人民币4170.2万元。

宁波籍移民自1978年以来,在全国各地捐赠金额达72亿元人民币。

绍兴市,1985年接受海外移民捐赠款物首次突破500万元,1994年和1997年分别达到3606万元和2447万元,居浙江全省地市第一、二位。至

2008年6月底，绍兴全市接受海外移民捐赠款物折合人民币1.95亿元。

台州市，仅2012年，台州籍海外移民向家乡捐资建立公园、设立助学金等款项累计超过1300万元。

湖州市，近年来，接受海外移民和侨资企业捐赠，用于建设新农村的捐赠款物达1000多万元人民币。

（二）捐赠款物投向领域及特点

海外移民捐赠热点集中，领域分散。（1）教育领域一直以来是海外移民捐赠的重点。2011年，全国侨办系统接受的35.35亿元人民币捐赠中，具体投向：教育领域21.49亿元，占总捐赠额的60.80%；扶贫济困助残养老5.31亿元，占比重为15.03%；基础设施建设3.35亿元，占比重为9.47%；医疗卫生事业2.87亿元，占比重为8.10%；文化体育事业2.04亿元，所占比重为5.78%；救灾2883.28万元，所占比重为0.82%。① 2011年捐赠投向制图如下：

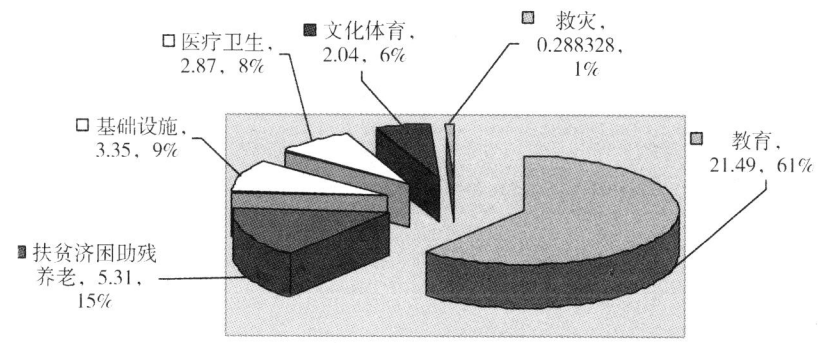

图5-3　2011年捐赠投向

2011年，仅广东、福建、浙江、河南、江苏五省接受捐助教育事业总额达16.65亿元。其中，浙江省侨办系统接受的海外捐赠38774.9395万元，主要用于发展教育事业，占69.53%；投向文化体育事业，占12.14%；投向救济、助残、养老社会事业10.06%；投向生产生活及基础设施7.8%；投向医疗卫生事业占0.32%；投向救灾及其他社会事业，占0.1%。浙江省侨办系统2011年接收捐赠的投向制图如下：

---

① 张冬冬：《2011年中国侨办系统受理侨胞捐赠逾35亿元》，http：//www.zjqb.gov.cn/art/2012/5/18/art_376_53522.html［2012－6－8］。

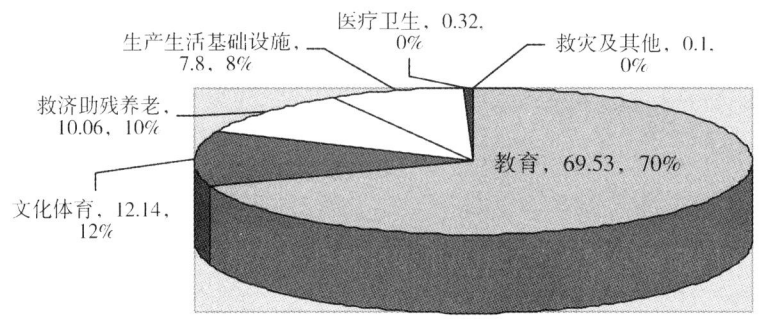

图 5-4 浙江省侨办系统 2011 年接收捐赠的投向

2011年,温州市接受海外移民捐赠社会公益事业,折合人民币4912.04万元。捐赠主要投向：新农村建设项目2165万元,占总数的44.07%;捐赠教育事业1331.83万元,占27.11%;捐赠救济困难群体1205.78万元,占24.55%;捐赠文化、卫生等公益福利事业159.88万元,占3.25%。① 温州市接收捐赠投向制图如下：

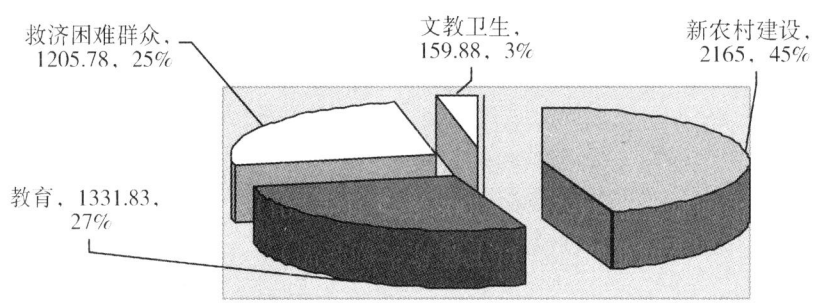

图 5-5 温州市接收捐赠的投向

绍兴市至2008年6月底,该市接受的全部海外移民捐赠1.95亿元中,教育占总数的60%,文化和社会公益事业分别占12%和22%。

（2）从捐赠渠道看,组建基金会趋多。各类基金会为更多海外移民实现捐赠公益慈善事业提供了中介和服务,并且其运作和管理日益规范化,逐渐得到广大捐赠人的信任,从而开辟了一条高效稳定的资金募集新途径。随着浙江省内的侨资企业在企业所在地的捐赠增长速度加快,以基金会的名义

---

① 刘时敏：《2011年温籍海外侨胞捐赠公益事业近5000万元》,http：//www.zjqb.gov.cn/art/2012/2/1/art_376_50918.html［2012－9－12］。

捐赠的项目越来越多,并对非传统侨乡地区的捐赠也有了较快增长,从而实现取之社会、回馈社会,实现了事业发展与社会责任的双赢,成为中国(浙江)公益慈善事业中的一支主力军。

(3)捐赠由"造福"转向"造血"。海外新移民和他们的企业普遍具有较强的社会责任感,他们在投资创业获得发展的同时,不忘社会责任。如温籍侨商林东,2001年从澳大利亚学成回国,融资50万美元注入绿盛集团。2012年,他的企业实现全国销售收入11亿元。他的企业连续四年被杭州市评为"纳税大户"。2009—2010年,林东分别在杭州市千岛湖投资3000万美元、在萧山经济开发区投资5000万美元建造两大生产基地。如今,绿盛集团拥有总资产4亿元,员工2000余人,厂房占地243亩,销售网络覆盖全国17个省、80多个地级市、2万多家网点。2008年,林东被评为"风云浙商"。林东在创业成功的同时,心存感恩,努力回馈社会,他经常讲:"不仅是企业家,我觉得作为一个人最基本的就是要有良心,有道德,也就是要有社会责任。"至今,他累计捐赠已达600多万元。林东有个理念:创业最有价值的就是"年轻时创业",因此,他大胆鼓励学生创业,他担任浙江海归创业导师团团长,杭州海外留学生归国人士创业发展促进会长,杭州大学生创业联盟(以下简称大创联盟)首任主席。大创联盟服务杭州大学生创业企业3462家(2008年5月至2011年2月15日所成立的企业数),其中年产值突破一亿元的有2家,2000万元以上的有8家,200万元以上的有52家,创业导师655人。在杭州全市13个县市区137个乡镇建立了大学生创业就业服务组织。2009年3月投资850万人民币创办"猎户科技集团"公司,这是帮助大学生创业的项目之一。同年8月,投资1500万人民币创办"睿翼文化创意公司",这是帮助大学生创业项目之二。2010年9月,投资300万美元在洛杉矶创办"美国通用科技有限公司AGT. INC",帮助留学生创业。林东的最大心愿"希望通过未来三十年努力,在中国这片土地上能亲手打造出一个奢侈品品牌,留给社会"。

(三)捐赠风采

从1994年—2012年,浙江省人民政府共十批次授予73位著名海外移民"爱乡楷模"荣誉称号。"爱乡楷模"是浙江省人民政府为表彰海外侨胞、港澳同胞爱国爱乡、大力资助浙江省社会公益事业的盛德义举,先后对捐赠浙江省社会公益事业1000万元以上人民币的海外侨胞、港澳同胞授予的荣誉称号。这是迄今为止浙江省在此领域最高规格的荣誉称号，获此荣誉称号的人员名单见下表：

表5-6　浙江省政府授予海外侨胞、港澳同胞荣誉称号的名单

时间（年）	名　　单
1994（第一批）	包玉刚、邵逸夫、应明皓、李惠利、陈经纶、陈廷骅、沈炳麟、赵安中、陈元钜、包玉书、包素菊、包丽泰、顾国和、顾国华
1997（第二批）	董建华、查济民、曹光彪、查良镛、黄鸿年、陈宜昌、陆章铨、林明达、姚云龙、闻儒根、张杰、张爱芳
2000（第三批）	倪铁城、王宽诚、汤于翰、范鸿龄、吴剑鸣、傅在源、高月明
2001（第四批）	车越乔、汤永谦、叶泰海
2003（第五批）	李达三、范思舜、陈绍华、包景表、周若芸、姚文琴、赵亨文、陆增镛、陆增祺
2004（第六批）	章传信、林百欣、陈曾焘、蒋敏德
2006（第七批）	周亦卿、孙周月琴、严信才、包陪庆、詹耀良、郭玉桓、郭胜华
2007（第八批）	段永平、刘昕、朱敏、徐郁清、廖春荣、应立人、黄庆苗、魏绍相、顾建纲、叶杰全
2009（第九批）	苏德科、黄长顺、周天玲、王福元
2012（第十批）	曹其镛　李叶耀珍　王明康

73位"爱乡楷模"的祖籍地：浙江省籍62人，其中宁波籍31人，绍兴籍7人，舟山籍4人，台州籍3人，杭州、湖州、青田、海宁、温州各2人。外省籍7人，其中广东籍3人、江西籍2人、福建2人、江苏1人。2012年获"爱乡楷模"称号的李叶耀珍女士祖籍是福建，但是，她的丈夫李达三先生是浙江宁波籍人士，并于2003年就获此荣誉称号，因此，她可算半个浙江人。浙江籍"爱乡楷模"中有40多位是同乡会、同乡联谊会等社团的创始人、主要出资人、主要领导人。

目前，海外移民捐赠者队伍出现这样的特点：海外老移民捐赠热情不

减，新生代移民已加入捐赠行列，给捐赠工作注入了新鲜血液，扩大了捐赠队伍，使捐赠工作后继有人。捐赠由个人向群体发展。如宁波市，2008年"新生代捐赠金额已占全市（宁波）捐赠总数的52%"①，他们大多数通过父辈或祖辈基金会形式捐赠，占50%或更多②。呈现海外侨团作用越来越强，重点人士率先垂范，新生代移民捐赠队伍日益扩大的良好局面。

第三节　海外新移民经济事业的侨乡因素

海外新移民对侨乡经济起着推动、促进作用，但是，无论从宏观还是微观上理解，他们不可能是孤立的个体，作为社会人，他们一定会与侨乡社会之间产生互动。而在社会互动过程中，其主体"不是单一性，而是多元性"，即"主体可以是个体、群体、阶层、种族、社团、政党、政府等"。③这说明，新移民在侨乡能发挥作用，也需要其他主体的互动，这样才能在互动中发展个性和自我，使其作用更大化、最大化，并使海外新移民在互动中也得到侨乡社会正能量推动帮助，两者在互动中并进、共赢。

一、投资获利，企业成长

在现代经济活动中，企业生产任何产品都要消耗原材料、燃料、动力，都要投入劳动力，都要上缴利润和税金。因此，资方在投资前会慎重考虑他投资创业活动中必须的成本，投资环境（政治因素、经济因素、自然因素、环境因素等等），并对产出进行核算。马克思曾说："资本是一种作为适当的交换价值从流通中产生和独立，但又重新进入流通，在流通中并通过流通而使自己保存并增大（增加）的价值。"④ 这就是说，资本是以获利为目的，具

---

① 姚虹：《2008年宁波接受海外港澳侨胞捐赠超五千万》，http：//www.ocao.ningbo.gov.cn/temprule_article/009.jsp？aid=13410［2010-1-18］。
② 陈振凯、孙晓青、吴月辉：《今日"宁波帮"》，载《人民日报海外版》2009年10月16日。
③ 方立明、奚从清：《互动管理与区域发展》，三联书店2010年版，第11页。
④ 《马克思恩格斯全集》，第47卷，人民出版社1979年版，第6页。

有先天的逐利性。"资本害怕没有利润或利润太少,就像自然界害怕真空一样。"[①] 新移民来侨乡投资创业,一方面是缘于桑梓情,故国谊,爱国爱乡故土情,更多是为自己的资本找最好的归宿,做大做强企业,使资本运动起来,并在每一次资本运动中保值并增值,在反复无限的资本循环运动中进行资本积累。

改革开放以后,浙江引进的外资企业中,侨资企业占60%以上;实际利用外资额中,侨资占65%以上。侨资进入侨乡后,双方以互助合作,利益共享,共图发展为前提,一方提供资金、技术,并参与管理,另一方提供土地、劳动力、市场、政策优惠。如中国改革开放初期,为鼓励引进外资和先进技术,一直对外资企业(在华外商投资企业、外国企业及外籍个人企业)实行"超国民待遇"的内外有别的差异性税收优惠政策,直到2007年国家才实施企业所得税内外合一。之前,外资企业所得税为15%,内资企业为33%。2007年之后,内外统一,都为25%。

因此,侨资企业产品或内销或外销,实现投入、产出、销售,在优惠政策中获得极大收益。新移民在浙江侨乡的投资,无论是独资、合资,成功率相当高,获利很丰厚,企业得以成长壮大。这基于中国政治环境稳定,经济正处于较快增长期,政府长期致力于为海外投资者创造良好的投资环境,形成了全方位、宽领域、多层次的对外开放格局。这基于侨乡具有新移民投资成功的先天条件,如共同的语言、同乡、同族等关系。他们与外商相比,更熟悉国内经济环境、文化环境和历史传统,具有人脉优势,与各级政府更容易沟通。这基于浙江侨乡市场经济发展较为成熟,产业配套及人才、科技、信息等综合配套资源能力都比较强。

总之,侨乡有海外新移民投资成长的肥沃土壤。诸多有利因素为新移民投资提供了"经济增长潜力",以及企业发展的巨大空间和战略机遇。

个案:聚光科技——2010浙商500强之一

聚光科技首席执行官姚纳新。

他有辉煌的求学经历。1992年毕业于北京大学生物工程学系,同年获美国加州大学研究生院全额奖学金,毕业后到硅谷一家生物工程公司担任基

[①] 《马克思恩格斯全集》,第23卷,人民出版社1972年版,第829页。

因测序部门经理。2001年,他再回学校,获斯坦福大学工商管理硕士学位。他的社会活动能力极强:在北大求学时,任北大学生会主席;在加州大学求学时,曾当选该校中国学生会主席、北加州北大校友会主席。他明白自己的兴趣专长。据他回忆,当他还在加州大学学习时,逐渐分析自己,认定自己最大的兴趣和能力是做企业家而不是科学家,因此,2001年,他来到硅谷成立聚光科技。

侨乡助力,十年磨成剑。

机缘相聚,强强联合。姚纳新有做企业的爱好和热情,不意味着就一定成功。一次斯坦福浙江籍留学生聚会上,他与王健(斯坦福大学机械工程博士,被人称为"技术痴")相识,王后来成为姚的合伙人,现为聚光科技的法人代表。他们决定联手创办企业,做计划,搞调研。翔实的创业规划和可行性调查,获得了宁波籍旅美新移民、网讯公司创始人朱敏的欣赏,他将"天使基金"投向了聚光科技。

创业不易,三年卧薪。据姚纳新回忆,2001年年底,他和王健带着资金、技术、创业的理想、热情和激情回国。当时,上海、北京等地都向他们抛出招商橄榄枝,但最终被杭州市政府的诚意打动,姚还说自己是浙江人,回乡创业有家乡情结,因此,他们回到了浙江,选择在杭州落户,于2002年1月,聚光科技(杭州)有限公司注册成立。公司建立了,营利的大门却一时难开启。因为,公司在前三年一直做产品研发,只有投入没有产品可销售。公司融资也难,是"天使基金"支撑公司度过最困难时期的前三年,姚自己和王健没有从公司拿过一分钱工资。但是,姚纳新、王健等人专注于国际新一代光电测量技术、过程分析技术和实验室检测技术的研究与应用开发、研发生产的决心没有变,围绕"环境与安全"两大主题,提升公司核心竞争能力。

平稳发展,及时转向。至2005年,聚光科技的产品逐渐得到市场认同。2006年,当公司原有产品——在线分析仪器步入快速发展阶段后,姚纳新敏感到该产品在国内市场有趋饱和的势头,因此,他决定将公司主要产品研发转向环保领域。新世纪来临,伴随中国经济高速增长的是环境被污染,环保的压力越来越大,要"金山银山,更要青山绿水",全社会越来越认同中国未来的发展应走低碳发展之路。聚光科技及时抓住了时代需要,利用紫外吸收光谱技术，推出了污染物排放检测产品。

政策支持，快速发展。当聚光研发的环保产品趋向成熟，赢得越来越多买家时，一直在支持它、关注它的杭州市政府于2009年12月16日，以杭外经贸外服许【2009】229号行政许可决定书同意聚光有限改组为外商投资股份有限公司，更名为聚光科技（杭州）股份有限公司，并向浙江省人民政府相关部门申请。2009年12月17日，获浙江省人民政府许可：聚光科技换发商外资浙府资杭字【2001】03199号《中华人民共和国外商投资企业批准证书》。2009年12月30日，公司在浙江省工商行政管理局注册登记。2011年4月，公司成功在A股上市，注册资金4.45亿元人民币。

公司上市之后，得到快速发展。反映一家企业经营好坏，成长性是否良好，最主要的衡量标准是企业的净利润。净利润（收益）是指在利润总额中按规定交纳了所得税后公司的利润留成，一般也称为税后利润或净收入。它是一个企业经营的最终成果，净利润多，企业的经营效益就好。根据聚光科技公布的公司财务数据报表，将它2007年以来的净利润制表如下：

表5-7　2007年以来净利润情况

时间（年）	2007	2008	2009	2010	2011	2012（前三季）
年度净利润（亿元）	0.0901461595	0.795965960	1.3534860136	1.6305674533	1.7427161431	0.9982000110

为进一步反映聚光科技的成长，将表中数据制图如下：

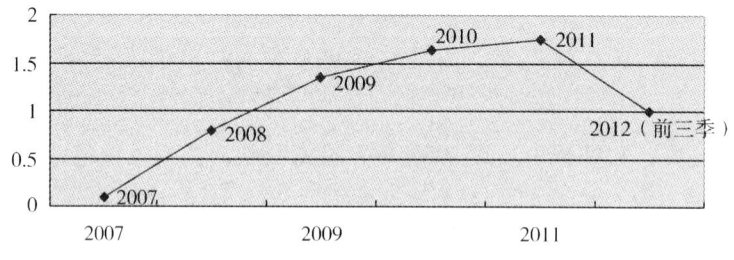

图5-5　聚光科技的利润增长趋势线

从图5-5中该公司净利润增长趋势线中可以看出，公司的成长性良好。

星光闪烁，荣誉灼灼。经过10多年发展，如今，聚光已成为中国分析仪器行业和环保监测仪器行业的龙头企业。旗下产品荣获许多个第一：紫外气体分析仪表全球出货量第一，激光气体分析仪表全球出货量第一，烟气监测在线分析仪器国内出货量第一，冶金气体分析行业国内第一，工业工程分析仪表行业国内第一，近红外分析仪表行业国内第一。2009年，后金融危机时代，聚光仍然保持50%的增速，公司销售额接近10亿元。其产品不仅完全取代了国外跨国公司的产品，改变了高端在线仪表被国外公司垄断的局面，而且使行业内监测产品价格平均下降近50%，为国家节省了数亿美元的外汇，也为国内企业节省了十亿元监测成本。鉴于聚光科技的现有成绩，浙江省政府、杭州市政府给予其企业及主要负责人以极高的荣誉，公司荣获"2010浙商500强"①，还入选"中国最具竞争力科技型中小企业百强榜"。公司首席执行官姚纳新当选2009年度十大"风云浙商"，"2012影响中国年度新经济人物"。

二、中国市场，机会良多

目前，全球经济格局已出现明显变化，发达经济体与新兴经济体各自的投资与消费结构、国际资本流向、贸易全球化进程及国际金融体系等都发生重大转变。在此过程中，中国内地以其仍然良好的成长性受全球聚焦。在中国，存在投资新机遇被广为公认。由于中国经济处于调结构的转型期，对外商在内地投资的产业目录进行了一些调整。这些调整扩大了外商的投资范围，减少了投资限制。国家鼓励投资低碳绿色经济领域，如现代农业；鼓励对技术创新产业的投资行为，如医药、电动汽车等。因此，中国市场提供给海外新移民的机会更多了、更好了。

个案："华侨要素回流工程"与新移民经济

"华侨要素回流工程"原是指浙江重点侨乡青田县巧打"侨牌"的重要工作平台。青田县以这一平台，修订落实政策，吸引华侨回乡投资创业。主要体现：服务引资，成立"侨务工作领导小组"，简化护照办理手续，解决

---

① 新浙商500强的评选条件之一：企业年营业收入6.5亿元。

互动视野下的海外新移民研究——以浙江侨乡发展为例

华侨子女回乡寄读问题；项目引资，成立青田华侨回乡投资者协会，建设投资捐赠项目库，及时向华侨发布项目信息；环境引资，建立石郭外贸工业专业区，形成"内店外厂"的模式，培育华侨外贸发展平台；感情引资，开通"青田侨网"，每年对一百多人次老归侨进行慰问，与八十多个海外华侨华人社团和二千多名华裔建立友好关系。如今，则概指所有吸引海外新移民回侨乡创业创新、置业安居而制定的政策、拟定落实的工作方案、打造的平台。一些地方又将其称为"总部经济"。

近年来，回乡创业的青籍新移民越来越多。至 2011 年 10 月，青田县已引进新移民资金 23 亿元，全县有侨资企业 100 多家[①]，投资领域涉及生态农业、新能源等新兴产业。一方面，源源不断的侨资注入，推动青田县域经济又好又快发展。另一方面，侨资也寻觅了发展场地。如意大利侨商孙建伟创办的浙南油茶开发有限公司，成立于 2002 年 5 月，是一家以油茶综合开发利用为主业的外商独资企业，也是目前丽水市独此一家具有油茶籽综合加工能力的农业开发型企业。当地百年茶树成林，品质上乘，全市油茶投产面积近百万亩，其中被誉为"浙南油库"的青田县境内投产面积就达 27 万亩。2003 年在农业等有关部门的大力支持下，孙建伟充分利用侨乡丽水地处浙江南部山区，有丰富的森林资源，以及山区农民茶油种植的历史传统，采取公司＋基地＋农户的生产模式，以青田为中心，涉及周边 3 个区县，共建了 10 万亩无公害油茶生产基地，涉及农户 3.5 万户。这一模式还确保了公司原材料的供应。公司先后被授予"浙江省食品加工示范企业"、"丽水市重点农业龙头企业"称号。公司茶籽饼深加工技术开发项目列入国家科技部农业星火计划，2005 年 11 月项目通过验收。

同时，青籍新移民内外联动新型经济越来越红火。据青田县侨联负责人介绍，近几年来，该县许多新移民成了空中飞人，有的人一年来回国内外近十次，当起了"两栖"移民。他们巧妙地融合国外国内的资源信息，把国内物美价廉的货品带出国门，将国外的先进技术和理念带回了国内，跨国生意做得风生水起。冯姓移民，侨居西班牙，已在青田县城、杭州市区各开一

---

① 吴雅茗、于洪海：《青田侨商踊跃回乡创业 已引进华侨资金 23 亿元》，http://news.hexun.com/2011-10-11/134081444.html［2012-12-6］。

家酒吧，他说："现在，我一年中至少回国3—5次。回国来主要是进货，也为打理国内的酒吧生意。""2005年以前，我的生意基本都在国外，曾经有三年一次都未回国。现在，生意做到了国内，当然得多回来几次。何况交通、信息都很方便，只要买好飞机票，随时都可以动身回国。感觉回国如同去趟北京、上海。"

正是侨乡给新移民创业创新提供的良好条件，吸引他们回归，并做大了事业。如温籍新移民诸建勇的温州金帝集团有限公司，2011年，产鞋2100多万双，出口额1.46亿美元，上缴利税1.08亿元，已连续5年鞋类出口名列全省第一。

如刘忠光的浙江华港涤纶实业有限公司，2003年7月落户湖州，集科研生产销售及售后服务于一体。注册资金9980万美元，占地100多亩，员工近300人，企业总资产超过7亿元，年生产复合纤维涤纶7万吨。2009年，公司在新加坡股票交易市场挂牌上市。2011年，中期项目正式投产并于1月25日在韩国股票交易市场挂牌上市。

除了浙江籍新移民在侨乡寻得发展经济事业的天地，外省籍新移民在此也觅得梧桐而栖。如祖籍广东的泰国正大集团董事长谢国民，是2010年美国《福布斯》杂志公布的泰国巨富，他曾被《财富》杂志评为全球最具影响力的50位商界领袖之一和亚洲商界领袖25强之一，他公司的业务遍及20多个国家和地区，以农牧业、食品业、商业零售业为核心，2010年4月19日，他与浙江省宁波市慈溪政府签订正大现代农业生态园战略合作框架协议。该现代农业开发区位于慈溪杭州湾现代农业开发区的核心区域，占地3.9万亩，正大投资60亿人民币，集现代优质农业和蔬果种植基地、优质畜禽养殖基地、仪器加工与物流基地、农业高新技术研发和培训基地、农业休闲观光基地于一体。这将是低碳、循环经济、国际一流的都市生态圈。

个案：义乌小商品市场与海外新移民经济

义乌市位于浙江中部，是我国改革开放起步最早的城市，如今是国际化程度较高的地区，其外向型经济的比重达到60%以上。每年10万多侨商与义乌小商品市场发生跨国经贸联系。

侨商构成及特点。第一，外籍侨商绝对多于本籍侨商。义乌本籍海外新移民少，主要集中在阿拉伯联合酋长国（迪拜）、俄罗斯（莫斯科）、美国。目前，已有数百人取得长期居留权。义乌侨商会的会员构成很好地反映了这一特点。2009年，侨商会有会员169人，男会员145人，女会员24人。其中义乌本籍侨商43人，仅占会员总人数的25.44%。[①]

第二，义乌侨商已突破地域界限。他们的原籍地主要来自福建、广东，浙江省内的温州、瑞安、乐清、文成等地和青田、浦江、东阳等市县，也有来自港、澳、台地区的商人。这一点，从在义乌成立的各个外地籍、外省籍商会可以证明。目前，有义乌温州商会、义乌丽水商会、义乌青田商会（筹）、义乌福建莆田商会、义乌福建泉州商会、义乌潮汕商会、台商会等外地籍商会组织40多家。至2009年，仅青田籍在义乌的侨商就有5万人，在义乌注册登记的青籍侨商已超过6000个，他们直接在义乌市场采购组货。不过，浙江传统侨乡如浙东的宁波籍、绍兴籍的新移民来义乌经商的较少。

第三，义乌侨商从事高科技创新的不多。义乌侨商年龄主要处于40—50岁之间，他们的文化教育程度相对较低。2009年，义乌侨商会169位会员的文化程度统计如下：初中及以下107人，占总人数的63.31%；高中文化28人，占总会员数的16.56%；大学及以上34人，占总会员数的20.11%。因此，大多数义乌侨商是以义乌市场为背景，从事跨国贸易。通常，家族成员或自己在国外从事贸易，有较为完善的自有销售渠道，自己在义乌充当家族企业的组货者、代理者。

侨商的国际贸易情况及特点。义乌市场为侨商从事跨国贸易创造了丰富的商品货源。他们为从事国际贸易与义乌市场发生联系的具体情况是这样的："浙江籍侨商在国外批发市场有摊位、靠摊位做批发贸易的一般侨商约1.5万人，平均每年到义乌进货次数大约3—4次，每次的贸易额在25万到35万人民币，以此推算，流动'义乌侨商'年贸易额在112.5亿到210亿，平均约157.5亿。"[②] 具体详情见下表：

[①] 统计数据由义乌侨商会提供，在此表示感谢。
[②] 王晓峰、杨金坤、陈楠烈：《义乌侨商与中国小商品城》，载《浙江社会科学》2011年1期。

第五章　海外新移民与浙江侨乡经济互动发展

表 5-8 "义乌侨商"在义乌小商品市场年贸易情况表

人数	年采购数	次采购金额	年采购金额	年采购次数	次采购金额	年采购金额
1.5 万	3	25 万	112.5 亿	4	25 万	150 亿
	3	35 万	157.5 亿	4	35 万	210 亿

表中数据来自浙江省侨办杨金坤在 2008 年对义乌侨商所作调查。

2010 年，义乌"新增外国企业常驻代表机构 414 家，入境境外客商突破 42 万人次"。为适应侨商从业的需要，义乌"航空口岸临时开放时间由 3 个月延长至 4.5 个月"①。据金华海关、义乌工商等部门介绍，2009 年首季，义乌集贸市场实现成交额 113.06 亿元，同比增长 14.17%，其中中国小商品城成交额 77.37 亿元，同比增长 7.56%。3 月份金华海关接受义乌小商品报关单 2.7 万份，同比增长 9%，监管出口集装箱 4.9 万标箱，同比增长 8.9%。② 2012 年，金华全市外贸进出口超越 2011 年全年。10 月单月全市"实现外贸进出口总值 29.7 亿美元，同比增长 113.0%，增速列全省第一；其中出口 28.6 亿美元，增长 123.5%，增速列全省第二；进口 1.1 亿美元，下降 6.0%。10 月份，义乌企业以旅游购物商品（监管方式代码：0139）方式出口 15.4 亿美元，同比增长 2792 倍，占 10 月份市出口总值的 53.7%"，是推动义乌市外贸出口高速增长的主要原因。③

义乌侨商的经营显示以下特点：经营类型以国际贸易为主，国内贸易及投资设厂为辅；经营方式以流动为主，常住为辅；经营品种以小商品百货为主，其他商品为辅；经营区域遍布世界各地，基本上与浙籍新移民在海外的分布相吻合。义乌侨商会会员的侨居国也可反映经营区域的特点，分别为：阿联酋 20 人；意大利 26 人；美国 18 人；西班牙 9 人；法国 7 人；香港 6 人；澳门 5 人；马来西亚 3 人；阿塞拜疆、印尼、菲律宾、赤道几内亚各 2 人；荷兰、德国、英国、罗马尼亚、尼日利亚、沙特、伊拉克、佛得角、苏

---

① 义乌市发展和改革局：《关于义乌市 2010 年国民经济和社会发展计划执行情况及 2011 年国民经济和社会发展计划草案的报告（摘要）》，http：//www.ywnews.cn/content/201103/19/ywnews_108593.htm［2011-4-17］。
② 蒋中意：《义乌侨商海外"撤退"并不明显》，载《金华日报》2009 年 4 月 16 日。
③ 义乌海关：《1—10 月份我市外贸进出口超越去年全年　义乌小商品属地申报拉动增长》，http：//hangzhou.customs.gov.cn/publish/portal379/tab15556/module38264/info398216.htm［2013-4-9］。

里南、巴拿马、澳大利亚诸国各1人。①

义乌侨商经贸活动的优势。第一，语言优势，乡缘优势，文化优势。侨商与义乌市场业主同种同族同文化同语言，有许多市场业主来自省内的温州、青田、台州等地，因此，侨商来此看货进货、办出口都不需带翻译，方便沟通。据厦门大学博士生陈肖英调查：在义乌，除义乌话，温州话是当之无愧的第二大语言。在义乌市场，温州方言也可以成为通行语言。有时候方言本身就可以获得实惠。因为，方言属于地方文化的一个重要内容。方言与普通话相比，更具乡土气息，能讲方言，可以拉近彼此心理距离。有人曾戏称：在海外，遇到温州人，只要会讲温州话，就可以找到吃饭的地方。在义乌市场，可以这样说，会讲温州话，经营实惠多。第二，地缘优势。在义乌经商的侨商原籍呈相对集中性，同乡之间联系比较紧密，他们又组织了地缘性、业缘性社团和商会，平时组织一些联谊活动，调节大家的生活节奏，也互通信息，有的侨商就是循着乡缘来义乌从商的。厄瓜多尔浙江青田同乡会会长杨小爱就是如此。她说：

"我们一家人原来大多在法国、西班牙。偶然机会，我妹妹到了厄瓜多尔做小商品批发生意，利润很不错。她鼓动我也去厄瓜多尔。2003年，我抱着玩的心情从法国到了厄瓜多尔，观察了约2个月，感觉在当地做批发业务会比法国好做，利润高些，就留了下来。后来，我们家族中原来在欧洲的近200人逐渐都转移到了厄瓜多尔经商。我在当地办了鞋厂，也做批发。批发货源主要来自义乌市场。为进货，我一年中回国次数总在5次以上。一年的利润么，大概在200万元左右。因为跟义乌的供货商已有十多年生意往来，大家处得像一家人。这次来进货时，我感冒了，就在一个供货商家住了3天，她烧了许多可口的饭菜给我吃。"②

能与供货商做成朋友，说明侨商与义乌市场商家之间基本确立了长期稳定的合作关系。

侨商对义乌市场的贡献。第一，推动义乌市场发展。义乌市场开始是走街串巷的鸡毛换糖马路市场，侨商来义乌进货都用最原始的编织袋装货，将

---

① 统计数据由义乌侨商会提供，在此表示感谢。
② 2011年11月24日，访谈杨小爱于陪同她到杭州的车上。

第五章　海外新移民与浙江侨乡经济互动发展

货转运到海外后，往往是全家总动员四处"提篮叫卖"。侨商筚路蓝缕，以吃苦耐劳的精神，从艰苦创业中积蓄财富，生意越做越大，经商范围也越来越广，编织袋被成千上万个集装箱所替代。浙江省侨办对外联络处的杨金坤处长曾作过调查，认为法属圭亚那郭胜华先生、巴西尹霄敏先生、西班牙黄志坚先生和周亮洪先生、意大利刘光华先生、葡萄牙陈坚先生、法国卓旭光先生和邱爱华女士等这些浙江侨界的精英，他们的事业发展都和义乌市场紧密相连。甚至前文介绍的聚光科技现任CEO姚纳新也认为自己的"商业意识"来自义乌市场。他曾回忆说：他在北京大学读书期间，偶然机会到义乌，看到一个多功能计算器的批发价是22元，在北京要卖75元。他就利用寒暑假，多次从义乌小商品市场购买多功能计算器，在北大和清华校园里兜售。几次往返净挣几千元，当时，一个大学讲师的月工资还不到200元。可见，姚纳新以义乌市场为背景挣的第一笔可观利润，对他今后办企业的影响。

第二，带动义乌市场的小商品走向世界。义乌侨商在义乌所组货物涉及各行各业，主要有服装、饰品、工艺礼品、拉链及配件、纺织纱线及织物、鞋帽、箱包毛毯、化妆品、机电、音像设备、餐厨具、物流、建材、电器、鞋业等。南部非洲浙江义乌总商会会长骆玲娟曾对人说：只要义乌市场上有的商品，她都可以想办法销到南非去。在南非的中国小商品批发城、（中国）香港城，卖的几乎都是义乌货。据义乌外经贸部门的统计：2007年，义乌出口额226亿元，2008年达到248亿元，增幅为9.7%。2010年实现自营进出口额31.2亿美元，同比增长32.7%，义乌海关年监管57.6万标箱。① 一般情况下，"义乌侨商"在义乌的年出口贸易额约占出口总额的65%以上。

第三，架起了义乌市场与世界联结的桥梁。侨商闯荡五洲四海，拥有雄厚的经济实力和广泛的商业网络，成为遍及全球国际贸易的生力军，他们是浙江经济"走出去"的重要力量。同时，当他们把义乌商品推向全球各个市场时，也把世界各地对各类商品的需求信息带回义乌，促进义乌市场的小

---

① 义乌市发展和改革局：《关于义乌市2010年国民经济和社会发展计划执行情况及2011年国民经济和社会发展计划草案的报告（摘要）》，http：//www.ywnews.cn/content/201103/19/ywnews_108593.htm［2011－4－17］。

商品不断更新换代、丰富发展。自上世纪90年代起，义乌市场开始产业升级，如饰品业，现在已拥有国际商贸城饰品专业市场、饰品专业街等。从事生产、经营的企业已达到8000多家。强大的行业集聚效应在国内独一无二，当之无愧地成为国内行业的龙头，所以义乌又有"中国饰品之都"之美名。在义乌，涌现了像新光饰品这样集饰品研发、生产、销售、贸易于一体的大型民营企业。该公司创建于1995年，已发展成为总资产近15亿元，企业员工近6000人的中国饰品行业龙头企业，它是浙江省饰品行业协会会长单位，是目前国内最大的流行饰品生产基地。

第四，拉动就业率。据不完全统计，义乌市场有65000个商铺，它们依托着20多万家中小企业，其中三分之二为浙江省的中小企业。它们雇佣的产业工人达1000多万人。

侨商发展的侨乡作用。当侨商对义乌作贡献时，义乌市场极好的商业设施和众多的市场机会，为想来义乌淘金的侨商奠定了发展基础。第一，小商品，"高利润"。从事商业的重要目的即获取利润，积累财富，再反馈社会。义乌市场浩瀚的价廉物优的小商品为侨商提供了广泛选择和获利机会，是他们财富由少到多，经济力量由弱到强的重要基础。据义乌市场管理处统计，目前市场有营业面积470余万平方米，商位7万个，日客流量21万余次，经营16个大类、4202个种类、33217个细类、170万个单品，是国际性的小商品流通、信息、展示中心，被联合国、世界银行与摩根士丹利等权威机构称为"全球最大的小商品批发市场"。南非世界杯期间，响彻各比赛场馆的喇叭（南非人称其为嗡嗡祖拉），长度63厘米，或者是65厘米，出厂价2.2元，批发价2.3元左右，再加侨商把它们运到南非的运费等成本合计约4元，到南非后，上浮30%为利润批发。有位侨居南非的晁姓侨商说："现在每年回国2—3次趟。"世界杯期间，小旗子和喇叭太好卖啦，批发量大，赚头最多。他没有说具体的获利情况，但从他的言谈中可以发现，他应该赚取了比较满意的利润。

第二，政策支持，创新管理。市场紧跟需求而变。随着义乌市场的繁荣，义乌市各级政府部门、相关单位多积极努力做好"小商品市场"这道菜，完善义乌市场的品牌，发挥管理优势。如义乌海关，为迎接圣诞用品出口高峰，2011年起，启动了"圣诞商品出口提速计划"，专门设置"绿色通道",现场解决企业在圣诞用品通关过程中遇到的困难和问题。2008年的金融危机,让义乌出口额骤然下降,有饰品从业者说:最多时出口额下降四成。为强化义乌小商品市场走向国际化道路,相关部门在义乌国际商贸城五区市场开办进口商品馆,集经营、展销、洽谈于一体,其理念是义乌市场要"买全球,卖全球"。目前,国际商贸城进口商品馆汇集了日本、巴西、西班牙、非洲、马来西亚、意大利、韩国、智利等28个国家和地区的近10000种商品,极大丰富了义乌市场的商品资源。进口馆的主要商品有:巴西水晶、非洲乌木、西班牙橄榄油、日本陶瓷/漆器、印尼工艺品、美国红酒、意大利品牌服饰、韩国儿童用品、台湾食品等。绝大部分馆内业主都有侨的身份。目前,义乌又获批国际贸易综合改革试点,这必然使它由贸易出口独大向进口、出口并重发展,同时也将进一步向国际化、全球性的商品贸易集散地拓展。这为侨商们从事出口、进口多边经贸创造了广阔舞台。金姓侨商(原籍文成,侨居希腊)说:"我原来专做百货出口,2009年,生意快速下滑,当年营利不足前一年的三成。"适逢义乌市场将办进口馆,他让家人租到一铺位,从希腊进口橄榄油,2012年,经营收入中,进、出口各占50%。①

第三,创造条件,"走出去"。后金融危机时代,全球各地的中小华商经济出现了剧烈变动。义乌市的外贸出口市场随之发生了一些变化:传统地区欧美的出口量下降,就拓展东欧、东盟、俄罗斯等国际新市场,中东的阿联酋(主要是在迪拜)已取代美国成为义乌小商品的最大出口国,因此,前往阿联酋迪拜经商的义乌商人增多。顺应这一发展新变化,2009年6月中旬,义乌市组织了300名商人包机赴迪拜参展,设展位200个,为该市有史以来参展规模最大的海外展。②另据金华日报记者蒋中意对义乌侨商会会长童昌茂先生的采访说:在迪拜,义乌物美价廉的小商品很受那一带国家的欢迎。通过政府有形之手,把义乌外贸服务平台延伸到了境外,进一步扩大了义乌市场的体量。2010年,组织参加境外投资贸易洽谈活动9次。全年新增外国企业常驻代表机构414家,入境境外客商突破42万人次。

---

① 2012年11月25日访谈金先生于文成县大酒店。
② 2011年10月24日访谈义乌市侨商会秘书长张正平先生于他的办公室。

第四节　海外新移民与浙江侨乡经济互动发展中的问题

海外新移民在浙江创业创新谋发展中也存在不少问题和困扰。在侨居国生活多年，回国后，物是人非，近乡情怯。他们对国内的经济生活环境、文化习俗等都面临重新熟悉、重新适应以及如何谋求再发展的问题。不同移民模式、不同代际的新移民由于综合素质、经济基础的差异等原因，所面临的困难和问题也各异。有的是多年来的老问题在当前的表现，有的是新时代产生的新问题。

一、侨资企业发展面临的问题

近年来，侨资企业不断发展过程中，为侨乡经济社会全面发展进步做出了积极贡献。同时，侨资企业在实际发展中也存在、面临不少的问题和困难。

（一）侨资企业方面

（1）结构不尽合理。浙江全省的侨资以投向第一、第二产业为主，约占55%。如温州瑞安市，2010年登记在册正常运作的侨资企业共59家，其中从事房地产开发5家、服装20家、鞋类8家、针织帽等业10家。另外主要有化工制革、五金机械、汽摩配等。① 介入第三产业多为房产、娱乐、旅游、餐饮等传统项目。从事新型产业如金融、保险、信息、咨询等业的很少。工业项目集中在资源加工和劳动密集型产业，规模小，高新技术和高附加值项目少。

（2）创新能力弱。不少侨资企业创新意识不够强，怕风险，在技术研发上不肯大投入，发明专利少，模仿贴牌多。这样，创新成果少，抗风险能力弱。有的企业属于高能耗、劳动密集型，利润主要来自产业链中的利润较

---

① 统计数据由瑞安市侨务办公室提供。

低的加工环节。

产业化水平低，产业关联度低，产业科技含量低，产业瓶颈多，产业链短，这"三低一多一短"成为侨资企业现状的集中写照。有的企业家族式管理较为普遍；企业彼此之间合作较少。

(3) 出口外销压力大。侨资企业中从事加工出口的很多，由于缺乏自主品牌，外向度又较高，导致部分企业的产品在国内有市场却销售难，在国际上有市场却打不响。近年来，全球经济重振乏力，2012年上半年，"浙江经济增速仅7.4%，再次低于全国平均水平，在全国倒数第二，而杭州、宁波、温州的增速分别为7.5%、7.1%和5%"①。外贸式微的现状，让曾经是全国经济发展"优等生"的浙江省风采骤减。同时，美元、欧元等外汇不断贬值，人民币升值，劳动力成本日渐攀升，这对许多劳动密集型侨资企业来说意味着优势的削弱及竞争力的下降，即使赢了贸易也没赚钱。有的企业外贸订单大量缩减，如金华市的侨资企业订单平均减少30%—40%，部分企业甚至超过50%。

(4) 投资目的异化。一些新移民回乡投资的真正目的，不完全是为发展侨乡的经济社会，而是以跑马圈地为目的。当他们在侨乡政府的帮助支持下，征了地，建了厂房，就是效益没出来。三年五载过去了，宣告企业难以为继，厂房招拍卖，达到从土地转手买卖中获利的目的。

(二) 侨乡政策服务方面

(1) 侨资企业身份不明。目前，工商部门对来登记的侨资企业是将其"列为外企，管理时又难以当作外企对待"，结果"造成侨资企业不靠外、不靠国企、不靠民企、不靠台企"的"四不靠"尴尬处境。②

(2) 融资难。浙江省是著名的"资源小省"，侨资回乡面临土地紧缺、人工成本飞速增长两只拦路虎。新《劳动法》实施后，规范了企业的用工行为，却加大了企业的用工成本。温州某从事家纺产品的侨资企业销售部负责人蒋先生接受采访时如是说：

---

① 何玲玲、李亚彪、商意盈：《再出发——浙商"新回归"的"四问四解"》，载《浙江日报》2012年9月25日。
② 《浙江侨资企业转型升级情况调查报告》，见浙江省侨务办公室编：《侨资企业转变经济发展方式论文选编》未刊稿，第3页。

上世纪90年代，企业生产一条绗缝被加上两个枕套，传统三件套出厂价超过300美元。这两年，企业外贸订单只有以前的5%。汇率也出问题了。刚办厂时，卖1美元的货，加上退税，能换得9.5元人民币，现在只有6.3元人民币；人工，这两年每年上涨10%至15%；棉花，前些年每吨只要13000元，去年狂涨到每吨36000元，2012年下半年也要20000元；市场需求，以前100美元以上的产品还卖得动，现在欧美市场只卖得动30至40美元的产品。老板压力山大，我做营销的也一样啊。①

有70%以上的侨资企业遭遇资金短缺、融资困难。侨资企业在生产经营、技术改造、产品升级等方面急需大量资金投入，但是由于银行存贷款利息差过大以及国家信贷收紧等原因，导致侨资企业融资成本过高。许多侨资企业为中小企业，可抵押的资产较少，有的甚至无固定资产抵押。有极少的侨资企业与内资企业相互担保得到贷款，一旦资金断链，法院冻结，银行催款，连锁反应就是几家连保企业都难以为继。坐落于浙江省杭州市余杭区的浙江ⅩⅩ实业有限公司是一家集研发、制造及销售服务为一体的中美合资企业，属现代化综合性高科技公司，主要研发、生产符合国际标准的节能隔热保温材料等现代绿色节能环保产品，及反光材料等安全产品。其中隔热保温材料制备工艺为国家863计划项目，是国家级重点项目，填补了国内在新型空心玻璃微珠节能保温无机材料方面的空白。该公司曾为绿成集团贷款提供担保，而绿成又为其他企业（简称丙）贷款提供担保。当丙的贷款到期没能力偿还时，银行按担保连带责任冻结了绿成公司的资金，同时又冻结该侨资企业的7000万元资金，致使该公司资金无法周转而叫苦连天。② 侨资企业卷入连保，不可能一荣俱荣，却绝对一损俱损。

许多从事进口贸易的侨资企业在国内遭遇"卖全球"的市场趋向饱和的态势及产品同质化，市场竞争激烈，市场过度依赖人际关系的困扰。

（3）投资软环境不如人意。有的政府部门对侨资重引进，轻管理；重数量，轻质量。有的政府部门因为规划的滞后性影响侨资企业的生产和经营。有的乡镇对侨资企业的行政干预比较多，税费负担重，尤其是一些行政

---

① 2013年2月17日访谈蒋先生于杭州青藤茶室。
② 2012年2月23日访谈浙江省侨办杨处长于他的办公室。

收费居高不下，让企业难以接受。在工商部门的统计归类中，侨资企业没有单设类别，使得一些有关维护侨益的法规、政策不能及时落实或惠及企业。有的地方信用缺失，诸如中方的配套资金落实、中方土地使用权限、中方所能提供的配套设施等情况，在签约前不能实事求是地告知，而是欺骗和隐瞒。有的政府部门维侨护侨手段不够，部门力量分散，形不成合力。有的政府部门在实践中角色定位错位、越位、不到位、抢位。有的政府领导干部不能把握自身的角色行为，随心所欲。如果前任领导把扶持某家侨资企业作为自己的政绩，后任领导为了证明其前任的失误就千方百计刁难甚至打击这家企业，最终既损害了侨企利益，也损害了地方利益，更损害了政府形象。

(三) 引资面临双重竞争

(1) 侨资"西进"。由于前述的一些原因，同时，中国内地、中西部非侨乡省市为吸引外资，在土地征用、配套政策方面提出比浙江省更优惠的条件，如低地价、低税收、给重奖等。侨资转移投资于中西部时，招工更方便，用工费用更省。因此，内推外拉合力使一些新移民将资金、项目投向了中西部。

(2) 外资"南逃"。2010 年和 2011 年，中国实际使用外资超过 1000 亿美元，居发展中国家的首位，全球第二位。但是，2012 年前二季，中国吸收外资连续几个月出现小幅下滑，外资流向发生变化。随着中国制造业人工成本和生产成本的继续上涨，中国周边国家的竞争力却在日益增强。如印度尼西亚、越南诸国已发展成为低成本的生产基地，吸引外资进入，吸引邻国资本进入，成为中国的强劲对手。据《2011 年世界投资报告》显示：2010 年，南亚、东亚和东南亚的直接外资流入量上升了 24%，达到 3000 亿美元，接近全球总量的 1/4。2010 年东南亚国家联盟成员国的直接外资流入量翻了一番以上，达到 790 亿美元。[①] 2012 年，流入东亚和东南亚地区的外资增长了 14%，创造了新的纪录，达到 3360 亿美元，占全球流入量的 22%。流入东盟的外资达到 1170 亿美元，增长了 26%，增速远高于东亚的 9%。[②]

---

① 王丹鹰、叶宁玉：《2011 年世界投资报告：中国对外投资增速猛》，http://www.chinanews.com/cj/2011/07-27/3211617.shtml [2011-8-9]。

② 詹晓宁、葛顺奇：《2012 年世界投资报告：迈向新一代全球投资政策》，载《企业家信息》2012 年 9 期。

统计数据反映，有外资已将投资目的国瞄准他国，有的撤离中国投向中国周边的价值洼地国。

（3）选择投资项目难，企业规模差距大。大部分浙江海外新移民个体资金比较小，如青田近23万移民中，资产过亿的不多，超过10亿的更少。在目前的经济形势下，他们对投资项目的选择举棋不定。一方面，国内适合他们投资的项目较少，另一方面，许多新移民受制文化教育程度、企业管理经验等，难以胜任大项目管理职责。温州市永嘉县侨办黄少林主任介绍说：有个很矛盾的现象，许多企业资金周转不灵，同时，有的侨胞资金却找不到项目对接。许多侨胞携资金回国，地方上推不出合适的项目给他们。① 从投资规模看，不同侨资企业差距大。如温州市，至2011年，有的侨资企业年产值达10余亿元，有的只有几十万元。②

二、实施"走出去"战略中遇到的问题

（一）企业本身的问题

当浙江省内企业走出国门，进入国际市场参加博弈时，有的企业开拓海外市场盲目性大，对外面的世界不了解、或了解不够，"学费"高。有的企业将在国内的经营思维、经营习惯带到投资国，导致"水土不服"。有的企业缺乏参与国际竞争的自觉性和长远发展的战略思考，往往采取各种急功近利的短视投资行为。有的企业缺乏利用境外投资方式促进企业发展的意识。大多数企业创新能力不足，在海外缺乏竞争力。大多数企业资金较紧，不可能完全依靠自有资金发展境外投资。实施"走出去"战略所需要的能从事境外企业经营的复合型人才严重缺乏。在一些热点市场，浙江企业没有协调制约机制，相互压价、恶性竞争，导致利润下降，甚至引起反倾销调查。有的企业对投资目的国在股权、审批时间、环保及劳工政策等诸多方面设置的苛刻条件，不了解或了解不多。国际政治安全环境变动导致的如恐怖袭击、暴力犯罪等给海外新移民带来非商业风险也非常巨大。如利比亚局势动荡，

---

① 2012年10月25日访谈黄少林主任于永嘉县侨务办公室。
② 资料来自温州市侨务办公室。

直接导致浙江投资的诸多重大项目搁浅。一些企业在该国数十亿元的项目，因战乱被迫全部中止，企业损失可想而知。日本的地震海啸也把不少投资者搞得灰头土脸。又如从2012年1月始，埃及政局一直处于动乱当中，在当地从事贸易的浙江商人在贸易洽谈、物流、结算诸方面都受到严重影响。

（二）政府政策、服务方面的问题

新移民出国投资，还遭遇侨乡多头审批管理，内容重叠，耗时过长，成本高；对外投资项目审批与企业实际得到优惠政策脱节；对外投资信息咨询服务欠缺；对外直接投资管理存在一些盲区；小企业人员出境审批手续烦琐；没有自营进出口权的企业，由于没有外汇账户，外汇不能名正言顺"走出去"。政府相关部门也缺少关于海外投资的统一法律保障体系，金融咨询、投行、评级等中介配套服务机制也不完善。

三、循环移民中，高层次人才面临的问题

中国经济快速发展，缩小了与发达国家的差距。高层次人才在海外容易遭遇"升职"天花板；近年来，随着从中央到地方大量密集性推出吸引海外高层次人才的优惠政策，选择回归中国创业的人越来越多。但是，他们来华（回国）创业创新中，也面临着许多困扰。

（1）多部门引才，易政出多门。中央发出海外引才冲锋号，各级政府部门、机构迅速响应，掀起热火朝天的引才局面。可是，多部门同做一件事，容易政出多门。第一，有的地方为争取引才政绩排名，暗中较劲引才数量的多少。第二，"一哄而上"争抢生物医药、新能源、新材料等前沿领域的人才。第三，一些地方互相攀比、"大跃进"式引才，导致个别地方注重引才数量忽视质量，甚至某海外高层次人才既获甲地"千人计划"人选，又获乙地"千人计划"人选。第四，引才过程中视野不够宽泛，重理（工）轻文。

（2）重引进，轻管理。许多引才计划基本没有严格、系统的考评办法，没有退出机制。这使得小部分海外高层次人才回国（来华）时，首先与政府谈条件要支持，而不是以项目、技术、经验等先实干。有的地方对人才的资助、优惠，只对应某位具体的人才或某个项目。

（3）创业型人才相对少。至 2010 年，总共六批 1510 位国家级"千人计划"人选，"完全搞科研工作的，一共是 1161 人，进入企业创业的 349 人"①，创业型人才占 23.11%。如第五批国家级"千人计划"人选 318 人，"创新人才 260 名，创业人才 58 名"②，即创业型人才只占 18.24%。

（4）对人才的保护支持机制不足。以个案为例。

个案：海归企业"讯强"③ 遭遇美国"泰科"④ 专利打压

宁波"讯强"公司成功研发广泛用于零售商家的电子物件监视防盗声磁防盗技术，打破了美国"泰科"对该项技术 20 年的垄断历史，并在技术上有新突破。"泰科"以专利侵犯为由，向广东佛山中级人民法院起诉"讯强"。宁波"讯强"组织应诉，并于 2010 年 10 月 19 日，在国家知识产权局专利复审委的口头审理和 2011 年 4 月 27 日的司法鉴定听证会上，提供了对方专利数据严重造假的铁证。国家知识产权局专利复审委的口头审理结论事关诉讼胜败。一般口头审理后如期给出复审结果的平均结案时间为 6 个月，但宁波"讯强"却耗时一年多也未等来复审结果。期间，"泰科"利用美联社驻新加坡分社的舆论渠道，在当地中文财经网络上刊发了许多诋毁侮蔑"讯强"的文章，并用雅虎、MSN 等高排名方法使得该消息在网上搜索宁波"讯强"词条时长期被排头条。它还不断向全球客户发函，称其专利覆盖世界各大洲（实际上只涉及 7 个国家），并说两家的技术差异十分明显，致使一些海外客户对"讯强"产品采取了观望态度，导致企业海外订单减少，发展举步维艰。企业创始人"国家千人计划入选者"李霖博士自

---

① 吴江：《对海外人才引进的评估调查及对策》，载《国际人才交流》2011 年 12 期。
② 李亚杰、隋笑飞：《千人计划吸引海外专才》，载《浙江日报》2011 年 5 月 31 日。
③ "讯强"：浙江宁波讯强电子科技公司（下简称宁波"讯强"），创始人李霖，留美博士。浙江省级第一批、国家级第三批"千人计划"人选。"讯强"研制成功软磁偏置声磁防盗（矫顽力小于 10 Oe）标签，突破了以往公认的必须采用半硬磁偏置（矫顽力 10－550e）的局限，具有更优越的解码性能和简单易行的工艺制造方法，产品性能超越了美国"泰科"的 DR 标签，先后获得美国发明专利 1 项、南非发明专利 1 项、中国发明专利 4 项、实用新型专利 16 项，制订企业标准 1 个。由此，"讯强"快速成为全球声磁防盗标签领域的第二大供应商，并入选国家科技部科技型中小企业技术创新基金优秀典型案例。
④ 美国"泰科先讯"（简称美国"泰科"）独家垄断零售商家的电子物件监视防盗声磁防盗技术 20 多年。

身的创业热情和创新激情受到了严重的打击。他说自己在"浙江举目无亲，当企业处境十分艰难时，如果不是许多海归人士鼓励他，浙江省内一些部门支持他，他的能力真会耗干"。

该案反映出三大问题：第一，国内相关部门如专利复审结论耗时过长。第二，国内保护海外人才知识产权的机制不完善。第三，利用海外媒体进行保护式宣传的力度不够。

（5）海归高新企业快速成长遇"瓶颈"。海归高层次人才在侨乡创办的高新企业，具有高技术、高成长、高收益、不受经济周期和金融紧缩影响等特点。但是，一些企业如生物医药产业普遍存在总体规模小、新药成果转化率低、企业创新动力不足的问题。许多海归企业大都成立时间短，项目处于起步期或投入期，主要工作集中于创新产品的研发，其周期长，投入大，风险高，对人才、技术、仪器等配套要求高，企业自己搭建技术平台缺经费，极大制约了他们创新能力的发挥。

（6）国内社会环境不完善。有许多海外高层次人才成为"恐归族"，原因在于国内空气污染，食品安全问题迭出，信息不够自由，各类文化生活不够丰富，节节上涨的物价，通货膨胀等问题。

综上所述，海外新移民与浙江侨乡经济领域的互动，自1978年中国改革开放后逐渐增加，经历90年代的发展，进入新世纪达到较高的互动规模和发展水平。他们以投资、侨汇、捐赠等多种形式，助力侨乡亲戚朋友走上物质富裕的生活，改变了他们的生存之道。同时，他们把国外的先进管理经验、技术设备引入侨乡。他们在侨乡创办企业，从事科技研发，使侨乡融入世界市场，参与国际分工。当然，在这一互动发展过程中，新移民在侨乡也得到极好的发展，获取回报。在互动发展中存在的不少问题，这需要相关部门静心思考，冷静面对。

第六章　海外新移民与浙江侨乡的社会文化互动发展

海外新移民与浙江侨乡经济的互动发展，促进了侨乡经济社会诸多变化。以侨资企业为主体的外资企业纷纷入驻，侨汇源源转入，大量捐赠的到来，侨乡发生了翻天覆地的变化，如就业结构变化、人口结构变化、民众思想观念和价值观的变化。侨乡也成了中西思想、中外文化交融的接点，使社会精神文明建设走在了时代前列。

随着国内经济体制、政治体制改革的深入，新移民在海内外离去来归，在政治领域，他们参政议政，成为促进侨乡民主政治建设，推动侨乡制度创新和政府职能转变的重要力量之一，也加强了他们与侨乡经济、文化、政治方面的紧密联系。他们在侨乡走亲访友，建侨房，修祖坟，寻根祭祖，修庙拜神，激发了侨乡民俗文化的复兴和繁荣，加深了他们对侨乡的情感，进一步认同中华传统文化，并将之远播海外。

第一节　侨乡社会结构的变化

移民是流动的，他们的流动空间、生活和劳动空间、居住空间都因流动而发生变化，因此，他们的移民活动又与社会流动紧密相连。社会流动

(social mobility)是西方社会学者在研究社会分层时所使用的一个概念。它是指人们在社会关系空间中从一种地位向另一种地位的移动。"由于社会关系空间与地理空间、劳动空间具有密切的联系,因此,一般把人们的地理空间和劳动空间的流动也归于社会流动。"社会流动从表面看,是个人行动,对流动者个体产生意义,实际上,它对整个社会结构也产生影响。即使"有时互换对流性的社会流动并没有改变整个社会的宏观地位和结构配置状况,但社会流动的速度、比率仍然会影响社会结构的性质以及社会运行的状态"[1]。此处所讲的社会结构,是指社会体系的各个部分或基本要素之间相互联系的结合方式。[2] 海外新移民与侨乡社会的多重相互联系,也总是存在于一定的社会结构中,体现在社会各个基本活动领域,起决定性影响作用的是社会经济结构。它加快了侨乡社会就业结构、人口结构的变化。原本固守于贫瘠乡村,从土地中刨食的百姓,转向侨乡工业和其他产业就业。同时,侨乡经济发展后,也吸引了大量非侨乡劳动力流入就业创业,引发人口结构的重大变化。经济结构、人口结构变化又促使当地百姓思想观念意识的变化和民众角色的改变。

一、就业结构的变化

就业往往是指人们在一定年龄阶段,从事的为获取报酬或经营收入所进行的活动,因此,它深受生产方式、经济发展水平、产业结构和自然条件的影响。侨乡就业结构变化体现在三个方面:第一,侨乡民众因社会流动,就业空间由国内转移到了国外,或由本地区转向其他地区。第二,就业领域从第一产业为主向侨资企业或其他第二产业、第三产业转移。第三,吸引省外人口向侨乡流动,在侨乡实现就业。

(一)人口增长与就业

历史上,浙江侨乡百姓进行移民的重要原因之一就是地狭人稠,在本地区就业艰难,生活困苦。因此,了解近代以来浙江省的人口增长情况,有助

---

[1] 任柏强、方立明、奚从清:《移民与区域发展》,人民日报出版社2008年版,第4页。
[2] 奚从清:《现代社会学导论》,浙江大学出版社2012年版,第223页。

于理解侨乡人口流动对当地就业结构所产生的影响。1916年，浙江省有总人口22690490人，其中从事农业生产的人口有8098176人。① 1919年，浙江省总人口24377298人，每平方公里平均有人口9.5人。② 从统计可以看出，仅1916年—1919年三年间，浙江人口增长了1686808人，人口增长率6.92%。1928年，浙江有人口20642701人，比1919年减少了3734597人。年均递减率为16.5%。造成人口增长回落的原因：第一，1921年浙江省议会举行第三届议员选举后未再进行换届选举，虚报人口之风有所收敛。第二，这一阶段浙江政局动荡，屡遭战火，又兼天灾严重，导致人口增长减少。1928—1938年，浙江的人口处于增长之势，即使抗日战争爆发后，1938年全省人口仍比1936年增加约26.7万人。③新中国建国后，国家政局稳定，自然灾害减少，当时中国的人口政策一度以"人多力量大"为指导思想，因而，浙江省人口增长较快。据统计，1949年，浙江省有人口2083.07万人，2000年有4593.07万人。51年间，浙江省人口增加了2418.1万人，增长率为116.6%。④

人口分布的稀密程度是表示人口分布状况的一个重要指标，并也能反映一个地区的就业情况。人口增长过快，导致浙江人分布集中，就业困难。1990年，第四次人口普查资料显示，浙江省人口密度高达每平方公里407人，远高于全国每平方公里118人的平均水平。2010年则达到每平方公里534.6人，比2000年增加了75.2人，是全国人口密度的3.8倍。自古以来，浙江就是资源小省，土地少，矿产、森林等自然资源贫且布局失衡，难以形成可容纳较大量就业人口的第二产业。改革开放后，还由于大规模基础建设、城镇化、人口增长等因素，土地等自然资源加速减少。而且，从上世纪50年代起，中国施行严格的户籍"二元"结构政策，导致城乡鸿沟极深，

---

① 夏卫东：《民国时期浙江户政与人口调查》，中国社会科学出版社2011年版，第76页（数据来源：内务部统计科编制：《内务统计：民国五年浙江人口之部》，文益印刷局1920年，第9—14页）。
② 夏卫东：《民国时期浙江户政与人口调查》，第85页。内务部总统计科编内务统计：《土地与人口》之《浙江部》，1922年，第87—94页。
③ 徐八达、王嗣均：《浙江省人口志》，中华书局2007年版，第177页、178页。
④ 徐八达、王嗣均：《浙江省人口志》，转引自浙江省人口普查办公室、浙江省公安厅、浙江省统计局编：《浙江省人口统计资料汇编》（1949—1985），第257页。

农民被牢牢束缚于土地。中央对工、农业产品执行的"价格剪刀差",致使广大农村经济累积资金再发展的能力极为脆弱,农村经济发展极为缓慢。浙南地区的温州、丽水青田县等市县的农村,尤其是山区农村的生产力极为低下。历史记载:重山复水,高深险阻,无平原广野林麓薮泽之饶,民生其间,梯山为田,窖薯为粮,终岁勤苦而不得一饱。在这种境况下,农村非农化产业发展更是极为有限。

这就很好诠释了为何在改革开放后,当地农民成为海外新移民的主力军。当他们以各种途径成功着落于西方国家后,他们基本都能就业,而且从事的职业多样化:"提篮叫卖"的小商业、中餐业、皮革业、制衣业、百货礼品业、进出口贸易、房地产业,甚至在金融业、航运业、高新技术等业都有他们的身影。他们或当老板,或当雇员,在异国他乡充分实现了就业。

侨乡移民网络也为新移民在海外就业创造了条件。网络理论承认情感交流、亲情信任和对社会资源的获取能力等主观因素在社会交往中的作用,人们通过这些主观因素发生联系、建立"强关系"。这种"强关系"在浙江侨乡的表现就是沾亲带故的亲缘网。[①] 侨乡群众在"强关系"网络中向海外移民,每位移民在网络中又成为一个原点,以此为中心向外延伸。网络中的每位移民之间的关系是信息交流和资源流动的渠道,从而带动越来越多的人移民海外。网络中的"先锋移民"自己站稳脚跟后,又携带家乡的亲、朋、故、旧出国创业,实现较高层次的就业。"先锋移民"帮助族人出国,既有宗族血亲关系的考虑,也出于自己在海外创业基本都以餐饮、皮革制衣等劳动密集型产业为主,携族人出国,可以较为方便安排于自己的企业内做事,既便于管理,同语言同风俗,还便于交流,降低经营成本。被携带者初来乍到异国他乡则能顺利就业。

可见,向海外移民成为侨乡农村劳动力转移的一个重要途径,这极大缓解了山多、地少、土瘠、人多的浙南地区百姓的生存压力,拓宽了他们的就业、创业之路。2008年,青田县统计局对该县农村户籍人口变化进行了调

[①] 中国农村素有聚族而居的传统和维系紧密的宗族、家族观念,使不少新移民在居住国能得到亲戚、老乡和故友支持。在"先锋移民"的影响和引带下,进行"连锁移民"。只有这一网络中的成员,在当地才拥有向海外移民的资格。参见夏凤珍:《从世界看浙南非法移民》,南开大学出版社2008年,第142页。

查。1996年全县户籍总人口49.10万人,其中,农村户籍人口数44.84万人。2006年,农村户籍人口40.83万人,10年间净减少4.01万人。1996年—2006年的十年间,也正是青田县民众向海外移民的高峰期。因此,青田县农村户籍的减少与海外移民有必然联系。

（二）侨资企业与就业结构变化

侨乡民众在本土实现就业结构的转移,也得益于侨资企业落户侨乡。侨资企业多是劳动密集型为特点的中小企业,主要从事加工制造的二、三类产业,非常适合广大少文化教育,少专门培训,少专门技能的乡村民众就业。侨乡百姓自此改变了"观日"作息,从土地觅生机的生活方式,"洗脚上岸","放下锄头,拿起斧头",农民向非农化转变。2000年第五次人口普查资料表明,浙江全省就业人口由第一产业逐步向第二产业、第三产业转移。按三次产业划分,"第一产业的就业人口占就业人口总数的比重为33.53%,第二产业占40.65%,第三产业占25.82%"。与1990年第四次人口普查相比,十年间,"第一产业下降了19.57%个百分点,第二产业上升了10.55个百分点,第三产业上升了8.84个百分点"。① 统计数据表明,浙江农村包括侨乡有大量剩余劳动力顺利地转移到了二、三产业。

改革开放以来,随着我国市场经济为导向的经济体制改革,劳动力可以自发地向全国各地流动,由农村流向城市,由内地流向沿海,由经济发展相对滞后地区流向发达地区,由农业流向工业和服务业。浙江省人口流出与流入的状况举例见下表：

表6-1　浙江省人口流出、流入的情况

时间	迁入率（%）	迁出率（%）	净迁移率（%）	迁入人口在业率（%）	总人口在业率（%）	省内迁移（%）	省外流入（%）
1985—1990	8.1	15.26	-7.16	67.21	59.27	70.52	29.58
1990—1995	10.46	11.57	-1.11	—	56.67	61.79	38.21
1995—2000	60.51	21.61	38.9	68.13	58.02	57.10	42.90

表中数据引自陈诗达、陈凌：《浙江人口变动及就业状况》,浙江省劳动和社会保障学会成立二十周年论文暨2004年浙江就业报告,中国劳动社会保障出版社。

---

① 《浙江省人口发展报告》,载《浙江统计》2003年1期。

表 6-1 的数据反映：1995 年前，浙江省人口净流出率高于流入率，此后，流入率高出流出率。原因在于，此前，浙江人向海外流动、向全国各地流动经商都达到高潮。随着浙江省二、三产业快速发展，城市化迅速扩张，侨资企业的增多，浙江成为全国经济增长的热点区域，吸引了大量外省人口流入就业。这种人口的内外流动形成非常有意思的现象：浙江流出人口主要为经商，流入人口主要是务工。如温州市，到 2008 年，"有三资企业 1800 家，华侨华人和港澳同胞投资的企业 1400 家，占 82%。侨资占投资总数的 80%"。三资企业解决了温州 37 万人的就业问题。[①] 丽水市仅在侨资企业直接务工的外来人口近二万人。在国内，有近万家企业靠青田华侨的外贸订单支撑，有近 100 万人在这些企业就业，其中我省（浙江）占 80 万人。[②] 温州市瓯海区丽岙镇，至 2007 年有侨资侨属企业 96 家，占全镇总企业的 88%，花卉市场是镇里的龙头企业，全镇有 40 多家花木场是华侨投资创办的。丽岙全镇侨资企业产值 25 亿元人民币，解决就业人数超万人。

可见，侨资企业成为侨乡就业结构变化的重要因素之一，催发了人口进一步内外流动，并产生了积极影响。第一，扩大了社会就业空间，增加了浙江人民的收入，改善了生产生活水平。第二，侨资企业多引入西方先进的技术设备和管理经验，注重对企业员工的技能培训，以提高锻炼他们的内在素质和实干才能，因此，来侨乡就业的人口总体素质得到提高，他们在侨乡得到市场意识的启蒙。侨乡成为新一代管理人才的摇篮。同时，加快了浙江科技进步和产业创新的速度，增强了浙江的经济实力、产品开发能力和参与国际竞争的能力。第三，拓宽了国际市场的营销渠道，加速了浙江产品走向国际市场的进程，推动了浙江与世界各国的贸易、合作和友好往来。第四，支持了社会公益事业的发展，对浙江精神文明建设起到了促进作用。

二、人口结构的变化

正是侨乡社会经济结构、产业结构、社会生产方式的发展变化，引起就

[①] 赵淇淇：《温州华侨华人在温州经济建设中的贡献》，载《温州侨商》2008 年第 6 期，内刊稿。

[②] 卢俊和：《青田华侨带动我省 80 万人就业》，载《浙江日报》2002 年 7 月 1 日。

业结构的变化，决定了当地人口结构的变动。这是经济社会发展的自然规律，当然，人口结构的变化也会反作用于社会经济发展以及社会生产方式的变化。

（一）侨乡本土人口结构的变化

（1）海外移民导致本地人口减少。青田县自1982年起至2000年，每年有成百上千人出国。2000年，全县有常住人口361062人，2010年为336542人，10年间又减少了24520人，下降6.79%，年均下降0.68%。由于青田是浙江省著名侨乡，不少人是被引带出国成了新移民。据青田县公安局出入境管理科介绍，仅2006年，全县共办理私人护照2.2万件。

（2）"留守老人""留守儿童"在人口构成中显著。"留守老人""留守儿童"原是指改革开放后，由于城乡居民的收入差距日益加大，农村人均可耕地面积减少，农民从自己原有土地上获得的收入落后于经济发展水平，越来越多的农民涌入城市打工。大量的农民进城务工增加了家庭经济收入，也带动城市经济的发展，为城市建设做出了巨大贡献。但是，大量农村青壮年进城打工，将老人、孩子留在老家，这样的老人、孩子被称为"留守老人""留守儿童"。在侨乡的"留守老人""留守儿童"身份较为特殊，有"洋留守"特点，即老人的子女、或儿童的父母远在海外就业创业。有的老人自己就有侨的身份。有的孩子具有外国国籍，只是其父母处于创业拼搏阶段，无暇照顾年幼子女而将他们送回侨乡寄养，等他们稍长大后，再将他们接回出生国接受教育抚养。侨乡"洋留守老人和儿童"比例很高。据青田县统计局于2008年调查：全县18周岁以下的农村普查登记人口为4.64万人，占全县农村普查登记人口的23.9%，60周岁以上的农村普查登记人口为3.63万人，占农村普查登记人口的18.7%，两者合计人数占到了42.6%。青田县海外新移民的年龄结构，18岁—40岁的青壮年是出国主力军。又如温州市鹿城区七都街道，2008年，街道幼儿园有学生283名，其中，本地户籍54人，外来务工子弟78人，外国国籍151人。本地籍学生中，有16人的父母已移民国外，他们也成为名副其实的洋"留守儿童"。七都街道的洋"留守儿童"百分百跟随老人或亲戚生活。

（二）外来人口数量明显增加

在改革开放前，我国政府对全国人口的管理基本是多部门参与、在利益上向城市人口倾斜、高度集中统一、城乡分割的"二元"管理制度。这种人口管理制度，有利于巩固国家政权、社会稳定和优先发展重工业战略，却又是以牺牲农村居民利益为前提，很大程度上忽视了社会公平，使得中国城市化水平停滞不前，甚至时常出现倒退的现象。[1] 随着社会主义工业化的发展，市场经济体制确立，以往固化的人口管理体制成了社会经济发展的障碍，束缚了生产力的发展，因此，必然被改革，被打破，代之以越来越宽松的人口管理政策，这样，人口流动选择趋向自由，流动方向扩散至全国。在浙江，侨资企业大量落户，民营企业大量涌现，"专业市场+家庭工场"的农村工业化模式兴起，形成一系列发达的产业群，提供了大量就业机会，[2] 因而，不断吸引外来人口向侨乡迁移，使当地人口得到快速增长。这种状况，可从下面几组人口变化统计数据得到反映。

浙江全省及省内的温州、杭州、宁波、金华、丽水五市建国以来各主要年份人口统计详情见下表：

表6-2 温州、杭州、宁波、金华、丽水建国以来主要年份的人中统计

地区	1949年万人	2000年（万人）	51年增长（%）	1990年万人	2000年万人	10年增长（%）	2010年（万人）	10年增长（%）
全省	2083.07	4593.07	1.20	4144.60	4593.07	10.82	5442.69	16.37
温州	276.05	755.76	1.74	633.09	757.76	19.69	912.21	20.69
杭州	288.25	687.87	1.39	583.21	687.87	17.96	870.04	26.48
宁波	254.91	596.34	1.34	509.09	596.34	17.14	760.57	27.54
金华	229.46	457.19	0.99	412.00	457.19	10.97	536.16	17.51
丽水	117.21	216.21	0.85	234.92	216.21	-7.96	211.70	-0.02

表中数据，1949年的人口统计来自徐八达、王嗣均主编：《浙江省人口志》，中华书局2007年版，转引自浙江省人口普查办公室、浙江省公安厅、浙江省统计局编：《浙江省人口统计资料汇编》(1949—1985)；1919年、2000年、2010年数据来自浙江省统计局官网。其中，增长率百分比为作者计算。

2010年第六次人口普查数据显示，全省有常住人口5442.69万人，相比2000年，十年间，浙江全省人口增长了233.33万人，年平均增加76.57

---

[1] 唐杰、刘喜文：《数字化人口管理》，中国人民大学出版社2009年版，第13页。
[2] 杨剑、蒲英霞、秦贤宏、何一鸣：《浙江省人口分布的空间格局及其时空演变》，载《中国人口·资源与环境》2010年第20卷第3期。

万人，增长率为1.53%，是全国大陆人口年均增长率0.57%的2.68倍。全省常住人口中，省外流入人口为1182.40万人，占21.72%。

杭州市是浙江省唯一的特大城市，2010年常住人口为870.04万人，比2000年增加了182.17万人，增长26.48%，年平均增长2.38%。全市常住人口中，市外流入人口为235.44万人，占27.06%。2011年，杭州全市及市区人口机械变动情况如下表：

表6-3 杭州市人口变动情况

地区	本年迁入人数		本年迁出人数		本年净迁入人数
	省内	省外	省内	省外	
全市	42622	56813	42205	21640	35590
市区	47062	26818	18829	31131	2582

表中数据来源：《杭州市统计局官网分地区人口机械变动情况》（2011年），http://www.hzstats.gov.cn/web/tjnj/nj2012/02/nj9.htm［2013-3-18］。

温州市是浙江省民营经济最发达的地区，其支柱产品鞋类、服装、眼镜、打火机等是主要出口产品，基本属于劳动密集型产业。据2010年人口普查显示，全市有912.21万常住人口，比2000年时755.80万人增加了156.41万人，增长20.69%，年平均增长率为1.90%。其中市外流入人口284.22万人，占全市常住人口的31.16%。市外流入人口占较大比重，这与劳动密集型民营经济发展特征相吻合。

宁波市2010年第六次人口普查数据显示，全市常住人口为760.57万人，比2000年596.2602万人增加了164.3087万人，增长27.56%，年均16.4309万，增长2.46%，增幅居浙江全省第一。全市常住人口中市外流入人口为228.85万人，占30.09%，相当于每3个常住人口中有一人是外来人口。

金华市全市常住人口为536.16万人，比2000年增加78.97万人，增长17.27%，年平均增长率为1.61%。全市常住人口中市外流入人口为135.91万人，占25.35%。

从人口普查数据可以看出，浙江省内温州、杭州、宁波、金华等市外来人口增长非常快。温州市外来人口增长率高于杭州市4.1个百分点。宁波市由于经济水平较高，也吸引着大量外来人口。

义乌全市常住人口123.40万人，比2000年增加32.13万人，增长

35.20%，年平均增加3.21万人，增长3.06%。全市常住人口中市外流入人口为58.58万人，占47.47%。义乌市为金华市辖，它的外来人口占金华市总外来人口的43.1%，可见义乌小商品市场经济对外来人口的吸引力。

从上述一系列统计可以看出，浙江侨乡社会经济发展过程中，促使侨乡本地人口由内向海外流动，汇入全球大规模移民洪流中，减少了本土就业压力。同时，成千上百万外来人口进入侨乡，他们来到侨乡，热爱侨乡，扎根侨乡，创业侨乡，建设侨乡，发展侨乡，他们是"新浙江人"，犹若助推器，与浙江人合力推动浙江侨乡经济腾飞和社会进步。这种人口的大进大出，推动了浙江的工业化、城市化进程，进一步消解计划经济体制时期形成的城乡"二元"体制。

三、民众角色的转化

当人口大规模地由内向外、由外向内、由内向内流动时，人们从土地上解放了出来，提高了人们择业、居住的自主权。原本被计划经济体制扼杀了的人的主体意识、权益意识、独立人格得以唤醒，人们追求独立思考、独立主体价值，从而促使社会关系发生变化，促使社会结构逐渐从血缘宗族关系中疏离出来，促使传统观念及习俗淡化起来。由此，进一步突破计划经济时代附加在人们身上的种种人身依附关系，推动了创新精神的不断弘扬，推动了侨乡区域经济的发展变化，反过来又加速了人口跨国、跨区域流动。人口流动频率的提高，正是一个社会趋向开放、公平的象征。就此意义来讲，人口流动推动的社会结构变动，实际上也就是人们社会角色的转化，人们思想文化、价值观念的变革与创新。

社会学家、心理学家对角色都赋予不同的内涵，一般都认为它是一定社会关系所决定的个体的特定地位、社会对个体的期待以及个体所扮演的行为模式的综合表现。每当社会文化发展和变迁，会促使社会经济、政治、组织、制度等结构性要素不断演进与组合，必然引发社会成员经济职业、对社会资源的占有与分配、教育水平、社会地位的变化，从而随之调整自己的行为模式以适应变动的社会。正常情况下，人们的角色是相对稳定的。人们在潜移默化的社会化过程中，经过学习、模仿、比较、鉴别、灌输和各种实践活动，自觉或不自觉地舍弃旧的角色观念，接纳新的角色观念，新旧更替是平稳的、牢固的，或是不断增强的。① 在改革开放前，中国农村人的角色较为单一，绝大多数农民和他们的子孙被"固化"在土地上，并被代际相传，"农民"是他们的名词。当中国对外开放重启国门，侨乡出现汹涌移民潮，他们经过拼搏，有了积累，许多人开始回乡投资，引发社会经济结构的剧烈变化，侨乡民众的角色从原来的单一性向多元化转变，并变得十分丰富多彩。

按亲属关系，许多侨乡民众是归侨、侨属、侨眷。侨乡有大量民众移民海外，他们通过各种方式，或取得侨居国绿卡成为华侨，或加入了侨居国国籍成为华人。他们又由于多种考虑，有华侨放弃侨居国长期、永久或合法居留权并依法办理回国落户手续。有外籍华人经批准恢复或取得中国国籍并依法办理来中国落户手续而成为归侨。他们在故乡的家人包括其配偶，父母，子女及其配偶，兄弟姐妹，祖父母、外祖父母，孙子女、外孙子女，以及同华侨、归侨有长期扶养关系的其他亲属，则多了一种称谓：侨属（有学者、政府部门将侨眷也涵盖在内）。在侨乡，归侨、侨属、侨眷、侨亲极具普遍性，人数之多远超非侨乡。2010 年，中国侨联主席林军出席马（来西亚）中友好协会欢迎中国侨联代表团时指出，中国归侨、侨眷总人数已超过 3000 万名。至 2009 年，浙江全省有归侨、侨眷 150 多万人，重点集中在温州、青田等重点侨乡。其中，温州市有归侨侨眷约 45 万人，占总人数的 30%。青田县有归侨侨眷约 25 万人，占全省总人数的 16.6%，占全县总人口的 74.28%，几乎家家是侨眷，户户是侨亲。青田县鹤城镇坭湾村，2006 年，全村有 125 户，有 55 户在国外有直系亲属 282 人，几乎 98% 的人居住在欧洲，主要集中在西班牙、比利时和意大利。其中 40 户是儿女在国外，有 7 户是父母在国外，有 4 户是丈夫在国外，有 4 户是妻子在国外，总涉及人口 109 人。②

随着侨乡三资企业、乡镇企业、民营企业的增多，推动侨乡经济的发展，并随着中国进一步对外开放，参与国际经济分工，成为全球经济的组成

---

① 杨辉：《基于角色理论的中国农民角色转变与农村社会结构变迁》，见黑龙江省县域经济学会编：《农村改革与县域经济发展》，中国农业出版社 2010 年版，第 371 页。
② 调查数据由浙江省侨务办公室杨金坤提供。

部分,进一步引发侨乡民众多角色转化。侨乡农村民众,有的成了投资者,有的成为企业管理者,有的成了从事进出口贸易的商人,有的成为企业员工,有的成了股市股民……他们逐渐离开土地,摆脱传统农业生产束缚。他们对自己的职业有了越来越多的选择权,因此,他们的身份不再是传统意义的"农民"。他们的作息生活因此而改变,千百年来中国传统农民"日出而作、日落而息"、"一壶茶、一包烟,小茶馆里泡半天"的慢节奏的田园式的悠闲松弛生活方式向讲效率、讲速度、讲质量、讲竞争的现代工业生活方式转变。由于社会经济发展的多元化,职业自主选择权的增大,在追求效率效益的过程中,许多侨乡民众职业角色也是多元而非单一。他们是农民、投资人、老板、经理、教师、公务员、服务员、保安等等,其中许多人是几种职业兼顾的兼业者。在侨乡,广大农村民众在户籍登记上仍然是农民,但经济生活所赋予他们的实际身份发生的如此丰富多彩的转化,实际上促使农民从传统农民向新型农民转变,推动侨乡由传统乡村向农村城市化、现代化演进。

四、观念意识的变化

在"春秋以前,浙江'僻陋在夷',民情物态与'中原上国'大异其趣,与'上国'亦未有特别重大的政治联系"①。这意味着浙江远离中央政权控制,天朝大国的优越感对浙江影响式微。在浙江人的思想意识中,"天高皇帝远","中国传统思想文化处于自觉不自觉的认同、愿意不愿意的同化和遵从不遵从的选择中"②。历史上,浙江人重农耕,但是,封建统治之道"重农抑商"的影响远不及其对中原深刻,因此,明时,强调"知行合一"互为表里的阳明学派;明清之际,黄宗羲提出"工商皆本"以否定传统的"重农抑商"思想;在宋际,浙中出现以陈亮为代表的主张"功到成处,便是有德,事到济处,便是有理"的永康学派;在南宋时,温州地区出现了"主张事功,不耻言利,提倡商品经济的"永嘉学派。这些学术思

---

① 董平:《浙江思想学术史——从王充到王国维》,中国社会科学出版社2005年版,第1页。
② 夏凤珍:《从世界看浙南非法移民》,南开大学出版社2008年版,第141页。

想流派的大发展大繁荣自有它的土壤。

在北宋时期，杭州、宁波、温州都是重要的对外贸易港口，浙江盛产的丝绸、茶叶、瓷器都是当时中国的主要出口产品。① 近代，自宁波、温州、杭州相继被辟为通商口岸，加之浙江向东是大海的地理位置，域内百姓有了泛舟海洋的条件后，抓住了上天赋予的航海之利，积累了海外贸易的历史传统，拓展了侨乡人的生存空间，少了内地人安土重迁的传统意识。因此，侨乡人的性格特征中，闪烁着不畏重洋的冒险性，讲究事功的功利性，敢于四海为家的开拓性，善于吸纳外来文化的开放性。当新移民带动侨乡经济产业结构大变动，引起利益格局的深刻调整，"社会大众的思想观念、价值观念、价值取向、道德观念发生变化并呈现出多样化形式"。②

（一）移民意识的成熟

所谓移民意识，是指侨乡民众在特定地域向海外移民的实践活动及其活动的主观反映。它是移民的精神现象、民族气质、性格感情、伦理习俗、知识思维、观念道德及其价值取向等多方面的具体表现。

现有资料看，浙江侨乡移民意识经历产生、发展到成熟三个阶段。

浙江向海外移民历史始于唐朝，之后，有零星的浙江人前往海外，未形成连锁性，移民也没成群化。近代以后，移民行动对移民意识的产生起关键作用，其中又与青田百姓把出国谋生作为改变生活的机会密切相联系，青田石雕担当了民众向海外移民的媒介。19世纪末20世纪初，青田有民众肩负石雕循陆路经西伯利亚前往欧洲销售，"后遍历五洲，所谋皆遂，自是闻风继起者踵相接"③。第一次世界大战期间，英法俄等国征招华工，青田有2000多人揭帖而走。战后，绝大部分其他省籍的华工都返回家乡，却有1000多名青田籍华工滞留当地成为华侨华人，他们是"先锋移民"，成为今后浙南侨乡移民社会网络的核心。自那以后，紧跟他们赴海外谋生入伙者日众。由于他们以欧洲为重点侨居地，以此为路径，至今欧洲依然是浙南移民的重点侨居地。这说明移民意识在当地得到一定的发展。

---

① 吕福新等：《浙商的崛起与挑战》，中国发展出版社2008年版，第3页。
② 丁祥艳：《论社会思潮的多样化是社会转型的必然》，载《求实》2012年第8期。
③ 叶焕华：《林茂祥墓志铭》（抄件藏于青田华侨历史陈列馆），引自周望森主编：《浙江华侨史》，中国华侨出版社2010年版，第54页。

第六章 海外新移民与浙江侨乡的社会文化互动发展

1915年，在美国旧金山举行"巴拿马太平洋博览会"，参展的青田石雕获得两个银奖。此后，青田石雕在国内外多次博览会、展销会获奖，特别是在"巴拿马太平洋博览会"期间，青田县山口镇侨商吴乾奎经销的大量石雕和茶叶全部顺利售罄，获利十分可观。1922年，吴乾奎在上海开设"吴同春钱庄"，大量外销青田石雕。1929年，他在广州市创办青田华侨史上较早的贸易公司——德源出入口公司。因此，吴先生成为青田华侨甚至是青田县首富。他先后为地方捐巨款，用于造桥、修路，旧丽青温公路上大洋公路桥就是他捐资建造的。鉴于他对社会的贡献，曾被官方聘为青田"县丞"。如今被列为省文保单位的吴乾奎旧居，为中式建筑，外墙和门户是典型的西式风格的装饰。其门楼顶中部塑有地球仪，这种造型在中国的农村很少见。

榜样的力量进一步推动侨乡民众向海外贩销青田石雕，并获大利，再次刺激民众跟随前往海外。在上世纪三十年代，青田人离别家园闯番邦，远历重洋若村市。与青田相邻，县情、民情与青田相似的温州文成、瑞安、永嘉、瓯海等各县区的山区民众，效尤青田移民也走上出国谋生的道路。[①] 甚至一些比较富裕的家庭亦视出国谋生为职业。这是移民意识渗透、扩张、扎根于当地许多城乡，发展成为社会共同意识的佐证。

从第二次世界大战至1949年，国内抗日战争连着解放战争，战火硝烟使浙南人的生活更加穷极潦倒。国外，欧洲经年炮火连天，经历战争创伤的诸国需要战后重建，海外移民进入欧洲各国遇到现实困难，欧洲一度不再是理想的移民侨居地。侨乡人被迫停止大规模向海外移民，至此，移民意识未趋成熟被迫暂告中断。

1949年至1978年，东西方冷战对峙，特别是我国政府在"文革"时期实行"左"的侨务政策，视海外关系为洪水猛兽，人们谈"侨"色变，导致浙江侨乡与全国其他地区一样，向海外的移民活动没有中断，却比较零落，移民意识也一度缄默。

1978年改革开放后，我国国门重启，政府视"海外关系是个好东西"，急速催醒了移民意识，并快速达到狂热化、全民化。谋求更好生活依然是移民的根本原因，侨乡早期的移民在海外经过拼搏创业为后辈移民奠定了立足

---

① 周望森主编:《华侨华人研究论丛》(第3辑)，中国华侨出版社1998年版，第126页。

基础。在侨乡有太多移民改变命运的案例，从而炒热炒爆了还未出国的人想出国的心思。移民的主角多是在国内属于社会弱势群体的农民。他们到海外后，通过辛勤努力，有人开厂设店做了老板，并获得了合法居留，以成功人士身份回国探亲、捐赠、投资，这为移民意识全民化奠定了坚实的社会心理基础，为移民活动招募了更多的受众载体。在浙南侨乡，移民意识几乎成为"全民意识"，使移民活动向纵深发展。移民人口越发庞大，移民性别不再是单一色彩的男性，男女老少，甚至全家几代"倾巢"移民都很常见，使当地出国人员群体化、规模化，涉及社会各个阶层、各类职业人员、各教育程度人士。这是移民意识深入人心的写照，也标志其趋于成熟，其具体表现就是：移民活动一度达到白热化，甚至非理性有悖常理的程度。人们出国心切，合法要出去，合法出不去就偷渡非法走，出国被与"赚钱发财"划等号，与美好"钱"景和光宗耀祖相联系。

进入新世纪，侨乡在经济上获得极快发展，为什么侨乡民众依然向海外移民？美国普林斯顿大学道格拉斯·梅西对此现象的解释是：移民动因消失后，迁移仍然持续的原因是移民网络一旦达到一定规模就可以自我复制，网络迅速扩张，导致移民人口迅速增长，从而引发移民潮。事实上，随着周围环境的改善，人们对自己可能会更富裕的期待不断提高，坚定了他们的移民意识而难安现状。不过，现在侨乡群众能以平静、从容的姿态对待海外移民活动了。非法移民活动越来越少，从另一方面证明了移民意识成熟化、全民化、理性化。

（二）开拓创新意识的弘扬

基于前述浙江侨乡独特的文化传统、移民意识、地理条件、经济基础等多种因素叠加，当中国实行改革开放后，侨乡民众的商品意识、开拓创新意识、求真务实意识、冒险意识、竞争意识得到释放，他们敢为人先的开拓意识和敏锐的商业眼光表现得尤为突出。

侨乡经济社会发展曾面临"三少一差"的困境：人均耕地少，国家投入少，可资利用的自然资源少，交通条件差。侨乡也没有国有经济向农村渗透的技术和资金扶持。逆境中成长，当市场经济的东风吹来，竞争机制催发了管理经营成本低、机制灵活的民营经济产生、成长及其壮大。为吸引以侨资为主体的外资入驻，侨乡各级政府制定许多优惠政策。侨乡民众逐渐摒弃

第六章 海外新移民与浙江侨乡的社会文化互动发展

"中庸之道"和"枪打出头鸟"的社会心态,他们不等不靠不要,掌握自己的命运,勇闯、勇冒、勇试、勇干,开拓创新,从"一辆车子、两个轮子"(发展商品经济、家庭工业和专业市场)起步,从创业创新中找到最有效、成本最低的经济发展起动点,开创了千家万户搞家庭工业、千军万马发展个体私营经济,形成人人争当老板的局面。甚至在1982年出现被冠为时代标签的"八大王"事件①,也没有能遏制侨乡温州"一双手"、"两条腿"、"三分邮票"、"四小产品"的家庭作坊式生产。

事物的发展往往出人意料,1984年4月,"八大王"被高调平反。凭着敢试、敢冒、敢闯、敢干的精神,温州民营经济从最低谷开始迅速发力,"小商品、大市场;小规模、大协作;小机器、大动力;小能人、大气魄",市场化和工业化并进的"温州模式"广为人知。虽不能说这种精神是浙江侨乡人独有,却表现得更加鲜明。"八大王"之一的"机电大王"郑元忠就曾对记者说过:我在家里7个小孩中排行第五,从小家族里就说我聪明,我就是喜欢什么事都走在前沿,任何事情不管懂不懂,都要先去尝试一下。所以,当他被平反回家后,义无反顾重操旧业办开关厂。1991年秋,各学校入学季,39岁的郑元忠只保留集团30%的股份,以最大股东退居副董事长之职,并以年薪50万聘请了一位总经理打理工厂,自己走进温州大学国际贸易系,成了温州大学年龄最大的学生。这无疑又是他事业、人生的一次拓展和尝试,更是他对企业产权制度的创新,由"草根"民营企业家向现代新浙商转型。

所以,当人们对侨乡温州"经济发展模式姓'社'姓'资'还在争论不休时,温州人却埋头苦干,在不争论中发展了自己;当人们对发展个体民营经济还在不敢越'雷池'一步的时候,温州人已经完成了资本原始积累,跳出当地到全国各地、到国外去创业了"②。到1985年,温州全市已"有80

---

① "八大王"事件是指1982年初,中央下发打击经济领域犯罪活动的紧急通知,以"投机倒把罪"抓了一批走在市场经济"风头浪尖"上的人。在温州地区抓了"螺丝大王"刘大源、"五金大王"胡金林、"目录大王"叶建华、"矿灯大王"程步清、"翻砂大王"吴师濂、"胶木大王"陈银松、"线圈大王"郑祥青、"旧货大王"王迈仟、"合同大王"李方平以及"机电大王"郑元忠等人,后被统称为"八大王"事件。"八大王"事件是当年温州侨乡人打破旧条框、敢创敢冒精神的象征。"八大王"也是中国民营经济的开山人物。

② 吕福新等:《浙商的崛起与挑战》,中国发展出版社2008年版,第258页。

多万农村劳动力离开耕地,转向经营家庭办和联户办的工业、商业、交通运输业和其他服务行业,家庭工业企业达13.3万家,被称为'中国农民经济史上的一个创举'"①。侨乡温州出现了不少于60个中国历史上的第一:1980年颁发中国第一张"个体工商户营业执照";1984年,由26个农民自愿入股创办全国最早的股份合作制企业瓯海登山鞋厂;26岁的温商王均瑶"胆大包天",创办了中国首家私营航空包机公司;龙港——"中国第一座农民城",1984年建镇之初,在全国率先推行土地有偿使用、户籍管理制度和发展民营经济等三大制度改革,成功地走出了一条农村城镇化的路子,成为中国农民自费建城的样板;1991年创办第一个私人跨国农业公司美国明尼苏达州的康龙农业开发有限公司……

又如新侨乡义乌,如今其"小商品经济"蜚声世界。究其历史,它始于清乾隆年间以来,许多义乌农民为安命度日,利用本地特产"义乌红糖"外出换鸡毛,并成为当地百姓的重要副业。在计划经济时期,这被视为"资本主义尾巴"。1978年后,这种原始又有生命力的"糖"与"鸡毛"的物物交换渐变为各类小商品贸易,规模越来越大,引起国内外的关注,并吸引着世界各国商人前来。陆立军教授把它概括为"义乌模式":利用市场的先发优势和集聚功能,发展以小商品流通为主的商贸业,不断积累资本、扩大经营规模,促使商业资本向制造业和城市基础设施建设等领域扩张,实现市场与产业、城市的联动发展,推进区域经济工业化、城市化、国际化的进程。② 在此后的发展过程中,"义乌模式"的内涵不断丰富。所以,从一定意义上可以这样说,义乌农民"鸡毛换糖"经商史与"中国小商品城"的崛起具有天然的血缘关系。

侨乡人在创业创新开拓的征途上也充满艰难险阻。没有坚韧不拔的劲头,没有敢冒风险的胆略,就不可能有今天侨乡市场经济的发展,就不会有侨乡社会的全面发展。在浙江,无论是侨乡还是非侨乡,几乎每一个成功的创业者,都经历了创业的艰辛,风险的考验。"历经千辛万苦、说尽千言万

---

① 袁小兵、胡琼之:《郑元忠:从牢狱里冲出的温州模式》,载《南方都市报》2008年5月8日。

② 陆立军:《"中国小商品城"市场的崛起与中国农村经济发展的"义乌模式"》,载《经济社会体制比较》1999年第1期。

语、走遍千山万水、想尽千方百计"的"老四千精神"是他们创业历程的真实写照。如今，他们提升了"老四千精神"，以"千方百计提升品牌，千方百计保持市场，千方百计自主创新，千方百计改善管理"为自己的奋斗目标。在创业创新的道路上，他们是"睡得了地板，做得了老板"。在全球经济骤然变化的环境下，他们的敢冒敢闯敢创的精神又使他们勇于跨国去闯荡国际大市场。从南非到俄罗斯，从西欧到巴西，从中东到朝鲜，到处都活跃着浙江移民的身影。他们不仅为脱贫致富而创业，富裕之后照样能吃苦，成功之后更想创大业。一些资产上千万甚至上亿元的企业家，在技术改造和扩大再生产上一掷千万，自己出门却连差旅费都要精打细算。

（三）价值观的变化

社会经济的发展，大进大出的人口流动，使移民意识根植于侨乡民众心底，焕发了他们创新敢冒的深沉品格，另外，深烙于他们思想的旧角色观念意识也都随之变化。

第一，传统的"安土重迁"、"父母在、不远游"、"弃祖坟、大不孝"等思想被颠覆。当侨乡向海外移民高潮到来后，民众视安守本土创业的邻居、乡人为"没本事"。一些不想移民的民众，时间长了，会自我感觉很没面子。闯欧洲、奔美国成为侨乡人永不退色的"金山梦"。在浙南的温州市、青田县等地区，非法移民活动一度十分抢眼，常人眼中很另类的非法移民，侨乡群众却不歧视他们，反而高看那些偷渡成功者或锲而不舍的偷渡者。如果有人因非法移民活动而被公安部门惩罚，会得到民众极大的同情。当他们因非法移民被捕判刑，释放后，仍昂首阔步，绝没有其他犯罪分子被释放后那样会受群众白眼。组织非法移民活动的"蛇头"被尊称为"劳动部长"，受人巴结仰慕。"蛇头"靠经营此道而腰缠万贯。当"蛇头"被公安机关搜捕时，"蛇头"、"马仔"会得到群众暗中保护。法的威慑力量被区域内的移民意识冲淡。在侨乡，如果今天还聚在一起的某位邻居，或某位工人、农民、学生，明天突然就移民海外，都被视作太普通的事情。

第二，人情世故的变化。平时不被人看重的下层草根，为移民出国筹措费用时，"九族"都会主动来凑钱，邻居也变得慷慨大方。如果为经商、建房等筹措经费却十分困难。侨乡几乎人人都是如此筹得资金出洋。当事者准备登途前，九族亲人、村坊邻里都会以礼相送，如同旧时欢送学子进京赶考一般，请他吃送行酒，赠送别礼，道祝福话，一派喜气洋洋。那些送别人出国者，早晚也会跟着先行者走出国门。留守在家的新移民父母，即使精神再寂寞，也决不抱怨，认为那是移民出国后生活的一部分。家有海外移民的侨眷侨属也自视很有面子。

第三，对教育的别样选择。因为有侨胞的捐赠，侨乡拥有良好的办学条件，但是，当地许多年轻人却以将来肯定要出国为由而拒绝上学或对接受学校教育无所谓，一些学生在高考面前还选择了放弃。地方教育界人士也认同学生的选择，甚至自己也随时准备向海外移民。侨乡人视学生辍学出国打工为另种意义的留学。这反映了侨乡人面对高考，显示了自己的平静、理性、淡定和从容。

第四，开放包容的心态。在浓厚悠久商业文化熏陶下的浙江侨乡人，他们在移民出国经商之初多出于生存压力，无可凭藉外在资源，他们游走于世界各国创业，因此，他们也被称为"草根企业家"、"草根商人"。正是这种"草根"特点，令他们具有遇水遇土即存活的顽强生命力。同时，他们能吃苦敢创敢试，愿意吸收一切有用的东西，崇尚实际而不空谈，事功利而不虚荣，形成发自内心的开放、开明、共富心态和浓厚的"兼容并蓄"的开放态度，"拿来主义"在侨乡拥有广阔的市场，突破了"以我为中心"的"孤芳自赏"、"闭关自守"的心态。义乌人有句俗语"客人是条龙，不来就要穷"，它深刻反映了"海纳百川、有容乃大"的涵义，真实地反映了义乌人包容开放的文化心态和商业底蕴。义乌有如此大气的文化氛围，才会对外来务工人员不再称之为"农民工"、"外来户"，而是用"外来建设者"、"新义乌人"等称呼。在义乌的主体市场中，有14万商户，其中非本籍主体近50%，每年十多万侨商可以在此掘金。他们与义乌本籍人一起推动义乌小商品市场飞速崛起，持续领跑全球市场。

第二节　侨乡精神文明建设

党的十八大指出：建设社会主义精神文明，要把社会主义核心价值体系

第六章 海外新移民与浙江侨乡的社会文化互动发展

贯穿到精神文明建设的全过程，大力加强社会公德、职业道德、家庭美德、个人品德教育，发挥道德模范、身边好人的示范引领作用，积极培育社会主义核心价值观，不断提高公民思想道德素质，从而为深化改革开放、建设社会主义现代化提供强大的思想保证、精神动力和智力支持。从而为社会的全面发展和人的全面发展提供物质、政治、精神保障，并实现物质文明、政治文明、精神文明的共同发展及和谐统一。而侨乡的精神文明建设还是向海外新移民展示中国现代化建设成就，展示中华民族优秀文化和社会新道德风尚的重要窗口，进而成为涵养侨务资源的重要渠道。

在海外新移民与侨乡全社会的共同努力下，浙江侨乡的精神文明建设取得了可喜的进步和发展。通过建设教育事业，提升了民众的科学文化素质；通过肯定新移民的爱国爱乡思想和行为，弘扬了侨乡的爱国主义精神；通过引导新移民捐赠，光大了侨乡帮困互济乐于奉献的传统美德；通过引导侨务资源建设新农村，助推了侨乡农村向现代、生态、美丽乡村转变；通过倡导新风尚新道德，促进了侨乡民众生活方式向健康、文明转变。当然，任何事物的发展都会存在不足和缺陷，侨乡精神文明建设中也存在不到位，与时代发展不相适应的方面。

一、兴学育才，提升了侨乡民众的科学文化素质

教育是促进个体全面发展的重要手段，它影响社会经济发展，也影响政治发展，是精神文明建设不可或缺的重要内容。捐资兴学办教一直是海外移民的光荣传统。因为，他们深切感到：国家振兴靠人才，人才培养靠教育，培养人才是民族根本利益的要求。他们捐赠教育领域呈现捐赠数量大、层次广、形式多、持续时间长等不同过往时期的特点。

1. 捐赠规模大。从全国情况看，改革开放以来，海外移民对中国大陆的捐赠已达到 700 亿元，其中 40% 用于支持教育事业。[①] 近几年来，这一比例被大大提高。如在第五章所述：仅 2011 年，国务院侨办统计，当年全国侨办系统接受捐赠 35.35 亿元人民币，投向教育领域达 21.49 亿元，占总捐

[①] 任贵祥：《海外华侨华人与中国改革开放》，中央党史出版社 2009 年版，第 406 页。

赠额的 60.80%。在浙江，海外移民捐赠用于教育事业表现得更为突出。2011 年，浙江省侨办系统接受的海外捐赠中，占总捐赠的 69.53% 用于发展教育事业。侨乡绍兴，改革开放后至 2008 年，海外移民捐赠用于教育事业占捐赠总数的 60%。所以，浙江是继闽、粤之后，海外移民捐资兴办文教事业的主要地区之一。

2. 捐赠用于学校，门类齐全，覆盖大学、中学、小学及幼儿园。学校接受捐赠主要是建教学楼、实验楼、学校图书馆、体育场馆、学生宿舍，设奖学金、奖教金等。浙江省内有多所大学的发展与海外移民捐赠相关。如今，在浙江侨乡，或省外的各类学校中，因接受海外移民捐赠而特殊命名的"楼、堂、馆、场、舍"等非常多。如温州市文成县，据不完全统计，自 1952 年至 1998 年，海外移民"在县境捐资建成中小学教学楼 28 座"，其中"80 年代 3 座，90 年代 22 座"。①另据文成县重点侨乡玉壶镇侨联负责人介绍，1952 年至 2008 年，海外移民在镇内捐资建成中、小学教学楼 12 座。

绍兴市，至 2008 年，被助建教学楼已达到 100 多所，总金额已达 1 亿多元。特别值得一提的是创办绍兴大学。1993 年春，港澳委员在绍兴市政协三届一次会议上联名提案《建议创办绍兴大学》，表明为此"愿竭诚效劳"。1994 年 1 月，绍兴市委、市政府做出决定，在绍兴师专、绍兴高专合并基础上筹建绍兴大学。绍兴籍旅外乡贤陈元钜、车越乔、章传信、高月明等人奔走呼号、慷慨解囊，1994 年初夏，他们首集资金 2000 万元港元到位，其中陈元钜先生 1000 万元，高月明先生人民币 621.51 万元，车越乔、章传信先生各捐赠 200 万元港元。1996 年 4 月 4 日，经国家教委批准，绍兴文理学院正式挂牌。至 2008 年，海外人士为绍兴文理学院捐款累计已超过 5500 多万元。海外移民捐资用于绍兴的各类学校还有：绍兴市长城中学、绍兴一中（初中部）、车恂小学、蕺山小学、少儿艺术学校、筠溪小学、继昌幼儿园、湖塘镇中心校、兰亭镇中心校、鲁迅中学……长征惠民希望小学等等。

3. 捐资办学效益大。宁波籍海外移民素以爱国爱乡、热心报效桑梓著称于世，他们为宁波的全面发展作出了不可磨灭的贡献。改革开放 30 多年

---

① 朱礼：《文成华侨志》，中国华侨出版社 2002 年版，第 309 页。

第六章 海外新移民与浙江侨乡的社会文化互动发展

来,据不完全统计,他们在全国的捐赠金额多达72亿元人民币,有"640位华侨华人、港澳同胞在宁波捐赠或设立基金会近3500个项目,折合人民币15亿元多"。宁波大学是其中最大的受益者,共获捐资4亿多元,占宁波籍海外及旅港人士在大陆总捐赠的5.55%,占本市总捐赠的33.33%。邓小平曾说要把全世界的"宁波帮"都动员起来建设宁波,受到海外"宁波帮"的响应。1985年,著名旅港人士包玉刚带头捐赠5000万元创办宁波大学,他及包氏族人先后8次捐赠宁大8430万元。其他海外"宁波帮"齐心协力共建宁波大学。至2008年,通过多种捐赠渠道,宁波大学设立各类基金51项,其中奖学基金38项,奖教基金13项,基金总额约为7278.74万元。[①]如今,宁波大学已发展成为一所综合性的教学研究型大学,综合实力进入全国高校百强行列。

4. 设立基金,可持续兴学。海外捐赠在侨乡设立多形式、多内容的教学基金、奖学基金、奖教基金等。2004年,《福布斯》公布中国慈善榜,记录了中国境内企业在2003年的慈善公益活动。该榜单完全以现金捐赠作为主要评价指标,广泛参照了海内外慈善机构、公益事业的受赠记录。浙江省杭州市侨资企业未来营养食品有限公司董事长蒋敏德先生,2003年,向富阳市人民教育基金会捐赠1000万元,建立"未来基金",每年以其运作产生的收益100多万元,专门用于资助考上"二本"及以上大学的富阳籍贫困学生。[②] 蒋敏德先生位居《福布斯》当年榜名第11位。据富阳市人民教育基金会介绍,至2012年8月,"未来基金"实际发放助学款已达993.9万元,累计资助1005名富阳籍贫困学生到大学深造。2012年,共有102名品学兼优、家境贫困的学生享受"未来基金"资助,合计发放839000元。

回顾蒋敏德先生的捐赠历史,他曾出资150万元,捐建西部希望小学;他为九·八长江特大洪灾捐资100万元。2000年,他又捐资100万元,专项资助富阳市100名家境贫寒的大学新生。多年来,他已先后捐资1800多万元。鉴于他对教育事业的捐赠义举,1997年,浙江省人民教育基金会向他颁发了"绿叶奖"。2008年,富阳市委市政府授予蒋敏德先生"尊师重教

---

① 宁波市海外移民捐赠的统计数据由宁波市侨务办公室提供。
② 《富阳侨务》2009年第2期,富阳市侨务办公室提供。

特殊贡献奖"。

在温州瑞安市，荷兰瑞安教育基金会已发挥极大的影响和作用。该基金会成立于1998年，由旅荷瑞籍侨胞为主组成，现有会员200余人。该会以"增进乡谊、维护侨益、报效桑梓和反哺家乡"为宗旨，其主要会务就是广泛吸引旅荷侨胞自愿捐资，支持国内和家乡教育事业。成立至今，共筹资近300万元人民币，资助了国内多个省份的1500多名高中、中专及大学贫困生。自2000年起，基金会每年向瑞安人民教育基金会捐赠10万元资助家乡的贫困生，现受助总学生人数已逾1200人。[①] 在文成县玉壶镇，海外移民设立的教育基金会有9个，作为奖励优秀学生和教师的奖金及帮助解决困难学生入学。

台州侨商会名誉会长詹耀良先生帮助家庭贫困的大学生之外，与自己的两位兄弟共出资500万元港币，在浙江大学设立"浙江大学詹氏基金"。侨居加拿大的章宏瑾三个儿子，委托堂弟章镇泉为代理人，设"章宏瑾三门学子奖学金"，2012年又出资20万元奖励和资助应届高考生。台籍新加坡华人王新力在黄岩中学设立"新力"奖学金，基金总额为100万元，每年拿出10万元对优秀的师生进行奖励。

2008—2011年三年内，青田籍海外新移民在县内设立奖学金基金会近30个，总基金达400多万元。

海外移民还在海外设"希望工程"基金会。1994年10月30日，由胡志光、胡允革、胡志敏等温州籍旅荷移民为主体，倡导设立"旅荷'希望工程'基金会"，募得资金赞助浙江省"希望工程"。

目前，浙江省收到的最大一笔个人捐赠的留本冠名慈善基金是"胜华慈善基金会"。该基金由青籍旅法新移民郭玉桓、郭胜华父子捐资2000万元人民币于2005年设立的。按约定年增值率5%计算，该基金每年用于慈善项目的资金为100万元人民币，其中，每年20%用于援助浙江省内贫困大学生，第一笔主要用于浙江省丽水、衢州等欠发达地区的教育事业；50%用于帮助省内贫困的中学生完成学业；10%用于各种突发性事件的紧急救助；20%分别用于表彰奖励优秀的受助学生、在援助工作中成绩突出的地方慈善

---

① 数据来自瑞安市侨务办公室。

机构以及项目运作成本支出。①

5. 捐赠后继力量强劲。人常说十年树木，百年树人。对侨乡、对祖籍国捐赠兴学的队伍里，源源不断的后继者紧跟而来。宁波籍海外新移民朱敏先生，1984年毕业于浙江大学管理系，现为美国最大的早期风险投资商NEA公司的投资合作人和赛伯乐（中国）创业投资管理有限公司董事长，他和夫人徐郁清女士于1996年创办的美国著名的网讯（WebEx）公司在2007年3月以32亿美元的高价被思科收购。2007年5月21日，浙江大学校庆日之际，朱敏先生携夫人徐郁清女士捐赠1000万美元全部用于学校国际创新研究院的建设及相关的国际交流。朱敏先生于捐赠当日还接受浙江大学聘书，出任浙江大学国际创新研究院院长。朱敏、徐郁清夫妇分别是宁波中学67届、68届学生，他们感念母校的培养，于2009年3月1日，向母校捐赠1000万元人民币，设立"宁波中学徐郁清国际教育基金"。该基金对宁波中学成绩优秀的学生予以相应的奖励，使他们能有更多的机会接受具有世界先进水平的国际化教育。同时，为探索在新课程背景下培养优秀人才的教学模式，学习国外先进的教育管理和培养模式，引进国际先进课程资源和先进的科教技术，让更多的中国学生不出国门就能接受先进的国际高中课程教育，朱敏夫妇还与母校——宁波中学合作开办国际班，在三年全日制高中教育中嵌入国外优势课程及考试的国际教学，并开展交换学生、夏令营、游学、互换教师、派遣教师赴美进修等相关国际教育交流与合作。学生通过三年或设定时间的学习，可获得中国的高中毕业证书及美国具有相关资质学校的毕业证书。②

目前浙籍海外移民为发展祖国教育事业捐赠的项目，已跨出浙江遍布全国广大城乡，其中港胞邵逸夫先生捐赠项目分布地域最广。他从1985年捐1000万港元建"浙江大学邵逸夫科学馆"起到2008年，他前后在内地捐赠用于发展教育事业总金额达到34亿元，受惠学校及教育项目近5000个，以逸夫两字命名的教学楼、图书馆、科技馆及其他文化艺术、医疗设施遍布全

---

① 郭胜华：《桑梓情深》，浙江文艺出版社2006年版，第116页。原载新华网上海频道（2005年6月9日）。

② 朱敏先生、徐郁清夫妇的材料参考了宁波市侨务办公室文教宣传处：《旅美侨胞朱敏夫妇向宁波中学捐赠1000万元》，http：//www.cnnb.com.cn 中国宁波网，2009 - 3 - 3 ［2012 - 3 - 6］。

国。他是中国捐资助学第一人可谓名至实归。他的支持为中国无数孩子（包括广大农村的孩子）的成长添上助力。他的善心起了示范作用，带动了其他人捐款协助教育事业，令支援教育事业的善款如滚雪球般越滚越大。

对侨乡、对中国各地捐资兴学的不仅有如邵逸夫、包玉刚这样的富商大贾、大慈善家，也有许多生活在下层的劳动者。总之，改革开放后，海外移民在浙江侨乡、在全国捐资兴学成为"一种新趋向"，"辅助和维持各捐办学校的经常教育费用；表彰及鼓励教师的辛苦劳动，改善教师的工作条件和生活待遇；鼓励学生刻苦学习，攀登科学文化高峰，成为优秀人才"。[①] 这对于九年义务教育的普及，对于特色教育的推动，对于办学条件的改善，对于教育标准化的建设，对于各类人才的培育，都起到了十分重要的作用。

二、热心文化福利，弘扬了侨乡中华民族的传统美德

海外新移民在侨乡捐资兴教外，他们还本着"丈夫贵兼济，岂独善一身"的人生信条，还热心于侨乡的文化事业、社会福利事业。如兴办文化娱乐设施、老年人福利事业、修葺文物、扶贫济困等，为侨乡增添了丰富多彩的精神文明气象。广义的文化事业内容十分宽泛，海外新移民在侨乡捐赠助建的内容相当丰富，项目多样，本研究难以全面企及，因此，仅以他们捐建影剧院、体育馆、图书馆和博物馆、名胜古迹为代表作介绍。

（一）文化事业

1. 影剧院等。据不完全统计，自1987年至2008年，海外新移民在浙江重点侨乡温州瑞安市捐建影剧院（含电影放映场）3座，分别是林昌横电影院（1987年）、霞章影剧院（1989年）、板龙电影放映场（1991年、内设板寮小学）。他们还捐建文化中心2座。[②] 1979年，温籍海外移民梅仲微先生与其子梅旭华先生，以无息贷款兴建鳌江电影院，并捐资建造平阳县电视台等。

至1998年，文成籍海外新移民捐资建成影剧院8座，电视接收站、电

[①] 任贵祥：《海外华侨华人与中国改革开放》，中央党史出版社2009年版，第420页。
[②] 统计数据来自瑞安市侨务办公室。

视塔、有线电视等7处。其中，由胡志光倡议，旅荷、旅意等国移民捐资兴建的玉壶华侨影剧院，建筑面积1400平方米，座位902个。

2. 捐建体育馆。如青田夏康体育馆，1993年，旅比利时青籍移民夏廷元先生偕夫人杨爱娥捐资100万元，在鹤城镇东门滩建造，以其父亲名字命名，1996年建成。夏康体育馆占地面积2300平方米，总建筑面积3544平方米。体育馆内室高11.2米，空间跨度长43米，宽34米，有30个领导和贵宾席位、1355个观众席位。比赛厅面积34.0×22.8米，地面为双层龙骨木地板，屋顶采用先进的正方四角焊接而成钢网架结构。安装70盏新型的电光源，照明度达到1500勒克斯以上，符合国际、国内比赛要求。体育馆正厅两边设有两个运动员休息室。馆内可进行篮球、乒乓球、排球、羽毛球、武术等多项体育竞赛，也可供举办大型的群众集会和文艺演出。从此，青田重大的文化娱乐活动、露天不能开展的体育赛事，均可在馆内进行，极大丰富了侨乡民众的文化体育生活。

3. 捐建图书馆和博物馆。新移民在侨乡及其他地方捐建的图书馆和博物馆非常多，如顾国华、顾国和兄弟捐建的宁波"宗瑞图书馆"；余姚籍加拿大华人何兆丰在余姚中学捐建的"如华图书馆"；普陀籍美国华人林依心捐建的普陀中学"依心图书馆"和舟山中学图书馆；文成籍奥地利华侨李尧良和王泰丽夫妇捐建的文成黄坦中学图书馆等。在绍兴市，绍兴市图书馆（又称鲁迅图书馆）是该市最早的公共图书馆之一。1959年改组为鲁迅图书馆，郭沫若曾为之题额。2000年，新馆落成开放。这是一座集开放、现代化、多功能一体的图书馆，可藏书100万册（目前已藏书超过42万册，其中古籍16万余册，善本698种），设置座位1300座，有18间阅览室，300座的报告厅和500平米的展览厅。该馆建造过程中，得到旅外乡贤移民的大力支持，如车越乔先生先后捐款550万元，赠书400余册，并专门设立"柯灵纪念室"。绍兴博物院的建造，更是倾注了海外移民的心血和支持。1992年，博物馆奠基开工，1993年建成开馆，占地总面积13133平方米，建筑面积5946平方米，其中主展厅1800平方米，由两层楼面组成，分基本陈列和临时展览两部分。① 绍兴图书馆、博物馆已成为绍兴市文化建设事业的两

---

① 绍兴图书馆、博物馆的资料，来自绍兴市侨务办公室。

张重要名片。图书馆为当地民众提供了一个免费学习场所,极大丰富了广大民众的文化生活,提升了文化素质。博物馆以其直观的实物教育,真实的体验性和发散的鉴赏性,成为中华历史、传统文化的教育场所。

4. 捐建、修建名胜古迹。名胜古迹是中华文化的组成部分,它见证了人类的文明史,也是人类智慧的结晶。所以,海外新移民也非常热心于捐赠建造、修缮名胜古迹。在浙江,闻儒根捐修金华县的"赤松黄大仙牌楼";镇海籍港胞陈志耀为修复镇海古楼捐资;青田籍移民捐资支持修建青田石门洞风景区;陈廷骅资助修建宁波七塔寺、天童寺、阿育王寺、奉化雪窦寺,杭州灵隐寺、净慈寺等。在绍兴,1998年,周恩来总理百年诞辰之际,广大绍兴籍海外移民纷纷加入到社会各界捐资修建周恩来祖居的活动中,仅旅港乡贤金龙先生个人就捐资100万元。修缮后的总理祖居,集祖居、故居、纪念馆、纪念广场于一身,占地5500平方米,是浙江省文物保护单位,浙江省爱国主义教育基地,浙江省廉政文化教育基地,浙江省红色之旅经典景区,绍兴市红色旅游经典景区。

(二)社会福利事业

海外移民在侨乡捐助社会福利事业的积极性更高,项目更多,全方位惠及了民众生活。有的捐资是雪中送炭,有的是锦上添花,有的以微薄之力尽着爱国爱乡的责任,例不胜举。在此仅以捐资兴办医疗卫生、兴办敬老院、赈灾扶贫三方面的一些情况作简单介绍。

1. 助建医疗卫生事业。邵逸夫先生捐建的杭州"邵逸夫医院"于1994年建院,如今已发展成为由浙江省人民政府配套建设的一所综合性研究型的三级甲类医院。医院于2006年底顺利通过国际医疗机构评审联合委员会(JCI)的评审,成为中国首家通过该评审的公立医院,它标志着医院在医疗安全、医疗质量和医院管理方面达到了国际水平。2009年底,医院又以高分通过了JCI复评。在2013年全国卫生工作会议上,国家人力资源社会保障部、卫生部、国家中医药管理局对全国卫生系统先进集体、先进工作者进行表彰,该医院荣获"全国卫生系统先进集体"荣誉称号。文成籍海外移民、归侨侨眷捐建"玉壶华侨医院"。绍兴第二医院创建于1910年,其前身为福康医院(教会医院),是绍兴市建院历史最早,集医疗、预防、教学、科研于一体的三级乙等综合性医院。1990年以来,绍兴旅外乡贤对该院累计捐赠款物折合人民币600.8万元。近年来，该院荣获浙江省文明单位，省、市级文明医院，国家级爱婴医院，省高等医学院校教学医院等称号。海外移民捐资兴建医疗卫生事业，除直接捐资外，有的是捐赠医疗器械，有的送救护车及临床医护用品，有的设立专项医学奖励基金，有的资助医院扩建工程，有的助建医院自来水改造等等，有力改善了侨乡民众的医疗条件，提升了侨乡的医疗水平，为民众的身体健康做出了贡献。

2. 捐助老人、孤、残、病及其他有特殊困难的社会成员福利事业。海外移民将积德行善，关注弱势群体，扶贫帮困这一千百年来源远流长的中华民族美德发扬光大。他们报答乡恩，报效祖籍国，以平常之心笑看人生，助人为乐。他们有的捐资建福利院、敬老院。如温州市乐清海外移民，从1986年至2004年，助建的老人福利院、老人活动场所超过10多所。许多敬老院、福利院都有较完善的设施，集养、医、教、乐于一体，既是孤寡老人颐养天年的场所，也是盲、聋、哑、残疾人职业培训、就业安置、康复服务的场所，帮助侨乡老年人实现了老有所养，老有所医，老有所乐。许多海外移民还纷纷捐赠设立公益福利基金、见义勇为基金、慈善基金、扶贫助残基金，帮助更多需要特殊照顾和重点扶持的人群。如温州市侨办，2010年建立市慈善总会侨爱分会，仅三年时间，就收到主要来自海外移民捐款近千万元。宁波市侨办积极引导设立了"周氏阳光基金"、"李世明福利基金"等7个慈善基金，为解决农村弱势群体困难、丰富农民精神生活发挥了积极作用。

3. 赈灾济困。"一方有难，八方支援"一直深藏于海外移民的心头。在浙江省内，如温州市，1990年连续遭受5次台风袭击，损失极为严重。据灾后统计，海外移民向温州的捐赈款折合人民币60多万元。1994年，台风、暴雨、大潮再袭温州，当年，全市区收到海外移民的赈灾款810多万元，其中不包括海外移民直接汇寄县、区的赈灾款。1996年，温州再次遭受水灾，新加坡华人赵齐海带头组织动员在新加坡的温籍移民捐款50万元。1998年长江、松花江和嫩江流域发生特大洪灾，据不完全统计，温州市海外移民共捐款物折合人民币600万元。[①] 2008年5月12日四川汶川发生强

[①] 《浙江华侨志》，浙江古籍出版社2010年版，第246页。

烈地震后,据浙江省侨办统计介绍,截止当年6月3日,在一个月不到的时间内,浙江籍海外移民通过各种渠道向四川灾区捐赠款物就达3.049亿元人民币,这其中有亿万富豪的鼎力相助,如邵逸夫捐款1亿港币,也有每天进货金额只有几十欧元的百元店老板的倾囊付出。温州侨办积极动员海外侨团、侨胞和侨资企业支持灾区抗震救灾。至2008年8月初,温州市慈善总会收到温州市侨办组织的海外侨团、海外移民及侨资企业捐赠款430万元。根据海外侨团和移民的捐赠意愿,这笔善款用于在广元市青川县建造一所华侨学校。[①] 至2008年6月5日,温州侨资企业为汶川灾区捐赠的最大一笔捐款来自乐清侨资企业浙江合兴电子有限公司,公司在原先捐款60余万元的基础上,再次向四川地震灾区捐款118万元。

海外浙籍移民在为灾区募集善款时,留下许多令人感动的故事。1998年,国内长江流域和嫩江、松花江流域发生百年罕见重大水灾,温州籍旅荷新移民胡允革先生是痛在心里,四处奔走,到处打电话,发起成立全荷华人救济中国水灾委员会,并被推举为主席,在他和其他侨团负责人的努力下,全荷中国海外移民筹捐了60万荷盾。他们在灾情最重的湖北牌江湾捐款43万元,重建庆丰小学。2008年四川汶川大地震,西班牙中华妇女联合会决定在巴塞罗那组织一次街头募捐义演。"没有人学过专业表演,我们甚至来不及向政府申请场地",会长王肖影说:姐妹们凭着一腔热情连续三天走上街头。为了增强演出效果,每位女会员特地自费购买旗袍。有一天表演时,天下起了大雨,她们坚持在雨中表演。"心中有爱,我们什么也不怕。"她们用加泰罗尼亚语唱起了当地的一首民歌,歌中唱到:一只小鸟从西班牙飞到法国,每天都很想念它的妈妈。深情的歌声让西班牙人理解了她们对祖国的感情。一欧元、一欧元的硬币落入她们的募捐箱,最多的一份捐款是50欧元。通过义演,她们募集到了7326欧元,全部汇至四川汶川。

自1982年—2008年,东北大兴安岭先后发生重大灾情7次,文成县玉壶镇籍海外移民赈灾达310人次,折合人民币392.82万元。[②]

浙江侨资企业还发挥企业优势,在捐款捐物的基础上,在短时间内,有

---

① 此统计数据由温州市侨务办公室刘时敏提供。
② 数据由温州市文成县玉壶镇归国华侨联合会提供。

89家企业向四川灾区提供3000多个就业岗位。这又是一份向灾区人民奉献的爱心。

2013年4月22日，四川雅安地震，邵逸夫爵士夫妇向灾区捐款1亿元港币。杭州侨界、侨资企业十分关心灾区人民的灾情，为灾区人民抗震救灾、重建家园踊跃捐款捐物，奉献出一片片爱心。据不完全统计，在地震发生后不到一个月时间内，浙江省侨商会会员单位通过各种法定途径向灾区捐款捐物达1140多万元人民币。[1] 至5月初，杭州侨界为四川芦山灾区捐款（物）共计1173.2万元。其中杭州泰普森（控股）集团公司为灾区捐款50万元和价值100万元的帐篷。[2]

社会生活中，民众因病致贫、因病返贫的现象依然存在。因而，帮助困难群众也成为广大海外移民的关注重点。

个案：抱团行善　情暖瓯越——温州市慈善总会侨爱分会慈善记忆

改革开放以来，温州海外新移民凭借顽强的创业精神和敏锐的商业嗅觉，敢为人先、勇于创新，创造了一个个商界传奇。他们不仅是温商圈、海外华商圈中的商业翘楚，也是爱国爱乡、乐善好施的典范。

温州市慈善总会侨爱分会是浙江省首个由温州海外移民自发捐资成立的慈善机构，2010年5月6日成立。侨爱分会的宗旨是：以人为本、为民服务，积极为广大温籍海外华人华侨、港澳同胞和归侨侨眷参与慈善公益事业搭建良好的平台，通过积极开展社会救助、扶危救贫活动，推动温州社会公共福利事业的发展。侨爱分会成立当天即募得善款555万元人民币、6100美元。2012年，侨爱分会共收到善款377.45万元；共向社会上符合救助的团体和个人，拨款163.85万元。至今，侨爱分会走过了3年多的爱心旅程，已累计收到捐赠近千万元。它让侨爱在温州这片公益热土上发芽滋长，业已成为团结海外温州人的纽带，成为联系海外赤子爱国爱乡共襄善举的桥梁。

一、助建新农村，"造血"行善显效益

侨爱分会充分运用爱心慈善款，针对不同对象、不同情况，采取不同的

---

[1]　统计数据来自浙江省侨商会。
[2]　杭州市侨务办公室：《杭州侨界踊跃为四川地震灾区捐款》，http：//www.zjqb.gov.cn/art/2013/5/3/art_376_62669.html［2013－5－6］。

措施,由过去的侧重于"输血"行善向"造血"行善过渡,让弱势群体在受助的同时逐渐学会自食其力,并在发展经济、发展生产中,创收增收。

(1) 支持发展农村经济。番薯枣是温州地区传统、天然、风味独特的食品,颜色偏暗偏红,有嚼劲,甜软糯口感好。永嘉县陡门乡全山村有70户249人,其中低保1户1人,特困人员7户29人,外出人口135人,在家人员主要以农业生产为主。境内山林丰富,村中百姓有做番薯枣的历史传统,却一直受制于资金不足,烘干设备短缺,番薯枣产量上不去,质量受影响。而现如今,全山村的番茄枣生产已发展为村级经济的主要产业,并远近闻名,这与侨爱分会加大扶贫力度,改变扶贫工作方式相联系。

2011年年初,温州市侨办加大扶贫工作力度,通过侨爱分会,引导美国纽约温州同乡会捐资6.1万元为全山村引进烘干房,提高番薯枣加工技术含量,使村民的番薯枣加工逐步走上产业化之路。2013年1月,全山丏生番薯专业合作社负责人徐丏生高兴地向到访的温州市侨办领导说:"以前只有靠晴天天气好,才能晒出番薯枣。在海外侨团的帮扶下,村里有了烘干房,再也不怕阴雨天气了。""因为有了烘干房,一年四季都可以加工番薯枣,去年自己增收了16000余元,今年准备再扩大番薯种植规模。"他还说:"我要带头把经验传给村里的其他人,把他们也给扶起来,带领大家共同致富。"如今,全山村村民通过烘干房加工番薯枣,增收万元以上的有20来户人家。番薯枣已成为村民增收的重要渠道,村民们发展番薯枣产业的劲头越来越足。

(2) 做好搭桥修路等项目。侨爱分会积极引导侨资助建农村开展基础设施,如道路拓建、水利工程、桥梁建设、绿化亮化等配套设施,改善农村生活环境。侨爱分会向平阳县南雁镇前山村捐资5万元帮助该村建设农业灌水渠,解决400户村民的农田灌溉用水问题;向泰顺县雅阳镇新联村捐资10万元用于该村防洪堤改建工程建设,向藤桥镇后垟村捐赠人民币6万元,用于该村修建公路;浙江恒庆置业有限公司向莪山乡少数民族村捐赠人民币25万元,用于自来水工程。

二、慈善品牌影响大

侨爱分会为进一步发挥慈善的影响力和作用力,精心打造品牌,以品牌吸引更多的爱心认捐,并形成一个个由侨爱分会带头,海外侨团、侨胞、侨资企业共同参与的爱心工程。一个又一个慈善品牌,犹如一个个跳动的音符,传颂着温籍海外移民的善意和爱心。

(1)"侨爱光明行"。这是由温州市侨办、市慈善总会侨爱分会和温州医学院附属眼视光医院于2011年7月联合推出的慈爱品牌。活动推出当天,侨爱分会就收到了意大利普拉托华侨华人联谊会100万元、旅居意大利的温籍新移民何小双10万元、旅居荷兰的温籍新移民郑丽莲3万元的捐赠款。也是在活动推出当天,侨爱分会向温州医学院附属眼视光医院捐赠100万元人民币启动资金,用于帮助温州地区贫困的中老年白内障患者免费实施复明手术。该活动计划每年资助500名温州地区贫困的中老年白内障患者免费实施复明手术。据统计,"侨爱光明行"活动自启动以来,至2012年年底,温州全市已有230名贫困中老年白内障患者从中受益成功复明。2012年6月到8月,"侨爱光明行"出资50万元,首批启动10万元赴四川省理塘县,为当地一些患白内障的藏民带去光明。

(2)"侨爱助学圆梦"。侨爱分会成立以后,在温州市侨办、慈善总会、侨爱分会及相关负责人如侨办副主任、侨爱分会副会长许捷女士等人的多方组织、协调下,发挥侨爱分会的独特优势,调动温籍海外新移民的力量,开展多渠道、多形式助学活动,包括捐赠助学金、营养午餐、学习文具和御寒冬装,捐资建校、购买教学设备、设立奖学金,等等。2011—2012年度,共投入教育帮扶资金214.5万元,捐建侨爱学校2所,扶助学生近千人。美国加州温州同乡会,通过侨爱分会定向向温州市特殊教育学校捐赠人民币10万元,用于资助温州市特殊教育学校购置设备;法国华人金大力、荷兰华人金大中到泰顺仕阳、泗溪等地开展扶贫助学活动,为11位特困孩子送去了2万多元助学金;2011年8月,侨爱分会副会长、旅意新移民何小双女士向文成县南田中学捐赠10万元,设立"南田中学何小双奖学奖教基金"。这是她连续第二年为贫困山区教育事业奉献爱心。她说:"尽自己的一份力量,尽可能帮助那些需要帮助的孩子,是每一个人应尽的责任。"在何小双女士看来,自己为贫困学子捐一份爱心,理所应然。2013年8月15日,侨爱分会捐资120万元兴建的温州侨商学校落成典礼在泰顺罗阳镇仙稔中心小学举行。由于交通不便、学校规模不足等原因,原本的仙稔中心小学百余名师生分散在三个教学点,而随着温州侨商学校的落成,仙稔中心小学从此结束了"分校"办学的历史……一桩桩侨爱善行善举数不胜举,通过侨爱行善,最大限度地帮助贫困学生解决了学习、生活等方面的困难,将广大侨胞的热心善举化作学子们学习成长的源泉动力。

(3)"关爱暖巢行动"。即开展多形式的困难归侨侨眷帮扶救助活动,慰问侨界空巢老人和困难归侨侨眷,发放慰问品。2012年,侨爱分会在慈善助困、助医的基础上,增设寒冬送温暖、节日献爱心等项目,受助范围从侨界空巢老人和困难归侨侨眷扩大到社会困难弱势群体。

三、慈善制度建设

(1)加强宣传,扩大影响。扩大慈善宣传,增强全社会的慈善意识,是发展慈善事业的基础。侨爱分会成立后,主动与温州日报《天下温州人》栏目、《温州侨网》等新闻媒体联系,充分发挥新闻媒体受众广、覆盖面大的优势,面向社会及时宣传温籍海外移民的善举,并积极通过中国侨网、浙江侨网、温州侨网,及时上传发布侨爱分会开展的活动,让公众了解并监督侨爱分会的运行。并通过侨法"六进"活动,即进社区、进机关、进学校、进侨乡、进侨企、进侨团的活动,大力宣传慈善事业,鼓励更多的侨胞奉献爱心。

(2)注重制度建设。第一,对海外移民结对的工程项目,着重监督项目签约、资金使用、工程进度和竣工验收等环节,逐步建立和完善海外移民参与社会主义新农村建设的工程项目监督管理制度。根据捐赠者的意愿,及时移交到有关受赠部门。第二,做好捐赠项目跟踪监管工作,确保捐赠资金用足、用好。切实维护海外侨胞在参与新农村建设、社会公益事业时的合法权益,确保结对帮持项目取得最大效益。2012年,侨爱分会专门组织常务副会长、副会长实地考察捐赠项目,跟踪监督使用情况,如分别前往瓯海区仙岩街道和泰顺县罗阳镇仙稔小学及司前镇左溪村葡萄园督查侨爱项目进展情况;回访部分受"侨爱光明行"捐赠的白内障患者。第三,做好捐赠项目的筛选工作。侨爱分会负责人陪同海外侨领走访有关县(市、区)上报的需要救助的项目。在考察平阳县南雁镇前山村农业灌水渠项目后,连同平阳县外侨办分别向该项目捐赠5万元和1万元资金,让侨爱工程的成果惠及全体村民;专程走访苍南县灵溪镇考察需要资助的华阳社区卫生服务站,察看了该卫生服务站的药房、输液室、化验室等科室,并听取了苍南县卫生局、灵溪镇政府及卫生服务站负责人的有关运转成本、设置配备、人员培训和农村卫生改革等情况的介绍。2012年9月，侨爱分会向华阳社区卫生服务站捐赠人民币10万元，用于卫生院建设，帮助解决了当地医疗设备不足的实际困难，缓解群众看病难问题。

制度建设保证了海外移民的捐赠款物账目明细化、透明化，从而赢得海外捐赠者的信任。很多海外侨团、海外新移民、侨资企业就是在了解了侨爱分会的善举后，被该会的爱心善举及规范化运作所感动，才纷纷加入这支施善队伍，为侨爱分会的爱心接力增加新的力量。

个人的力量总是渺小的，众多的个人力量会聚沙成塔。在侨爱分会的倡导、带引下，温州海外新移民为慈善这一共同目标汇聚在一起，滴水成川，日积月累，集腋成裘，已产生了巨大的力量。侨爱在温州这片公益热土上扎根生长，绽放出美丽的花朵。

善举传递正能量，一加一会大于二。侨爱分会最初只有几位发起人，目前已发展成五十多个（位）会员和会员单位的强大队伍。他们因为感动而行动，因为行动又有了更多的感动。他们希望用自己的爱心，给家乡的慈善事业贡献更多的正能量。

三、慷慨解囊，助建社会主义新农村

许多浙江海外新移民的原籍地都在农村，相对城市，农村的文化建设更需要得到帮助和支持。因此，他们对浙江侨乡的捐赠、助建活动，投向农村的比例高于城市。前述的各项捐赠捐建内容，许多项目都放在农村。2005年，党的十六届五中全会通过的《中共中央关于制定国民经济和社会发展第十一个五年规划的建议》明确提出"建设社会主义新农村是我国现代化进程中的重大历史任务"。要按照"生产发展、生活宽裕、乡风文明、村容整洁、管理民主"的要求，坚持从各地实际出发，尊重农民意愿，扎实稳步推进新农村建设。党的十七大报告进一步强调要"统筹城乡发展，推进社会主义新农村建设"。胡锦涛主席在党的十八大报告中指出"要建设新农村，全面贯彻党的农村各项政策，让中央的惠民政策落到实处，保证粮食安全和农村的稳定"。因此，新农村建设是一个特定的、内涵丰富全面的概念。新农村建设既要体现在经济建设发展、生活环境改善，也要体现在思想理论观念、文化生活等方面的全新发展。

浙江侨乡新农村建设的起点更高。2009 年，浙江农民人均收入首破万元大关，达 10007 元，成为中国首个农村人均年收入超万元的省区①，农民收入主要依靠工资性收入，这也决定了浙江的新农村建设，起点更高，目标更全面，同时也构筑了海外新移民可以发挥更大作用的平台。

但是，浙江确实又是资源稀缺的经济大省，新农村建设面临新的挑战：经济总量大，环境容量小；农村公共产品普遍供给不足。同时，农村建设面临转型期困难。这种困难主要表现于以下三方面：第一，"面临农业边缘化的难点"。"除了一些龙头企业以外，大量的农业家庭经营"呈"超小型的农业"、"老龄化的农业"、"补贴型的农业"的特点，"难以实现从传统农业向现代农业的转换"。第二，"农民转化难的问题"。"没有农民的成功'市民化'，建设新农村不可能成功。"第三，"农民增收难"。"欠发达地区的新农村建设严重乏力。"其他还存在农民的社会保障问题、国民收入分配问题、土地问题②，还有农民收入差异、区域收入差异、城乡收入差异等难题。

海外新移民以个人、以社团或多人联合集资等方式，直接或间接助建新农村，成为解决侨乡农民人均年收入突破万元后，解决多种困难的重要力量。他们助建新农村，既保持农民持续增收，更关注解决"平均数下的不平衡"，积极扶持弱势群体。为切实提高扶贫帮困的效率，他们改变原来"输血"式助建，加大"造血式"扶贫工作力度。助建具体项目，除前述的文化教育、慈善公益等领域外，还包括：造桥铺路（含铁路、隧道）、自来水生产供应、电灯电话、生态绿化等多个项目。

（一）助建基础设施

1. 助建基本情况。海外新移民汇回侨乡的大量侨汇，"大多用于支持浙江农村和边远山区建设"。据不完全统计，近年来，浙江省用于新农村建设

---

① 浙江省统计局：《2010 浙江省统计年鉴》，http：//www.zj.stats.gov.cn/zjtj2010/indexch.htm [2012-8-9]。

② 顾益康：《转型时期新农村建设的难题与建设重点》，载《浙江经济》2006 年第 24 期。

的海外移民捐赠达到 12 亿美元。①

其中，2008—2009 年，浙江全省各级侨办系统深入乡村 500 多个，联络海外人士 1000 多人次，引进农业投资项目 120 多个；有 800 多家侨资企业（包括海外侨商）与乡村结对帮扶，捐助资金 1.4 亿多元人民币；全省农村各地接受各类捐赠 500 多项，捐赠额 5000 多万元人民币。温州籍海外移民捐助建设新农村建设款物占 70% 以上。2009 年度，温州侨办系统共落实帮扶资金 2543 万多元②；杭州市，有 318 家侨资企业与乡村结对共建，到位帮扶资金 3900 万元，完成农村公益事业、基本建设、教育帮困等项目 400 多个。

近十年来，海外移民对宁波市新农村建设的捐赠详情见下表：

表 6-4　海外移民对宁波市新农村建设的捐赠统计

2003 年—2008 年		2007 年—2008 年捐赠农村项目及设基金			2009 年				2010 年上半年	
人数	金额（亿元）	捐赠额	投资项目		投资宁波市农村		接受海外捐赠		农村项目	金额
			合同利用外资	实到外资	项目	金额	项目	款物		
450 位	2.8	5376.7 万元	9640 万美元	5455 万美元	80 个	4677.65 万美元	78 个	5029 万元	17 个	450 万元

数据来自宁波市侨务办公室。

至 2009 年上半年，青田县已有 128 个海外侨团与 90 个贫困村签订了帮扶协议，其中 49 个侨团在 42 个村落实了新农村建设项目 67 个，投入资金 86 万元，1292 名海外移民与 2345 户贫困农户签订了帮扶协议。③

2. 修桥铺路。20 世纪 80 年代以后，海外新移民捐建修桥铺路进入高潮。据瑞安市侨办介绍：1986 年至 2008 年，瑞籍新移民捐资为侨乡修建（全部资助或部分资助）大小桥梁（部分为公路桥）近 30 座，铺设公路、机耕路、水泥路等 100 条（段），建路亭 8 座，建隧道多处。如新移民资助

---

① 汪恩民：《浙江华侨反哺情深　30 年捐赠公益达 120 亿元》，http：//qwb.zj.gov.cn/art/2010/9/6/art_376_32178.html［2011-6-8］。
② 郭显选：《温州市侨办获"共同跨越六大行动"先进集体称号》，http：//www.zjqb.com/art/2010/4/13/art_376_28160.html［2010-12-16］。
③ 《青田华侨史》，浙江人民出版社 2011 年版，第 296 页。

市内重点侨乡镇桂峰至湖岭、枫岭至高楼、枫岭至桂峰的盘山公路，并将公路延伸至桂峰、枫岭两乡的每个自然村，全程长共100余公里。

至2009年6月，文成县玉壶新移民在镇内捐资助建路桥资金达3001.2万元，其中，旅意大利新移民胡圣銮于2009年3月，为玉壶至南田二源公路（康庄工程）个人捐资100万元。在他带领下，移民奥地利的胡立井捐资30万元，荷兰梅守超捐资20万元，意大利、西班牙等10多位新移民，100多名归侨、侨眷捐资80多万元，总捐资达300多万元，使该工程于当年9月15日顺利动工开建。①

旅荷著名侨团负责人胡允革先生为文成县交通建设事业做出的努力令人敬佩。文成县是浙江省内经济相对不发达县，却是著名侨乡，海外移民有10多万人，其中90%为新移民。中国有句俗话：要想富，先修路。如今从文成到温州只要一小时车程，这凝聚着胡允革先生等许多位海外新移民的智慧和心血。在他们的努力下，才争取到省道瑞东线（简称56线）从沿江南线改建沿江北线。为此，胡允革先生（时任旅荷华侨总会会长、浙江省温州市政协委员）联合时任欧洲华人华侨社团联合会主席、浙江省政协委员胡志光先生联名从荷兰向浙江省人民政府呼吁。1998年7月8日，他们从荷兰写给省政府的信中力陈改建沿江北线的理由，摘录于下：

一、促进侨乡经济发展是旅居海外侨胞梦寐以求的目的。江北是落后贫困山区，又有很多侨乡，公路沿北走，可以带动江北七万多人脱贫致富，能使江南、江北的经济平衡发展，使更多侨乡受益。以全局利益来看，沿江北走是最好路线。

二、以经济效益看，走江北方向为最佳。因为沿江北走，可缩短路程七公里，并且拆迁省，不受地理及拆迁所限制，完全可以按百年大计所需设计。

三、文成九溪电站工程即将开始，海外侨胞将投资此项目，如果沿江南走向，因路基和峃口桥等的影响受到极大牵制，不利于设计和施工。

四、从江南走向需拆迁多，与江北走向缩短路程相比，可能在相同资金或更少资金情况下，变成江北两条交通线，符合国情和当地实际情况。江北

---

① 捐资数据来自2012年10月25日作者赴玉壶调研，由镇归国华侨联合会提供。

走向还可以避免因江南道路拓宽造成阻车，有利瑞安和文成人民日常生活的正常进行，用于珊溪工程的物资供应和工程如期进展。

他们委托时任浙江省侨联主席的周慧兰女士和侨联秘书长赵向前先生，把此报告转送时任浙江省副省长卢文舸先生。周慧兰主席在转送报告时，于当月8日亲自给卢副省长写信，其中写道：

胡志光先生、胡允革先生所领导的华侨社团历史悠久，影响卓著，在欧洲华侨华人中很有号召力。他们非常关心家乡的经济建设，热心于家乡投资兴办实业，并已在发展浙江与欧洲经贸往来，投资家乡社会公益事业方面作出了较大的贡献，是浙江乃至全国的重点海外工作对象。

两位先生此次来函，主要就瑞东线（瑞安经文成至景宁东坑）公路改建提出他们的意见。希望卢副省长能念其特殊身份，对他们的意见给予慎重考虑和圆满答复。

卢文舸副省长在收阅周慧兰女士报告后，于7月13日在周的报告上批示：

郭学焕同志酌处。望认真考虑两位胡先生的建议，最好能找机会（由省办安排）当面答复。

通过胡允革先生等侨团负责人和海外移民、省内相关部门的共同努力，文成县城至瑞安交界段一级公路改建工程等项目于1998年得以立项。该项目中，文成花园至西坑段改建工程是省重点建设项目，也是文成至当时为止投资规模最大的一个交通项目。项目起点为文成县大峃镇花园村，经龙川、黄坦、富岙，终点为西坑镇，主线全长19.78公里。该工程建成后，文成县改变了无一级公路的历史，县城至十大乡镇真正实现半小时交通圈。同时，也为文成去温州的公路缩短了距离，促进了文成县经济发展，方便侨胞回乡探亲。2010年，胡允革先生又开始为通往文成县的高速公路奔走。当年7月，他通过中国驻荷兰使馆委托浙江省侨办，转给时任浙江省委赵洪祝书记和吕祖善省长"关于要求尽快开工建设龙丽温高速公路温州段的报告"。[①]

这真是"重洋难断桑梓情，筑路架桥万里连"。

[①] 关于胡允革先生贡献浙江侨乡的资料，来自作者在2008年3月、2011年10月、2013年3月对他的访谈。对他接受作者的访谈在此表示感谢。

青田县山多路难走，至20世纪90年代前期，青田有江无跨江大桥。90年代后期，在广大海外青籍新移民的支持下，建成创历史纪录的青田瓯江大桥（西门大桥）。大桥全长383.75米，设计荷载：汽—20吨，挂—100吨。通航要求为六级航道，可通航100吨船舶。下部结构为钢筋砼钻孔灌注桩基础（共27根）；上部结构为1×20m预应力砼空心板梁+4×30m予应力砼T梁+60.5m+90m+60.5m予应力砼空心桥梁+1×30m予应力砼T梁。全桥10个桥墩，其中2个重力式桥台，2个墙式墩，3个双柱式墩，3个柱式墩。桥面中心标高25.85米，南北接线共2872米。南岸接线按三级山岭重丘公路标准设计，瑞安方向为182米，宽12米；景宁方向为212米。北岸接线按加宽二级山岭重丘公路标准设计，总长为2478米，路面宽为9—12米。

桥梁栏杆采用砼预制栅片直条，每孔或相隔30米处设置青石浮雕，全桥共26块浮雕图案以鹤为主，共95只鹤，名曰百鹤图。时任全国人大常委会副委员长陈慕华女士题桥名"青田瓯江大桥"。大桥项目是丽水市重点工程建设项目，从此青田县结束千年来有江无桥的历史。大桥总概算投资为1995万元，1992年9月16日开工，1995年10月30日竣工。最后，工程总投资3365万元。其中，海外新移民捐款超过300万元。

此后，青田县在海外新移民的捐助及其他方面力量的共同努力下，先后建成了腊口大桥、太鹤大桥、温溪大桥、塔山大桥等，支流大桥更是比比皆是。

海外新移民还助建乡村康庄工程，改造乡村道路，修建村道达到标准公路，成为实现侨乡农村道路路面全面硬化的重要力量。

3. 饮水工程。浙江地处江南，却有多地缺水。如浙南地区的农村是典型的"人多水少"之地。至2006年，据不完全统计，"浙江省共约1200万农村人口需要改善饮用水条件"，其中"有110万"饮水困难人口"分布在山区县和海岛县"。[①] 还有很大一部分农村人口没有喝上自来水，即使已改水受益的地区也远未达到安全卫生饮用水标准。为此，海外新移民捐建农村小型水电站、建自来水厂，帮助村民安装自来水工程，助建山涧优质水引下

---

① 朱美虹、潘昌卫：《浙江南部山区山村饮用水工程建设存在的问题与解决对策》，载《中小企业管理与科技》（下旬刊）2009年4月。

山工程等。海外新移民的捐建,极大推进了浙江侨乡"千万农民饮用水"工程,改变了侨乡民众饮用河水、井水、溪水的传统,从而保证了侨乡民众的饮水健康,造福后代。同时,也为农田水利事业做出了贡献。

4. 生态绿化。新农村建设的重要内容之一是"村容整洁",为此,海外新移民助建侨乡创办林场,开发山林水果,绿化荒山;修建防洪堤坝,防灾减灾。2010年,宁波市鄞州区成功举办全国"侨爱工程——万侨助万村活动"现场会,其中引入海外移民帮建生态公厕,实现无害化卫生厕所就是重要工作之一。侨乡农村与全中国广大农村一样,长期以来都是露天粪缸、旱厕。既不卫生,又污染环境。许多侨二代、三代回故乡,甚至一些侨居海外多年的新移民回乡最怕的事就是进公共厕所。因此,他们大力支持侨乡的厕所改建。改建后,厕所里苍蝇和蚊子嗡嗡明显减少,臭味几乎消失无踪,还提升了村容村貌,真是一举多得。

如宁波市侨资企业泰来环保有限公司,公司创办人为国家"千人计划"引入者鲍海明先生,他的公司利用系列环保技术,帮助奉化市石门村、鄞州区鄞江镇清源村和龙观、洞桥等村改建新技术公厕——循环水冲式生态厕所,该项技术还获得了国际实用新型专利。公司还帮助村庄建构粪便污水处理系统、河道治理系统及工业废水、屠宰养殖、医院等各类废水处理系统,让污水处理规范化。如今,公司的技术应用已被拓展到象山、慈溪等地,使用效果良好,节水率达到85%以上,均通过宁波市环保局组织的工程项目质量验收,成为宁波市环保局创建国家节水型城市工作以及新农村生态建设的重点推荐产品。同时,泰来环保经区侨办牵线搭桥,承接了清源村造价300万元的生活污水处理工程,使留学归国创业人员的事业与农村的公益事业共同发展,获得双赢。

泰来环保有限公司的实践证明,海外新移民的科学技术支持推动了侨乡新农村建设,美化了村容村貌,改善了村民生活环境、生产环境。同时,海外新移民在侨乡农村的广阔天地里,他们的科技获得了由实践——被认同——不断推广(成果转化)的发展路径,展示了无尽美好的结合前景。

(二)调整农村产业结构,助推农民增收致富

建设社会主义新农村的重要目标之一是"生产发展、生活宽裕"。没有农民收入的提高,就不可能有真正的新农村。但是,在侨乡,许多农民致富

渠道不够，增收技艺不够，市场信息不够，从而制约了村民增收致富。因此，海外新移民在助建侨乡新农村建设中，以帮助调整农村产业结构为切入点，助推农民增产增收。

1. 帮助推进农业结构战略性调整。浙江侨乡农村经济发展处于从短缺向过剩、从粗放向集约、从区域向全球、从大路货向精细化转变。农业也正处于向规模化、专业化方向发展过程中。海外新移民根据侨乡自然环境和原有经济特色，通过完善特色农产品区域布局规划以助优化农产品结构。

第一，创农副产品品牌。新移民帮助域内农村引入无核葡萄、草莓等良种，经过养、种植发展，使之成为地方农作物品牌产品。在温州，法国法华工商联合会捐资10万元扶持泰顺司前镇左溪村创办大棚葡萄基地，壮大特色优势产业，为周边群众脱贫致富搭建平台。美国洛杉矶温州商会出资20万元，帮助泰顺雅阳镇新联村开垦茶园。侨乡许多村庄已形成一村一品，一村一业的局面，促进了当地农业发展和农民增收。

第二，促进农业结构转变。海外新移民投资、帮助侨乡建立发展培育了许多生态农业休闲观光园。2006年，经过湖州市侨务部门协调，安吉县引进加拿大侨资5000万美元，建立集农业观光、休闲、疗养于一体的安吉大场坪旅游项目。2007年，银润控股集团有限公司（澳门）董事长廖春荣先生参加浙江省侨办在湖州市举行的旅外乡贤聚会期间，被誉为"中国美丽乡村"的安吉县的自然环境深深吸引。后来，廖先生通过多次考察，并与省、市、县各级沟通后签约，在安吉县投资70亿美元建设集旅游、休闲、康体、娱乐、度假等为一体的天使乐园，这是国际一流大型休闲旅游度假综合园区。其中投资2.15亿美元的一期项目已于2009年正式启动。该项目对推进安吉县农业对外开放、旅游业转型升级、农村产业结构调整、增加农民就业等方面将发挥巨大作用。[①] 有的新移民着眼于打造祥和、美丽、富足、有活力的新农村，将旅游业、服务业作为发展村级经济重点。如青田县温溪镇港头村，全村在籍人口1217人，侨居国外1736人。村庄总面积4468亩，如今，林业用地2363亩，绿化面积21.7亩，绿化率达16%，人均公共绿地9.7平方米，绿地率达72%。村庄绿化做到适地适树，树木长势良好，乔灌

---

① 资料由浙江省侨务办公室经济科技处提供。

草结合,以乔为主,乔木树种绿化面积比重达80%以上,生态功能较强,景观较好,绿化美化程度较高。旅外新移民徐定陆先生担任村主任后,提出新的治村理念:经济发展不能忽视环保,我们应给后代留下一片青山绿水!环境整治成为徐上任后的头等大事。他带头拆除了自家的雨篷,遏制住村里乱搭乱建的行为。他还带领村干部,研究建设污水收集处理系统,争取不向瓯江排放生活污水。在他领导下,该村占地12亩的临江公园在半年多时间内修建完成,500多万元的工程经费全部来自海外移民捐助。2008年,港头村被评为省级绿化示范村。徐定陆先生也被村民亲切称为"环保村长"。

第三,加强科技为农服务促发展。借力海外新移民智力、技术优势,以科技的力量助建新农村建设,实现"输血"与"造血"相结合。宁波市鄞州区侨办发动留创人员帮扶贫困村发展,提出"六个一"工程,即帮订一个居民生活污水处理方案、帮造一座生态公厕、帮建一个村级服务中心、网上帮推一个农村特色产品、帮助种植一个高效农业品种、帮扶一批困难家庭,取得不俗的成绩。侨资企业奥林网络科技(宁波)有限公司为"侨爱新村"——鄞州区鄞江镇清源村建立专门网站,在互联网上为村推销农副产品,通过网站推介,清源村的芋艿销路大增,价格上扬,使每亩芋艿增收500元—700元,受益农户550多家,从而带动了"清沅"芋艿品牌效应的提升,使"清沅"农副产品实现农超对接,直接进入三江超市,较大缓解了村农副产品卖难问题,提高了村民种植收入。2011年,清源村被评为省级"侨爱新村"。

2. 多途径帮助农民增收。总体上,浙江侨乡低收入农户群体在减少,但是增收难度在加大。因此,海外新移民在助推新农村建设中,结合了乡村实际,把创建活动与调整种养业结构、发展庭院经济、促进农村富余劳动力转移等紧密结合起来,创造出了很多发展经济、增收致富的新办法、新门道,成为助力农民致富的重要力量之一。

第一,侨资企业进村结对,推进帮村联户活动。按照"政府引导、自愿参与、互利共赢、注重实效"原则,侨资企业进一步加大村企结对共建新农村力度,扩大参与范围,丰富共建形式,在建立相对稳定的长效机制上下功夫。主要做法:一是农业龙头企业壮大"企业+基地+农户"的农业产业化模式。在宁波市,香港柯兆年先生创办的柯耐尔茶业有限公司在横溪的梅山村、章水的赤水村等地建立茶叶基地,实行产品保护价统一回收,使联姻的梅山村集体经济得到发展,使章水镇500多户茶农的年经济收入平均在15000元以上。旅日华人林敬付先生创办的宁波联华食品有限公司投入500万元在横街镇建立万亩有机竹笋基地。在基地建设、竹林培育、竹笋生产加工等环节为1000多个农村剩余劳动力提供就业机会,形成产、购、销一条龙体系,与农户建立紧密型产业联结机制,帮助农民增收,扩大农业规模,提升农业增效。二是侨界企业踊跃参与农村扶贫和公共事业建设。港资企业启发工业有限公司在出资114万建立泰丰扶贫基金联村定向资助贫困农户后,又捐赠200万元设立"启发工业慈善扶贫基金"用于梅墟街道腾园村公益事业;太平货柜有限公司设立100万慈善基金用于企业所在地农村扶贫;万荣食品有限公司捐赠60万元设立"万荣基金"结对邱隘镇沈家村扶贫;甬嘉实业捐赠100万元用于"母亲素养工程"等。

第二,解决村民就业。一是利用自己办企业优势,在企业内解决农民就业。青田县新移民郑进光先生投资6000万元,创办了青田县农业龙头企业——章旦生态农业开发有限公司,直接带动周边1000多农户就业致富。二是帮助村民出国就业。据不完全统计,丽水市新移民企业已为结对村培训和安排农民就业5000多人。"华侨村官"麻成权先生帮助所在村麻宅村年均向外输出劳务人员30人以上,如今,该村已有400多村民在海外创业发展。丽水籍新移民帮助更多家乡的农民出国打"洋工"致富,使国际劳务输出成为农村劳动力转移的重要途径之一。通过这一渠道出国的农民达千人以上[①]。温州市文成县各重点侨乡,通过海外移民帮村民垫资出国,让农民在短时间里拥有致富路。据粗略统计,2008年文成县有7000多人出国务工,其中有1000多人是通过海外移民垫资形式而踏出国门。至2010年,通过这种方式出国的农民有近3000人。他们出国后,只要拥有一份固定的工作,年收入基本上能超过1万欧元。[②]

第三,建立农牧业合作社。中国第一位"海归村官"章文琼带领他的

---

① 丽水市侨务办公室:《百名侨胞助百村活动成效显著》,http://qwb.zj.gov.cn/art/2009/4/24/art_376_15925.html[2010-6-8]。
② 陆剑于:《政府牵线搭桥 华侨暂行垫资——文成逾千农民出国务工有捷径》,载《温州日报》2007年8月31日。

村民先后建起梅花鹿、山羊、土鸡、食用鸽4个合作社,村民人均收入从"2006年7月他刚当选时不足3000元",到2009年底"突破7000元"。①

第四,帮助开拓农产品海外市场。凭借海外移民网络优势,浙江农产品打破空间阻隔,飞越外洋。宁波市鄞州区利用海外新移民的商业网络和市场优势,帮助建立了三个海外合作关系,促使区内主要农副产品——桑果系列产品,从2010年起,每月固定10多只标准集装箱货远销东南亚、欧洲、北美和非洲,走出了一条"村为基地,侨为媒介,企为重点,民为根本"助建新农村的新路子。

个案:一位"华侨村官"和他的美丽山村

"华侨村官"是指海外侨胞回到家乡,担任村委、村党委负责人或承担村中其他领导工作,带领发展村级经济,建设新农村。他们有海外侨居身份,就有别于国内其他村级基层组织领导班子成员。"华侨村官"现象主要出现在浙江省重点侨乡青田县。这里要讲述的是青田县船寮镇朱店前村村主任洪树林先生和他领导下的村所进行的新农村建设。②

为一句话,他当了"村官"。1999年,洪树林先生旅居柬埔寨,在异国他乡,他干得风生水起。据他回忆,2008年,他回乡探亲,看到离开了十年的村庄依旧落后,村集体经济几呈空白。有邻村村民笑着对他说:"你们村连个戏台都没有。"他说:"当时听了,心里真不是味道。"那时,浙江省正进行村级基层民主选举,朱店前村也在进行村委改选。他跟村长说:"村里应该造个戏台,别让邻村看笑话。"有村民激他:"不如你也来竞选村长,选上了,带大家造戏台,邻村就不会笑话。"就这么一句话,他加入了村长竞选。全村701票,结果有438票投给了他。他走马上任前回了一趟柬埔寨,把那边的工作跟儿子作了交代,把生意基本都托付给了妻子。

兑承诺,捐建"侨爱大楼"。为不让"邻村看笑话",更为了丰富村民的文化娱乐生活,改变村民靠打牌、抽烟、串门度闲暇时光的生活习惯。他

---

① 汪成明、叶圣义:《全国首个海归硕士村官考上公务员》,载《浙江日报》2010年2月22日。

② 关于洪树林先生及朱店前村的资料,来自2011年10月18日在青田县归国华侨联合会会议室对他的访谈。

先后捐出100万元，建成集办公、文娱于一体的新办公大楼，占地面积1700平方米，安装了现代化文化娱乐设备，大楼里当然有戏台。从此朱店前村乡亲们也能享受现代化的文化娱乐生活。此楼后被国侨办授予"侨爱大楼"，这也是青田县首个华侨捐赠项目被国务院侨办列为"侨爱工程"。大楼的建成，使沉寂多时的村容村貌顿时有了现代亮色。

　　发展经济，睡不着觉。朱店前村地理位置偏僻，全村共有村民900多人，耕地面积只有100多亩，因而该村大多数村民都出国谋生。这几年，村里常住人口越来越少，村经济发展一度停滞不前。洪树林先生说："在外挣了钱要回报家乡，为家乡的建设发展出份力。""被选为村长，那是乡亲们对我的信任，我就要为华侨争口气，多难都得干啊。"他上任后常琢磨"如何让村民的'腰包'鼓起来"。他想到了当地的大山资源，所种杨梅特别有名。他以此为抓手，重点发展无公害绿色杨梅。他带领村民开发了500多亩杨梅基地，当收获季来临时，硕果累累的杨梅缀枝头，杨梅外销一炮打响，以前2元一斤无人问津，如今5元一斤还供不应求，同时还带动了周边村庄杨梅一起外销。大部分村民仅依靠杨梅收入就达到1万—2万元。如今，洪树林村长正在规划以工兴业，促进村民增收。他已为村里办起了来料加工企业。通过几年努力，目前，朱店前村人均收入由2007年时1000元—2000元，至2011年提升至3000元—4000元。

　　修公路，改变村貌。"要致富先修路"，"乡村建设要漂亮，基础建设一定要跟上"是常挂在洪树林先生嘴边的话。为了进一步招商引资，发展村级经济，他带领村民修建6米宽的村公路，建四座村外接桥。修桥铺路的钱来自哪里？洪树林首先想到自家的"钱袋"。如今，朱店前村村道宽阔，村庄干净整洁。

　　美山村，朱店前村的明天。2011年，村委再次选举。洪树林先生自称"躲到丽水去了，真希望村民别再选自己"，结果，村民中有总计85%的选票还是投给了他。选举结束后，镇长跟他说：你没得说，村民要你当啊。于是，洪树林先生再次当选了"村长"。在其位，谋其职。既然村民信任，那就要做得不一样。他说："人的一生，为村民办点事，留个好名声也值了。"再次当选后的他，已开始为村的明天设计了大方案，凭自己在东南亚经商的见识，欲提升村级经济发展潜能。他规划：开发山地资源，种杨梅、药材，开发油茶；把村里优质的湖泊修成天然游泳池；建特色农家乐；培植特色植物品种，打造一个有东南亚风情的"立体式"现代休闲农业庄园。到时，游客可以到高山蔬菜基地里采摘蔬菜，去山上采摘杨梅、桔子，体验农家采摘游，吃地道农家宴，品生态野茶，去天然游泳池游泳。

与洪树林村长访谈即将结束时，他舒心地说：现在，村里几乎没有人打麻将，也不见有人吵架。

是啊，在这样的公益村官带领下，村民都忙着致富奔小康，建设新家园去了。

（三）助建乡风文明

乡风文明是中华民族传统文化以及农村社会主义精神文明建设的重要组成部分。海外新移民助建侨乡农村基础设施建设既是乡风文明建设的重要构成，也为乡风文明建设提供了物质保证。"兴学育才"提升了侨乡民众的科学文化素质，因为，"在一个文盲的国家内是不能建成共产主义社会的"[①]。"热心公益"弘扬了侨乡中华民族的传统美德，是乡风文明的重要体现，也为传承乡风文明创造了条件，更是乡风文明建设的重要目标。海外新移民助建乡风文明的主要内容：通过学校、社会、家庭等多种连环途径，普及农村教育，整体提高农民文化教育程度，大力提倡优秀的中国传统道德思想，如敬老、爱幼、礼贤、恤贫、睦邻、扬善、抑恶、俭朴等等。同时，助力革除贩毒、吸毒、赌博、卖淫嫖娼、奢侈浪费等不良风俗。最终实现农村民众综合素质的提高，封建迷信思想逐渐消退；勤劳致富成为农民生活的主旋律；团结互助、和睦相处成为农民人际交往的原则；遵纪守法、文明礼貌是农民的行为准则，村民以进取与开放的新形象，成为现代农民。

个案：龙凤灯舞出新篇章

侨乡农村传统文化内容丰富多彩，如龙凤灯即为重要民俗文化之一。在青田县仁庄镇冯垟村，海外新移民吴贵权先生回归担任村主任后，经过他的努力挖掘，居然让失传40多年的龙凤灯重新起舞，并走出青田，跨出浙江，奔向海外。

---

① 《列宁选集》第4卷，人民出版社1972年版，第57页。

华侨村——冯垟。目前，冯垟村有293户926人，其中常住人口580人，旅居海外的新移民有700多人，是村常住人口的120.69%。海外新移民自1996年起至2011年，已向村捐赠款物400多万元。

鱼灯起舞于海外。鱼灯、百鸟灯、龙凤灯在青田县历史上都曾红火一时，是青田最传统、最有代表性和地方特色的灯舞种类，历史悠久，道具制作精美逼真，伴奏音乐铿锵有力，舞蹈动作粗犷奔放，表演风格热烈朴素。灯的扎制都是父传子、子传孙，代代相传。后来，青田人出国、拼搏、创业，灯舞淡出了人们的视线，离开百姓40多年。

鱼灯，是一种"广场灯彩舞蹈，在全国范围内绝无仅有，文化内涵和艺术价值不可估量"。改革开放后，在当地文化主管部门大力扶持下，历经几代文化工作者传承提高，1999年国庆节，青田鱼灯与海宁莲花灯、余杭滚灯一起作为浙江省的代表节目，参加国庆大典。10月2日，青田鱼灯还作为独立节目在国庆游园晚会上演出。① 鱼灯的复活，引发一位新移民内心波澜，此人就是现任村主任吴贵权先生。他1987年旅居西班牙，在马德里有自己的店，有他的家人。当他看到鱼灯"游"进天安门的信息后，勾起对自己年轻时的美好回忆：自己少时，鱼灯、百鸟灯、龙凤灯、草鞋舞就流传于家乡仁庄镇，逢年过节时，村里的龙凤灯就舞起来了，自己曾是龙凤灯队的重要舞者，队友们还常开着拖拉机到各村去演出。演出时，偏远村庄的群众都赶来看。那份久违的情感催动着老吴立即联系了几位在西班牙的同乡商量要恢复这一传统。由于鱼灯比龙凤灯制作简单些，因此，他们先动手做起了鱼灯。所有制作材料，包括舞动时需要的锣鼓都是由他在国内的大儿子想办法通过上海海关运到西班牙。为迎接欧洲青田同乡会（2000年，同乡会轮值主办地在西班牙马德里），他们日夜赶扎鱼灯，抓紧时间排练，于2000年春节期间，为旅居西班牙的华侨华人们表演了鱼灯，引起了轰动。他说那一刻"真开心啊"。②

龙凤灯——重回舞台。吴贵权先生在西班牙成功恢复鱼灯舞蹈后，他一发不可收拾，决心要让较为复杂的龙凤灯重出江湖。龙凤灯的制作过程非常

---

① 扬广、吴飞飞：《青田鱼灯"游"进天安门》，载《今日浙江》1999年第1期。
② 访谈吴贵权主任，2011年10月20日于杭州维也纳酒店。

复杂，它是一项融合电工、木工、雕工、篾工、裁缝等多道工艺。每只凤灯由大约500片左右的塑料鳞片组成，每只龙灯由大约1200多片鳞片组成，工艺精巧细腻。为扎制龙凤灯，2006年，他回到了故乡冯垟村。当时，他没曾想到这次回来后就再离不开家乡了。因为3个月后，在村民推荐下，他竞选担任了村委会主任。至今，经过吴贵权村长等人的努力，失传40多年的龙凤灯又舞动了起来。龙凤灯的数量比过往增加了，还赋予了创新。特别是九龙九凤表演时配以锣鼓队、舞蹈队，一场表演需40多人同台演出。演员的服饰也经过几次修改愈加美丽。表演时，那场面很是壮观，引人眼球。2007年，龙凤灯在青田县的春节联欢晚会上演出。自那以后，龙凤灯队每年会在当地、甚至到周边乡镇表演，2006年至今（2012年6月底止），这样的表演已超过120场次。

龙凤灯的连锁效应。第一，舞出当地好风气。原来村里大量青壮年出国了，留在村里的民众，闲着无事时，经常打牌赌博，也会有吵架不和。现在，凡是参加舞灯的村民，身体因为舞灯而更健康。打牌赌博、打架斗殴、封建迷信等不文明、不健康现象越来越少，遵纪守法、追求科学、安居乐业、安定祥和的氛围越来越浓。第二，青田（冯垟）因灯舞而名声大振，灯舞成为村的重要名片，它也是青田县精神文明建设成果的重要体现。第三，向海外传播了优美的中华传统文化。当他们在马德里开舞时，当地居民都来观看，当地主流媒体用西班牙文进行报道，中文媒介也以大幅版面进行报道。欧洲其他国家的一些青田籍新移民，还专门组织后裔新生代回乡观看。

吴贵权先生，这位经历中西方文化体悟的老者，一位"比较了解中西文化特点"的人，他坚信：中国文化绝不输于西方文化。一种"要让西方人了解中国文化，要让青田扬名"的强烈念头，一份对中华文化的热爱和坚守，一份传承中华文化的责任，使他成为中国传统文化的守望者。在他的带领下，冯垟村被评为浙江省级全面小康示范村、丽水市级文明村、卫生村，市级远程教育示范点，青田县级小康村、信用村、整治村、三星级民主法制村。

为进一步弘扬传统文化，提升青田文化品位，吴主任设想打造"瓯江黄船草鞋影舞"项目，集旅游文化、民俗文化、发展经济于一体。他认为瓯江是青田的母亲河，在以前，许多青田百姓穿草鞋在江边讨生活。红军也是穿着草鞋走二万五千里长征。因此，依着瓯江，重拾草鞋文化，让人们体味瓯江拉纤、体验长征，同时，开设草鞋厂（该厂所需投资资金少。所用材料简单。当然草鞋的用料和款式应该与时俱进，既可以作收藏之用，也可平时穿着），这与加强社会主义文化建设，进一步加强文化产业化的发展方向是多么契合！①

附：青田"华侨村官"基本情况介绍②

2008年"华侨村官"的基本情况：20多年前，浙江省重点侨乡青田县就有海外华侨回乡任村干部。1982年，意大利华侨吴华飞回乡担任村民兵连长职务，他现任油竹开发区前仓村书记。1991年，西班牙华侨林宗春回石前村任职，现为村长。1992年，奥地利华侨邱秀清回乡，现任职油竹乡雅岙村村长。1994年，夏大良担任仁宫乡仁宫村支部书记。2006年7月，在温州市永嘉县，"海归"硕士章文琼当选小坑村村委会主任，他是全国首个"海归"硕士"村官"（2009年下半年，章文琼经过组织推荐参加公务员考试，以该县总分第一名的成绩于2010年初被顺利录取为乡镇公务员）。这些华侨的行为基本是个别的，故而没有引起社会的重视。可是，2008年，当村级民主选举换届工作结束后，情况却大不一样，青田县同时涌现了36位"华侨村官"，2009年5月，又有两位华侨回乡任"村官"。这样，当时任现职的"华侨村官"有38位。虽然章文琼已去乡镇工作，但他表示"虽然我离开了小坑村，但我仍将一如既往地关注小坑"。③ 因而，依然将他列入"华侨村官"。

至此，"华侨村官"已变成为群体性现象。

2011年"华侨村官"的基本情况：2011年，村级换届选举结束后，有60位华侨任村官，其中青田县59位，丽水市莲都区1位。男性58位，女性2位。他们的任职情况分别是：村党支部书记（含副支书）24人；支部委员6人；村委主任（含副主任）27人；村委委员2人；兼任副支书和副村委主任1人。其中34人连任、26人为新任村官。"村官"在海外的侨居

---

① 金夏灵子：《青田民俗文化的守望者》，载《青田侨报》2011年11月7日。
② 夏凤珍：《"华侨村官"与侨乡新农村建设》，载《农村经济》2008年1月；作者2011年10月18日赴青田县归国华侨联合会调研。
③ 汪成明、叶圣义：《首个海归硕士村官考上公务员》，载《浙江日报》2010年2月22日。

地：欧洲52人，亚洲4人，非洲2人，南美2人。政治面貌：党员33人，非党员26人，一人不详。他们在海外从事的行业：商品贸易、餐馆服务、百货超市为主。2008年、2011年两届"华侨村官"的年龄见下表：

表6-5　青田县2008、2011年两届"华侨村官"的年龄

年龄（岁）	30以下		31—40		41—50		51—60		61以上	
任职时间（年）	2008	2011	2008	2011	2008	2011	2008	2011	2008	2011
人数（人）		6	2	13	20	22	14	14	3	5
百分比（%）		10	5.1	21.66	51.2	36.66	35.8	23.33	7.6	8.33

2011年新一届"华侨村官"的文化程度见下表，其中一人不详。

表6-6　青田县2011年"华侨村官"文化程度

文化程度	本科		大专		中专		高中		初中		小学	
人数（人）	1		1		4		9		42		2	
占比例（%）	1.69		1.69		6.78		15.25		71.18		3.38	
担任情况	连任	新任	连任	新任	连任	新任	连任	新任	连任	新任	连任	新任
人数		1		1	2	2	7	2	21	21	2	

2008年，时任浙江省委书记赵洪祝在《浙江青田一批华侨"村官"参与新农村建设》一文上批示：青田县注意发挥华侨在新农村建设上的作用很有意义，这是一支重要的建设队伍。另有中央、省市县多家媒体、报刊对"华侨村官"有多种报道。

（四）助建村级民主管理体制

侨乡由于"侨"的因素，在村级民主选举、民主决策、民主管理、民主监督等方面更规范些，村务、财务更公开透明些，发放救灾救济款物更及时到位，华侨捐赠、捐建资金使用更规范。

村民委员会民主选举是农村基层民主政治建设的重要内容，也是民主政治的基石，是新农村建设的重要前提和保障。由于"受传统的地域文化的影响"，在一些浙南地区的村委会选举中"宗族、宗派意识有相当强的操控力"，"选人选亲不选贤"，所以，"选进村委会'当官'的是充满血缘、亲缘色彩的'自家人'"，并把选举进村委会与可预期利益挂钩，"利益越多，

选举竞争就会越激烈",[1] 甚至出现贿选、暴选等现象。近几年,在浙南侨乡出现不少"华侨村官",这支队伍有壮大之势。这些村的选举工作显得平稳、顺利,少有贿选、拉帮结派的现象。主要原因在于"华侨村官"都有一定经济实力,以"带领村民共同发展致富"为目标,村民也相信他们任"村官"的目的不为牟利。因此,"华侨村官"提升了侨乡"村官"队伍的整体素质,优化了村干部队伍结构,拉近了干群关系。由于"华侨村官"与海外有多维联系网络,他们朴实的工作作风、实干的精神广受海外移民的认同和称赞,因此,他们又成为海外引资的重要纽带。

借助侨智侨力,为新农村建设建言献策。在开展服务新农村建设活动中,浙江省海外专业人士和侨界人大代表、政协委员积极为新农村建设建言献策。平湖市海外专业人士按所学专业成立了"海外人才专家组",为助推新农村建设建言献策80多条,其中不少已被采纳。宁波市侨界人大代表、政协委员就村级经济发展、农村精神文明建设等问题提出20多条建议,受到当地政府的高度重视。奉化市、余姚市等有影响的侨商和侨资企业家担任乡、村"农村经济发展特别顾问",在服务新农村建设中发挥参谋作用。

美丽侨乡农村道路硬化、路灯亮化、四旁绿化、河道净化和住宅美化,海外新移民的贡献功不可没。

第三节 侨乡制度的创新与变化

浙江侨乡已成为当代中国最充满活力的区域之一,尤其在经济领域,创造了世人瞩目的成就。侨乡取得如此巨大成就的原因有许多,创新的精神是其成功的重要经验。

人类社会就是在不断创新发展中前进。哲学、社会学、经济学等学科都赋予创新不同解释,并不断完善创新理论、创新的内涵、创新的领域。创新

---

[1] 张红军:《村级民主换届选举问题的调查与思考》,载《中共浙江省委党校学报》2009年2月。

可分为技术创新（包括产品创新和工艺创新）、制度创新（组织创新、体制创新、实践创新等）、管理创新等。侨乡由于它是中外社会经济文化连接纽带的特点，与外界有更为紧密的联系，具有早于、快于非侨乡获取海外信息的便利。1978年以后，中国对外重启国门时，海外新移民回侨乡探亲访友、旅游观光、寻根祭祖，他们在侨乡投资捐赠，海外的新思想、新技术、新经验随他们一并带入了侨乡，并影响推动侨乡的制度创新和变迁。

制度往往是指规则或运作模式，它是规范个体行动的一种社会结构。社会价值观的改变、社会组织的变革、工作体制的发展、历史的因素都会导致制度改革和变迁。"从历史学的角度看，制度变迁的过程实质上是一种制度创新的过程。"[①] 海外新移民与浙江侨乡经济、社会的多维互动，推动了侨乡制度创新，这也正是社会进步发展、人类自我超越的根本大道。在浙江侨乡，制度创新在许多时候又表现在侨务组织架构、涉侨法律制度、政府职能转变等方面的演进与发展。

一、组织制度的创新

从社会管理的角度说，组织是指人们按一定的目的、任务和形式编制起来的社会集团。它是社会的细胞、社会的基本单元，是社会的基础。它受社会制度的重要影响。"制度与组织的联系非常密切，任何组织都是有制度的组织，任何制度都是组织中的制度，凡是组织差异必定也体现制度差异，因此，有些时候这二者在几乎相同的意义上使用。"[②] 也就是说，有好的制度，还需有好的组织来运作执行，在我国的侨务领域又何尝不是这样？

（一）组织制度的创立与挫折

新中国成立后，党的第一代领导集体十分重视侨务工作，在他们领导下，上世纪五十年代始，初步建立了新中国侨务制度体系，那时被称为"侨务工作的春天"。浙江侨乡的侨务组织制度也于此时开始创建，标志是1956年11月，浙江省成立了第一个省级侨务组织机构——浙江人民委员会

[①] 郑一省：《多重网络的渗透与扩张——海外华侨华人与闽粤侨乡互动关系研究》，世界知识出版社2006年版，第163页。

[②] 王昭凤：《企业理论》，高等教育出版社2011年版，第210页。

华侨事务处。接着省内各重点侨乡也陆续建立了侨务机构。这一时期，涉侨部门的主要工作：（1）安置回国定居的华侨、侨生及困难归侨生活。据不完全统计，1953—1966年，全省共安置归侨986人。（2）抓好平调退赔政策的检查和处理工作。（3）保护、鼓励和争取侨汇。1955年，依照国务院文件规定精神：侨汇是归侨侨眷合法收入的一部分，必须予以保护。浙江省各地银行和信用部门遵照"保送保密，存款自愿，取款自由，服务周到"的政策，做好解付侨汇和吸收存款工作。①"文化大革命"中，我国侨务工作遭到严重破坏，侨务机构多次调整、变动，组织制度建设几呈瘫痪。

（二）组织制度的创新发展

十一届三中全会召开以后，侨务工作和组织制度重新恢复，并得到创新发展。

邓小平继承了毛泽东时期的侨务思想，首先大胆突破"文革"时期的"左"倾侨务政策，在提出"海外关系是个好东西"后，进一步强调海外侨胞是"促进中国和平统一的重要力量"，是"发展我国与世界各国关系的友好力量"，从而改变了"文革"时期将华侨华人与"地、富、反、坏"并列的错误政策。自那以后，新中国的侨务政策迎来了真正的春天，海外华侨华人被认定为中国现代化建设"绝无仅有的独特机遇"，并充分肯定他们是"爱国的"。此后的中国几代领导集体，基本上都沿用了邓小平时期的这些创举性侨务思想，从而指导了全国侨务政策逐渐统一、连续、稳定。"文革"时期被破坏，管理几呈瘫痪的机构也得以恢复、重建、创新及完善。

1978年5月，国务院正式设立侨务办公室，作为管理全国侨务工作的总机构。1993年，浙江省委书记办公会议决定："重点侨乡县（市）单独设置侨办机构，其他县（市）侨办机构与县府办公室或涉外部门合署办公的问题，待县（市）级机构改革时一并考虑解决。"② 根据这项决定，浙江省内的重点侨乡地区单独设置侨办，其他非重点侨乡地区则基本上实行了当地的侨办与外办合署办公机制。

---

① 刘红：《浙江侨务工作六十年回顾》，http://www.zjqb.com/art/2009/12/2/art_149_22784.html［2010-9-10］。

② 《浙江华侨志》，浙江古籍出版社2010年版，第289页。

第六章 海外新移民与浙江侨乡的社会文化互动发展

1996年,浙江省人大民族华侨委员会与省人大常委会外事工作委员会合署。浙江省政协成立华侨委员会。1964年,浙江省归国华侨联合会成立,1991年3月,被正式列入省政协的组成单位。目前,浙江省侨联建立了经济、青年、维权、海外联络和文化宣传等五个专门工作委员会。基层的侨联组织也越来越完善。如温州市瓯海区丽岙镇,在1972年就建立了全国最早的侨联组织,同时也建立了全国最早的侨联党支部。从1982年起至今,镇侨联四次被评为全国先进侨联。自2004年始,丽岙镇在21个行政村先后都建立了村侨联分会。村侨联分会设有主席、副主席、秘书长等人员。每月三次参加学习会,及时与镇侨联取得联系。村侨联协同村两委,把侨的工作在面上铺开,落到实处,收到了很大的成效。如镇属王宅村全村居民251户,90%左右为侨胞、侨眷。村侨联分会动员全村侨民建造华侨活动中心,得到捐资400多万元。其中,捐资最多者达30万元,捐资10万元以上的有12人,最少的也捐5000元。"王宅村侨联活动中心"建筑面积1300平方米,功能齐全,建造历时近一年,所有的劳力义工都是侨胞、侨眷自己承担,没拿半分报酬,不吃公家一餐饭,不吃整个工程的一碗点心。①

浙江省的侨联组织建设已深入到高校、乡镇街道、村(社区),直至海外都建立基层侨联网络组织。每家组织具备这样的资质:有独立的名称,并挂出牌子,组织所在党委有专门负责的领导分管侨联工作;有专门队伍(工作人员)办事;有一定经费(来自地方财政补贴及侨捐);有固定办公地点。目前,青田县有五个乡镇侨联(分别是鹤城街道、山口镇、汤垟乡、方山乡、阜山乡)拥有自己独立的办公大楼(办公室、活动室、会议室、有的还专门设华侨华人陈列馆);② 有活动,如社区侨联组织经常组织"侨界之家"活动。

1988年8月,建立了致公党浙江省工委会;1994年11月,成立致公党浙江省委员会,这是一个由归侨、侨眷中的中上层人士为主和有海外关系的代表性人物组成,具有政治联盟特点的政党组织。

这样,浙江省各级涉侨组织进入机构健全、工作全面发展的阶段。如此

---

① 丽岙镇归国华侨联合会建设资料来自作者2012年5月赴丽岙调研,由镇归国华侨联合会介绍。
② 2011年10月24日访谈青田归国华侨联合会副主席徐微于她的办公室。

完善一体的组织建制，在浙江历史上前所未有，在全国来说，也是走在前列。

浙江省六个重点侨乡侨联组织架构调查详情见下表：

表6-7　浙江省六个重点侨乡的侨联组织

侨联名称	成立时间	组织架构
杭州	1961	全市各级涉侨组织369家，其中基层292家，规范化组织36家。
温州	1960	县市级侨联11家，高校1家，联谊会2家，乡镇街道60家，社区154家。在欧洲、北美、南美等数十国建立了海外侨联组织。
宁波	1964	11县市建立基层侨联组织。社区侨联组织不断扩大。
嘉兴	1964	8家基层侨联组织，50多个侨联活动小组。半年一次的联席会议制度。形成了市、县（市、区）、乡（镇、街道）三级侨联工作网络。
绍兴	1984	创新基层侨务网络建设，成立了18个侨务工作联络处。
丽水	1986	9个县（市、区）侨联。21个乡镇（街道）侨联。在村、社区、楼幢建立了一批侨联分会、侨联小组。

注：表（7）中统计数据说明，（1）杭州市基层侨联组织材料来自市侨联，统计时间至2012年底。（2）温州、宁波、嘉兴、绍兴、丽水五市统计资料来自浙江省侨联，统计时间至2011年底。

目前，浙江省还建有海外交流协会、海外联谊会、侨商会这样规模大、内容丰富的社会组织。1996年12月，成立经省人民银行批准和省民政厅登记的省级社会团体——浙江省发展侨务事业基金会，具有独立的社会法人资格。1995年1月，成立了隶属于浙江省侨办、经省编制委员会批准的全民事业单位——浙江省华侨投资咨询服务中心。1994年11月，成立浙江省中旅集团，等等。

二、法律制度的创新

"国运昌则侨务兴"，健全、完善的法律制度是落实各项侨务政策、维侨护侨、规范侨务领域秩序的重要保障。改革开放后，百废待兴，一些以前遭破坏的法律法规需重新恢复、修订和完善，随着各项事业的开展，对外开放的深入，出现一些新事物、新情况，因此，从全国各级人大到地方各级政府部门制订、颁行了一系列新法律法规、条例政策，从而使我国的侨务工作有法可依。现有涉侨法律法规、条例政策主要有以下几大类：

（一）国籍与身份类

《中华人民共和国国籍法》，1980年9月10日，全国人大常委会公布施行。该法律对中华人民共和国国籍的取得、丧失和恢复作了明确规定，并明确宣布不承认中国公民具有双重国籍。

《中华人民共和国居民身份证法》于2003年6月28日颁行（2011年10月29日经由十一届全国人大常务委员会第二十三次会议修订后重新通过，于2012年1月1日起施行）。它对中国公民申领和发放身份证、使用和查验等做了明确规定。其中，第二章"申领和发放"第九条规定"香港同胞、澳门同胞、台湾同胞迁入内地定居的，华侨回国定居的，以及外国人、无国籍人在中华人民共和国境内定居并被批准加入或者恢复中华人民共和国国籍的，在办理常住户口登记时，应当依照本法规定申请领取居民身份证"。

另外还制订了《中华人民共和国香港特别行政区基本法》、《中华人民共和国澳门特别行政区基本法》；全国人民代表大会常务委员会关于《中华人民共和国国籍法》在香港特别行政区、在澳门特别行政区实施的几个问题的解释。

《选举法》明确华侨作为中国公民具有选举权和被选举权。

（二）民事类

主要有中华人民共和国《民法通则》、《婚姻法》、《婚姻登记条例》、《收养法》、《公证暂行条例》、《继承法》等。

随着中外婚姻增多，1983年，国务院批准颁行《中国公民同外国人办理婚姻登记的几项规定》。该《规定》已于2003年8月8日被《婚姻登记条例》所代替。《条例》概述一明确规定了与中国公民在中国境内自愿申请登记结婚的外国人身份：常驻中国和临时来华的外国人、外籍华人、定居中国的侨民。对他们与中国公民登记结婚必须出具的身份证明也有明确规定。

又由于外国人在中国领养子女增多，经国务院批准于1999年5月25日起实施新修订的《中华人民共和国收养子女登记办法》。《办法》第二条规定：外国人在中华人民共和国境内收养子女，应当依照本办法办理登记。《办法》中还对收养人的资质作了较为详尽的规定。

(三) 投资类

中国经济领域的对外开放，首先是对侨资的开放。随着开放领域的扩大，改革的深入，为引进外资（含侨资），我国从中央到地方，先后制订、修订、完善了不少于 30 项相关法律法规。

中外合资、中外合作、外资经营方面的法律主要有：

1979 年 7 月 1 日，《中外合资经营企业法》经五届人大二次会议通过颁行（随着中外合资过程中出现新情况，1990 年 4 月 4 日七届人大三次会议、2001 年 3 月 15 日九届人大七次会议，两次分别修订）。《中外合资经营企业法实施条例》，于 1983 年 9 月 20 日颁行，至 2011 年 1 月 8 日已进行了第四次修订。

《外资企业法》，由九届人大第十八次会议于 2000 年 10 月 31 日通过施行。《外资企业法实施细则》，于 1990 年 10 月 28 日由国务院批准施行，2001 年 4 月 12 日修订。

《中外合作经营企业法》，由九届全国人大第十八次会议于 2000 年 10 月 31 日通过施行。《中外合作经营企业法实施细则》于 1995 年 8 月 7 日经国务院批准施行。

另外还有《外商投资企业清算办法》、《外商投资开发经营成片土地暂行管理办法》、《外商投资商业企业试点办法》、《外商投资电信企业管理规定》、《指导外商投资方向规定》、《外商投资创业投资企业管理规定》等等。

这些法律法规、条例办法的制订和执行，对贯彻对外开放方针，促进外商投资，扩大对外经济合作和技术交流，发挥了重要作用。

另外有超过 13 个主要省市制定了投资类相关法律法规和条例。

(四) 进出口类

《海关对外国政府、国际组织无偿赠送及我国履行国际条约规定进口物资减免税的审批和管理办法》于 1999 年 8 月 5 日由海关总署签发，同年 9 月 15 日起实施。2001 年 12 月 13 日，海关总署发布《扶贫、慈善性捐赠物资免征进口税暂行办法》，2002 年 1 月 1 日起施行。

(五) 捐赠类

1999 年 6 月 28 日，九届全国人大第十次会议通过，于 9 月 1 日起施行《公益事业捐赠法》。该法主要是为了鼓励捐赠，让社会上更多的公民和组织为公益事业捐款捐物，为公益事业的发展提供更多的物质基础；同时对捐赠活动予以规范，明确捐赠人、受赠人和受益人的权利和义务，并防止假借公益事业的名义谋取非法利益，损害公益事业的行为，从而使公益事业得以健康、有序地发展。随着国内落实了侨务政策，海外移民的爱国爱乡热情得到了充分的发挥，捐赠工作从此走上了稳步发展之路。

为鼓励、支持华侨华人捐款赠物支持家乡经济建设和社会发展，同时也为保护捐款捐物人的利益，全国主要省市都相继制定了《华侨捐赠条例》、《华侨捐赠兴办公益事业管理条例》、《华侨、港澳台同胞捐赠管理暂行办法》，等等。

（六）归侨侨眷权益保护类

据不完全统计，目前，我国有归侨侨眷3000多万人，活跃在祖国各条战线上，对我国革命和建设事业、对改革开放和现代化建设事业发挥了重要作用。为做好维护侨益工作，1990年9月7日，第七届全国人大常务委员会第十五次会议通过《归侨侨眷权益保护法》（下简称《保护法》），自1991年1月1日起施行（2000年10月31日，九届全国人大第十八次会议进行修改）。此法对"归侨"、"华侨"、"侨眷"等概念作了明确界定。其中，第三条规定："归侨、侨眷享有宪法和法律规定的公民的权利，并履行宪法和法律规定的公民的义务，任何组织或者个人不得歧视。""国家根据实际情况和归侨、侨眷的特点，给予适当照顾，具体办法由国务院或者国务院有关主管部门规定。"《保护法》把我国长期以来对归侨侨眷实行的政策予以了规范，提高了保护规格，并体现了法律面前人人平等的原则。2004年6月4日，国务院通过《中华人民共和国归侨侨眷权益保护法实施办法》，自2004年7月1日起施行，从而使保护归侨侨眷权益工作更加规范化、制度化。

各省市区地方，以国家法律法规为依据，相继制订完善了《〈归侨侨眷权益保护法〉实施办法》。

另外，我国还制定、完善了出入境、社会保障、领事保障等方面的法律法规、办法、条例。国务院侨办、公安部、最高人民检察院、最高人民法院、民政部联合发布实施《关于制止和惩处盗掘华侨祖墓的违法犯罪活动的联合通知》；最高人民法院《关于审理组织、运送他人偷越国（边）境等刑事案件适用法律若干问题的解释》;最高人民法院、公安部、外交部联合发布实施《关于办理出生、结婚和亲属关系证明书的通知》;最高人民法院《关于我国法院有权受理旅居外国的中国公民同时向两国法院起诉的案件的批复》等司法解释。

三、政府职能的转变

在改革开放前，我国政府围绕计划经济体制，实行高度集权为特征的"全能型"政府职能。政府普遍视自己为权力的所有者，规则的制定者及行政审批者。改革开放后，我国社会经济逐渐发生根本性变化，由封闭走向开放；家庭和个人的主动性日益加强，人口流动由静止向开放转变；改革使部分人、部分地区先富起来，社会群体出现层级分化。这一切变化都要求政府的职能和行为，必须随着市场经济和开放社会的需要而转变，提高行政效率，切实提升政府的法治化水平。侨乡政府率先从实际出发，为加大吸引外资（含侨资）、外来技术和经验，促进经济发展，主动探索转变政府职能，确立以经济建设为中心，提出了许多有创意、有实效、服务于地方经济发展的新思路和新措施。政府职能转变的具体表现：以政企分开强化服务外向型经济；完善地方性法规政策，最终实现创新工作内容，改变工作作风，提高工作效率。

（一）政企分开

新中国成立后，我国政企不分，高度集权，整体效率低下现象非常普遍。至改革开放后，我国为此多次进行大规模的机构改革，却一直治不了政企不分的顽症。行政部门保护自身利益多，行政干预企业多，致使侨属企业的发展道路崎岖坎坷不平，有的企业无奈解体，有的改制。1992年邓小平南方讲话后，深化机构改革的呼声更加强烈。1998年，我国再次进行机构改革，矛头直指政企不分。当时，国务院将电力部、煤炭部、化工部等9个专业经济部委一次性撤销或降格。浙江省出台相应措施：第一，不再保留工业经济管理部门和行政性公司。五个省级专业厅，如省机械厅、石化厅、建材总公司3个单位加上商业、物产、煤炭、冶金、轻纺、二轻等集团公司承担的行政和行业管理职能一并划归经贸委。第二，精简行政机构。通过改革,省政府机关行政编制精简48%,公安厅、国家安全厅、司法厅和监狱管理局、劳教局机关(不包括公安派出所、监狱管理等基层一线执法单位)政法专项编制精简26%,省委机关编制精简的目标是20%。①

2009年,围绕"创业富民、创新强省"总战略和建设服务型政府的要求,浙江全省启动新一轮机构改革。省政府为此专门颁布《浙江省人民政府机构改革方案》。改革的目标是进一步转变政府职能,理顺职责关系,明确和强化责任,优化政府组织机构,规范机构设置,完善运行机制,逐步形成权责一致、分工合理、决策科学、执行顺畅、监督有力的行政管理体制。

通过多次政府机构改革,浙江省正逐渐形成小政府,大服务;重市场,少干预的局面。政企分开的效果显现,减少了内耗,强化了管理,提高了效率。政府职能转变为吸引大量国内外社会资源落户侨乡、服务侨乡、建设侨乡奠定了基础。

(二)强化服务外向型经济战略

根据浙江省经济发展水平,经济社会实际条件,1981年,省委、省政府向中央提交《关于经济情况和经济发展问题的报告》。《报告》提出浙江"工业基础是轻型结构",要"发挥优势,以长补短,发展经济"。在经济结构上强化"轻、小、集、加"和贸易加工型发展格局;在经济运行机制上要强化"区域外循环",或称原料、市场"两头在外"(省外、国外)。为此,加快引进外资发展浙江经济成为重要的工作之一。当时,浙江省委提出"兴办侨属企业是一件利国利民的大好事,各级政府与有关部门要积极支持,大力扶持"。1988年,省政府在《进一步加强侨务工作,促进我省外向型经济的发展》的文件中提出:多渠道、多层次、多形式地开发和利用华侨华人的财力和智力资源。引进智力与引进财力要同步进行。此后,浙江省的侨属企业和三资企业,在数量上、在规模上都快速增长。此时的外资主要来自海外移民和侨属的投资。从20世纪90年代起,浙江颁布一系列吸引外商投资的政策,不断完善投资环境,加大引资力度,使之成为浙江外向型经

---

① 《今日浙江》编辑部:《党政机关机构改革全面启动——浙江省政府机构改革综述》,载《今日浙江》2000年第7期。

济的重要组成部分。

　　省内各级地方政府也进一步确立了服务市场意识。在温州，许多侨属企业响应市政府第二次创业的号召，主动与外资嫁接，创办合资合作企业，利用海外优势，发展外向型经济，注重质量管理，以质量求生存，以科技求发展。温州乐清市外侨办率先成立了侨资企业发展事务所、侨属企业联合党支部和乐清市侨商协会（2009年改为乐清市侨商会）等三个专门为侨资企业服务的机构，率先成立侨企服务协调工作机制（即外侨办三位领导、乐清侨资企业发展事务所正、副所长分别与15家侨资企业挂钩联系），率先制定了《安全生产责任制》、《安全生产检查制度》、《隐患整改制度》、《事故管理制度》、《宣传教育制度》和《安全生产应急救援预案》等相关制度，并成立侨资企业安全生产领导小组，与企业签订年度安全生产责任书，在全市率先实行安全生产工作"零事故、零隐患"目标管理。通过这样的机制建设，为市内侨资企业、侨属企业的正常健康有序发展创造了条件。目前，乐清市侨资企业、侨属企业数量超过200家，占全市"三资"企业的70%，逐渐成为乐清市出口创汇的主力军。① 其中海外新移民投资的8家企业全年完成总产值5.10亿元，出口创汇1.49亿元，创税利7850万元。②

　　在1998年以前，浙江基本确立了"参与国际交换"，在省内"建立区域外循环"和贸易加工型经济发展思路。此阶段，国内一度兴起的"姓资姓社"争论，一定程度上制约了浙江外向型经济。

　　1998年以后，根据中央提出的经济增长方式和经济体制两个根本性转变和建设经济强省的战略要求，浙江省加大对外开放力度，把经济国际化列入浙江发展战略思路之中。由于浙江进出口规模越来越大，既有资金、技术、经验多项内容的"引进来"，也有"走出去"，形成生产要素全球化"进出"双向流动，人口跨国往来流动也更加频繁，因此，浙江省政府提出了科教强省，建文化大省和数字浙江、信用浙江、绿色浙江，建生态省等战略要求，从而为海外新移民投资创造了更为安全可靠可行的投资环境。

　　1999年起，浙江侨乡"为侨资企业服务"的氛围逐渐形成，侨务部门

---

① 资料由乐清市外事侨务办公室提供。
② 倪德西：《乐清华侨志》，中国文史出版社2007年版，第115页。

建立了重点侨资企业联系制度。2004年9月,浙江省侨办联合省司法厅成立了全国第一个"为侨资企业服务律师顾问团"。成立后,多次在全省范围内,开展为侨资企业提供法律咨询巡回服务活动,上门为侨商侨企办实事、解难题,深受广大侨商和侨资企业的好评。接着又成立浙江省侨商会维权委员会,更有效地维护了侨商投资者的合法权益,更好地服务于侨资企业。

2008年起,为帮助受全球金融危机影响的侨资企业,省内侨务部门会同相关政府部门联合金融机构、省律师顾问团、省侨商会等单位,在全省范围内组织开展"为困难侨资企业送服务活动"。据不完全统计,全省各级侨办走访了涉及IT、纺织服装、机械制造、房地产等十多个行业的重点侨资企业900多家,帮助梳理和解决融资、用工、土地、纠纷等实际困难和问题600多个,帮助解决紧缺资金38亿多元人民币。由浙江省侨办主持先后三次组织全省优秀侨资企业评选,共表彰了245家"浙江省优秀侨资企业",进一步激发了海外移民参与浙江现代化建设的热情,营造了海外移民来浙江侨乡投资创业的良好氛围。①

(三) 完善地方性法规、政策

1. "三引进"政策。浙江围绕发展经济主线,宣布实施一系列吸引外资、引进技术、引进人才的"三引进"政策。

1992年2月24日,浙江人民政府实施《浙江省关于鼓励华侨和香港澳门同胞投资的规定》,对投资者身份进行认定,确定投资项目方向、投资形式。4月11日,浙江省政府办公厅下发《关于华侨、港澳投资者认定问题的通知》。

1998年,浙江省提出经济发展增长方式和经济体制两个根本转变。4月,省政府发布《关于进一步改善外商投资软环境的决定》。《决定》提出:利用外资发展开放型经济是提高国民经济增长质量,实现经济增长方式根本性转变,再创浙江经济发展新优势的重要途径。《决定》进一步保障了外商投资企业的合法权益,给它们的发展创造了良好环境,进一步推动了浙江省利用外资工作,加大了对外开放的力度,更好地促进了全省经济的发展。同年,省人民政府《关于鼓励外商直接投资若干政策》,进一步鼓励和允许外

---

① 统计数据来自浙江省侨务办公室经济科技处。

商在投资各不同行业中，视不同情况，在一定条件下可以享受税收、土地使用、固定资产折旧等多方面的优惠。同时提出，将逐步开放第三产业外商投资领域，如教育、中介服务以及开发性的旅游设施项目等。

在引进智力和人才方面，1988年，浙江省政府办公厅发布《进一步加强侨务工作，促进我省外向型经济的发展》，明确提出：引进外资的同时，要大力争取华侨华人中的专家学者和科技人员，吸引他们为我省发展外向型经济献计献策，开展技术和管理方面的咨询，培训人才，提供科技经验和信息，增强企业的竞争力。至目前，浙江全省上下，已形成了较为完善的引才引智政策和配套政策，并打造了多个引才引智平台，其中，"相聚长三角"已成为全国侨办系统引智引资的一个品牌活动，被纳入国侨办海外人才为国服务计划。

2. 维护侨益，有法可依。侨务工作有一大特点，即工作在国内，工作对象在国外。因此，要维护侨权侨益，有法可依是前提。浙江省遵守全国人大、国务院颁布实施的法律法规、政策条例的同时，又制定完善了符合浙江省情、侨情所需要的地方性法规、条例。该项工作启动早，效益明显。

1992年2月24日，由浙江省政府发布《浙江省关于鼓励华侨和香港、澳门同胞投资的规定》。

1993年5月8日，浙江省八届人大常委会第四次会议通过，5月12日起施行《浙江省实施〈中华人民共和国归侨侨眷权益保护法〉办法》（2001年6月29日，浙江省九届人大常委会第27次会议《关于修改〈浙江省实施〈中华人民共和国归侨侨眷权益保护法〉办法〉的决定》修订）。

1995年9月28日，省八届人大第二十二次会议通过《浙江省华侨捐赠条例》（2004年修订）。修改后的《条例》加强了华侨捐赠的保护力度，对侵犯华侨捐赠财产的行为制定了更加细致的法律责任，构成犯罪的，将交由司法机关依法追究刑事责任。

进入新世纪后，大量海外新移民来侨乡创业创新、置业定居、子女就学升学，在维护权益方面却出现不少问题。为较好地解决问题，通过多次调研、十三遍修改，于2006年，由浙江省政府颁行《浙江省华侨权益保障暂行规定》[浙政发2006 75号]，共24条。这是我国首部省级政府发布的对华侨的政治、经济、财产、人身、教育等综合权益做出保护的规定。关于华侨生育问题,《规定》提出华侨回国定居入境时已怀孕且国内只有一个孩子的,可允许其生育。在国内的华侨配偶所生子女已在国外定居且国内无子女的,经批准,可以再生育一个子女(即华侨可以有条件生育二胎)。关于子女就学问题,《规定》提出华侨子女在监护人所在地就读幼儿园、中小学的,享受就读地居民子女入学同等待遇。《规定》对拆、并华侨捐赠项目也作了明确规定,指出:今后,拆、并华侨捐赠项目须经捐赠人点头同意。在安排建造华侨捐赠项目时,要符合当地建设规划和有关布局的要求,尽量避免捐赠项目建成后在短期内被拆迁、被撤并。对确需拆迁、撤并的捐赠项目,要事先听取捐赠人的意见。《规定》还提出:华侨持有的中华人民共和国护照与国内居民身份证具有同等效力,凭其本人护照在省内进行有关活动时,有关部门和单位应当予以认可。

2008年,浙江省侨办制定发布《浙江省归侨侨眷"关爱工程"实施意见》(浙侨〔2008〕74号)。2009年,建立困难归侨侨眷信息库,制定了浙江省困难归侨应急救助办法。2010年,正式启动困难侨眷应急救助机制,同时,建立困难归侨帮扶长效机制。如帮助下岗归侨侨眷实现再就业、全面落实对归侨侨眷的固定补助等。

为宣传、贯彻、执行维侨护侨法规政策,仅浙江省侨办系统先后印发《保护法》、《实施办法》及《浙江省华侨权益保障暂行规定》20万余册,向海内外发送宣传材料5万余份,开展街头宣传和咨询活动500多场次,举办各种形式的学习班、培训班、座谈会、演讲会、专题讲座1200余次。2006年,省侨办提出深入开展侨法宣传活动的主题意见,部署全省各地开展侨法"进侨乡、进社区、进党校、进侨企"活动。截至2008年,向国侨办申报在浙江全省各地设立了33个侨法宣传角。[①] 这些活动增强了政府部门依法护侨的自觉性,营造了知侨法用侨法的社会氛围,促进了全社会侨务法制意识的提高。

3. "三侨生"就学升学政策。"三侨生"是指归侨学生、归侨子女和华侨在国内的子女。他们的就学升学问题是海外移民极为关心的大事,也是侨

---

① 刘红:《浙江侨务工作六十年回顾》,http://www.zjqb.com/art/2009/12/2/art_149_22784.html〔2010-10-6〕。

乡培养涵养侨务资源的重要力量。

改革开放后，杭州市是浙江省安置归侨尤其是侨生的主要城市。侨生入学前，由侨务部门负责接待，入学后的教育及生活补助等主要由教育部门负责。1962年，省教育厅、省人委华侨事务处两部门于1月16日联合发出《关于1962年归侨学生工作的意见》；4月19日，又联合印发《关于归侨学生转学问题的意见》；10月31日，再次联合发出《关于妥善处理归侨学生和港澳学生升学、留级、就业、补习及违纪等问题的意见》。1965年7月13日，省人委华侨事务处、省教育厅、省劳动局转发《关于做好1965年归侨学生升学和落考生安置工作的意见》。这期间，占总人数65%—75%的侨生在学校享受助学金，政治上也得到应有的信任和关怀，1958年以后，杭州市共培养了100多位侨生加入了共青团。侨生毕业后，杭州市华侨事务处联合市劳动局对愿意参加工作的侨生逐年安排工作。

上世纪80年代，伴随新的出国潮到来，"三侨生"逐年增多。为适应新侨情，1982年7月16日，浙江省下文执行国务院颁布的《关于归侨子女自费出国留学的规定》。1983年，执行国务院颁布的《照顾归侨、侨眷子女升学的规定》、《照顾归侨、侨眷子女就业的规定》。1998年，浙江省侨办成立文教宣传处，同年6月3日，浙江省教委发出《关于华侨、华人子女就读问题的通知》。

此外，浙江省还推出不少吸引华侨子女回国进行学历教育的优惠政策，如中考可以加4分，高考可以加10分优惠。

20世纪90年代，浙江省按照"根据特点，适当照顾"的原则，为归侨侨眷及重点工作对象解决子女就学就业、出境定居等诸多困难。1992年，浙江省下发《普通高等学校招生工作实施意见》，对"三侨生"继续实行降低10分投档的照顾政策。1998年6月，省教委下发《关于华侨华人子女就读问题的通知》，指出：对改革开放后出国并已取得外国合法居留权的华侨、华人子女，在国内就读中小学的，应视同国内公民子女办理入学手续，其收费标准按国家、省有关规定执行。义务教育阶段，应按就近入学原则予以妥善安排。随后，省教委又做出《关于华侨子女就读的补充答复》。

2000年以后，中央进一步重视侨务工作，中央领导对做好华文教育工作多次做出重要指示。2005年，就加强新形势下侨务工作专门出台7号文件，指出要"大力开展海外华文教育，努力弘扬中华优秀文化"。认为"中华文化是支撑中华民族绵延发展的精神支柱，是维系海外侨社的重要纽带。在华侨华人社会中弘扬中华文化，是一项具有战略意义的基础性工作，各级党委、政府和有关部门要高度重视并给予积极支持"。7号文件进一步推动了海外华文教育工作走向深入。

2006年实施的《浙江省华侨权益保障暂行规定》第二十条规定："华侨子女在监护人所在地就读幼儿园、中小学的，享受就读地居民子女入学同等待遇。"同年，浙江省教育厅、物价局、省财政厅等多部门联合下发《关于普通高校招收海外华侨学生收费问题的通知》（浙教计【2006】135号），对"通过教育部批准的招生途径录取到我省普通高校学习的华侨本科生、专科生、硕士研究生和博士研究生，执行与国内学生相同的收费标准，即在同一学校、同一年级、同一专业学习的华侨学生与国内学生的学费标准一致；同等住宿条件下，住宿费标准一致"。省财政对"省属高校招收的华侨学生，按每生每学年8000元给予专项补助。各市应按照省财政定额补助标准，对招收华侨学生的市属高校给予专项补助"。同年，三部门又联合发布《关于浙江省义务教育中小学生免除学杂费实施意见的通知》（浙政办发〔2006〕66号）。

2009年，国侨办、教育部联合出台《关于华侨子女回国接受义务教育相关问题的规定》，对华侨子女身份的认定、就读学校享有的权利等进一步做出明确的规定。2010年6月，浙江省教育厅和浙江省侨办联合制订了《关于进一步做好华侨华人子女回国就读中小学和幼儿园工作的若干意见》，对华侨华人子女回国在浙江省就读中小学和幼儿园实行"欢迎就读、一视同仁、根据特点、适当照顾"的政策，并分别对就读学校资格审定、学生身份甄别、工作机制和服务管理等做出规定。从而将华侨华人子女的教育纳入教育发展规划，统筹考虑和安排。期间，杭州、宁波、温州、绍兴等地也相应制定了文件。目前，在全省范围内，华侨子女"就近入学"接受义务教育的问题已经基本解决。温州、丽水等重点传统侨乡、杭州等新侨乡的涉侨部门还努力争取到当地教育部门的支持，尝试创办国际班或实验班，接纳华侨华人子女来校学习。青田县、文成县等多地侨乡的一些优质学校以插班的形式接纳华侨华人子女到校学习。

2011年12月教育部公布了《关于做好2012年内地部分高校免试招收

香港学生工作的通知》，有 63 所内地高校将通过免试的方式，招收香港学生，浙江有浙江大学、温州医学院、浙江中医药大学和宁波大学等 4 所高校。浙江 4 所对港免试招生高校基本上所有专业都对香港学生开放。香港学生可以自由选择专业，各专业则根据学生的实际情况，决定录取与否。在录取过程中，除个别特殊专业需进行专业加试外，香港学生不再进行其他笔试。另外，高校可参考学生其他学习经历，即香港教育局和学校认可、学生本人提供的"学生学习概览"择优录取。

浙江省侨联为进一步解决华侨子女就学问题，与杭州绿城育华亲亲学校签订协议，2012 年 4 月开始招收华侨子女，9 月进校学习。

浙江省已有较为完善的政策法规，基本实现了"三侨生"就学升学工作的规范化、制度化。

制度理论往往将制度视为"游戏规则"，它对社会经济发展极为重要，以至于影响人类的生存和繁荣。因此，为快速发展经济，推动社会生产力进步，制度需要创新完善。华侨华人、侨乡地方政府和中央政府都是制度创新供给者，也都是需求者。[①] 因为，制度创新者通过制度创新，他追求或者说欲达到的目的是：更有效地激励人们的创造性和积极性，促使人们不断创造新的知识，使社会资源配置更加合理化，使社会财富源源不断的涌现，最终推动社会的进步。因为"人们所奋斗的一切，都同他们的利益有关"。[②] 浙江侨乡是国内较早吸引外来资源发展地方经济的区域，因此，国务院于 1984 年，将宁波、温州分别列为沿海首批 14 个开放城市之一，这激发了侨乡政府职能转变的客观需求，引发新一轮机构改革，进一步政企分开，创新完善法律、法规、政策，促使政府职能向着服务市场、服务经济转变，进而发挥制度的激励作用，也进一步激发侨乡企业特别是中小企业、侨资企业的创新活力，进而强化了浙江外向型经济战略，以国际化带动本土经济发展，成为浙江迈向经济大省的引擎之一。

制度创新后，其效率就会处于相对稳定的状态。当然，世上没有永恒不变的制度，但它为人们再次进行制度创新提供了可选择空间和创新空间，因

---

① 郑一省：《多重网络的渗透与扩张》，世界知识出版社 2006 年版，第 179 页。
② 《马克思恩格斯全集》，人民出版社 1956 年版，第 82 页。

此，当社会经济发展出现新情况、新需要时，制度创新又会摆到人们面前。如浙江侨乡的"温州模式"（中小企业集群、劳动密集型的产业模式）就是率先制度创新，取得显著成绩。经过30多年的发展实践，在当前新的国内外环境中，其发展中如产业结构不尽合理、粗放式增长方式、银行不良贷款率快速上升等问题日益成为其发展的制约性因素。结果，温州GDP增速跌落至浙江省倒数第二。温州中小企业行业协会负责人周德文分析其内在的根本原因是：我国的市场经济体系中缺失防止温州资本非理性扰动市场秩序的手段，也缺乏引导温州资本真正发挥市场资源配置功能的制度安排。为续写侨乡经济发展的辉煌，侨乡温州必须再次制度创新，管理创新，总结新经验，增强发展后劲。从这点看，制度创新在浙江侨乡又有了新的意义。

第四节 海外新移民与侨乡社会文化互动发展的局限和挑战

侨乡是中国社会的组成部分，社会总是充满各种矛盾和问题。它与社会个人生活、生产、精神世界有关，它与整个社会的制度、历史、结构有关，它影响到社会多数成员的价值观念、社会利益和生存条件。海外新移民与侨乡社会文化互动中，既相互整合、调适，共同推动侨乡发展，也有受社会变迁的影响，相互关系失调并产生问题，进而成为发展的障碍。当然，每个问题的产生都是多种原因综合的结果。这些问题，有的呈现全社会的共性，有的是侨乡社会的个性，有的是过往问题的延续，有的是新时代的新问题。各个问题在不同侨乡又表现出差异性。

一、教育事业显忧虑

（一）传统侨乡基础教育受冲击

在我国，基础教育包括幼儿教育、小学教育、普通中等教育。浙江侨乡自古有重视教育的历史传统，"学而优则仕"的古训具有强大的群众基础。

新时期，海外新移民捐赠兴学办教，弥补了政府财政经费的不足，特别是传统侨乡，许多学校由于海外捐赠，办学条件基本都实现了现代化。这一切为提高浙江省常住人口的文化教育程度做出了贡献。

2010年、2000年二次人口普查，浙江省常住人口受教育程度统计情况见下表：

表6-8 浙江省常住人口受教育程序统计

受教育情况（万人） 时间（年）	大学（指大专以上）	高中（含中专）	初中	小学	文盲（15岁及以上不识字的人）
2010	507.48	738.12	1996.64	1568.54	24.18
2000	149.16	503.15	1559.12	1712.79	330.22

注：（1）各种受教育程度的人包括各类学校的毕业生、肄业生和在校生。（2）表（8）数据来自浙江省统计局《人口普查公报》http：//www.zj.stats.gov.cn/col/col165/index.html［2013-2-15］。

上表统计显示，十年间，浙江常住人口中大专以上学历人员增加了358.32万人，高中增长234.9万人，初中程度增长437.52万人，小学程度的人减少144.25万人，文盲减少306.04万人。同时，也应该看到，由于海外移民活动高潮的到来，对侨乡基础教育的冲击。

1. 传统侨乡基础教育质量下降。第一，辍学、放弃高考现象普遍。读书、参加高考被国人视为改变命运的希望之途。这个希望之途在侨乡却没有魅力。许多该进学校读书的年轻人辍学、逃学现象严重。每当高考来临时，许多学生选择放弃高考。2007—2009年，青田县报名参加高考的学生数，见下表：

表6-9 2007—2009年青田县报名参加高考的学生数

时间	2009	2008	2007
当年报考高考人数	1713	1858	1970
比上一年减少人数	145	112	

数据来源：青田县教育局。

青田县报名参加高考学生人数的减少，主要原因是移民出国。

第二，在校教师加入移民潮者众。在传统侨乡，许多在校老师，有的还是特级老师都纷纷跨入海外移民的大潮，致使学校师资力量不足，教学质量大幅下滑。近年来，当侨乡民众对海外移民活动重归理性，一些学生家长希望子女参加国内高考，在国内就学深造，却发现经过 30 多年的移民活动，侨乡本土的基础教育质量已严重下降到出人意料的程度。青田某重点中学，2008 年，有 60 多名同学上了一本线，此事成为当地的大新闻。校方为此在学校大门口拉了大红横幅以祝贺。许多学生家长为子女能考出理想的成绩，就出高价把子女送到丽水市、杭州市、金华市、宁波市等地，甚至送到上海、北京等地的优质学校就读。在浙江的东阳中学、镇海中学等学校，为满足市场需要还专设青田班。

2. 侨乡基础教育质量下降的主要原因。第一，移民意识影响下的出国风。当新移民潮来临后，移民意识已成为侨乡的全民意识。因此，侨乡的孩子，特别是洋"留守儿童"、洋"留守青少年"[①] 比国内的"留守儿童"、"留守少年"多了"眼睛向外"的机会。温州市有这样的"洋留守儿童" 4000 多人。文成县玉壶镇小学，洋"留守儿童"比例达到 65%，并呈继续增长之势。在瓯海区仙岩镇的 2 所中学和 8 所小学里，共有留守儿童 1441 人。[②] 承担抚养教育洋"留守儿童"责任的人，绝大部分素质不高，有的连普通话都不会讲，只能保证对"留守儿童"的生活照顾，对他们的文化教育、精神抚慰力不从心。洋"留守儿童"从小被灌输"国内暂居，国外发展"的思想，他们的父母也没有把参加国内高考当回事。他们都知道自己的命运在国外，也就少有来自家庭的束缚和高考升学的压力。这种氛围还影响那些没有侨亲的本地籍学生，潜移默化中成为移民队伍源源不断的后备力量。2009 年，青田县教育局对县域内海外移民的子女，作了一次关于他们将来出国意向的调查，接受调查的中小学生有 618 名，选择"肯定要出国"的学生 238 人，明确选择"留在国内"的有 127 人，选择"可能会出国"的学生 120 人。可见，选择出国的学生比例占第一位。青田中学是县内第一重点高中，2008 届学生中共有 69 人出国，其中高一 34 人，高二 30 人，高三 5 人。学生辍学出国现象在温州侨乡也很流行。据文成县玉壶镇侨联介

[①] "洋留守儿童"、"洋留守青少年"是指那些父母双方或一方流动到国外工作，他们在侨乡与父母亲一方，或与上辈亲人，甚至与父母亲的其他亲戚或朋友一起生活的孩子。

[②] 薛新山、尤豆豆：《温州市举办侨界首届留守儿童快乐营》，载《钱江侨音》2010 年第 4 期。

绍，2006年，该镇中学高三200余名学生，参加高考的仅58人。2007年，文成县玉壶镇中学因生源不足，撤销了高中部。

第二，国内高考上演千军万马挤"独木桥"，可谓疯狂和惨烈，这使一些学生唯恐逃之不及。

第三，国内大学文凭的性价比下降。近年来，国内高校扩招，收费却节节攀高，毕业生就业又呈现"低就业、低薪酬"窘境。这样的状况使学生家长计算其教育投入与产出比。在青田，有位旅居意大利罗马的吴姓家长接受访谈时所说的话很有代表性：

儿子在老家读书，成绩一般，估计只能考上专科。读三年书的学费总计在8万—10万元。现今的就业形势下，他毕业后找一份理想的工作难度很大。如果孩子高中毕业后就去意大利自己的餐馆打工，每月起薪800欧元。这样，既省下读大学的费用，在欧洲打工的收入也颇令人满意，将来孩子可以接班掌管餐馆。如果孩子跟他去意大利，想继续求学，那就先学意大利语，然后进当地的学校，拿洋文凭。

（二）举办海外华文教育不平衡

华文教育是指华侨在侨居国、华人在居住国兴办的，以海外华人、华侨华人子弟为主要教育对象，同时也向当地中文爱好者教授中华民族语言文字，传承和弘扬中华文化为主要教学内容的教育。它突出"文化传播"的目的。从性质看，它已与中国的教育体制脱钩，由原来的华侨教育转变为居住国国民教育的组成部分，与当地经济文化相融合，中华语言成为一种工具性的商用语言。它将掌握华文视为学习、继承与发扬中华文化优良传统的途径，其外延由语言文字领域扩展到文化领域。

目前，它主要由两部分构成：海外华校为主阵地的华文教育，在国内开办的面向海外的华文教育。

在此讲的开展海外华文教育不平衡是指省内开办的面向海外的华文教育。

新世纪来临，中央领导对做好华文教育工作多次做出重要指示，予以高度重视和关注。浙江省侨办根据省委、省政府领导的批示精神，于2006年6月制定了《浙江省实施海外华文教育"151"工程实施意见（2006—2010年）》（以下简称"151"工程）。实施"151"工程的具体情况总结如下：

1. 取得的成绩。第一，举办各类夏（冬）令营。2006年至2012年，仅浙江省侨办与国务院侨办已合作举办了六期"中国寻根之旅"海外华裔青少年夏令营，各期参营学员人数统计见下表：

表6-10 "中国寻根之旅"各期学员人数

时间（年）	2006	2007	2008	2010	2011	2012
参加人数（人）	80	110	70	130	1000	1200
总营员（人）	2590					

2009年因"甲型H1N1流感"，根据国侨办的精神，夏令营活动停止。

至2012年底，全省包括各级侨办系统共邀请了6000多名华裔青少年回浙江参加各类夏（冬）令营。报名参营的人员越来越多。夏令营活动延伸到浙江省地、市级侨办，充分利用当地教育、文化、历史和人文资源，会同当地有关部门凭借地缘、血缘、语言优势，合作举办各类夏（冬）令营活动，向海外华裔青少年传授中国语言和中华文化。

第二，师资培训。针对海外华文教学中师资力量参差不齐的状况，为提高教学水平，培训教师是必然的途径。华文教学示范教学团是"走出去"方式培训华校教师以提高他们的教学水平的重要形式。在浙江省内举办海外华文学校老师培训班则是"请进来"的重要方式。2006年—2012年，来浙江省接受培训的华文教师共有226人。举办华文教师培训班的目的是"既教给参训教师一点教育、教学的本事，又教给他（她）们提高自身教育素质的办法"。

第三，建立华文教育基地。为推动海外华文教育新发展，国侨办、浙江省侨办批准设立华文教育基地作为活动载体和工作平台。自2006年至2011年3月底，浙江省共有国侨办华文教育基地5个，省级华文教育基地25个。一些地方侨办为便于本地区开展工作，也相应建立了基地。温州市已建立了4个华文教育基地，舟山建立了3个。浙江省逐步形成了覆盖大学、高中、初中、小学都有华文教育基地的格局。基地在承办华裔青少年夏令营、培训华校教师、与海外华校合作交流和接待来访师生、提供教学信息和中华文化书籍等方面，发挥了师资和设施优势，它们是浙江省开展海外华文教育工作的重要载体。

第四，海内外学校结对。为促进省内学校与海外华文学校在学校管理、教师培训、课程设置、学术交流、校际互访、学生成长等方面，发挥海内外各自的教育资源优势，实现教学资源共享，在浙江省侨办、市地侨办及海外侨团等多方协调和沟通下，至 2011 年底，浙江省海内外结对学校已达到 116 所，包括从小学、初中、高中各层次。其中浙江旅游职业学院与加拿大 Prospect 商科学院于 2008 年 5 月结对，是办学层次提升的一个表现。海内外学校结对进一步促进了双方实质性校际交流，并成为一些地方开展侨务工作的显著特点。

第五，赠送教辅用书。为满足海外华校华文教学教材多样性的需求，根据浙江籍海外华裔青少年学习中华文化的社会环境和心理特点，为帮助他们提高学习中华文化的兴趣，更好地了解浙江和侨乡的风土人情，浙江侨办联合省教育厅历时两年编撰了《中文新读本》。该《读本》分为"初级、中级、高级三册一套。结合汉语学习的基本知识，选用的文章涵盖了文化、历史、人物、民俗、节庆、传说、戏曲、地理等知识，注重读、写、说、玩的训练，适合海外华校学生课余阅读。同时，对华校老师教授中文和家长了解中华文化有所帮助"[1]。当《读本》编写印制完成后，为做好向海外华校免费发放工作，浙江省侨办先通过网站等发布"需求公告"，至 2012 年，已向海外华校免费赠送了 12000 多套试用。

浙江省内各级侨办向海外华文学校还赠送其他文化书籍、演出服装、民族乐器、电脑和仪器设备等。温州市侨办向海外中文学校、华裔个人提供各类中文教材，仅 2000、2001、2002 三年间就达到 4800 多册。2009 年，温州市侨办又向美国纽约温州同乡会中文补习班赠送 800 册中文教材。

2. 存在的不足。

省内开办的面向海外的华文教育工作在弘扬中华文化，涵养侨务资源，促进侨务工作的可持续发展方面起了十分有益的推动作用。不过，冷静反思该项工作，必须承认该项工作依然处于探索和经验积累阶段，须面对一系列问题，解决一系列难题。

---

[1] 浙江省侨办原文教宣传处处长王云奇语。

一些地方的党政领导和有关职能部门对开展海外华文教育的战略意义和重要性认识仍有差距。有的认为海外华文教育是"国家工程"、"形象工程",与地方无关,不愿意真正重视和投入。有的认为是"临时性、一次性、应付性"工作,没有考虑长远规划。有的认为这是一项花钱花力但又可有可无的"软任务",只愿意招商引资、招才引智,服务地方经济发展。从全社会看,还没有形成普遍共同关注、重视推动华文教育工作的良好氛围。各地政府为支持华文教育工作,确实增加了一些财政投入,但是,各地的这些专项财政投入远远满足不了该工作的需求。

省内开展华文教育工作呈"不平衡"状态。第一,省内各地区间不平衡。重点侨乡如温州、青田等市、县,温州市的工作成绩较为突出,相关部门积极性高,创意多。新侨乡如杭州、义乌、台州等市地,杭州、台州相关部门进行这项工作较为积极。一些非重点侨乡,特别是侨务资源相对较少的地方,大多存在畏难情绪,认识不一致,工作主动性、积极性也较弱,即使开展一些华文教育工作,也缺乏分类指导,效果欠佳。第二,面向海外开展华文教育工作不平衡。比较世界各大洲和地区的华文教育现状,东南亚地区的海外华文教育成就较为显著,也经历最明显的跌宕起伏。欧洲的华文教育相对薄弱。聚焦浙江省的海外华文教育工作,与这一现状相反。浙江省在欧洲开展华文教育工作比较得心应手,方法多,成果较显著。对东南亚及港澳地区如何开展华文教育工作,却无方向,对策少。对南美地区的该项工作,还处于摸索阶段。对非洲地区,则呈空白状态。第三,开展各类华文教育工作的项目不平衡。夏令营活动已办出特色,成为品牌,深受海外移民及子弟的欢迎。但有的项目,如中外华文教育论坛,还处于偶然为之,没有形成机制,缺少经验累积。第四,开展夏(冬)令营活动供需不平衡。在海外有一个庞大的华文教育受众群体,每年还以上千或上万的人数在增长。可是,浙江省侨务部门举办的夏令营,每年招营员最多在千人左右,与海外华裔人数的增长不成比例。第五,开展"洋留守儿童"的华文教育工作与海外华裔的华文教育工作不平衡。由于浙江新侨民多,"洋留守儿童"也多,他们都是海外华裔青少年的组成部分,但是,浙江省内针对他们的华文教育工作还缺乏有效机制,缺乏工作思路和方法。在夏(冬)令营等活动中也难见他们的身影,显得重"外"轻"内"。第六,对"回流华裔"的华文教育工作呈空白状态。由于浙江省新移民出现循环回流型移民,因此,就出现了一批特殊的华文教育对象:在海外出身又被父母带到中国接受教育的孩子,有的是"产子移民"主角。从身份上看,他们都是华人。他们的父母有的是商务投资移民、有的是回流国内创业创新的高层次人才。目前,这些华人华裔的人数,他们的就学升学要求,如何对他们开展华文教育,完全呈空白状态。而他们的父母为了孩子在国内接受学校教育忧心如焚。这既来自中国传统观念,中国父母都希望"华二代"的生活能比自己更好,也由于侨乡适合这些孩子的教育资源不足。

从实践看,在侨乡对这些孩子进行华文教育,将起到事半功倍之效,更是涵养侨务资源的良好机会。

二、传统侨乡村庄空心化

浙江侨乡的许多村庄由于海外移民人口流动,由过往封闭半封闭趋于开放,与世界有了密切关联。许多回流的新移民也不再以原籍地村庄为创业创新、置业定居地,这样,侨乡人口内外流动显得极为复杂,较大改变了侨乡原有的经济结构、生产结构、社会结构和生活方式。第一,导致村庄人口下降。第二,老龄化问题凸显,从而又引发养老、医疗等社会保障问题。第三,村庄传承发展遇到严重考验。第四,对浙江侨乡的城镇管理带来新考验。在浙江一些传统侨乡,海外移民人口超过或与本地常住人口持平的现象越来越多。如温州市丽岙镇泊岙村,现在海外人口已经远超村内的常住人口,具体见下表:

表 6-11 泊岙村海外人口与村内人口数

统计时间	总人口 (人)	常住人口 (人)	移民海外人口 (人)	35 岁以下出国人口 (人)
2002 年 6 月	1200		487	
2009 年底	1300	490	820	150—160

表中数据由温州市瓯海区丽岙镇政府办公室提供。

又如温州鹿城区七都街道,走在街道内最大的村庄老涂村,居民的楼房造得都很有规模，有的外墙装饰带着典型的欧美风格。但是，穿行于村内，村庄显得格外安静，有几幢大楼门口坐着一位、二位老人。陪同的村主任（已年过60岁，他的三个孩子都在国外，他和老伴守着500多平米的大房子）介绍说：由于年轻人都出国了，村中基本没有工业，因此，没有外来务工者，也没有适合年轻人需要的娱乐设施。他又强调：每家经济条件都不错，因为有侨汇进来。

再看文成县玉壶镇镇辖18个行政村，在2008年时，有3个行政村全部常住人口只有6位，而且全都是年过60岁的"留守老人"，他们的家人已全部出国。当地侨联负责人担忧道：将来这6位老人离世后，这3个村将成为无人村。[①] 这种现象在青田县一些著名的侨村同样存在。县内重点侨村——方山乡龙现村由于"稻鱼共生系统"成功申请为农业文化遗产保护地而闻名遐迩。村籍海外移民人数超过常住人口，村内民房高大气派，显尽西方装饰风格。但是，村内人气不旺，难得见着的2个孩子，原来是游客的孩子，他们是来看田鱼的。即使已被列为浙江省文物保护单位的吴乾奎故居，亦呈衰败状。大门口用青砖、石雕垒砌的影壁已如同走路不稳的老年人，似乎随时可能倒地。

海外移民最牵挂的家中亲人主要是他们的父母。这些老人，有的不习惯海外生活宁愿选择回归故乡。他们有侨汇支持，物质生活都无忧。由于传统观念和生活习惯，他们大多选择居家养老。当他们生活还能自理时，则自我照料。当他们逐渐丧失生活自理能力后，或由海外子女雇请保姆照料，或由还未出国门的子女照料，或被托付给亲戚照料。侨乡总体医疗条件还不够完善，就近求医困难极大。老人们都知道子女在海外，那是生活，绝不抱怨，但他们的精神生活颇为寂寞。作者在浙南侨乡调研时，经常看到村中凉亭（多为海外新移民捐建）里，聚坐着聊天抽烟的老人。他们已习惯偶然会有几位陌生人来村中参观或调研。

侨乡村庄发展"空心化"后，当地经济得不到发展，村庄呈衰败化，难以成为吸引海外移民、"侨二代"情感依恋的根源。许多新移民想方设法将他们在海外出生的子女带回侨乡，试图让他们对祖籍地产生感情，但是，

[①] 2008年3月作者赴文成玉壶镇调研，镇归国华侨联合会主席胡绍越介绍。

村里没有任何吸引年轻人的文化体育设施，也没有KTV、酒吧、咖啡吧，就难留住他们绝尘而去的心。一些新移民自己回侨乡时，见到生养自己的村庄如此模样，也觉凄惶。当然，侨乡文化传承也遇到人力资源青黄不接的问题。冯垟村吴贵权老村长感叹：龙凤灯队的舞者缺年轻人加盟啊。有时，人手不够时，自己都年过70岁了，还要上阵充当舞灯队员。

三、立法维权存在不足

建国以来，特别是1990年以后，涉侨法制建设取得有目共睹的成就，制定了一些专门涉侨的法律法规及部门规章，内容涉及华侨回国定居、引进侨资、引智、引才、引技术、捐赠，华侨、归侨侨眷在国内教育、婚姻、收养、出入境、殡葬等各项内容。海外新移民不是一个法律概念，至今没有一部（本）以他们为立权对象的法律、法规或部门规章条例。对他们的维权保护往往延用国内其他法律法规，或将他们归类于华侨、归侨侨眷，援引相关立法保护。随着时代的发展，涉侨立法和涉侨权益保障都存在需要加强的地方。

（一）华侨权益保障法缺位

本研究界定的海外新移民中包括"已加入侨居国国籍的华人"。从国际法角度，他们已不是中国人而是外国人。他们在中国要维权的话，既要依据国内法，也要依据相关国际法律。

海外新移民中也包括"未取得永居权或未入他国国籍但在他国工作、生活的短期性移民"。他们与"华人""华侨"相比，没有居住国长期居留，在海外居住时间相对短，却保留着中国户籍、身份证及身份号码。因此，他们在国内要维护自身的合法权益，依据的法律、维权的途径都适用国内法律和法律程序。

海外新移民组成中还包括"从中国大陆迁移出国并取得永久居住权的华侨"。"华侨"是指定居在国外的中国公民，他们与国内居民的最大区别是定居地的不同，却仍持中华人民共和国护照。《宪法》明确规定保护华侨的正当权利。"随着改革开放的不断深入，海外华侨这一特殊群体在国内的活动和事务日趋增多，他们大多数依法履行了相应的公民义务。"① 但是，当华侨这一特殊群体在国内合法权益遭侵害时，处理涉及他们的案件时，可依据的法律不全，难以依法采取有效的保护措施，损害了华侨在国内的权益。具体表现：

1. 护照的法律效力问题。1986年制定的《中华人民共和国公民出境入境管理法实施细则》第七条规定："公民出境定居的，须要当地公安派出所或在户籍所在地注销户口。"即华侨出国定居，应当注销户口。华侨如需恢复户籍，应当按照法律规定向有关部门办理回国定居手续，并进一步办理常住户口登记，申领居民身份证。我国法律规定居民身份证与户籍相连，无户籍则无身份证。无户籍无身份证的华侨回国后的生活置业、创业创新，就没有任何身份证明文件。《中华人民共和国护照法》第二条规定：护照是中华人民共和国公民出入国境和在国外证明国籍和身份的证明。它在证明华侨身份与国籍上与身份证有同等功效。2006年颁行的《浙江省华侨权益保障暂行规定》（下称《规定》）第四条规定：华侨持有的中华人民共和国护照，与国内居民身份证具有同等效力，凭其本人护照在省内进行有关活动时，有关部门和单位应当予以认可。实际操作中，一些部门、单位没有很好执行《护照法》、《规定》。2011年，国侨办主办、浙江省侨办承办"寻根之旅"夏令营，作者陪同来自西班牙的营员戴某办理入住酒店手续，她的护照不被认可无法登记，最后用作者的身份证替她办了住店手续。

2. 户籍恢复问题。我国相关法律规定：如果华侨恢复户口必须有房产为先决条件。事实上，绝大多数华侨在出国后，因各种情况都已经没有房产。如出国前与父母同居住的，出国后户籍被注销，有的华侨父母已故世，或房屋征收、拆迁等原因，原房产已登记在国内兄弟姐妹名下。华侨所持护照不被与国内身份证视为同等有效的证件，他们就不能买房产。浙江省严格执行建设部等六部门的《关于规范房地产市场外资准入和管理的意见》，并出台《浙江省国有土地范围内房屋登记实施细则》，规定：如果房屋买卖合同的一方或者双方为我国的港、澳、台或其他境外的自然人、法人或其他组

---

① 吴文海：《关于立法保护华侨在国内权益的几点思考》，/www.gqb.gov.cn/news/2006/0207/1/1859.shtml［2013-3-18］。

织的,要办理公证。因此,华侨在国内购置房产手续相当麻烦。这就给华侨带来许多的利益伤害,还形成了一个怪圈:恢复户籍必须有房产,购房产必须有身份证,华侨出国定居又被注销户籍和身份证。按公安部门规定:华侨回国办理身份证件,若在中国已没有户口的,须先恢复户口,然后办理身份证。

华侨在申请恢复户籍、身份证的实际工作中也遇到许多难题。他们在提供了公安部门要求的材料后,还须在入境后,在拟定居住地连续居住满70天,或者连续12个月内累计居住满70天方可被批准;时间计算以该华侨向拟定居住地派出所申报临时住宿登记的凭证为准。申请审核审批需30个工作日(不包括法定休息日与材料寄送时间),期间不得出国(境),出国(境)者将不予批准。

许多浙江新移民当初是通过非法渠道出境的,因此,他们现在护照上的年龄与户籍档案中年龄不一致,但按我国法律规定,华侨恢复户籍必须提供原户籍凭证。温州瓯海区港澳台侨委员会在调研中,就曾遇到这样的案例,而且具有普遍性:

曾某,1990年偷渡到西班牙,如今已取得西班牙永久居留权。2011年,她回国要求办理恢复户籍和身份证。她按法律要求提交了证明材料,一年内在国内住满三个月。派出所经办工作人员要求她提供出国时的原始证明材料。曾某说自己已不可能提供这份材料了。因为,当年偷渡出境到目的国后,就扔了出境时的护照,重新申领护照。由于是偷渡出境,公安部门也没有她的出境记录。

最后,经侨务部门协调,经办民警到曾某原户籍所在地访谈多位村民,并做了谈话笔录,证明她当年确实是因出境才被注销了户口,这样,曾某才恢复了户籍。

3. 政治权益保障方面。法律承认华侨是中国公民,他们尽公民义务,却主张不了公民的权利。这又连带了华侨其他权益被侵害,如《宪法》、村民自治组织法、城市居委会组织法都明确公民有选举和被选举权。实践中,许多基层村(居)委会在选举和被选举中,以"华侨长期在国外居住为由区别对待,即使持有本地居民身份证的华侨也往往没有选举权"①。

4. 财产和生产经营权益方面。目前，我国对拆迁侨房的安置补偿或未作细则规定，或不能按国家法律政策给予妥善补偿、安置处理；华侨在出国前承包的尚未到期的土地，时有被要求退耕，或被单方面变更承包合同；华侨在国内的投资权益未作详细规定；华侨在国内办集团公司，当不了自己企业的法人代表；买房按揭、办企业贷不了款；房产过不了户；汇款不能兑换；银行不给开户等等。

5. 其他权益保障方面。华侨在参加国内社会养老保险、医疗保险、失业保险等社会权益方面也存在保障缺失。关于华侨海外定居时间的规定，会产生意想不到的问题。2009年，国侨办颁布的《关于界定华侨外籍华人归侨侨眷身份的规定》提出："'定居'是指中国公民已取得住在国长期或者永久居留权，并已在住在国连续居留两年，两年内累计居留不少于18个月。""中国公民未取得住在国长期或者永久居留权，但已取得住在国连续5年（含5年）以上合法居留资格，5年内在住在国累计居留不少于30个月，视为华侨。"从法理上讲，确实需要对"定居"作明文规定，具体办事时，如何计算"定居"时间，会遇到意想不到的情况。②

周某，青田"华侨"，2010年，他的儿子在国内参加高考，周要求地方侨务部门落实其子的加分政策。周被要求提供其在海外定居的证明材料。周现在有合法居留，在海外实际居住已满五年，由于他当初是通过非法渠道出境，因此，他合法侨居海外未满5年，还不能获得华侨身份，他的孩子也不能加分。近几年，周某对家乡慷慨捐赠投资。他总认为以自己对侨乡的贡献，即使合法居留五年时间还不到，地方侨务部门也应该会通融。实际工作中，地方侨务部门没有为周某个人而突破法规政策的规定。

地方侨务部门在审核"三侨生"加分的资料时，如果发现申请人提供的材料不符合国家法律法规，会要求申请人填写放弃加分的表格。周某在被要求填写此表时非常气愤。

由于在浙江侨乡有许多与周的情况相似的海外移民，因此，这事在周的

---

① 陈东升：《人大代表建议尽快制定华侨权益保护相关法律》，http://news.enorth.com.cn/system/2012/03/05/008786815.shtml［2013-2-15］。
② 关于青田华侨周某的资料来自2010年暑期作者在青田县侨办的采访。

海外家族、同乡甚至侨社中引起不小的议论。

正因为法律法规不健全,导致执法依据不足,执法效力不够强。华侨在国内许多合法权益被侵害后,或维权无门,或得不到相关部门有效妥善办理。如有侨商在义乌进货时,被坑骗几十万元,找到义乌市某部门投诉,得到的回答是:我们这里处理的都是上千万元的投诉,像你这样的小事情都来找我们,我们怎么忙得过来?侨商说:坑自己的供货商是义乌人,这些政府工作人员明显存在欺生帮亲现象。有的义乌政府部门对侨商的投诉表示畏难情绪。[1] 这反映了地方主管部门为侨维权手段不够,部门力量分散,形不成合力。

法律不健全,各种侵害华侨在国内合法权益的案件频出,既伤害到华侨个人、家庭的利益,也影响中国对外开放政策,甚至影响侨务资源的可持续发展。

面对这种现状,在多方呼吁共同努力下,2012年6月30日,第十一届全国人大第二十七次会议通过了《中华人民共和国出境入境管理法》,已于2013年7月1日正式施行。该法第十四条规定:"定居国外的中国公民在中国境内办理金融、教育、医疗、交通、电信、社会保险、财产登记等事务需要提供身份证明的,可以凭本人的护照证明其身份。"即华侨回国可凭护照证明身份。相关条文同时调整了华侨在境内申请回国定居的受理机关,规定定居国外的中国公民要求回国定居的,在入境前向驻外机构提出申请之外,也可以由本人或者经由国内亲属向拟定居地的县级以上地方人民政府侨务部门提出申请,进一步便利了华侨办理相关手续,从而解决了华侨证明身份难的问题。

(二)归侨侨眷身份确认存在的不足

1982年《宪法》(2004年修订)第五十条规定:中华人民共和国保护归侨和侨眷的合法权利和利益。它是我国制定完善保护归侨侨眷在国内合法权益的前提和最高法律依据。目前,保障归侨侨眷合法权益的全国性法律法规有:1990年,全国人大通过颁布的《中华人民共和国归侨侨眷权益保护

---

[1] 杨金坤、陈楠烈:《"义乌侨商"调查报告》,http://qwb.zj.gov.cn/art/2010/4/16/art_149_28265.html [2011-7-6]。

法》(2000年修订);2004年,国务院颁行的《中华人民共和国归侨侨眷权益保护法实施办法》;国务院侨办颁布的、2004年7月1日施行的《〈中华人民共和国归侨侨眷保护法实施办法〉释义》等。法律保护归侨、侨眷在参政、结社方面的权益;保护他们经济财产方面的权益;保护他们教育、劳动就业方面的权益;保护他们与境外联系往来方面的权益;等等。但是,实际操作中,归侨、侨眷的权益,有的保障没有落实,有的保障落实力度不够,最主要的根源在于归侨、侨眷身份的确认问题。

我国现有法律认定"归侨"是指回国定居的华侨。不论年龄大小和何时经批准回国定居,都是归侨。来华定居的外籍华人,在恢复中国国籍后,也称归侨。"侨眷"是指华侨、归侨在国内的眷属。与华侨、归侨有五年以上扶养关系的其他亲属,在申请认定侨眷身份时仍保持扶养关系的,应当认定其侨眷身份;侨眷身份不因华侨、归侨死亡而丧失。因与华侨、归侨以及华侨、归侨子女有婚姻关系或者与华侨、归侨有扶养关系而取得侨眷身份的,在婚姻关系或扶养关系依法解除后,其侨眷身份自行丧失。外籍华人在国内的眷属视同侨眷。

对归侨、侨眷身份作法律界定容易,实践中对其身份确认难度很大,主要表现在六个方面:基于静态管理来认定归侨侨眷的身份;归侨证全国不一致;审理归侨身份证申请的时限不明;归侨证有效期不明;对确认归侨身份决定不服的救济不明;所在工作单位或街道办事处、乡镇政府、派出所先行审核。①

海外新移民的跨境流动是呈动态化的,他们海外定居的国家也常变,这决定了归侨侨眷的身份也应该是动态变化,而不应该如目前法律法规所确认的"终身制"。归侨获得身份的证明——归侨证,从其性质讲是个人身份的证明件,法律规定由省人民政府侨务行政主管部门颁发,我国各省的归侨证名称、形式、内容各异,增加了归侨、侨眷在生活、创业、发展中的困难。法律规定华侨获得归侨证必须"放弃原住在国长期、永久或合法居留权",外籍华人"经批准恢复或取得中国籍"。两种不同身份的人还必须"依法办理回国落户手续"才能成为归侨。这些规定使一部分华侨华人感到两难。

海外新移民大规模的境内外流动,与侨乡社会发生着极为活跃、广泛、

---

① 刘国福:《论归侨身份确认和安置法律制度的现状和发展》,载《政法论丛》2010年2月。

多面的互动，引发侨乡各个层面的变化。从互动的结果看，这种变化是深层次的，引发侨乡人口结构、就业结构、民众角色、生活方式、价值观念的变化，也促使侨乡制度创新。反过来，旧有的变化又会引发社会新的变化。而且，侨乡社会的多种变化也充满着矛盾。

人类社会总是在不断解决矛盾中进步与发展，浙江侨乡的进步与发展亦是如此，令人充满着期待和遐想。

第七章　建构海外新移民与侨乡互动发展的良性机制

人类已步入21世纪的第二个十年，新科学技术革命日新月异，现代交通发展突飞猛进，使"全球化"成了普遍存在的历史现实，[①] 世界相互联结，相互依存。在全球化语境下，侨乡日益成为世界不可分的组成部分，因而，海外新移民与它的互动发展也必然展现新特点、新风采。为谋求互动发展的再突破、再创新、再飞跃，选择最佳的互动路径，建构良性互动机制，使之进入理想的、有序的、可持续运行状态，达到预设的目标，从而使之升华具有普世性，进而彰显其实践意义。

第一节　建构海外新移民与侨乡良性互动发展机制的涵义、目标

海外新移民与浙江侨乡的互动发展有其固有的运行机制，因此，需要通过宏观、中观、微观的调整，通过自觉自为的自调、互调和辅调，达到巩固、发展良性互动机制，修正、完善不良机制，防止或减少不良互动发展机制的产生。

[①] 沈卫红：《侨乡模式与中国道路》，社会科学文献出版社2009年版，第136页。

一、互动发展机制的涵义

如今,机制一词很为流传,对其的解释也很多。它原是指机器的构造和工作原理,现泛指每一事物的内部系统中,其内在结构的相互作用的过程和功能,是事物内部协调、统一的体制、制度和要素的有机构成体。社会学教授郑杭生先生对"机制"的基本涵义界定在三方面:事物各组成要素的相互联系,即结构;事物在有规律性的运动中发挥的作用、效应,即功能;发挥功能的作用过程和作用原理。把这三者综合起来,更概括地说,机制就是带规律性的模式。[①] 人类历史发展中,人与社会的相互影响、相互作用有其内在的规律性。因此,海外新移民与侨乡社会的互动发展,也自有其内在规律性和机制,互动是联结两者并使它们相互作用的起点,这也是对海外新移民和侨乡社会动态分析的基础。因此,所谓海外新移民与侨乡社会的互动发展机制,是指海外新移民与侨乡社会、新移民与侨乡民众、新移民群体之间、侨乡民众之间相互影响、相互作用的发展过程中所要协调的各个部分、结构、要素、方面之间的诸多关系和工作方式。实际上,就是建构、完善各种关系,创新、完善各种工作方式。它包括诸多内容:互动机制、利益机制、保障机制、创新机制、竞争机制、培训机制、激励机制、整合机制、预防机制、监督机制,等等。

二、建构良性互动发展机制的目标

由于目标对机制起引导作用,因此,建立良性互动机制既是根据目标而制定,也是为服务目标,以便互动结果获得更大成效。世界历史处于不断向前发展,当今,人们的联系愈方便,交往愈紧密,因此,互动发展机制呈现更强动态性而非趋向静态性,并随着多种条件的变化而发生相互转换。这样的机制会"不断调整结构以符合社会运行目标的要求";"在具体的运作过程中也有可能发现社会运行目标与社会实践相冲突而无法实现;这样就需要

[①] 郑杭生:《社会学对象问题新探》,载《社会学研究》1986年第1期。

对社会运行目标进行修正、调整"。①

这也正应了古罗马哲学家马可·奥勒留在他著名的《沉思录》中指出的：人类都服从于一个共同的法则，属于某种政治国家；再进一步，我们可以说，整个世界为一个共同体。地球是"村"，经济全球化引发移民跨境单向流动、双向流动、多向循环流动。因此，实践中，海外新移民解构了移民即永居的单向久居型移民行为，他们多种形式、多种类型回流侨乡参与各类政治、经济、文化、社会活动成了常态。他们所从事的各种活动，带动了人、物、资本、技术、管理……全球流动，从而将侨乡与全球紧密维系在一起，推动侨乡进一步走向开放，胸怀全球，在开放中吸取借鉴全球先进文明和发展成果，依托人力资源、信息资源、生产资料、资本等各类生产要素的全球化，采用拿来主义，为我所用，走出具有侨乡特色的现代化道路，进而引导、促使侨乡各界上下以全球的视野重新审定海外新移民与侨乡互动发展机制的优劣，建构完善两者互动发展机制，谋求在"利益、目标、情境、情感、行为方式、价值取向等方面达到一致的共识性"，"从而使互动双方进入最佳的互动过程，达到最佳的互动状态"。或者达到使"彼此间能够在许多方面做到互相促进、协调发展"，即使矛盾冲突因素时有发生，却"能够被控制在最小的限度和最小的范围之内"。②

这样的良性互动机制必然符合海外新移民及侨乡多元主体（包括个体、群体，各阶层，各社团）利益，由实现双赢到实现多赢。能够创造多赢局面的互动机制必然是良性的，也因此具有相当的合理性，并为互动运行中多元主体形成共同的价值观奠定坚实的基础。

正因为如此，在建构良性互动机制时，要以党的方针政策为指针，围绕《国家侨务工作发展纲要》所制定的指导思想、基本方针和基本原则；围绕国家"十二五"规划，加快实现经济转型升级，引进海外新移民高层次创业创新人才，引导新移民"资本"、"智本"项目在侨乡经济结构战略性调整中，在实施"请进来"、"走出去"战略中，在培育发展战略性新兴产业和推进区域协调发展中发挥积极有效作用；围绕建设侨乡，使海外新移民获

---

① 郑杭生、李强：《社会运行导论——有中国特色的社会学基本理论的一种探索》，人民大学出版社1993年版，第357页。

② 奚从清：《现代社会学导论》，浙江大学出版社2012年版，第50—51页。

得应有的利益，最大程度地满足他们实现人生价值和理想目标。最终，使侨乡既成为实现侨乡民众"中国梦"的最佳场域，也成为海外新移民实现"中国梦"的最优场所，并进一步成为展现民族凝聚力、民族向心力，既有中国特色，又具个性却绝非西化的中西文化交融的桥头堡。

第二节　建构海外新移民与侨乡互动发展机制的主要内容

侨乡社会在发展中也会产生冲突和无序的现象，一般都能通过社会机制将其控制在一定的范围内。社会学家们根据机制的形成过程，将其分为自然机制和人为机制。人为机制是人根据人的自身需要，为着某一社会目标，依据社会条件，通过人的主观积极努力，有意识、有创造性地建立起来的社会运行机制。海外新移民与侨乡社会互动发展中，要建立和完善的机制就是通过人们主观努力，有意识、有目的地建立、完善两者间各种关系，创新、完善各种工作方式，以便在实践中服务、促进两者最佳、良性协调地发展。按性质分类，它们属于人为机制。那具体又有哪些机制需要建立和完善？根据人为机制建立后对社会运行系统的作用进行分类，主要有经济机制、政治机制、文化机制、社会生活机制。

一、建构良性的经济共利互动机制

经济是构建人类社会并维系人类社会运行的必要条件。经济运行在整个社会运行系统中，起基本物质基础作用。因此，每个社会运行形态中都有自己的经济机制。侨乡社会是中国经济社会的一部分，由于其"侨"的因素而呈现出非侨乡所具有的一些特征和需求，它与中国全社会一样，也面临社会转型、经济结构转型、产业结构转型、体制转型，并有其内在的经济发展规律。良好的经济机制必然是遵循经济规律，也符合当前侨乡的经济发展状态，符合侨乡现有生产力水平，并适应不同社会生产关系的要求。针对海外

第七章 建构海外新移民与侨乡互动发展的良性机制

新移民与侨乡经济互动发展中存在的一些问题，侨乡各级政府需要从完善经济管理机构和组织，完善指导经济活动的方针、政策和规定，完善影响经济活动的杠杆等几方面着手，建构良性的经济机制。由于侨乡社会的独特性，所有经济机制的具体内容，有的适用于全国，有的仅适用于侨乡。

1. 创新完善经济管理机构和组织。经济运行发展中，必须有机构和组织来实施领导和组织管理。对经济运行实施领导和组织的主要是综合管理机构（计划、财政、劳动、物资等管理机构）；专业管理机构（工业、农业等产业部门的管理机构）[①] 等等。无论是何种管理机构，最终对经济运行实施领导和组织的都是掌握机构管理权、进行经济管理的人。因此，侨乡经济管理机构和组织要具有全局观，要高度重视、积极主动地开展服务于海外新移民经济发展的工作。海外新移民工作不是、也不应该仅仅是侨务部门的事。浙江省省长夏宝龙在不同场合说到浙商回归，要求省内各界都反思"四个够不够"：对浙商在浙江发展中所处地位发挥的作用认识够不够？对浙商成长发展轨迹和规律研究得够不够？对浙商创业创新实践支持得够不够？对浙商的温暖关爱给予得够不够？夏省长所讲的浙商，应该包括在海外的浙江新移民，他们是浙商的海外群体。省长发出的四个问号，既是针对涉侨部门，更是针对侨乡经济管理机构和组织部门提出来的。

2. 制定、完善指导经济活动的政策和规定。政策和规定是政府决策部门根据社会运行目标和特定的社会运行状况而制定的一系列有约束力的规范，它既起着控制人们社会行为的作用，又起着激励人们某种社会行为的作用。因此，第一，侨乡政府应该制定引导新移民企业调整产业结构的政策，引导它们投向第三产业，自主创新，技术改造，转型升级；引导它们向中西部、东北老工业基地转移；引导它们投向现代农业、现代旅游业。第二，完善法律法规政策，引导浙江民间资金回归实体经济。民营经济是浙江实体经济的重要基础。浙江新富移民的困难之一是民间资金投资无项目，极难进入国企垄断领域。因此，打破经济领域中如信息、交通等产业的国有垄断局面，破除民间资金寻求发展过程的"玻璃天花板"，支持民营企业、侨资企业进入铁路、市政、能源、信息等领域，拓宽它们的发展空间，使他们切实

[①] 陈吉元：《略论经济机制》，载《经济研究》1982年第8期。

体会在国内有出路、有项目、有安全感。同时，工商、发改等部门应加强对实体经济领域的治理监管，高度重视产业链上游过度垄断和下游过度竞争造成的两极分化，建立公平、合理、高效的市场竞争机制，严厉打击垄断、恶性价格竞争、投机暴利等行为，维护企业的合法权益，增加企业发展实业的信心，提振壮大实体经济，那么，新富移民的人数自然会减少，再造浙江新优势就具备条件。第三，政府应制定法规政策保护正常民间借贷的合法地位，消除不安全感。加强社会治理，创造公平的经济环境和制度保障，营造和谐的社会心态，疏导富豪们的不安全感，提升对未来的可预期性，留住富人的"心"。第四，金融体制创新，建华侨银行，盘活侨资。浙江侨乡民间有大量的侨汇，却"没有一个专门的金融理财'大管家'"，即没有专门的整合利用平台。除一部分侨资投身实业、社会公益领域等方面发挥积极作用外，"不少侨资缺乏最佳的投资渠道。这笔侨资要么在银行沉睡，要么很可能流向地下钱庄、高利贷公司，存在很大的风险"。① 现在，在浙江侨乡有国有银行、商业银行，却没有专门整合和利用侨资的"华侨银行"，这与浙江侨乡经济实情不相适应。2010年5月，《国务院关于鼓励和引导民间投资健康发展的若干意见》（下简称"新36条"）出台，其中就包括鼓励和引导民间资本进入金融服务领域。按照"新36条"精神，结合浙江侨乡实际和金融产业发展趋势，应尽快在政府的领导下，牵头组建"华侨银行"。浙江省"爱乡楷模"翁银巧等人认为：华侨银行的最主要功能是帮助侨界人士理财投资。这既可以吸引在外侨资回流，还可以聚集侨资投向高新、环保等领域。他们建议：银行初期的投入要积极利用侨资，启动资金以股份制形式。投资主体多元化，包括侨资、民资、外资等，充分拓展投资渠道；政府及有关部门要介入华侨银行的组建工作，实现全过程的监管。在能否建华侨银行还处于争论的时候，可以先成立华侨信用担保公司。因此，修改完善《归侨权益保护法》已是当务之急，制定全国统一的《华侨权益保护法》也非常迫切。

3. 进一步完善影响经济活动的杠杆。这主要包括价格、税收、利润、

---

① 郑海华、翁卿仑：《超千亿元侨资回温州市人大代表吁建立华侨银行》，http://www.chinanews.com.cn/zgqj/news/2010/03-02/2147264.shtml［2010-8-9］。

工资等诸多方面，它们直接影响和调节社会生产和再生产。因此，第一，侨乡政府部门应该研究制定支持新移民企业加快转型升级的政策措施。可以加大财政对优质侨资企业转型升级的支持。第二，对一些高新或有实际困难的新移民企业减免税；加强对新移民企业知识产权保护，从而实现他们在侨乡"创业——投资——发展——共赢"的良性循环。第三，注重海外新移民实现经济利益。海外新移民与老移民对侨乡的捐赠投资理念有了很大不同，他们改变了老一辈重捐赠、轻投资的方式，转变为投资为主，捐赠为辅。他们既关注侨乡建设，也看重投资环境与商业利益回报，"更加倾向于建立一些互惠互利的关系网络，无论是产业投资，还是求职，他们都显得更加理性、更加客观"。"经济收益的比较、追求事业的发展是他们归国投资或创业的主要原因"[1]，保护海外移民的商业利益，用经济贸易纽带维系和加强他们与侨乡的联系。

二、建构良性的政治利益互动机制

经济决定政治，政治反作用于经济，并随经济发展而发展，这已成共识。因此，海外新移民与侨乡的多重互动关系中，他们有争取经济利益的需要，也有争取政治利益的需求。事实上，随着人类社会不断向前发展，任何一个社会成员参与政治生活的深度和广度都随之向前跟进。判断政治制度优越性的主要的、根本的标准就是它是否能维护、促进经济发展。政治机制是政治系统各要素功能耦合所形成的一种运行体系；在当代社会中，它已经成为维护、发展社会系统至关重要的着力点。[2] 现实社会又存在分工和分层，人们由于处于不同的经济地位、具有不同的经济利益而形成不同的政治利益诉求，并从自己的利益出发来确定对政治机制优劣的评判和态度。因此，良性的政治利益机制必然是能充分、最大限度、最大程度满足社会各个群体、各个成员的利益。也就是说，良性政治互动机制会根据社会发展，最合理地对利益进行分配与再分配。因为，利益问题是一切社会关系的首要问题，

---

[1] 曹炜珏：《当代新华侨华人的侨务资源培育研究》，上海交通大学硕士学位论文20090228。
[2] 周家荣：《政治机制在构建和谐社会中的价值创新》，载《学术论坛》2008年第8期。

"每一个社会的经济关系首先是作为利益表现出来的"①。正是"利益把市民社会的成员彼此联结起来"②。也正是对利益的追求，推动人们的生产活动、政治活动及其他各种社会活动。

按领域划分，利益可分为经济利益（也称物质利益）、政治利益、文化利益、社会利益等多个类别。政治利益"是为了获得经济利益和其他利益而争取的政治性利益，是主体政治需要的满足"③。如满足人对社会地位、权利义务等方面的需要。海外新移民在侨乡争取政治利益，那是他们对经济利益及其他利益的诉求在政治上的体现。对此种政治利益与经济利益的内在联系，列宁曾明确总结为"政治是经济的最集中表现"④。可是，政治本身不产生利益，从本质上讲，它是对社会领域中各种物质利益的分配方案。在形成种种利益分配方案过程中，即各种利益蛋糕的分配与再分配中，在不同个人、群体、社团、政党、阶层等之间，不可避免地会产生一系列的矛盾和问题，"在本领域内得不到解决的情况下，问题和矛盾就会向政治领域集中，在政治领域中寻求最终的解决。这是人类社会运动的一种规律性的现象。我们可以把这种规律性现象称作'政治聚集'现象或者叫社会的政治化现象"⑤。

当前国内外政治、经济复杂多变，侨乡面临再发展再突破，需要重新型塑，因此，根据海外新移民对政治利益的诉求，建设良性的政治利益互动机制，有助于解决因政治机制不完善附生的种种社会问题，有助于弱化或消解社会运行系统的各种问题，进一步发挥海外新移民的正能量作用，助推侨乡社会政治更加"清明"。

1. 完善海外新移民的身份确认机制。如今的社会，在一定程度上讲是身份社会。明确身份也就意味着确定了与身份相对应的地位权利及义务的多少。我国现有的法律法规在确认海外新移民身份上存在许多问题。《国籍法》不承认"双重国籍"，一方面造成海外新移民在侨乡从事各类经济、政

---

① 《马克思恩格斯选集》第2卷，人民出版社1972年版，第537页。
② 《马克思恩格斯全集》第2卷，人民出版社1957年版，第154页。
③ 曹晓飞、戎生灵：《政治利益研究引论》，载《复旦学报（社科版）》2009年第2期。转引自张思军：《利益政治与政治利益的辩证关系论析》，载《求实》2012年第6期。
④ 《列宁选集》第4卷，人民出版社1972年版，第416页。
⑤ 房宁：《为什么说政治是经济的集中表现》，载《前线》2003年第7期。

第七章 建构海外新移民与侨乡互动发展的良性机制

治、文化、社会活动的不便和困扰。另一方面，自上世纪90年后期起，我国公安部门规定：中国公民出国不再注销户口。实践中，许多海外新移民又手持护照，对"双重国籍"进行潜规则，甚至有演艺明星、投资商人、体育明星等，早已将右手放置胸口，对着他国国旗宣誓效忠，却持外国护照当选人大代表、政协列席委员、政协特邀委员。在国内，政府部门及司法实践中，对海外新移民事实上的"双重国籍"又持默认态度。这引发了社会议论，也挑战了法律的严肃性和权威性。若按《国籍法》对他们进行严管"堵塞"，对国家、对侨乡、对海外新移民都是"输"局。在《国籍法》未修改、户籍管理体制依旧的前提下，如将"双重国籍""合法化"，那又是违法的行为。

为解决这种矛盾现象，从2007年8月1日开始，浙江省公安厅将华侨恢复户口管理权限下放到地方公安部门。考虑到浙江省海外新移民人数众多的情况，省公安厅专门颁布政策：在恢复户口期间，不影响华侨继续持有海外绿卡。为方便恢复户口，还将过去在半年内需住满4个月的规定，更改为一年内住满90天。后来又进一步推出了一年内只要住满70天即可恢复户口的便民规定。这大大方便了海外新移民恢复办理户籍。① 但是，浙江省的相关规定、做法仅仅是地方性的，带权宜之计。

目前，全球有近百个国家视情况有条件地承认和接受双重国籍，还有许多国家默许本国公民的外国籍，也不剥夺其本国籍。借鉴国际成功经验，根据中国现实需要、海外新移民的需要，应该解放思想，采取相应的默认方式，间接承认双重国籍。取消或修改现行《国籍法》中"定居外国的中国公民，自愿加入或取得外国国籍的，即自动丧失中国国籍"的规定，放宽"双重国籍"，将处于"潜规则"状态的"双重国籍"透明化、合法化，彻底解除海外新移民身份确认中的种种不便和困难，最终实现多赢局面。如果修改《国籍法》相关规定条件未成熟，则应该灵活变通，采取双边对待办法，或参考复制香港的成功模式。

2. 完善海外新移民政治利益的表达机制。这主要是指海外新移民在

---

① 温州市鹿城区港澳台侨委：《关于华侨恢复户口问题的调研报告》，http://www.lczx.gov.cn/view.php? sid = 1167 ［2013 - 3 - 8］。

谋求自己各种正当、合法、合情、合理利益需求时，能有正常、合法、通畅的渠道，并有向外界传达表露自己利益要求不受干扰的机制。这就需要有一个能使他们表达自己利益的机构，这样的机构应该具有一定合法性、权威性、独立性，并对其他单位、部门、组织有约束性。目前，浙江海外新移民主要通过参政议政，既为侨乡发展出谋划策，也为实现自身的政治利益诉求。主要形式有：当选省、市、县人大代表、政协委员，担任政府顾问、"华侨村官"，受邀请参加有关专题会议，担当评委等。其中，当选人大代表、担任政协委员是海外新移民参政议政最重要的途径，也是他们表达政治利益的重要体现。他们政治利益的表达机构主要是在人大、政协及涉侨机构。今后，需进一步重视他们参政议政，在重点侨乡增加华侨人大代表，增设政协华侨委员界别；规范海外新移民政协委员推荐审核程序，明确由政府侨务部门提名推荐，并对初选人员进行身份及其他问题审核把关；合理安排委员结构，引导有能力的海外新移民特别是他们中的专业人士积极参政议政；同时，对侨界政协委员的管理要参照省内委员管理办法，要按照侨情变化，及时增补和取消资格，保证委员的资质标准。

三、建构良性的文化创新互动机制

文化是人类社会特有的现象，是人类长期创造形成的产物。因此，社会、文化、人形成这样一种关系：人创造了文化，创造了社会，同时社会、文化又创造了人。人类社会总是在继承前人的基础上，有新发现、新探索、新发展，创造出新文化。经济全球化进一步深化，导致全球文化的剧烈竞争，不断出现新情况、新问题，因此，每个民族、国家都面临文化创新的重大挑战。这也成为文化创新的动力和基础。海外移民在国际上跨国跨境、在国内跨地区流动，他们在生产、生活、居住过程中，与异国、异地社会居民有了较长期的来往、交流，并在文化上接触、碰撞、筛选、融合，逐步发展形成了一种兼融中西文化、祖籍地与他地文化的新型的文化形态，有学者将其定位为"移民文化"，并指出，它不是广义的文化概念，而是指"'狭义的文化'概念,即指观念形态的文化"①。因此,这样的文化是深层的、无形的、间接的。中国的海外移民文化具有一般移民文化的共性之外,更具自己特质。它始终以中华文化为根脉,以爱国主义为核心。因此,建构海外新移民与侨乡良性的文化创新互动机制,有助于振兴中华民族复兴大业,有助于祖国统一大业,有助于开展海外华文教育事业,有助于中国人民与海外各国人民相互了解增进友谊,有助于发挥"侨"力,整合资源,为中国经济社会现代化服务。

当然,文化创新机制是项复杂的系统工程,它涉及决策、组织、人事、激励、调控等多个方面、多个层面。目前需要构建如下三方面的主要内容:

1. 创新文化投入机制。近年来,我国加大了对文化事业的投入,相比经济领域,对文化领域的投入偏低,重视不够。另外,政府对文化的财政投入,存在过于向城市集中的倾向,设施内容更以满足城市的需要为前提,因此,制约了文化事业发展需要,制约了文化创新。许多海外新移民及他们的后代回侨乡,发现侨乡的文化资源、娱乐设施匮乏,因此,除了看望祖辈吃饭,就是看电视,没有适合他们的文化活动项目和文化娱乐场所。一到晚上,许多新移民及他们的后代离乡进城,这也是传统老侨乡村庄"空心化"的重要原因。因此,政府应该继续切实履行发挥公共财政职能作用,支持文化体制改革,促进公益性文化事业和文化产业发展。同时,也需要加大文化创新发展投入主体的多元化、社会化。

第一,加快引导海外新移民资金对文化领域的商业投资。浙江侨乡累积着巨大的侨汇,海外新移民回乡投资也面临投资项目的选择难,因此,引导他们的资金投向文化领域,既为庞大的侨汇找出路,也使新移民寻到合适的投资项目,在一定程度上可以解决侨乡文化事业发展投入短缺的难题,推动侨乡文化事业繁荣,推动由文化发展促进生产力发展。当然,引入海外新移民资金,会遇到政府的公共投资与海外新移民的商业投资之间"如何衔接配套,以及如何分担投资风险和分离投资效益"的问题。政府可以用宏观之手进行先期投入,海外新移民资金后期跟进,政府对"商业投资进行减

---

① 奚从清:《现代社会学导论》,浙江大学出版社 2012 年版,第 140 页。

税和配套补贴",往后,"随着收益率的提高,逐步减少公共投资的比例"①,根据新移民对文化投资的经济效益、社会效益,公开给予表彰和奖励。第二,将海外新移民对侨乡的捐赠资助引向文化领域。倡导设立、完善文化领域的捐赠基金,规范化运作。当海外新移民向文化基金捐赠后,或在侨乡对文化领域投资后,地方税务部门应及时、快速减免他们相应的税负。第三,引入侨乡其他各类社会资金投入文化事业。

2. 创新文化融合机制。社会发展中,经济、生产的变动容易而快,民族文化、人的观念形态呈相对稳定性,引发它的变动、融合需要一个较为漫长的过程。经济全球化为文化的融合铺垫了道路,"地球村"也不局限在经济范畴。从长远看,随着经济全球化的日益发展,"文化将逐步逐步地、包括经过严酷的斗争而走向融合的大趋势则是不可避免的"。文化全球化"也将随之而逐步成为现实"②。移民文化本身就是文化全球化逐渐融合的过程和结果。如果缺乏融合,必将缺乏活力。移民成了移民源出地或原居地文化与移入地或居住国文化之间,实现互相对接、吸取、扬弃、移植的使者,因此,移民文化既不是对移民源出地、原居住地习得文化与移民移入地、居住国所具有的文化的简单复制或机械结合,而是经历了一个相互融合、吸收与放弃的选择过程。在这一过程中,移民文化吸收其他国家、其他民族文化精华,坚守本民族文化的精髓,而成为有活力的新型文化,其中重要原因之一就是它的融合机制作用。

第一,要大幅度实行文化融合观念、管理上的"门户开放"政策。解放思想,立足于中国的现实、侨乡的现实、移民文化的现实,实现侨乡民族文化与移民文化的优势互补,对它们在克服中保留,在整理中融合,在剔除中吸收,发挥移民文化内在的东西文化的潜质,使之成为侨乡文化的重要组成部分。借助移民文化独特优势,成为中华文化"走出去"的重要使者。第二,大力创建文化融合上的价值认同。社会发展中,无论是个人、群体、组织在交往过程中,总存在价值观的差异。海外新移民离开原籍地、原居住地移民到海外,在较长时间的海外工作、居住、生活中,逐渐融合吸收了居

---

① 张秉福:《论全球化条件下我国文化创新机制的构建》,载《现代经济探讨》2009 年第 4 期。

② 张世英:《哲学导论》,北京大学出版社 2005 年版,第 304 页。

住国的文化价值观,同时也将他们祖籍国、祖籍地的价值观带入居住国的观念体系中。中西文化价值观经过碰撞、选择、吸取、接受,实现价值观积极再现。当海外新移民回流侨乡,他们的价值观与侨乡固有的价值观,不可避免地在理想、信念、原则、追求目标等许多方面同、异并存。因此,侨乡社会需要创建能为侨乡社会群众、为海外新移民共同接受的价值观规范,营造氛围,使他们都能自觉接受,自愿遵循。当他们在观念上能对事物、规范、理念形成认同和共享时,便上升为健康的价值认同。"认同"(identity)一词,大多指个人心理上和社会上的归属问题,因此,它无论对侨乡社会、对海外新移民自己都将起积极的推动作用。第三,努力营造文化中的情感融合。海外移民初涉异国他乡都会面临语言、工作、事业、人际关系等许多方面的不适应、不习惯,也就是说一切都是陌生的。随着时间推移,他们的陌生感减弱,逐渐融入居住国社会,并有与居住国民众的往来互动,由初识到了解,并逐渐增进感情,有的直把他乡当故乡,并在那里传播中华文化。西班牙浙江同乡会会长戴华东是一位融入西班牙社会很深的新移民。

戴华东于1968年出生在温州永嘉。1987年,他移居西班牙,在巴塞罗那ESERP商学院获工商管理硕士学位,2009年9月接管欧亚传媒集团,担任《侨声报》社长。现定居巴塞罗那。他经营凯悦饭店2号,处于巴城郊区的ALELLA小镇(当地仅5000多居民),不是闹市区,如今却是巴城名店,回头客达到95%。在欧债危机笼罩下的西班牙,全国经济欲振乏力,大量餐馆惨淡经营或关门休业氛围下,戴华东说[①]:

一般的外卖店顾客人均消费10欧元,来我凯悦饭店2号的顾客人均消费35欧元左右。今年母亲节那天,顾客在饭店外排起了长队,有的排了整整45分钟才轮到餐桌。

饭店生意火热原因何在?戴华东说:

我赢在"六坚持"。坚持质量至上,坚持遵守法律融入主流社会,坚持创新进取,坚持"中餐西做",坚持敬业精神,坚持中高档路线。

我的饭店经常会推出新菜,并经常会有新款点心让顾客选择。特别是我还懂得西班牙酒文化,紧跟流行酒类的变化。因此,任何顾客来,都能满足

---

① 多次访谈戴华东先生,最近一次访谈于杭州世贸大酒店,2013年5月29日。

他们对酒的要求。

如今，他是"嘉泰地区厨师糕点师协会"成员；2002年，成为世界厨师美食协会（总部设在法国）理事；2005年，"凯悦饭店2号"入选为世界中国烹饪协会会员单位，并被评为嘉泰地区唯一的"最佳亚洲餐厅"；2006年10月，戴华东被世界中餐烹饪联合会授予"国际中餐大师"称号；2007年，嘉泰餐饮业年度颁奖典礼上，"凯悦饭店2号"再次获"最佳年度融合菜奖"。他还经常受邀请去西班牙电视五台展示中华美食。正是这个电视五台，却经常曝光在西班牙的一些中餐馆的问题。

当采访快结束时，戴华东幽默地说：在西班牙开中餐馆，去电视台演示中国美食，是很过瘾的事。真是会吃也是种文化。

当电视画面中，他向西班牙人演示炸春卷这道典型的中国美食时，中国餐饮文化不正随着他手中春卷特有的中国味在西方散开？

但是，当海外新移民重返侨乡，又近乡情怯。故乡的一切，天天在梦中，当真的脚踏故土时，又恍若梦中。因此，侨乡各界需要加强与海外新移民的沟通联谊。侨乡要向海外新移民宣传、提倡爱国爱乡，侨乡也要为他们多些付出，多些关爱，加深理解，消解隔断，递增感情。因为，"在情感的融合性问题上，不论是有意的或无意的，都可直接影响社会变迁"①。只有不断加深情感融合，才能产生心灵交流与共鸣。

3. 创新文化"培根"机制。不同时代、不同学者在研究文化内涵时，都将教育纳入其范畴，并认为"人类文化教育的发展过程都体现出超越和借助的两极张力。既要超越传统文化教育又要借助传统文化教育的现实"②，也就是说，教育既承担传统文化的历史任务，也担负着革新的责任。在侨乡举办的面向海外的华文教育亦是教育整体的重要部分，它还担当着"文化传播"的重要使命，更重要的是它还是对海外华裔青少年进行"培根"教育的重要手段和渠道，更是侨乡涵养侨务资源、使之能可持续发展的最重要渠道之一。

浙江侨乡新移民多，因此，他们的华裔后代也多，目前仅在欧洲"约

---

① 奚从清：《现代社会学导论》，浙江大学出版社2012年版，第142页。
② 韩红升：《毛泽东人民教育观论纲》，中国社会科学出版社2004年版，第40页。

有40万7岁至18岁适合接受华文教育的浙籍华裔青少年"①。他们是侨务资源可持续的重要力量。但是,他们从小接受西式教育,对祖籍国渐行渐远,他们被称为"黄皮白心香蕉人"。在年龄上,他们又是可塑性最强的时候,抓住时机,强化他们中华文化的熏陶,必会取得"事半功倍"的效果。在海外的浙江新移民受教育程度更高,时刻关注中华文化在世界的传播和海外华文教育事业的发展。他们让自己的子女接受中华文化教育的要求更为热切。越来越多的新移民通过各种形式将子女送回侨乡学习华文。这部分人接受海外华文教育的场地,已由外转内移入了侨乡。因此,第一,创新观念。浙江侨乡的海外华文教育工作要有作为、有贡献、有影响,要把它放在全球"汉语热"的背景下,根据国家关于海外华文教育的整体部署来考量;要把加强华文教育与增强国家综合竞争力结合起来考虑;要把它作为提升民族凝聚力和创造力的重要渠道;要把它作为强化国家软实力、巧实力的途径之一。

第二,创新渠道。要坚持以文化促侨务资源代际传承。文化于民族如同基因于人,只有它的积淀最经得起岁月的考验。因此,对华裔新生代应该通过各类形式的文化传输、交流,加强"文化认同的培育和构建","它也是华侨华人社会构成实现中华民族伟大复兴可持续发展的重要资源的基础"。②因此,要继续开展通过"走出去""请进来"等为主要方式的夏(冬)令营。为满足华裔受众的总体需要,更要通过办刊、办网、荐书赠书等形式,丰富华文教育的内容。要重视举办普通侨众华裔夏令营,他们人数多,得到公费或自费公助型夏(冬)令营的机会较少。他们中有的人可能就是未来的侨团负责人、社会活动家、知名企业家或热心华文教育的重要人士。因此,需要加强对他们进行华文教育的力度。要筹建浙江海外移民母语教育培训中心。办学主体应该是省内具备必要教学和生活条件的高等院校。接收培训的对象应该是在海外已大学毕业又失业的华裔新生代。培训内容主要是中文、中国文化及经贸常识。这些后裔新生代在居住国接受过较为系统的中、

---

① 郭胜华:《二、三代海外华人"龙"文化缺失 华文教育需求迫切》,http://www.chinanews.com/hwjy/2011/01-18/2794121.shtml [2011-9-10]。
② 陈昌福:《时代特征鲜明 侨务内涵丰富》,载《上海市社会主义学院学报》2009年第1期。

高等教育，已掌握了一定的现代科技专业知识，会英语或所在国语言，却大多不懂中文。受金融危机影响，他们就业困难。这些人如能返回侨乡接受一、二年的母语培训，使他们能比较熟练地掌握使用中文，了解中国，成为双语背景的专业人士，将增强他们在居住国的就业优势，也增强对侨乡的情感，成为侨务资源的潜在重要力量。不过，对他们的培训不应以营利为目的，对一些家庭困难的侨生，应该学习台湾在该工作中的经验，给予必要的照顾补助。

第三，管理创新。支持创办国际学校（国际班）。在世界相互联系、相互依存日益加深的形势下，海外新移民落叶归根、落地生根的心态都发生了变化，跨国流动发展事业的趋势不断增强。大量新移民回流侨乡已成趋势，随他们流动的还有他们的家属和子女。他们除要忙于自己的事业，他们更操心子女的入学升学问题。2012年12月8号，作者在杭州浙江大学华家池校区对话吴某，他是从日本被引入的高层次人才，从事生物工程教学研究，他说：

儿子在日本上学相当于国内的小学四年级时，我来到浙大工作。他很聪明的，插班到华家池小学，半年不到，中文就过关了，当然，在日本时，他在家里时，我们基本讲国语。明年下半年就小学毕业了要进初中，我住的附近没有合适的国际学校，因为他没有中国户籍，也进不了公办中学，真是愁死人。

2013年5月27号，作者又联系了吴某，问他孩子入学的事，他说：

每年的5月是杭州各初中招生季，因此，从3月起就托了几个好朋友帮忙。到现在基本搞定了，能够进采荷实验中学了。该校对我儿子进行了面试，小孩子成绩很优秀。

从长远看，做好华裔在侨乡的入学升学工作是一项长久而意义深远的课题。因此，管理部门要解放思想，允许批准建立国际学校，或给政策由海外移民集资、聘人开办国际学校。要选择一些优质学校设国际班。此国际班非如今时髦的为出国留学所设的国际班。它应该根据华裔的身份特点，开设双语课，传承中华文化，既为他们将来返回出生国进入当地的教育体系做准备，也为塑造他们的"中国心"而努力。在重点侨乡的全日制中、小学中设华裔特色班。经费来源：政府财政支持、各界捐赠。教学内容：学、认汉语文字。班级人数：小班化，以 20—30 人为宜。授课时间：与学校同步，并实行来去自由。招生：面向全体本籍海外华裔。考核：能较流利说、听中文。

第三节 海外新移民与浙江侨乡互动发展的展望

新移民与侨乡社会互动，合力推动侨乡现代化进程。这种互动已建构、完善了多重互动机制，产生无尽的力量。随着侨乡社会的进一步发展，海外新移民的国内外经济、文化、社会实践，又为建构新型互动机制、充实已有互动机制展示了无限广阔的前景。由于社会发展是一个有机整体，因此，海外新移民与侨乡互动发展机制也是紧密相连的整体，互相依存，互为条件，互为前提，互相促进。它们"在结构上应该是协调的，在功能上应该是耦合的、互相补充的，其协调中心就是社会运行目标。同样，运行机制与运行系统之间也存在反馈，运行机制也在不断修正、不断调整之中"[①]。当然，每项互动机制在不同条件下所起的作用会有差异，其中，"经济与文化的互动关系"是"诸多互动关系中最普遍、最基本、最突出的互动关系，是产生和理解"侨乡社会发展中"一切社会现象的基础"[②]。基于此，就有了对海外新移民与侨乡社会互动发展更多的期待，因此，对侨乡政府的行政行为、社会管理模式，对新移民的自律性等诸多方面也就有了发展要求。

一、政府治理模式的新挑战

浙江侨乡是中国新移民的重要源出地之一，又成为重要的回流地，形成了新移民跨国境、跨区域的大进大出高潮，持续时间长，人数多。移民源出地、回流地延展至全省各地市县。移民出国前的原身份也呈现多层化，移民

[①] 郑杭生、李强：《社会运行导论——有中国特色的社会学基本理论的一种探索》，中国人民大学出版社 1993 年版，第 358 页。

[②] 方立明，奚从清：《互动管理与区域发展》，三联书店 2010 年版，第 308—309 页。

目的、移民渠道、移民目的国都呈现多元化，经济职业多样化。因此，侨乡地方政府面临前所未有的多层、多元、多样的移民新景象、新特点、新趋势。侨乡政府为合理、良性应对这种局面，需要创新政府治理模式。

第一，由管理型向治理型转变。长期历史累积下，特别是"封建社会专制主义政治文化传统的历史浸染、革命战争时期严格的行政纪律、命令体系的实践沿袭、苏联模式的示范移植、计划经济体制下政企不分的僵硬格局等"①，形成了我国政府施政是管理型模式，而非治理型模式。政府强制管理国家和社会，扮演全能型角色，凭经验主义行政。政府总是依权力渠道自上而下地进行管理，并凭借权力所赋予的强势政治权威，通过发号施令，制定并执行政策，对社会公共事务实行单向度管理。随着改革开放和社会主义市场经济的深入发展，这种传统管理型模式的弊端越来越显示出来，建设治理型政府成为时代的命题。因为，治理必须是一个上下互动的管理过程。这种互动又是通过合作、协商、伙伴关系，最终形成认同和建构共同的目标等方式实施对公共事务的管理，因而，治理权力必须是多元化，才能够更好地服务于市场经济。

第二，治理机制与手段的创新。治理机制是对传统管理模式的超越和创新，更符合市场经济发展的需要。为更好实现由管理型政府向治理型政府转变，需要有相关的机制和手段。首先，要创新工作思路，从单一落实政策向依法维护海外新移民权益、排忧解难转变。从立足本籍新移民到面向全世界新移民转变。对新移民工作要统筹国内和国外，统筹新移民和老移民，统筹侨务资源涵养和培育，统筹工作方法的多方协作与联动。其次，制定政策要有前瞻性。要创造性地制定相应的规划来应对海外新移民的变化、侨乡的变化，以及两者互动关系的变化，包括大力提倡"浙江精神"，大力唱响"创业创新闯天下，合心合力强浙江"主旋律，打响海外新移民品牌，提振新移民信心，凝聚力量，引导他们在开创浙江转型升级新局面中尽心尽力，同时收获自己的价值。谋划把侨乡建设成为宜业宜居宜学宜游的家园。探索强化侨乡与海外新移民的经济、文化、社会的纽带关系，特别是在引导鼓励新移民资金上，要强化制度的透明化建设。根据浙江经济特点，鼓励引导新移

---

① 何毅亭主编：《领导干部新视野》，研究出版社2010年版，第564页。

第七章　建构海外新移民与侨乡互动发展的良性机制

民资金和浙江民间资金投向战略性新兴产业、现代服务业、"优、新、高、特"产业。完善对海外新移民的激励机制，引导他们为侨乡社会多做贡献。改变对海外高层次人才引进中以"用"为主的指导思想，将全体海外留学人员都纳入海外智力引进工作中。不同侨乡，应根据地域特色，海外新移民现状，发展地方优势，制定差别化政策。嘉兴市可根据自身的区位优势和产业特点，接轨上海，把招商引资的重点指向现代服务业和高新技术产业项目。杭州市可凭已有的产业优势和区位优势，依托杭州城西科创产业集聚区、杭州大江东产业集聚区，瞄准以科技创新为导向的生产性服务业和战略性新兴产业。宁波市可依托杭州湾产业集聚区，将招商引资项目锁定在海洋战略性新兴产业。再次，加强法治建设，进一步深化政治体制改革，特别是要"加强对配偶子女均已移居国（境）外的国家工作人员的管理和监督。认真执行领导干部报告个人有关事项制度，并开展抽查核实工作"[①]。因此，进一步完善法规，明朗政策，措施具体，强化对"裸官""裸商"的监控系统，包括对他们个人财产的异动，他们的家属子女在海外情况的监控。同时，也面临如何大力推动官员财产申报制度，怎样进一步加强国际司法合作，"通过双边或多边协定和框架、谅解备忘录及基于互惠基础上的互换，以及通过适当的全球性和区域性国际组织，与外国对应机构进行情报交换"[②]。引渡外逃"裸官""裸商"，追回被他们非法转移的资金。要统筹完善养老事业。许多在国内的浙籍老移民、老归侨、老侨眷以居家养老为主，上世纪70、80年代出国的新移民，如今大多步入中老年，他们心中留着一份浓厚的家乡情结，愿意回乡养老。特别是"祖国经济的飞速发展"，使越来越多的新移民意识到，"将来回国养老已成必然"。[③] 作者对青田县温溪镇100户侨属进行过调查[④]，材料显示：50岁以上的侨胞中，有14人表示愿

[①] 王岐山：《坚决遏制腐败蔓延势头》，在十八届中央纪委二次全会上的工作报告，载《人民日报海外版》2013年2月26日。
[②] 《我国腐败分子向境外转移资产的途径及监测方法研究》，http://news.cntv.cn/china/20110615/104527.shtml［2012-3-1］。
[③] 《回国养老已成必然　旅意侨胞补缴社保成当务之急通渠道》，http://www.oushinet.com/172-1304-77332.xhtml，来源：欧华联合时报［2010-6-25］。
[④] 资料来自作者2009年暑期在青田温溪镇的入户调查。接受调查的人有：华侨华人32人，侨眷68人，归侨9人，在校侨生6人。

意回故乡养老，近40位侨眷希望海外的家人回来养老。被调查者说：如果考虑风俗、饮食习惯、语言等因素，他们首选祖籍地为养老之地。如考虑信息、社交、医疗、服务设施等因素，他们更愿意选择杭州、上海、北京等大城市养老。可是，大城市的养老院里一床难求，小城镇的养老院既少，配置设施落后，养老服务、医疗水平难以满足侨胞侨眷的要求。如何让他们真正实现老有所养，老有所医？建议一，根据市场需求，建立中高档华侨养老院。可以选择交通便利、风景优美之地，建立设施、服务水平先进的高、中档华侨养老院。资金及管理由侨资独建独营，也可以由政府、民间、海外新移民共同出资，建立股份制养老机构。侨胞、归侨、侨眷在故乡颐养天年，这将成为华裔新生代与祖籍地切不断的链子。浙江省"爱乡楷模"车越乔先生在2005年接受记者采访时曾说：因为他94岁高龄的老母亲住在绍兴，所以他每年都会回绍兴十几次。只要时间允许，清明节来临时，他还会带家人回绍兴祭扫父亲墓。建议二，养老模式多元化。依托浙江的好山好水，参考省内正在兴起的养老旅游模式，对身体尚健康，生活能自理的老年移民、归侨、侨眷，提供多种可供他们选择的养老模式，如常年居住型、"候鸟"型、周末度假型。当他们在美丽、清静、生态的养老院里安享晚年时，对提高当地居民的收入，对引导地方经济产业结构调整也具有积极的意义。

第三，加强调查研究，助力效能治理。真正的马克思主义者历来重视调查研究，重视一切从实际出发。马克思倡导：具体问题具体分析。毛泽东在井冈山根据地时就撰文强调：没有调查就没有发言权。目前，各界对海外新移民与浙江侨乡互动发展课题有不少调查，总体说，不够全面，不够系统。更多是零碎、块状化调查。不同部门的调查统计、调查结果各异，势必影响建设完善海外新移民资源库，这成为效能治理的重要障碍之一。地方政府欲达到效能治理目标，立足侨乡实际，根据海外新移民活动发展中的新变化，广泛展开调查研究成为基本又重要的工作。要依据浙江省新移民在世界各大洲的分布特点，确立西欧、北美、南美地区为重点调查区域，然后拓展非洲、大洋洲、中西亚地区的调查工作；调查内容：海外新移民人数、分布、身份构成、学历、职业，新移民的经济事业、参政议政，新移民在国内投资创业，新移民创办的华文学校，新移民与国内开展合作交流的意向、可能性等多项内容；加强对回流新移民在侨乡创业创新、工作生活、子女教育等方面的调研;在调查的基础上,建立完善新移民资源库,完善动态调查管理机制,确保时效性。

二、文化融合模式的新挑战

在全球化开放的时代,任何国家和民族要发展,必须继承、升华本国本民族优秀先进文化,同时,必须以世界的视野,实行拿来主义,吸收他国他民族的先进文化为我所用,并成为提升本国本民族文化的新鲜血液。文化融合也是社会治理的重要目标和内容。皮埃尔·卡蓝默就认为:"治理的正当性取决于其文化根基。每个社会都在历史发展中创造了自身的调节模式、自身的法律观念、冲突的解决办法、共同利益的维护、自然资源的分享及权力的组织和行使。调和一致性和多样性的艺术对治理本身具有价值,因为必须调和普遍原则及其在每一种文化中的表现。"[①] 侨乡是中西文化融汇的特殊场域,海外新移民扮演着侨乡走向世界、世界走进侨乡的独特角色。他们既秉承中华文化,也积极吸纳西方文明,这种中西合璧、交融通达的双螺旋文化基因结构,是沟通中国与世界的最佳桥梁。因此,侨乡社会通过融合中外文化,成为吸引、留住海外新移民的重要家园。海外新移民以其独特的中外文化背景、工作生活阅历和经验、华商网络、移民资源,成为侨乡经济社会进一步发展的重要力量。

第一,进一步打造侨乡文化的包容性。古人说:万物并育而不相害,道并行而不悖。因此,真正的文化自带包容性,它既是对世界多元文化现实的认可,也是本土文化对外来文化的借鉴、吸收的过程。中华文化千百年来不断丰富、从未中断的重要原因就是其包容性。侨乡文化处于吸收、包容其他文化的最直接前沿。良好的文化包容性是打造和谐社会的重要基础。因此,侨乡要继承发展本地区的优秀民族传统,立足地方文化特色,坚守本民族本地区的文化精髓,以更大的胆识选择优秀外来文化而用,以海纳百川的胸襟破除融合外来文化的障碍。

---

① [法]皮埃尔·卡蓝默著:《破碎的民主:试论治理的革命》,高凌瀚译,三联书店2005年版,第92页。转引自唐健飞:《国际人权公约与和谐人权观》,社会科学文献出版社2010年版,第304页。

第二,进一步强化侨乡优秀文化。浙江侨乡文化仅民间习俗就有其独特优势。如丽水市,春节前:"二十三,糖瓜粘;二十四,扫房子;二十五,磨豆腐;二十六,炖锅肉;二十七,杀只鸡;二十八,把面发;二十九,蒸馒头;三十晚上熬一宿;大年初一扭一扭"。青田有"烂山皮"、"青柴豆腐"、"田鱼干炒粉干"等特色小吃。温州地区的传统有:正月灯;二月鸢;三月麦秆作吹箫;四月四,做做戏;五月五,过重五;六月六,洗垢蹉;七月七,巧食喜鹊啄;八月八,月饼馅芝麻;九月九,登高送娘舅;十月末,水冰骨;十一月,吃汤圆;十二月,糖糕印状元。这归纳了一年的时节轮换。这岁岁轮转的人情风俗,传统独特的饮食小吃,除了不断满足人们的饮食需要外,更显现了它的娱乐、教育、纪念功能和作用。海外新移民又为侨乡直接、间接带入异国异民族的风俗习惯,如饮食文化中的红酒文化、西餐文化等等。因此,怎样进一步吸收外来民俗文化,丰富、提升侨乡民俗文化,彰显其民族性、乡土性,推陈出新,无疑是侨乡民俗文化建设的新挑战。

第三,进一步发挥民间信仰的凝聚力优势。民间信仰是个极敏感的话题,但是,曾传辉认为它已是村社文化生活的重要组成部分。叶涛认为它是文化传承的重要方式;与地方历史有直接关系,其活动大多为精英牵头,群众热衷,是乡村自治的凝聚符号。在新时期,民间信仰功能已发生转变,除小部分宗教性浓厚外,大部分更具民俗性。说到信仰,它又与宗教联在一起。"宗教是文化的最高表现","宗教问题亦可谓文化问题的最高层次"。[①]因此,民间信仰便具有统战性、群众性、长期性等特征。海外新移民也非常看重民间信仰,近年来他们捐资重建或维修侨乡的庙、寺、宫、殿,成为他们感情的联络点。他们还从海外带来了基督教、伊斯兰教信仰。因此,在侨乡,佛寺与教堂共存,道观与清真寺并列不是奇怪现象。所以,如何发挥民间信仰在提升民族凝聚力,调和社会矛盾,舒缓社会民众心理等方面的作用,又防止其滑向纯粹的封建迷信,特别是防止其被别有用心的人所利用,则是侨乡文化包容性建设中又一新挑战。

---

① 田传信:《论文化包容性与存在》,载《文教资料》2007年3月下旬刊。

三、经济发展机遇的新挑战

有学者早就指出：改革开放以来，"中国经济实现了一次又一次的历史性突破，其中海外华商做出了不可或缺的重大贡献"。从资本角度来说，他们是"中国经济的第二种力量"①。实践证明浙江海外新移民是海外华商的重要力量，他们是浙江侨乡经济发展的重要生力军，为侨乡的发展做出了重要贡献。目前，侨乡面临如何进一步发掘他们的资源优势，并把他们作为重要资源引入侨乡，促进"两富"浙江更快发展。

经济全球化迅速改变了中国与世界的联系。浙江新移民具有了多重气质：市场触角的敏锐与战略意识的缺乏，经营谋略的凌厉与资本理念的滞后，谋财心态的膨胀与人文气质的短缺，专业水准的高超与行业空间的狭小。他们在海外经济不发达、社会治安较差的非洲、中东一些国家，甚至在商业环境较好、法制健全的欧美地区拓展，同步递增的是战争、政治动乱、商业打击、针对性犯罪、恐怖主义威胁等各种海外风险。所以，如侨乡要加强对他们海外风险预警应急系统建设，加强海外经营、生存常识培训，使他们向海外迁移的脚步走得更稳妥更安全。

扩张侨乡的省籍、地域观念。2009年，全球4800万华侨中，有83%分布在亚洲地区，亚洲华商大型私人企业及各类中小型华商企业的总资产7500亿美元。非亚洲华人人口占海外华人总人口17.7%，他们的企业资产总额约为1600亿美元。②在亚洲的华侨华人及华商企业，有80%集中于东南亚，在东南亚的华侨华人祖籍地又集中于闽粤桂等省。因此，要考虑吸引他省籍的侨务资源来浙江侨乡创业创新谋发展，安居乐业颐养天年。

人类移民的脚步从未停止，也不会停止。这既是经济的全球化，也是资本、信息、商品、文化、意识的全球化，也是人口流动的全球化，使世界各国各民族形成你中有我、我中有你的现实。浙江海外新移民在这一大背景

---

① 世界华商经济年鉴杂志社：《世界华商经济年鉴 2005 - 2006 = YEARBOOK OF THE WORLD CHINESE ENTREPRENEURS 2005 - 2006》，中国华侨出版社，第 338 页、339 页。
② 中国新闻社：《2009 年世界华商发展报告》，http://www.chinanews.com.cn/zgqj/news/2010/05 - 20/2293574.shtml [2011 - 8 - 18]。

下，逐渐从原来单一的个体发展成为有一定特性的移民群体，不管他们是由内向外、由外向内还是由内向内迁移流动，已展示了其全球移民流动的共性特点，并显示了其原籍于浙江的地域特色。他们与侨乡社会经济、文化、社会多维度互动将愈加紧密，对侨乡社会经济的全面发展起了有目共睹的独特作用，而且必将成为助推侨乡走向新的辉煌的重要力量，同时，侨乡各级政府需要根据新的时代背景，根据新移民的特质，高度重视新移民工作，进一步采取适宜的工作方案，以发挥他们的特殊作用，进而全方位提升新移民素质，有利于他们在侨乡获得人生、事业双丰收。

参考文献

一、专著、词典、志书

1. 傅义强：《欧盟移民政策与中国大陆新移民》，暨南大学出版社2008年版。

2. 任柏强、方立明、奚从清：《移民与区域发展》，人民日报出版社2008年版。

3. 庄国土、李瑞晴：《华侨华人分布状况和发展趋势》，国侨办政法司编，2011年未版。

4. 李明欢：《国际移民政策研究》，厦门大学出版社2011年版。

5. 李慎明、张宇燕：《国际形势黄皮书 全球政治与安全报告（2011）》，社会科学文献出版社2011年版。

6. 夏凤珍：《从世界看浙南非法移民》，南开大学出版社2008年版。

7. 杨生茂、张友伦主编：《美国历史百科辞典》，上海辞书出版社2004年版。

8. 国务院侨办干部学校：《华侨华人概述》，九州出版社2005年版。

9. 桂世勋：《新华侨华人及华裔新生代研究》，见国务院侨办政治司：《国务院侨办课题研究成果集萃》（2007－2008年度上册）未刊。

10. 国务院侨办政法司：《侨务课题研究论文集2002—2003年度》（2005年）未刊。

11. 章志诚：《温州市志·华侨卷》，中华书局1998年版。

12. 马卫光：《宁波帮研究》，宁波出版社2004年版。

13. 张守广：《宁波帮志》，中国社会科学出版社2009年版。

14. 王春光：《巴黎的温州人》，江西人民出版社2000年版。

15. 李明欢：《欧洲华侨华人史》，中国华侨出版社2002年版。

16. 王晓萍：《欧洲华侨华人与当地社会关系》，中山大学出版社2011年版。

17. 陈达：《南洋华侨与闽粤社会》，商务印书馆2011年版。

18. 高伟浓：《国际移民环境下的中国新移民》，中国华侨出版社2003年版。

19. 周敏：《美国华人社会的变迁》，郭南审译，上海三联书店2006年版。

20. 庄国土：《东亚华人社会的形成和发展》，厦门大学出版社2009年版。

21. 蔡苏龙：《侨乡社会转型与华侨华人的推动》，天津古籍出版社2006年版。

22. 李其荣：《国际移民与海外华人研究》，湖北人民出版社2005年版。

23. 李其荣：《国际移民与海外华人续篇》，湖北人民出版社2013年版。

24. 陈杨琳、杨年熙、郭乃雄：《欧洲华人访谈录》，欧洲日报社1992年版。

25. 钱江、纪宗安：《世界华侨华人研究》，暨南大学出版社2009年版。

26. 暨南大学图书馆华侨华人文献信息中心：《侨情综览》，暨南大学出版社2011年版。

27. 陈方柱：《风云浙商·海外浙商》，浙江人民出版社2006年版。

28. 王红蕾、汪祥荣著、龙子民改编：《新浙商 中国的财富力量》，北京出版社2007年版。

29. 希望：《温州模式的历史命运》，经济科学出版社2005年版。

30. 黄永军：《浙商商道》，中国戏剧出版社2007年版。

31. 谢文辉：《天下浙商 东方犹太人创富揭秘》，民主与建设出版社2006年版。

32. 王辉耀：《海归时代 中国海归精英大视野》，中央编译出版社

2005年版。

33. 吴敏：《世界浙商风云录》，新华出版社2009年版。

34. 黄昆章、张应龙：《华侨华人与中国侨乡的现代化》，中国华侨出版社2003年版。

35. [美]彼得·邝著：《黑着：在美国的非法移民》，王冰等译，世界知识出版社2001年版。

36. 夏凤珍："L'histoire de l'émigration vue du Zhejiang"（"从浙江（本土）角度看（浙南）移民历史"），[法]巴巴拉·理查得（Richard·Beraha）《在巴黎的"中国"》，Robert Laffont2012年版。

37. [日]莫邦富：《拼着：在俄罗斯和东欧的新华侨》，世界知识出版社2002年版。

38. [U.S.A.] Xiaojian Zhao：*The New Chinese America Class Economy and Social Hierarchy*，Rutgers University Press2010年版。

39. 李安山：《非洲华侨华人发展趋势及对策研究》，《未来5—10年侨情发展趋势与侨务对策》（2009—2010年国侨办课题重点项目）2011年未刊稿。

40. 陈明：《作为范式的辩证法的历史建构》，中国社会科学出版社2008年版。

41. 李慎明、王逸舟：《全球政治与安全报告2010》，社会科学文献出版社2009年版。

42. 陈静：《澳洲新移民》，浙江人民出版社2009年版。

43. 程惕洁：《澳门新移民调查及政策研究（2007—2008）》，北京大学出版社2011年版。

44. 刘泽彭、曹云华：《世界侨情报告》（2012—2013），暨南大学出版社2013年版。

45. 吕福新：《浙商论》，中国发展出版社2009年版。

46. 《浙江华侨志》编纂委员会编：《浙江华侨志》，浙江古籍出版社2010年版。

47. 章志诚：《温州华侨史》，今日中国出版社1999年版。

48. 《青田华侨史》编纂委员会：《青田华侨史》，浙江人民出版社2011

49. 朱礼：《文成华侨志》，中国华侨出版社2002年版。

50. 侨卫、包涛：《中国侨乡侨情调查》，中国国际广播出版社2010年版。

51. 王国伟：《瑞安华侨志》，中华书局2011年版。

52. 倪德西、叶品波：《乐清华侨志》，中国文史出版社2007年版。

53. 周望森：《浙江华侨史》，中国华侨出版社2010年版。

54. 浙江省侨联：《关于浙江省新移民情况的调查报告》，周望森主编：《华侨华人研究论丛》，中国华侨出版社1997年版。

55. 贾海涛、石沧金：《海外印度人与海外华人国际影响力比较研究》，山东人民出版社2007年版。

56. 翁里：《国际移民法学》，浙江大学出版社2010年版。

57. 姬虹：《美国新移民研究》，知识产权出版社2008年版。

58. 潘兴明：《移民问题国际比较研究》，上海人民出版社2011年版。

59. 丘进：《华侨华人研究报告（2011）》，社会科学文献出版社2011年版。

60. 郭秉强：《巴西青田籍华人华侨纪实》未刊稿，1996年。

61. 国务院侨务办公室、中央文献研究室编：《邓小平论侨务》，中央文献出版社2000年版。

62. 王晓萍、赵健：《新中国侨务政策回顾》（1949-1978），见国务院侨办政法司编：《新中国侨务政策六十年回顾与探析》，未刊稿。

63. 容闳：《西学东渐记》，王蓁译，中国人民大学出版社2011年版。

64. 《邓小平文选》第2卷，人民出版社1994年版。

65. 周南京等：《华侨华人百科全书·侨乡卷》，中国华侨出版社2001年版。

66. 黄重言：《试论我国侨乡社会的形成》，见郑民等编：《华侨华人史研究集》（一），北京海洋出版社1989年版。

67. 方普雄：《中国侨乡的形成与发展》，见庄国土主编：《中国侨乡研究》（1998-10），厦门大学出版社2000年版。

68. 李国梁《侨乡研究与华侨华人学建构》，见胡百龙、梅伟强、张国雄主编：《侨乡文化综论》，中国华侨出版社 2005 年版。

69. 《东方杂志》甲辰 七期，转引自张忠祥《南非华侨探析》，见周望森主编：《华侨华人研究论丛》，中国华侨出版社 1995 年版。

70. 刘华：《华侨国籍问题与中国国籍立法》，广东人民出版社 2005 年版。

71. 巫乐华：《华侨史概要》，中国华侨出版社 1994 年版。

72. Les ressortissants étrangers au service de l'économie parisienne：" Les entreprises dirigées par des ressortissants chinois, mais 2005"。

73. 姜敏达：《侨缘》，浙江人民出版社 2011 年版。

74. 吴晶：《侨行天下》，大众文艺出版社 2006 年版。

75. 郑一省：《多重网络的渗透与扩张——海外华侨华人与闽粤侨乡的互动关系研究》，世界知识出版社 2006 年版。

76. 浙江省侨务办公室：《侨资企业转变经济发展方式论文选编》未刊稿。

77. 《马克思恩格斯全集》第 47 卷，人民出版社 1979 年版。

78. 《马克思恩格斯全集》第 23 卷，人民出版社 1972 年版。

79. 郑杭生、李强：《社会运行导论——有中国特色的社会学基本理论的一种探索》，中国人民大学出版社 1993 年版。

80. 奂从清：《现代社会学导论》，浙江大学出版社 2012 年版。

81. 《马克思恩格斯选集》第 2 卷，人民出版社 1972 年版、1957 年版。

82. 夏卫东：《民国时期浙江户政与人口调查》，中国社会科学出版社 2011 年版。

83. 徐八达、王嗣均：《浙江省人口志》，中华书局 2007 年版。

84. 唐杰、刘喜文：《数字化人口管理》，中国人民大学出版社 2009 年版。

85. 董平：《浙江思想学术史——从王充到王国维》，中国社会科学出版社 2005 年版。

86. 吕福新等：《浙商的崛起与挑战》，中国发展出版社 2008 年版。

87. 周望森主编：《华侨华人研究论丛》（第 3 辑），中国华侨出版社 1998 年版。

88. 任贵祥：《海外华侨华人与中国改革开放》，中共党史出版社 2009 年版。

89. 郭胜华：《桑梓情深》，浙江文艺出版社 2006 年版。

90. 林蒲田：《华侨教育与华文教育概论》，厦门大学出版社 1995 年版。

91. 《列宁选集》第 4 卷，人民出版社 1972 年版。

92. 王昭凤：《企业理论》，高等教育出版社 2011 年版。

93. 《马克思恩格斯全集》第 1 卷，人民出版社 1956 年版。

94. 张世英：《哲学导论》，北京大学出版社 2005 年版。

95. 韩红升：《毛泽东人民教育观论纲》，中国社会科学出版社 2004 年版。

96. 何毅亭主编：《领导干部新视野》第 2 卷，研究出版社 2010 年版。

97. ［法］皮埃尔·卡蓝默著：《破碎的民主：试论治理的革命》，高凌瀚译，三联书店 2005 年版。转引自唐健飞著：《. 国际人权公约与和谐人权观》，社会科学文献出版社 2010 年版。

98. 定民：《华商崛起：影响世界的中国力量》，华中科技大学出版社 2012 年版。

99. 孙逊：《美国华侨华人与台湾当局侨务政策》，九州出版社 2012 年版。

100. 张兵、梁宝由：《紧急护侨　中国外交官领事保护纪实》，新华出版社 2010 年版。

101. 北京华人经济技术研究所：《华人经济年鉴》，中国华侨出版社 2010 年版。

102. 曾传辉：《关于浙江省台州市民间信仰现状和管理的调查报告》，见金泽、邱永辉：《中国宗教报告 2009》，社会科学文献出版社 2009 年版。

二、法律法规和政策条例

1. 国务院侨务办公室：《关于界定华侨外籍华人归侨侨眷身份的规定》，国侨发［2009］第 5 号。

2. 联合国人权大会：《世界人权宣言》，1948 年。

3. 国家教育委员会：《关于自费出国留学有关问题的通知》，（教留［2013］

81号），见教育部高校学生司编：《中国高等教育学生管理规章大全1950～2006年》，首都师范大学出版社2007年。

4. 全国人民代表大会：《中华人民共和国国籍法》，1980年。

5. 全国人民代表大会：《中华人民共和国居民身份证法》，2003年。

6. 全国人民代表大会：《民法通则》，1986年。

7. 国务院：《婚姻登记条例》，2003年。

8. 国务院民政部：《中国公民同外国人办理婚姻登记的几项规定》，1983年。

9. 全国人民代表大会：《中华人民共和国收养法》，1998年。

10. 国务院民政部：《外国人在中华人民共和国收养子女登记办法》，1999年。

11. 国务院：《关于贯彻保护侨汇政策的命令》，1955年。

12. 全国人民代表大会：《中外合资经营企业法》，2001年。

13. 国务院：《中华人民共和国中外合资经营企业法实施条例》，2001年。

14. 全国人民代表大会：《外资企业法》，2000年。

15. 全国人民代表大会：《中外合作经营企业法》，2000年。

16. 国务院外经贸部：《外商投资企业清算办法》，1996年。

17. 全国人民代表大会：《中华人民共和国外商投资企业和外国企业所得税法》，1991年。

18. 中华人民共和国海关：《〈扶贫慈善性捐赠物资免征进口税收暂行办法〉的实施办法》，2001年。

19. 全国人民代表大会：《中华人民共和国公益事业捐赠法》，1999年。

20. 全国人民代表大会：《中华人民共和国归侨侨眷权益保护法》，2000年。

21. 国务院：《中华人民共和国归侨侨眷权益保护法实施办法》，2004年。

22. 全国人民代表大会：《中华人民共和国外国人入境出境管理法》，2002年。

23. 国务院：《中华人民共和国公民出境入境管理法实施细则》，1994年。

24. 国务院：《办理外派劳务人员出国手续的暂行规定》，1996年。

25. 联合国：《维也纳领事关系公约》，1963年。

26. 国务院侨务办公室、公安部、最高人民检察院、最高人民法院、民政部：《关于制止和惩处盗掘华侨祖墓的违法犯罪活动的联合通知》，1984年。

27. 最高人民法院审判委员会：《关于审理组织、运送他人偷越国（边）境等刑事案件适用法律若干问题的解释》，2002年。

28. 最高人民法院、公安部、外交部：《关于办理出生、结婚和亲属关系证明书的通知》（［78］法司字第193号，［78］外会文字第3513号，［78］公会文字第443号），1978年11月22日。

29. 最高人民法院：《关于我国法院有权受理旅居外国的中国公民同时向两国法院起诉的案件的批复》，1985年。

30. 国务院侨务办公室：《国家侨务工作发展纲要（2011—2015年）》，2011年。

31. 《国家中长期人才发展规划纲要（2010—2020年）》，2010年。

32. 浙江省人民政府：《关于进一步改善外商投资软环境的决定》，1998年。

33. 浙江省人民政府：《浙江省关于鼓励华侨和香港、澳门同胞投资的规定》，1992年。

34. 浙江省人民政府：《浙江省实施〈中华人民共和国归侨侨眷权益保护法〉办法》，2001年。

35. 浙江省人民政府：《浙江省华侨捐赠条例》，2004年。

36. 浙江省人民政府：《浙江省华侨权益保障暂行规定》，2006年。

37. 浙江省人民政府：《浙江省归侨侨眷"关爱工程"实施意见》，2008年。

38. 国务院侨务办公室、教育部：《关于华侨子女回国接受义务教育相关问题的规定》，2009年。

39. 浙江省教育厅、浙江省人民政府侨务办公室：《关于进一步做好华侨华人子女回国就读中小学和幼儿园工作的若干意见》，2010年。

40. 教育部：《关于做好2012年内地部分高校免试招收香港学生工作的通知》，2011年。

41. 浙江省人民政府办公厅、省侨务办公室：《浙江省实施海外华文教育"151"工程实施意见（2006－2010 年）》，2006 年。

42. 中国共产党十七届六中全会：《中共中央关于深化文化体制改革推动社会主义文化大发展大繁荣若干重大问题的决定》，2011 年。

43. 中国共产党十六届五中全会：《中共中央关于制定国民经济和社会发展第十一个五年规划的建议》，2005 年。

44. 中国共产党十七届五中全会：《中共中央关于制定国民经济和社会发展第十二个五年规划的建议》，2010 年。

45. 中国共产党第十八次代表大会：《坚定不移沿着中国特色社会主义道路前进为全面建成小康社会而奋斗》，2012 年。

三、期刊及会议论文

1. 李明欢：《欧洲华侨华人研究述评》，载《厦门大学学报》（哲学社会科学版）2002 年第 4 期。

2. 丘立本：《国际移民的历史 趋势与我国对策研究》，载《华侨华人历史研究》2005 年第 1 期。

3. 孙俊华：《周恩来总理解决华侨双重国籍问题》，载《文史精华》2007 年第 2 期。

4. 张秀明：《国际体系中的中国大陆移民》，载《华侨华人历史研究》2001 年第 1 期。

5. 庄国土：《"中国侨乡社会经济发展国际学术研讨会"评述》，载《华侨华人历史研究》1999 年第 2 期。

6. 张应龙：《"侨乡与海外华人"国际学术研讨会综述》，载《华侨华人历史研究》2004 年第 3 期。

7. 朱慧玲：《21 世纪上半叶发达国家华侨华人社会的发展态势》，载《华侨华人历史研究》2002 年第 2 期。

8. 宋成全：《欧洲的中国新移民：规模及特征的社会学分析》，载《山东大学学报》（哲社版）2011 年第 2 期。

9. 张进华：《改革开放 30 年福建新移民的发展与贡献》，载《八桂侨刊》2008 年第 4 期。

10. 王赓武著：《留学与移民：从学习到迁徙》，程希译，载《华侨华人历史研究》2004年第4期。

11. 江光荣：《社会变革与人的适应》，载《华中师范大学学报》（哲学社会科学版）1995年第6期。

12. 李志：《马克思异化理论中的"人"》，载《哲学研究》2007年第1期。

13. 浙江省侨务办公室：《发挥侨务资源优势 开拓浙江与非洲合作发展新局面》，载《侨务工作研究》2011年第1期。

14. 朱文飞、夏辉：《浅析当前青田县的偷渡活动》，载《公安学刊》2004年第3期。

15. 金姬、卓书杭：《招行与贝恩发布〈2011中国私人财富报告〉》，载《金融电子化》2011年第5期。

16. 冯江源、刘月华：《冷战后国际环境及其历史性变革》，载《学术探索》2003年第12期。

17. 《胡锦涛在接见全国侨务工作会议代表时的讲话（2005-2-28）》，载《新华月报》2005年第4期。

18. 郑一省：《多重网络的渗透与扩张》，载《华侨华人历史研究》2004年第1期。

19. 李明欢：《"侨乡社会资本"解读：以当代福建跨境移民潮为例》，载《华侨华人历史研究》2005年第2期。

20. 赵璐璐：《社会网络视角下的农民工迁移行为》，载《乐山师范学院学报》2010年第6期。

21. 夏凤珍：《试论浙南侨乡移民意识的生成、作用及其提升》，载《浙江工商大学学报》2011年第2期。

22. 程希、苗丹：《出国留学六十年若干问题的回顾与思考（1949-2009年）》，载《东南亚研究》2010年1期。

23. 张汉东、胡南麟：《我省对外贸易的形势与对策建议》，载《政策瞭望》2012年第4期。

24. 邓华宁、张舵、李丽静、毛一竹：《斩断官商海外腐产"黑链"》，载《瞭望》2011年第1期。

25. 赵灿鹏：《"目光向外"中国现代华侨研究的一个倾向暨"侨乡"称

谓的考察》，载《华侨华人历史研究》2008年第1期。

26. 郑德华：《关于"侨乡"概念及其研究的再探讨》，载《学术研究》2009年第2期。

27. 张秀明：《改革开放以来中国的海外移民与侨乡的多元化发展》，在"国际移民与侨乡研究"国际学术会议上的发言，广东江门2012年11月19日。

28. 周聿峨、曾品元：《华侨华人与广东侨乡关系的思考》，载《华侨华人历史研究》2001年1期。

29. 张国雄：《侨乡文化形态与侨乡文化价值》，在中国华侨历史学会理事会六届三次会议上的报告，北京2013年1月18日。

30. 陈训正、马瀛纂：《定海县志》（1923年）第五册《方俗志第十六·风俗》1924年铅印本，转引自包伟民：《舟山群岛：中外文化交流的聚焦点》，载《浙江学刊》2010年第6期。

31. 王晓峰、杨金坤、陈楠烈：《义乌侨商与中国小商品城》，载《浙江社会科学》2011年第1期。

32. 王君英：《发展海外浙江人经济》，载《浙江统计》2009年第6期。

33. 方建新：《试论宁波的儒商文化底蕴》，载《宁波经济丛刊》2003年第6期。

34. 刘莹：《浙南侨乡经济发展的侨务资源优势》，载《华侨大学学报》（哲学社会科学版）2009年第2期。

35. 郭鹰：《FDI对浙江经济增长影响的区域差异分析》，载《管理学刊》2011年第8期。

36. 何苏鸣：《我省侨商踊跃回乡创业》，载《浙江侨商》2012年12月总第20期。

37. 郑杭生：《社会学对象问题新探》，载《社会学研究》1986年第1期。

38. 陈吉元：《略论经济机制》，载《经济研究》1982年第8期。

39. 曹炜珏：《当代新华侨华人的侨务资源培育研究》，上海交通大学硕士学位论文，20090228。

40. 家荣：《政治机制在构建和谐社会中的价值创新》，载《学术论坛》

2008年第8期。

41. 曹晓飞、戎生灵：《政治利益研究引论》，载《复旦学报》（社科版）2009年第2期，转引自张思军：《利益政治与政治利益的辩证关系论析》，载《求实》2012年第6期。

42. 《浙江省人口发展报告》，载《浙江统计》2003年第1期。

43. 赵淇淇：《温州华侨华人在温州经济建设中的贡献》，载《温州侨商》2008年第6期。

44. 杨剑、蒲英霞、秦贤宏、何一鸣：《浙江省人口分布的空间格局及其时空演变》，载《中国人口·资源与环境》2010年第20卷第3期。

45. 杨辉：《基于角色理论的中国农民角色转变与农村社会结构变迁》，见黑龙江省县域经济学会编：《农村改革与县域经济发展》，中国农业出版社2010年版。

46. 丁祥艳：《论社会思潮的多样化是社会转型的必然》，载《求实》2012年第8期。

47. 叶焕华：《林茂祥墓志铭》（抄件藏于青田华侨历史陈列馆），见周望森：《浙江华侨史》，中国华侨出版社2010年版。

48. 陆立军：《"中国小商品城"市场的崛起与中国农村经济发展的"义乌模式"》，载《经济社会体制比较》1999年第1期。

49. 顾益康：《转型时期新农村建设的难题与建设重点》，载《浙江经济》2006年第24期。

50. 朱美虹、潘昌卫：《浙江南部山区山村饮用水工程建设存在的问题与解决对策》，载《中小企业管理与科技》（下旬刊）2009年第4期。

51. 扬广、吴飞飞：《青田鱼灯"游"进天安门》，载《今日浙江》1999年第1期。

52. 夏凤珍：《"华侨村官"与侨乡新农村建设》，载《农村经济》2008年第1期。

53. 张红军：《村级民主换届选举问题的调查与思考》，载《中共浙江省委党校学报》，2009年第2期。

54. 《党政机关机构改革全面启动——浙江省政府机构改革综述》，载《今日浙江》2000年第7期。

55. 薛新山、尤豆豆：《温州市举办侨界首届留守儿童快乐营》，载《钱江侨音》2010年第4期。

56. 刘国福：《论归侨身份确认和安置法律制度的现状和发展》，载《政法论丛》2010年第2期。

57. 房宁：《为什么说政治是经济的集中表现》，载《前线》2003年7期。

58. 张秉福：《论全球化条件下我国文化创新机制的构建》，载《现代经济探讨》2009年第4期。

59. 陈昌福：《时代特征鲜明 侨务内涵丰富》，载《上海市社会主义学院学报》2009年第1期。

60. 夏凤珍：《暑期，把孩子送到特教家》，载《钱江侨音》2009年第3期。

61. 田传信：《论文化包容性与存在》，载《文教资料》2007年3月下旬刊。

62. 杨宜英：《关系化还是类别化：中国人"我们"概念形成的心理机制探讨》，载《中国社会科学》2008年第4期。

四、网络

1. 《美国人口达3.11亿 人口增幅降至近70年来最低》，http://www.chinanews.com/gj/2011/12-22/3549791.shtml［2012-9-5］。

2. 张冬冬：《李海峰 海外新华侨华人近千万 超半数居欧美》，http://www.zjqb.gov.cn/art/2012/1/12/art_376_50507.html［2012-1-15］。

3. 中国新闻社《世界华商发展报告》课题组：《2008年世界华商发展报告》，http://www.chinaqw.com/news/200902/02/148829.shtml［2009-4-8］。

4. 许又声：《每一位海外侨胞都是中国的"名片"》，http://www.chinanews.com/zgqj/2011/09-28/3360354.shtml［2011-9-30］。

5. 《福建海外华侨华人十年增加230万对当地贡献突出》，http://www.chinanews.com/hr/zgqj/news/2007/02-02/866404.shtml［2007-2-3］。

6. 宁波市侨办：《利、义并举，努力做好新华侨华人、新生代工作》，http://www.zjqb.com/art/2009/9/2/art_149_16157.html［2010-5-23］。

7. 《2011年度我国出国留学人员情况统计》，http：//www. moe. gov. cn/publicfiles/business/htmlfiles/moe/moe_ 863/201202/130328. html［2012 - 10 - 8］。

8. 《我国劳务输出的方式主要有5种》，http：//baike. baidu. com/view/167357. htm［2012 - 5 - 8］。

9. 《张乐：浙江：150多万人海外经商》，http：//news. xinhuanet. com/fortune/2010 - 04/09/c_ 1225268. htm［2012 - 8 - 8］。

10. 《2012年浙江省国民经济和社会发展统计公报》，http：//www. zj. stats. gov. cn/art/2013/2/8/art_ 164_ 221. html［2013 - 4 - 18］。

11. 王缉思：《中国的国际环境为何趋于严峻》，http：//opinion. huanqiu. com/1152/2012 - 06/2813095. html［2012 - 8 - 8］。

12. 《全球人口已突破65亿 每天平均增长21万》，http：//news. xinhuanet. com/world/2005 - 12/20/content_ 3948398. htm。

13. 《世界人口到10月31日将达到70亿人》，http：//news. xinhuanet. com/world/2011 - 10/30/c_ 122209881_ 10. htm。

14. 《欧洲每年涌入50万非法移民 "移民威胁论"升温》，http：//news. xinhuanet. com/overseas/2006 - 06/14/content_ 4694071_ 2. htm。

15. 招商银行、贝恩公司：《2011中国私人财富报告》，http：//www. acctenet. com/main/article/detail/id/180。

16. 《近代三次留学潮：邓小平对留学生的讲话》，2009年8月26日。来源：《天津日报》，http：//chinese. people. com. cn/GB/42476/9934223. html。

17. 《北京外国语大学PASS留学》，http：//liuxue. beiwaibest. com/lxzx/America/dayi/webinfo/1345188218965149. htm。

18. 《2011年中国出国留学人员近34万 留学热持续升温》，http：//www. chinanews. com/lxsh/2012/03 - 20/3759040. shtml。

19. 《教科文组织说：中国留学生人数居全球之冠》，2006年6月1日，http：//world. people. com. cn/GB/1029/42408/4425429. html。

20. 吴庆才：《中国留美学生人数突破十五万 连续两年居榜首》，http：//edu. ifeng. com/abroad/detail_ 2011_ 11/15/10664717_ 0. shtml。

21. 全杨超：《中国高考人数4年减140万 部分高校10年后或关门》，

http：//www. cnr. cn/native/home/201206/t20120605_ 509813795. shtml。

22.《2011年赴美留学达76.5万　中国学生15.8万　增长23%》，http：//liuxue. xdf. cn/wzy/zb/zx/376858. shtml。

23. 浙江省统计局、国家统计局浙江调查总队：《2011年浙江省国民经济和社会发展统计公报》，（发布时间：2012年2月23日）浙江统计信息网，http：//www. zj. stats. gov. cn/art/2012/2/23/art_ 164_ 201. html。

24. 商务部合作司：《2010年我国非金融类对外直接投资按省市区排名》，http：//www. mofcom. gov. cn/aarticle/tongjiziliao/dgzz/201101/20110107370196. html

25.《今年宁波企业境外投资额突破10亿美元》，http：//www. zcom. gov. cn/zcom/gjhz/jwtz/T311036. shtml。

26.《2013年1－2月全省外经情况运行分析》，http：//www. zcom. gov. cn/zcom/gjhz/jwtz/T754581. shtml。

27.《2011年中国人在美购房花费超70亿　偏爱豪宅》，http：//liuxue. xdf. cn/ wzy/zb/zx/379152. shtml。

28.《南京富裕阶层兴起赴美产子　中介数量猛增》，http：//finance. sina. com. cn/g/20110607/10309952190. shtml。

29. 盛若蔚：《中国留学人员总数达224.51万人　回国人员81.84万》，http：//www. zjqb. gov. cn/art/2012/3/15/art_ 376_ 52157. html。

30. 胡一敏：《浙江实施"千人计划"3年引进海外英才419人赚160亿》，http：//www. zj. xinhuanet. com/newscenter/2012－08/22/c_ 112801437. htm。

31. 王晓达：《一个中国留学生开销可养活一个美国人》，http：//edu. ifeng. com/abroad/detail_ 2011_ 12/19/11416754_ 0. shtml。

32. 叶浩博、龚君翠：《城镇居民人均可支配收入青田首超丽水市区居榜首》，http：//news. lsnews. com. cn/system/2011/01/25/010127113. shtml。

33. 绍兴市归国华侨联合会：《新时期绍兴市侨务工作对策建议》，http：//www. zjqb. gov. cn/jcms/jcms_ files/jcms1/web1/site/art/2009/9/2/art_ 149_ 16140. html。

34. 斯海燕：《诸暨侨联召开六届二次全委会暨侨情调查表彰大会》，http：//www. chinaqw. com/zgqj/qjdt/200702/14/61915. shtml。

35. 中国新闻社课题组:《2009年世界华商发展报告》,http://www.chinanews.com.cn/zgqj/news/2010/05-20/2293574.shtml。

36. 温州市统计局、国家统计局温州调查队:《温州市国民经济和社会发展统计公报（2011年、2012年)》,http://www.wzstats.gov.cn/pageall.jsp?id0=z0h8lnkbkw。

37.《意华人2011年境外汇款达25亿欧元 居外国移民榜首》,http://www.chinanews.com/hr/2012/05-08/3871392.shtml。

38. 张冬冬:《2011年中国侨办系统受理侨胞捐赠逾35亿元》,http://www.zjqb.gov.cn/art/2012/5/18/art_376_53522.html。

39. 刘时敏:《2011年温籍海外侨胞捐赠公益事业近5000万元》,http://www.zjqb.gov.cn/art/2012/2/1/art_376_50918.html。

40. 姚虹:《2008年宁波接受海外港澳侨胞捐赠超五千万》,http://www.ocao.ningbo.gov.cn/temprule_article/009.jsp?aid=13410。

41. 吴雅茗、于洪海:《青田侨商踊跃回乡创业 已引进华侨资金23亿元》,http://news.hexun.com/2011-10-11/134081444.html。

42.《1—10月份我市外贸进出口超越去年全年 义乌小商品属地申报拉动增长》,http://hangzhou.customs.gov.cn/publish/portal379/tab15556/module38264/info398216.htm。

43. 义乌市发展和改革局:《关于义乌市2010年国民经济和社会发展计划执行情况及2011年国民经济和社会发展计划草案的报告（摘要)》,2011年2月27日在义乌市第十三届人民代表大会第五次会议上。http://www.ywnews.cn/content/201103/19/ywnews_108593.htm。

44. 杨金坤:《浙江省民营企业实施"走出去"战略的实践与思考》,http://www.zjqb.gov.cn/art/2009/9/2/art_149_16150.html。

45. 郑海华:《翁卿仑超千亿元侨资回温州 市人大代表吁建立华侨银行》,http://www.chinanews.com.cn/zgqj/news/2010/03-02/2147264.shtml。

46. 宁波侨办文宣处:《旅美侨胞朱敏夫妇向宁波中学捐赠1000万元》,http://www.cnnb.com.cn 中国宁波网 2009-3-3。

47. 杭州市侨办:《杭州侨界踊跃为四川地震灾区捐款》,http://www.

zjqb. gov. cn/art/2013/5/3/art_ 376_ 62669. html。

48. 潘秀慧：《今年温籍海外侨胞捐赠突破七千万》，http：//www. zjqb. gov. cn/art/2012/12/31/art_ 376_ 59404. html。

49. 浙江省统计局：《2010 浙江省统计年鉴》，http：//www. zj. stats. gov. cn/zjtj2010/indexch. htmL。

50. 汪恩民：《浙江华侨反哺情深 30 年捐赠公益达 120 亿元》，http：//qwb. zj. gov. cn/art/2010/9/6/art_ 376_ 32178. html。

51. 郭显选：《温州市侨办获"共同跨越六大行动"先进集体称号》，http：//www. zjqb. com/art/2010/4/13/art_ 376_ 28160. html。

52. 丽水侨办：《百名侨胞助百村活动成效显著》，http：//qwb. zj. gov. cn/art/2009/4/24/art_ 376_ 15925. html。

53. 刘红：《浙江侨务工作六十年回顾》，http：//www. zjqb. com/art/2009/12/2/art_ 149_ 22784. html。

54. 吴文海：《关于立法保护华侨在国内权益的几点思考》，www. gqb. gov. cn/news/2006/0207/1/1859. shtml。

55. 陈东升：《人大代表建议尽快制定华侨权益保护相关法律》，http：//news. enorth. com. cn/system/2012/03/05/008786815. shtml。

56. 杨金坤、陈楠烈：《"义乌侨商"调查报告》，http：//qwb. zj. gov. cn/art/2010/4/16/art_ 149_ 28265. html。

57. 温州市鹿城区港澳台侨委：《关于华侨恢复户口问题的调研报告》，http：//www. lczx. gov. cn/view. php？sid =1167。

58. 郭胜华：《二、三代海外华人"龙"文化缺失 华文教育需求迫切》，http：//www. chinanews. com/hwjy/2011/01 – 18/2794121. shtml。

60. 《我国腐败分子向境外转移资产的途径及监测方法研究》，http：//news. cntv. cn/china/20110615/104527. shtml。

61. 《回国养老已成必然 旅意侨胞补缴社保成当务之急》，http：//www. oushinet. com/172 – 1304 – 77332. xhtml，来源：欧华联合时报 2010 – 6 – 25。

62. 中国新闻社：《2009 年世界华商发展报告》，http：//www. chinanews. com. cn/zgqj/news/2010/05 – 20/2293574. shtml。

五、报纸

1. 《海外中国非法移民调查》,《南非华人报》2006 年 9 月 13 日。

2. 王慧卿:《发达国家生育率趋降引发移民需求》,《第一财经日报》2006 年 8 月 18 日。

3. 《欧洲时报》:《话说温州新移民》,2003 年 4 月 19 日,转引自《华侨华人资料》,2003 年第 4 期。

4. 杨影、祝莺莺、李佳:《杭州的高考生会选择谁》,《今日早报》2011 年 6 月 9 日。

5. 郭纪:《西方正在经历深刻的制度危机》,《浙江日报》2011 年 9 月 31 日。

6. 董颖:《中考人数减少的背后》,《浙江日报》2012 年 6 月 14 日。

7. 臻子、冯菲菲、罗凰凤:《海外浙江人安全调查,145 万游子你在异乡还好吗?》,《钱江晚报》2009 年 3 月 20 日。

8. 聂伟霞:《青田一华侨回乡为村子试种"洋果蔬"》,《浙江日报》2007 年 7 月 19 日。

9. 夏芬娟:《浙商积极投身家乡建设》,《浙江日报》2011 年 10 月 10 日。

10. 金夏灵子:《青田民俗文化的守望者》,《青田侨报》2011 年 11 月 7 日。

11. 蒋中意:《义乌侨商海外"撤退"并不明显》,《金华日报》2009 年 4 月 16 日。

12. 何玲玲、李亚彪、商意盈:《再出发——浙商"新回归"的"四问四解"》,《浙江日报》2012 年 9 月 25 日。

13. 李亚杰、隋笑飞:《千人计划吸引海外专才》,《浙江日报》2011 年 5 月 31 日。

14. 陈振凯、孙晓青、吴月辉:《今日"宁波帮"》,《人民日报海外版》2009 年 10 月 16 日。

15. 卢俊和:《青田华侨带动我省 80 万人就业》,《浙江日报》2002 年 7 月 1 日。

16. 袁小兵、胡琼之、郑元忠：《从牢狱里冲出的温州模式》，《南方都市报》2008年5月8日。

17. 陆剑于：《政府牵线搭桥 华侨暂行垫资——文成逾千农民出国务工有捷径》，《温州日报》2007年8月31日。

18. 汪成明、叶圣义：《全国首个海归硕士村官考上公务员》，《浙江日报》2010年2月22日。

19. 王岐山在十八届中央纪委二次全会上的工作报告：《坚决遏制腐败蔓延势头》，《人民日报海外版》2013年2月26日。

图书在版编目（CIP）数据

互动视野下的海外新移民研究：以浙江侨乡发展为例/夏风珍著. —北京：中央编译出版社，2013.11
ISBN 978-7-5117-1825-9

Ⅰ.①互… Ⅱ.①夏… Ⅲ.①华人—移民—研究—浙江省 Ⅳ.①D634.3

中国版本图书馆 CIP 数据核字（2013）第 247985 号

互动视野下的海外新移民研究——以浙江侨乡发展为例

出 版 人：刘明清
出版统筹：谭　洁
著　　者：夏风珍
责任编辑：王　景　曲建文
责任印制：尹　珺
出版发行：中央编译出版社
地　　址：北京市西城区车公庄大街乙 5 号鸿儒大厦 B 座　　邮编：100044
电　　话：(010) 52612345（总编室）　　(010) 52612363（编辑室）
　　　　　(010) 66161011（团购部）　　(010) 52612332（网络销售）
　　　　　(010) 66130345（发行部）　　(010) 66509618（读者服务部）
网　　址：www.cctpbook.com
经　　销：全国新华书店
印　　刷：北京瑞哲印刷厂
开　　本：710 毫米×1000 毫米　1/16
字　　数：313 千字
印　　张：19.75
版　　次：2013 年 11 月第 1 版第 1 次印刷
定　　价：58.00 元

本社常年法律顾问：北京市吴栾赵阎律师事务所律师　闫军　梁勤
凡有印装质量问题，本社负责调换。电话：(010)66509618